"十四五"职业教育国家规划教材

大学生心理健康教育
（理论篇）

DAXUESHENG XINLI JIANKANG JIAOYU (LILUNPIAN)

总主编　靳贤胜
主　编　李　敏　李军霞　崔正贺
副主编　刘利敏　杜　炜　皇甫柏会
　　　　张自龙　褚哲森　张　杰

大连理工大学出版社

图书在版编目(CIP)数据

大学生心理健康教育.理论篇／李敏,李军霞,崔正贺主编. -- 大连：大连理工大学出版社，2021.11 (2023.8 重印)
新世纪高职高专公共基础课系列规划教材
ISBN 978-7-5685-3505-2

Ⅰ.①大… Ⅱ.①李… ②李… ③崔… Ⅲ.①大学生－心理健康－健康教育－高等职业教育－教材 Ⅳ.①G444

中国版本图书馆 CIP 数据核字(2021)第 252746 号

大连理工大学出版社出版

地址：大连市软件园路 80 号　邮政编码：116023
发行：0411-84708842　邮购：0411-84708943　传真：0411-84701466
E-mail:dutp@dutp.cn　URL:https://www.dutp.cn

大连图腾彩色印刷有限公司印刷　　大连理工大学出版社发行

幅面尺寸:185mm×260mm　　印张:21.5　　字数:520 千字
2021 年 11 月第 1 版　　　　　　　　2023 年 8 月第 3 次印刷

责任编辑:欧阳碧蕾　　　　　　　　　　责任校对:姚春玲
封面设计:张　莹

ISBN 978-7-5685-3505-2　　　　　　　　　　定　价:55.80 元

本书如有印装质量问题，请与我社发行部联系更换。

前言

促进学生身心健康、全面发展，是党中央关心、人民群众关切、社会关注的重大课题。为推进大学生心理健康教育工作科学化建设，各高校要根据《普通高等学校学生心理健康教育课程教学基本要求》(教思政厅〔2011〕5号)和《高等学校学生心理健康教育指导纲要》(教党〔2018〕41号)文件精神，结合本地区、本学校实际，制定科学、系统的教学大纲和教学计划，组织实施教育教学活动。目前，各高校都急需适合当代大学生的、行之有效的心理健康教育教材。

党的二十大报告指出，要"推进健康中国建设。人民健康是民族昌盛和国家强盛的重要标志。把保障人民健康放在优先发展的战略位置，完善人民健康促进政策"，要"重视心理健康和精神卫生"。报告为高等学校的大学生心理健康教育指明了方向，国家的发展本质上是人的发展，人的发展离不开心理的健康发展。习近平总书记也在全国高校思想政治工作会议中指出，要把思政教育工作贯穿教师教育教学的整个过程中，坚持把立德树人作为教育教学的中心环节，实现教学全程、全方位育人。大学生心理健康教育一直备受国家和社会的关注，在目前高校不断推进"课程思政"的时代背景下，本教材将心理健康教育课程和思想政治教育进行了有机结合，阐述了健康心灵、适应环境、认识自己、学会学习、驾驭情绪、人际沟通、战胜压力、美好爱情、绿色网络、健全人格、积极心理、珍惜生命12个心理健康发展主题，每章设计了心灵故事、知识导读、相关链接、互动体验、心理测试、拓展阅读、星说心语、启发思考等栏目，既包括系统知识的学习，也注重课程思政的呈现以及课堂中学生的互动体验，力求满足大学生多方面的需求，并帮助大学生树立心理健康意识，优化心理品质，培养积极、乐观、向上的生活态度。

本教材主要有以下特点：

一是知识全面，结构完整，注重可读性。

二是操作性强。本教材采取开放互动模式教学,采用心理测试、角色扮演、案例分析、小组讨论等多种方法,既适合教师教学,也适合学生学习和心理"自助",让大学生通过活动思考和体验解决成长过程中遇到的实际问题。

三是配套资源丰富。本教材"相关链接"板块配置了丰富的二维码资源,学生只需拿起智能手机扫一扫,就能即刻看到相关的视频资料,实现了线上线下教学有效结合。本教材有完善的校级精品课程资源支撑,且为河南省职业教育和继续教育精品在线开放在建课程,有丰富的资源储备。

四是融入思政内容。本教材在课程设计中融入思想政治教育元素,达到育心和育人相结合的效果。

《大学生心理健康教育》分为理论篇和拓展篇,由靳贤胜担任总主编。本册为理论篇,由李敏、李军霞、崔正贺担任主编,刘利敏、杜炜、皇甫柏会、张自龙、褚哲森、张杰担任副主编。全书由李军霞、崔正贺负责统稿,李敏定稿。各章编写分工如下:李敏编写第十一章、第二章第二节;李军霞编写第九章、第三章第一节;崔正贺编写第一章、第二章第三节;刘利敏编写第三章第三节、第四章;杜炜编写第八章第三节、第十二章;皇甫柏会编写第三章第二节、第六章;张自龙编写第八章第二节、第十章;褚哲森编写第二章第一节、第五章;张杰编写第七章、第八章第一节。

本教材既可以作为高校开设大学生心理健康教育课程的教材,也可以作为大学生提高心理健康水平的自助读物。

编者在本教材的编写过程中得到了许多专家及同行的关心与支持,同时也借鉴和参考了最新的研究成果,在此我们表示衷心的感谢。

在编写本教材的过程中,编者参考、引用和改编了国内外出版物中的相关资料以及网络资源,在此表示深深的谢意!相关著作权人看到本教材后,请与出版社联系,出版社将按照相关法律的规定支付稿酬。

由于编者水平有限,书中难免有疏漏之处,恳请专家、同行及广大读者批评指正,以便进一步修订,使之日臻完善。

编　者

2021 年 11 月

所有意见和建议请发往:dutpgz@163.com

欢迎访问教材服务网站:https://www.dutp.cn/sve/

联系电话:0411-84707492　84706671

目 录

第一章　健康心灵　美丽人生 1
第一节　心理健康知多少 2
第二节　心理发展的特点 11
第三节　心理健康的途径 20

第二章　适应环境　做好规划 28
第一节　新生"心"适应 29
第二节　生活规划 38
第三节　安全管理 44

第三章　认识自己　发展自己 55
第一节　自我意识知多少 56
第二节　自我意识的特点 65
第三节　自我意识的完善 74

第四章　学会学习　激发潜能 83
第一节　学习即生活 84
第二节　大学生常见的学习困扰 92
第三节　学习能力的培养 103

第五章　驾驭情绪　理性生活 111
第一节　情绪知多少 112
第二节　常见的情绪困扰 121
第三节　情绪调控能力的培养 132

第六章　人际沟通　从心开始 141
第一节　人际关系你我他 142

第二节　常见的人际困扰 …………………………………… 150
第三节　人际交往能力的培养 …………………………………… 160

第七章　战胜压力　逾越坎坷 …………………………………… 169
第一节　压力与挫折 …………………………………… 170
第二节　心理防御机制 …………………………………… 178
第三节　压力应对能力的培养 …………………………………… 186

第八章　美好爱情　彼此成就 …………………………………… 196
第一节　掀开爱情的面纱 …………………………………… 197
第二节　爱情如是说 …………………………………… 207
第三节　走进健康性心理 …………………………………… 215

第九章　绿色网络　助飞梦想 …………………………………… 224
第一节　"网事"细说 …………………………………… 225
第二节　网络行为及特点 …………………………………… 230
第三节　网络调适能力的培养 …………………………………… 238

第十章　健全人格　达至整合 …………………………………… 248
第一节　人格与人生 …………………………………… 249
第二节　人格类型及大学生的人格 …………………………………… 257
第三节　健康人格的培养 …………………………………… 267

第十一章　积极心理　成就幸福 …………………………………… 277
第一节　关注优势 …………………………………… 278
第二节　提升乐商 …………………………………… 288
第三节　成就幸福 …………………………………… 299

第十二章　珍惜生命　活出精彩 …………………………………… 307
第一节　大学生的生命教育 …………………………………… 308
第二节　危机预防及干预 …………………………………… 316
第三节　品德修养的提升 …………………………………… 325

参考文献 …………………………………… 337

第一章

健康心灵　美丽人生

这世界除了心理上的失败，实际上并不存在什么失败，只要不是一败涂地，你一定会取得胜利。

——亨·奥斯汀

第一节　心理健康知多少

心灵故事

有兄弟二人，父母为让他们免受风雨，每天都把卧室的窗户关着。一日午后，兄弟俩玩腻了，百无聊赖地趴在窗台上眺望远方。窗外阳光灿烂，屋内沉闷阴暗，两兄弟心里十分向往外面的阳光，不约而同地说："我们一起去外面扫一些阳光进来吧！"于是，兄弟俩拿着扫帚和簸箕，到阳台上去扫阳光，等他们把簸箕搬到房间里的时候，阳光却消失了。这样一而再再而三地扫了多次，阳光却还是消失得无影无踪。妈妈看到他们来来去去、一脸苦恼地忙个不停，好奇地问道："你们在做什么？"兄弟俩嘟着嘴、含着泪说："我们想扫点阳光进来，我们想要房间更亮堂。"妈妈笑道："那就把窗户打开吧，阳光会自己来找你们的。"

（资料来源：韦志中. 大学心理健康教育［M］. 北京：中国轻工业出版社，2015.）

我们住在心灵的房间里，打开窗户，阳光会悄然而至，走出门去，花香会扑面而来，祝愿天下所有的学子沐浴心灵阳光，幸福茁壮成长。

知识导读

一、健康观的演变

（一）健康的含义

"健康"是一个随着历史发展不断完善的概念。对"健康"一词理解的核心在于对身心关系问题的认识。长期以来，人们普遍认为："健康就是身体没有疾病，吃得香，睡得甜，身体壮，能劳动。"这是一种片面的健康观，它的片面性在于只看到了人的生物属性而忽视了人的社会属性，没有关注人的精神、心理健康。现在，心理学、生理学和现代医学的研究与实践证明：人是生理、心理与社会层面的统一体。人的身、心健康密不可分，相互依赖，相互制约。长期生病会使人产生消极情绪，如焦虑、忧愁、疑心、烦恼，表现出心理上的种种障碍；同样，心理的不适也会引起多种身体疾病。心理的、社会的和文化的因素同生理因素一样，与人的健康、疾病有着非常密切的关系。

基于健康概念的不断深化，世界卫生组织将"健康"做了如下定义："健康"是"不仅没有身体的缺陷和疾病，还要有生理、心理和社会适应都完满的状态"。因此，除了生理健康之外，心理健康也是完整健康观的重要组成部分。这一概念表明：21世纪人类健康是生理、心理、社会适应与道德健康的完美整合。

（二）健康的标准

为了加深人们对健康的认识，世界卫生组织提出了 10 条健康标准：

(1) 有充沛的精力，能从容不迫地担负日常工作和生活而不感到过分疲劳和紧张。

(2) 态度积极，勇于承担责任，不论事情大小都不挑剔。

(3) 精神饱满，情绪稳定，善于休息，睡眠良好。

(4) 能适应外界环境的各种变化，应变能力强。

(5) 能够抵抗一般性感冒和传染病。

(6) 体重适当，身体匀称，站立时头、肩、臂的位置协调。

(7) 反应敏捷，眼睛明亮，眼睑不发炎。

(8) 牙齿清洁，无龋齿，无痛感，无出血现象，齿龈颜色正常。

(9) 头发有光泽，无头屑。

(10) 肌肉丰满，皮肤富有弹性。

从这 10 条健康标准中可以看出，健康包括身体健康［上述标准中的第（1）（6）（7）（8）（9）（10）条］和心理健康［上述标准中的第（2）（3）（4）（5）条］两个方面，二者相辅相成，缺一不可，相互联系，密不可分。所以，我们在考虑自身的健康时，必须注意身、心两个方面，从整体上把握健康的概念。

二、心理健康的内涵

所谓心理健康，是指人的内心世界与客观环境的一种平衡关系，是自我与他人之间的一种良好的人际关系的维持，即不仅能获得自我幸福感和安定感，还能实现自我，具有为他人的健康贡献服务的能力。心理健康的定义是与心理障碍和疾患相对而言的，随着社会的发展，人类对心理健康的概念也有一个不断修正、完善的过程。

心理健康有广义和狭义之分。从广义上讲，心理健康是指一种高效而满意的、持续的心理状态。从狭义上讲，心理健康是指人基本心理活动的过程内容完整、协调一致，即认识、情感、意志、行为人格完整和协调，能顺应社会，与社会保持同步。具体表现为：身体、智力、情绪相互协调；适应环境，人际关系中能彼此谦让；有幸福感；在工作中，能充分发挥自己的能力，过有效率的生活。

从操作性定义视角看，我国学者把心理健康的定义概括为：

(1) 有幸福感和安定感。

(2) 身心的各种机能健全。

(3) 符合社会生活的规范，自我的行为和情绪适应。

(4) 具有实现自我的理想和能力。

(5) 人格统一协调。

(6) 能积极适应环境，有现实志向。

(7) 有处理调节人际关系的能力。

(8) 具有应变、应急及从疾病和危机中恢复的能力。

三、大学生心理健康的标准及特征

（一）大学生心理健康的标准

1. 智力正常

智力是以思维能力为核心的各种认识能力和操作能力的总和，它是衡量一个人心理健康的重要标志之一。从智商来看，分值在 90 分以上为正常。正常的智力水平是人们生活、学习、工作的最基本的条件。一般来讲，大学生的智力是正常的，智力总体水平高于同龄人。智力结构中各种因素在认识活动和实践活动中能有效地发挥作用，学习兴趣浓厚，思维流畅、可变通，求知欲强烈，能愉快地完成学习任务，是心理健康的表现。反之，厌学情绪严重，学习效率低下，不能坚持正常学习，是心理不健康的表现。

2. 情绪健康

情绪是人们对客观事物是否符合其需要所产生的态度体验。情绪健康包括以下几个方面：

（1）乐观积极。情绪健康的人积极情绪多于消极情绪，能保持乐观、积极、向上的心态，虽然有时也会有悲伤、忧愁、愤怒等情绪体验，但不会持续太长时间，不会成为主导心境。

（2）反应适度。情绪有适当的引发原因，反应强度与引发情境相符合，没有过度的情绪反应表现。

（3）善于调节。能控制和调节自己的情绪，在适当的时间、场合恰如其分地表达，既能克制、约束，也能适度宣泄，不过分压抑。

3. 意志健全

意志是人们自觉确定目标，并根据目标去克服各种困难，实现预定目标的心理过程。一个人的意志是否健全主要表现在意志品质上。意志健全者在行动的自觉性、果断性、顽强性和自制力方面都有较高的水平。意志健全的大学生在各种活动中有自觉的目标，而不是缺乏主见或盲目决定，一意孤行；做决定能及时决断，并根据变化的外界环境灵活地调整决定；能以坚韧不拔的毅力克服一切困难和挫折，实现预定的目标；同时能有效地控制、调节自己的心理活动，使之符合实现目标的要求。

4. 人格完整

人格是指一个人的整体精神面貌，即具有一定倾向性的心理特征的总和。人格的各种特征不是孤立存在的，而是有机结合的、相互联系的整体，对人的行为进行调节和控制。如果各种成分之间的关系协调，人的行为就是正常的；如果失调，就会造成人格分裂，产生不正常的行为。双重人格或多重人格是人格分裂的表现。一个人的人格一经形成，就具有相对稳定的特点，一般不会在短时间内发生很大的变化。如果一个乐观、豁达的人无缘无故地突然变得悲观、抑郁，这可能是心理不健康的征兆。因此，形成一个统一的、协调的人格和形成一个残缺的、失调的人格，对心理健康和行为表现的影响是截然不同的。

5. 人际关系和谐

人际关系和谐是心理健康的重要标准，也是维持心理健康的重要条件之一。心理健康的大学生表现为：乐于与人交往，善于交往；不仅能悦纳自己，也能悦纳他人，既有广泛而深厚的人际关系，又有稳定的知心朋友；在与人交往中不卑不亢，保持独立而完整的个性；心理相容，互相接纳、尊重，而不是心理相克，相互排斥；对人真诚、善良，而不是冷漠无情、凶残、邪恶；能融入集体，正确处理竞争与协作的关系；既能与朋友欢聚共享快乐，也能独处而不感到孤独。

6. 社会适应良好

心理健康的大学生，能与社会保持良好的接触，认识社会和了解社会，使自己的思想、信念、目标和行动跟上时代发展的步伐，与社会的进步和发展协调一致。如果与社会的进步和发展产生了矛盾或冲突，能及时调节，修正或放弃自己的计划和行动，顺历史潮流而行，而不是逃避现实、悲观失望，或妄自尊大、一意孤行，逆历史潮流而动。

7. 自我评价正确

一个心理健康的大学生能够正确地评价自己，并悦纳自己；能对自己的优缺点有客观的认识，有自知之明；能恰如其分地认识自己的价值，摆正自己的位置，既不以自己在某些方面优于别人而自傲，也不因某些方面逊色于别人而自卑；能努力发挥自己的潜能，自尊、自强，正视现实，积极进取。一个心理不健康的人往往缺乏自知之明，不能悦纳自己，心理状态无法平衡。

8. 心理特点符合年龄特征

人的一生包括不同年龄阶段，每个年龄阶段其心理发展都表现出相应的心理特征，称为心理年龄特征。一个人心理行为的发展，总是随着年龄的增长而发展变化的。心理健康的人应具有与多数同龄人相符合的心理特征，如果严重偏离，心理发展滞后或超前，则是心理不健康的表现。

（二）大学生心理健康的特征

1. 相对性

心理不健康不能等同于有不健康的心理和行为表现。心理不健康是指一种持续的不良状态，偶尔出现一些不健康的心理和行为并不属于心理不健康，更不属于心理疾病。这正如一个人睡了一次懒觉，不能就此给他下懒惰的结论一样。心理健康的人也有心理问题，没有一点心理问题的绝对心理健康是不存在的。所以，不能仅凭一时、一事而简单地判定自己或他人心理不健康。

2. 连续性

心理健康与不健康之间没有绝对的界限，两者不是截然分开的，而是一个连续变化的过程。从良好的心理健康状态到严重的心理疾病之间有一个广阔的过渡带，如果把心理健康比作白色，心理不健康比作黑色，那么，在白色和黑色之间存在着一个很大的灰色区。

3. 可逆性

心理健康的状态不是固定不变的，而是动态变化的。随着人的成长、经验的积累、环境的变化，心理健康状况也会有所改变。假如我们不讲究心理卫生，心理问题就会增多，心理健康水平就会下降；反之，如果注意心理保健，减少心理问题，心理健康水平就会提高。所以，我们所做的一次判断只能反映某一段时间的心理健康状态。

4. 发展性

心理健康的标准是一种理想尺度。它不仅为我们提供了衡量健康的标准，而且为我们指明了提高心理健康水平的努力方向。每个人都应当追求心理健康和心理发展的最高层次，充分发挥自身的潜能，促进自己全面发展。

5. 过程性

心理健康并不代表没有心理困扰。大学生在成长过程中会遇到各种困扰，大学生活也会有一些困扰。例如，刚进入大学不适应大学生活，饮食起居不适应、宿舍拥挤；幻想与现实不一致造成心情失落与苦闷；感到同学关系难以相处，缺少知心朋友；在"高手如云"的大学里，失去了中学时代的优势和优越感，不知如何给自己定位；等等。这些迷茫和困扰是常见的现象或者说是必然的经历，不能说是心理不健康。对大学生来说，重要的是学习如何解决这些困扰，并从中成长。

四、大学生心理异常的判断

划分心理正常与心理异常的作用主要体现在可以从心理正常的人群中检测出心理异常的人，它是为防治性目标服务的。判断心理异常一般包括以下四个方面。

（一）主观经验

这种标准是以个体的主观经验为标准进行判断的，通常作为一种辅助的标准使用。被评价者的感受通常包括满意感、幸福感、自我感觉痛苦和快乐程度等。

（二）社会适应

社会适应即在社会规范的基础上衡量、判断个体的行为是否异常、是否偏离社会公认的行为规范。社会规范标准较多地被临床心理学家采用。

（三）临床诊断

这是在长期临床实践的基础上，对各种心理障碍的典型症状做出归纳和概括后，用来作为参考依据的一种判断标准。有些异常心理现象或致病因素在正常人身上是不存在的，若在临床诊断中某人被发现身上有这些病因或症状，就可以被认定为"异常"。这一标准因客观、准确而受到医学界人士的支持。

（四）测量统计

人的许多心理品质，如智力、性格特征，都可以看成有量的差异，心理健康状况也是这样。全部测量的分布接近于统计学上所说的"正态分布"。可以说，大多数人的心理健康状态是正常的，偏离大多数人状况的则视为异常。这种异常实际上有两种，一种是心理健康状况程度高于大多数人，另一种则相反。

正常人可以从以下几个方面做自我检测。

（1）这项行为有无明显妨碍你的工作，使工作效率显著降低。

（2）这项行为有无明显影响你对自己的态度，使你讨厌自己。

（3）这项行为有无明显妨碍你和他人的关系，使他人不愿和你交往，或使你不愿和他人继续交往。

（4）这项行为是否明显妨碍你和现实环境的接触，使你不易辨认环境或想逃离环境。

如果你对上述四个问题的回答都是否定的，则说明这项行为对你没有产生不良影响。若是肯定的，最好去咨询心理学工作者或临床心理学家，让他们帮助你解决这些困扰。

相关链接

扫一扫，观看视频

新生活，从"心"开始

互动体验

如何理解心理健康的标准

下面提到的心理或行为健康吗？我们应如何理解心理健康的标准？请将你的理解填写在表1-1中。

1. 一位男生和一位女生在街上行为亲昵并且亲吻。
2. 一位女生低头走路时总是自言自语。
3. 一位活泼开朗的男生突然沉默寡言，经常默默流泪。
4. 一位女生故意在公众面前说另外一个女生的坏话。

表1-1　　　　　　　　　　心理健康标准的理解

我认为心理健康具有以下标准	我认为心理健康有以下具体表现

心理测试

大学生健康生活方式的心理诊断

指导语

这是一份大学生健康生活方式的诊断量表，一共有 15 个问题，请根据自己的实际情况，逐一回答。为了保证测试的准确性，请你认真作答。

测试量表

1. 如果需要早起，你会（　　）。
   A. 定好闹钟　　　　　　B. 请别人叫　　　　　　C. 自己醒来
2. 早上睡醒以后，你会（　　）。
   A. 立即起床学习
   B. 不慌不忙，起床后先做操，然后学习
   C. 在被窝里能多躺一会儿是一会儿
3. 你的早餐通常是（　　）。
   A. 稀饭和馒头　　　　　B. 牛奶和面包　　　　　C. 不吃
4. 每天到教室上课，你总是（　　）。
   A. 准时到教室
   B. 或早或晚，但都在 10 分钟之内
   C. 非常灵活
5. 吃午饭时，你一般（　　）。
   A. 急匆匆地　　　　　　B. 慢吞吞地　　　　　　C. 从容吃饭，饭后休息一会儿
6. 尽管学习很忙很累，你也和同学有说有笑（　　）。
   A. 每天如此　　　　　　B. 有时如此　　　　　　C. 很少如此
7. 对校园生活中出现的矛盾，你会（　　）。
   A. 争论不休　　　　　　B. 反应冷漠　　　　　　C. 明确表态
8. 在课余时间内，你一般（　　）。
   A. 参加社交活动
   B. 参加体育活动或文娱活动
   C. 做家务
9. 对待来客，你（　　）。
   A. 热情，认为有意义　　B. 认为浪费时间　　　　C. 非常讨厌
10. 晚上你对睡觉时间的安排是（　　）。
    A. 每天在相同的时间上床睡觉
    B. 往往凭一时高兴
    C. 等所有的事情做完了以后才睡觉

11. 如果你能自己控制假期，你会（   ）。

   A. 集中一次过完

   B. 一半安排在夏季，一半在冬季

   C. 留着，有事时用

12. 对于运动，你一般（   ）。

   A. 喜欢看别人运动　　B. 做自己喜欢的运动　　C. 不喜欢运动

13. 最近两周，你（   ）。

   A. 到外面玩过

   B. 参加过体力劳动或体育运动

   C. 散步400米以上

14. 你是怎样度过暑假的（   ）。

   A. 消极休息　　　　　B. 做点体力劳动　　　　C. 参加体育活动

15. 你认为自尊心的表现方式是（   ）。

   A. 不惜代价达到目的

   B. 深信经过努力会有结果

   C. 要别人对你做出正确的评价

评分标准

请参照表1-2将各题的得分相加，计算出总分。

表1-2　　　　　　　　　　　　诊断量表得分情况

题号	A	B	C	题号	A	B	C	题号	A	B	C
1	3	2	0	6	3	2	0	11	2	3	1
2	1	3	0	7	0	0	3	12	0	3	0
3	2	3	0	8	1	2	3	13	3	3	3
4	0	3	2	9	3	0	0	14	0	2	3
5	0	3	3	10	3	0	0	15	0	3	1

结果解释

如果你的总分为37～45分，说明你的生活方式良好，你是一个善于学习、生活和工作的人，有较高的工作效率和学习效率。

如果你的总分为25～36分，说明你的生活方式比较好，能在繁忙的工作中掌握恢复活力的艺术，有提高效率的潜力。

如果你的总分为13～24分，表明你的生活方式健康程度为中等，你应该努力改善自己的生活方式。

如果你的总分为12分之下，说明你的生活状况不佳，应该下定决心彻底改变有害的生活习惯。

拓展阅读

一切都是我的选择，我对自己的生活负全责

现在，我想请你放松一下，和我一起做一个小活动。

请你从坐着的椅子上站起来，请你一定站起来！你站起来了吗？好的，非常好，现在，请你坐下！你坐下了吗？很好，谢谢！然后，请你再一次起立，拉开你的椅子。嗯，很好。最后，请坐！

活动结束。我要问的是：是谁让你起立和坐下的？请你仔细思考后再作答。

你的答案是什么？是我？你说是我让你起立和坐下的？

那我想问你第二个问题：如果我请你和我一起做的活动不是起立和坐下，而是要你躺在地板上或爬到楼下去，你会怎么样？

我相信，你一定不会听我的话。

那么，请你再想想我的第一个问题，是谁让你起立和坐下的？找到答案了吗？对，是你，是你选择和我一起做活动，起立和坐下；是你选择不参与我的第二个活动，是你自己！

道理似乎很简单，但事实上，在我们的生活中，我们却常常搞不清楚是谁让我们处于现在的境地，经历现在的事件，体验现在的感受。

我们习惯于把我们发现的问题和遇到的困难归因于外界而不是自身。我们常常把自己放在"受害者"的位置上，认为是周围的环境和人造成了我所面临的困境，而我无能为力、别无选择，我只是一个"受害者"。

在学校里，有人抱怨自己倒霉：学校不好、学院不好、系不好、老师不好、同学不好、宿舍不好、食堂不好、澡堂不好……总之一切都有问题！是的，生活中时时处处都存在不尽如人意的地方，可你有没有想过：真正的问题出在哪里？

最好的朋友离我而去了，他伤害了我，将我困在他给我造成的伤害中，我挣扎不出来。是的，分离不是我愿意的，但伤害，真的是他造成的吗？就像你有权利不参与我的第二个活动一样，如果你不给他伤害你的权利，他还能伤害到你吗？

你慢慢理解这样一个事实：任何经验都是我们自己的选择，包括所有的情绪都是我们自己选择的结果。无论我们感到被伤害、愤怒、悲伤、害怕，还是高兴、愉快、幸福、有力量，都是我们自己的选择。如果你觉得自己倒霉，是你的选择；如果你觉得受到了伤害，是你的选择；如果你生气，是你的选择；如果你悲伤，是你的选择；如果你害怕，也是你的选择。别人不对此负责，唯一负责的人是你自己。你对你的生存状况负全责。你是唯一有权利支配你自己的人，每个人都是自己生活的唯一创造者和责任人。

我是自己的主人：我学习的主人，我工作的主人，我生活的主人，我情绪的主人，我对我的幸福和痛苦负责。

我选择愉快地学习，幸福地生活！

（资料来源：郑日昌. 大学生心理健康——自主与自助手册[M]. 北京：高等教育出版社，2007.）

第二节　心理发展的特点

心灵故事

小赵上大学以后非常郁闷，他在开学时积极参加社团面试，一心想着大展拳脚，然而没有顺利通过心仪社团的面试，最终去了一个不怎么喜欢的社团，还一直都是做跑腿打杂的事情，与自己开始的设想相差甚远。大学的学习方式和高中的学习方式存在很大区别，小赵一时也难以适应，最近他和室友也常发生摩擦……似乎各种事情都不顺利，小赵对现状越来越不满，一直心情低落，做任何事情都提不起兴趣，更别说专心学习了。

小赵同学进入大学后各方面的不适应是引发心理困扰的主要原因。我们每个人到新环境中都会面临一系列改变，如生活方式的改变、人际网络的重新构建、自我的重新确认、学习方式的变化、评价标准的多元化等。如果没能完成这些转变，我们的心中会产生落差，心理冲突也就此产生。

知识导读

一、大学生的心理发展特点

在校大学生是青年当中富有理想、朝气、奋斗精神，文化层次较高的群体。大学生的心理活动特征以生理特征为基础，同时又受社会环境和教育方式的影响，发展是大学生心理的主旋律。

（一）心理发展水平趋于成熟

大学生年龄大都在18～23岁，处于青年期，是青少年向成人转变的过渡期，也是青少年心理向成人心理过渡的关键时期。从心理发展过程来看，大学生的认知迅速发展，达到了相对成熟。这主要表现在：

（1）在智力方面，记忆力发展达到高峰，观察力敏锐，接受能力、理解能力增强，思维由经验型向理论型转化，抽象思维、逻辑思维日益完善，发散思维迅速增强，创造性思维逐步发展。

（2）在情感方面，情绪强烈，情感丰富且稳定性增强，高尚的情操日益发展，社会道德感和社会责任感增强。

（3）在意志方面，意志品质得以形成，意志的自觉性、果断性、坚持性和自制力达到较高程度，在意志行动上从容易冲动发展到具有一定的自控力，形成相对稳定的习惯。

（4）在人际交往方面，人际交往能力进一步提高，人际关系进一步扩大，渴望友谊，向往爱情。

（5）在需求方面，出现大量新的需求，对生活充满憧憬和期望……

但是，大学生的心理发展尚未完全成熟，这主要表现在：

（1）从人生观来看，大多数大学生的人生观尚未完全形成。如果以人生观的形成作为心理发展成熟的标志，一般来讲，要到 25 岁左右人生观才会比较稳定。

（2）从智力来看，大学生的智力虽然达到了相当高的水平，但辩证思维能力有待提高，他们考虑问题时常带有主观性和片面性。

（3）从情感来看，大学生虽然充满热情，但是情绪波动大，心境变化剧烈，有时狂热，有时消沉，需求得到满足时常兴奋不已，遇到挫折时常悲观失望。

（4）从个性发展来看，虽然性格、能力等个性心理特征都达到基本成熟的水平，但理想、信念、自我意识等要经过大学阶段才能逐渐接近成人的水平。

（二）心理发展充满矛盾

大学生由于在学校受教育时间长，缺乏社会经验和实践锻炼，心理成熟滞后于生理成熟，受当代多元文化因素和价值观的影响，以及个体人生观的不成熟以及经济上的不独立，使大学生心理充满矛盾和冲突，构成了心理的特殊性。大学生心理发展的矛盾主要有：

1. 理想与现实的矛盾

大学生富于幻想，憧憬未来，一般理想比较高。上大学之前，他们往往把大学生活理想化，认为大学里充满诗情画意，入学后才发现大学生活没有想象的那么浪漫和轻松，于是感到失望、沮丧甚至悲观。有的学生只有美好的向往而没有切实的行动，眼高手低，好高骛远，不愿从小事做起，只想一举成名、一鸣惊人，这就必然产生理想与现实的冲突。

2. 情绪与理智的矛盾

大学生由于生理发展与心理发展不平衡，理性思维与感性认识不一致，因此他们往往不能客观地去评价周围的人和事，不能理性地处理遇到的问题，常常感情用事，以自己的感情、好恶作为处理问题的标准，根据自己的感性经验去评价人和事，有时明知道该怎样做，但行动上却做不到。他们在情绪体验上丰富而动荡，容易激动、兴奋，也容易转向消沉和悲观，特别是遇到压力和挫折时，倾向于灾难化和走极端。

3. 自尊与自卑的矛盾

经过激烈的竞争进入大学，大学生成为青年中的佼佼者，受到社会的称赞、父母的宠爱、同龄人的羡慕，容易产生一种自豪感、优越感，表现出强烈的自尊心。然而，大学里人才济济，高手如云，许多高中时期的尖子生优势不再明显，失去了往日的荣耀。尤其是一些有特殊困难的大学生在语言表达、服饰打扮、言行举止、文体活动、气质风度等方面，会感觉己不如人，自惭形秽。因此，他们中的某些人会怀疑自己、否定自己、丧失信心、悲观失望，进而产生自卑感、挫折感和焦虑感。

4. 交往需要与防范的矛盾

人际交往是人的基本需要，大学生一般远离家乡，感情失落，有渴望友谊、被别人关爱的需要。但彼此间并不熟悉的感觉，导致他们不愿互相敞开心扉，因而很难在短期内遇到知心朋友，并建立真挚的感情和友谊。于是，大学生常常感叹："熟人不少，朋友不多；接触的人不少，可信赖的人不多。"大学生喊出的"理解万岁"就是这种矛盾心理的反映。

5. 独立与依赖的矛盾

处于青年期的大学生，随着生理上的成熟，独立意识和自主性大大增强，希望摆脱家庭和老师的束缚。但是经济上的不独立、生活经验的缺乏决定了他们一时难以摆脱对家庭和师长的依赖，这就造成了独立性和依赖性之间的矛盾。

6. 求知欲强与认知水平不高的矛盾

大学生智商较高，思维敏捷，兴趣广泛，求知欲强，乐于接受新事物、新思想、新观念。但由于社会经验不足，生活阅历不深，认识问题和分析问题的能力不高，他们往往不能全面、正确、辩证地看待客观事物，容易良莠不分、真伪难辨。如他们可能会对西方一些观念盲目地接受，对网上信息不加甄别地听信，等等。

7. 性冲动与性压抑的矛盾

大学生性生理已经成熟，本能的欲望使他们有了性的冲动。但是，由于受社会道德、法律、校规校纪的制约，本能欲望难以满足，性冲动被压抑。大多数学生通过学习、人际交往、文体活动转移了自己的注意力，使之得到升华或合理释放；也有的大学生由于缺乏性知识，不会转移性冲动，一味地压抑，导致性冲动和性压抑的矛盾。

二、不同阶段大学生的心理问题特点多

（一）大一：适应问题

刚刚考入大学的新生面临的问题很多，随着生活环境的变迁、人际关系的变化、学习方式的变更，他们感到既新奇又不适应。这一阶段是崭新人生阶段的起点，原有的心理平衡被打破，一个新的平衡正在建立。大一学生的适应问题主要表现在以下几个方面：

1. 生活上不适应

大部分大学生在考入大学之前没有离开过家乡，来到大学以后，他们要适应与中学截然不同的生活节奏和行为规范要求，生活上要自己料理，要和陌生的老师、同学交往，这对大学新生来说是一种挑战。

2. 学习内容不适应

高中的课程是初中知识的延续。进入大学后，除了公共课，还要学习专业课，很多都是平时没有任何接触的知识，不少新生会感觉难以消化，学习很吃力。另外，在大学时期，班集体相对高中较松散，老师对学生的管理相对较少，给学生留下了更多的自主空间。这样较为松散的班级关系同样让一些新生难以适应，无所适从，心里没着没落，不习惯无人监督的学习。

3. 学习习惯和方法不适应

大学里有着与中学截然不同的学习内容、学习方法和考核标准，老师的授课方法和学生的学习方法都与中学有很大区别，许多新生感到不适应，不知道如何学习；与中学相比，大学的学习压力减轻了，节奏变缓了，很多大学生不知道怎样支配大量的课余时间。

（二）大二：学习问题

大二是相对平稳的一年，入学时的不适应得以消除，新的心理平衡已经建立起来，大学生活进入了相对稳定的阶段。随着年级的增长，大学生在成长过程中不断成熟。这一时期，大学生的心理特点主要表现出以下特征：

1. 心态趋于平稳

大学生刚进入大学时的茫然和躁动心态趋于平缓，对大学环境和生活已十分习惯。大多数学生都能给自己准确定位，找到自己的人生新坐标，学习生活步入井井有条阶段，逐渐深入专业课的学习中去。

2. 求知欲增强

大二学生已进入到专业课程学习阶段，对自己专业的了解加深了，专业思想稳定了，知识贫乏感增强了，学习动机和目的也明确了。他们渴望拓宽新的知识领域，不仅刻苦学习专业知识，还对其他知识兴趣颇浓，热衷于博览群书，参加社会实践，十分重视培养自己的真才实学。这期间，大多数学生面临的难题就是学习，如大量专业课的学习、英语的考级等。大学生此时开始思索自己的前途，有的想多考证书，便于找工作；有的想参加专升本考试、考研，给自己加码……

（三）大三：深造或择业问题

修完了全部学分课程以后，按时上、下课这种有规律的大学生活就结束了，大学生开始实习、做论文，大学生活进入毕业阶段。毕业近在咫尺，深造或就业问题迫在眉睫，即将面临毕业走向工作岗位的大学生，自身特征、心理活动、情感体验等与以往发生很大的变化，主要表现在以下三点：

1. 心理明显成熟

这一时期大学生的自我意识趋于完善，个性品质趋于稳定，自我评价和自我控制能力增强，对社会事物的评价也增强了客观性，遇事比较冷静，能妥善做出反应，这标志着他们人生观、世界观已基本形成。特别是经过岗位实习后再返校回来的大学生，更给人一种成熟感。

2. 危机感增强

通过毕业实习的检验，他们感到了自己知识和能力的不足，开始冷静地分析自己，并希望能通过最后阶段的拼搏，提高各方面的能力。

3. 产生了复杂的情感

临近毕业的大学生面临继续求学还是择业的选择，有些学生想继续深造，但更多的学生踌躇满志想干一番事业。择业求职的心理困惑是毕业生的突出问题。他们奔波在学校、社会组织的各种供需见面会上，期望能找到一份满意的工作。不少毕业生择业时受社会一些舆论左右，盲目从众，追逐热门，不考虑自身条件、职业特点和社会整体需求，使择业范围和发展空间大大缩小，易产生挫败感和消极情绪，引发心理问题。

三、大学生心理问题的原因分析

（一）社会方面的原因

1. 社会变革带来心理失衡

随着社会变革的不断深入，以及个体的成长成熟，青年学生的社会责任感增强，忧患意识加重，充满激情的大学生面对改革中出现的落差有不同的解读，使大学生心理处于矛盾之中，心理失衡。一些学生十年寒窗奋斗苦读，希望考上大学改变命运，如今，未来变得迷茫，他们有理想破灭的失望、对命运不确定的担忧和前途未卜的困惑。

2. 激烈竞争导致心理压力

随着社会的发展变化，竞争已成为一种常态，每个人都在学会适应紧张、快节奏的工作和生活。与此同时，竞争带来的精神紧张与疲劳，以及失利后带来的挫败感与失落感，也给人带来了沉重的心理压力，使人产生紧张、焦虑、失落、沮丧等情绪。

3. 信息过载导致选择干扰

社会环境的影响与学校教育施加的影响如果步调不一致，会使大学生的选择受到干扰。如网络的普及有积极的影响，也有消极的影响，网络信息过载，大学生会出现"信息过多、思考太少、永远在线、随时干扰"的特点，使一些学生网络成瘾、烦躁不安、精神恍惚。

（二）学校方面的原因

1. 高等教育体制改革层面的影响

高校招生和就业体制的改变，使学费本就成为一笔大的开销，自主择业的形势和市场对学生的约束机制，都直接冲击着大学生的心理。一些家庭贫困的大学生不仅面临着生活的压力，还承受着对父母的歉疚和心理上的自卑。这使他们有挣扎的痛苦，有心灵的煎熬，有的大学生感到软弱无力、无奈与无助，易产生抑郁、忧愁和自卑情绪。

2. 学校对心理健康教育的重视程度

学校对大学生心理有着直接的影响，学校课程的设置、教育教学、学校制度、校园环境、人际关系、就业制度、收费制度、分配制度等问题都直接影响着学生的心理和情绪。如果学校对学生出现的心理问题或不良情绪没有足够重视，学生对消极情绪不会调节放松，不能合理地宣泄排解，以至于压抑积累、郁结于内、任其发展，由轻到重，就可形成不良心境或心理疾病。加之学习、竞争的压力，人际关系由单纯变得复杂，如学习好坏、优越感与自卑感等，人与人之间变得难以相处，容易冲突。

（三）家庭方面的原因

心理学研究表明，家庭环境对人的一生都会产生重大影响，特别是早年形成的人格结构对以后的心理发展影响深远。家长的个性品质、学识修养、教育方式，对社会的态度，对子女的要求和期望，家庭结构的稳固程度，家庭的经济状况等都对大学生的心情和心理有着很大的影响。假如家长情绪不良、修养不高、对人生持消极态度，可能对孩子产生负面影响，导致适应不良。

（四）大学生自身的原因

大学生如果过于内向、依赖，从小被父母过分溺爱、呵护，可能出现生活能力差、学习落后、人际关系不良、以己为中心、自私偏执、法律意识淡薄、思想修养差的问题以及主观对外部环境的歪曲反映，这些都是导致大学生情绪不良和心理异常的因素。

要点延伸

要做到自我接纳，应从以下几个方面着手。

1. 停止与自己对立

不论自认为做了多少不合适的事，有多少不足，从现在起，都停止对自己的挑剔和责备，要学习站在自己这一边，维护自己生命的尊严和价值。

2. 停止苛求自己

允许自己犯错误,但在犯错后要进行总结和反思,做出补偿,以弥补错误造成的损失,不重复犯同一个错误。

3. 停止否认或逃避自己的负性情绪

要坦然地承认并且接纳自己的负性情绪,不论沮丧、愤怒、焦虑还是敌意。人产生负性情绪是很正常的,它提醒你对现状要有所警觉,这是改变现状的先决条件。如果一个人不为自己的成绩差而沮丧,他就不会努力学习;如果一个人不为和别人的矛盾而苦恼,他就不知道自己的人际交往方式需要调整。所以,不要害怕产生负性情绪,也不要否认或逃避,接纳它,然后再想办法解决引起负性情绪的问题。

4. 无条件地接纳自己

学习接受并且关心自己的身体和心理状况,不加任何附加条件地接纳自己的一切。

相关链接

扫一扫,观看视频

关注心理健康　关爱自我成长

互动体验

成长五部曲

活动导入

从远古生物进化到今天,人类经历了漫长的发展与变化,一部人类进化史就是一部人类的成长史。每个人在成长的不同阶段,会遇到许多问题,如困惑、无奈、失望与悲伤等。成长是一件美好的事情,充满奇特、幸运、感动与创造。成长过程中的点点滴滴需要我们悉心体味……

规则与程序

所有组员需要完成从"蛋—小鸡—鸟—猴子—人"的五级进化过程。

1. 每级生物都有自己独特的代表性动作,蛋是蹲下抱头,小鸡是半蹲着、左右舞动双手,鸟是站着、左右舞动双手,猴子是单足立着、一只手在额前,人是直立行走。

2. 活动过程中，组员都以身体姿势表示每级生物所处的阶段，不能用语言交流。

3. 每一次进化采用"石头、剪刀、布"的方式进行。首先两个"同类的生物"猜拳竞争，谁赢了谁就向上进化一级，直至进化为人。任何阶段，输的一方都要退回到"蛋"的阶段，再找处在"蛋"阶段的组员进行猜拳，直至向上进化。

4. 进化到"人"的组员可以先站到场地的一边，观察活动的进行。没有完成进化的组员要在场地中继续完成进化。最后，在活动的结束阶段，总会留下个别组员没有完成进化。

5. 活动时间为20分钟。

讨论要点

1. 成长是艰难的。每个人的成长都不是一件容易的事，学习、做人、处事都需要我们经年历事，不断反思，总结过去的经验与教训，延续成功的方法。"破茧成蝶"就是人生的写照，要想成为美丽的蝴蝶，必须经历和忍受"破茧"的过程。

2. 每个人的成长方式不同。每个人的生长环境不一样，家庭、学习环境、相处的人群以及自身条件等，这些复杂因素共同造就了我们每个人不一样的成长方式。有的人很容易取得成功，有的人却需要"蛰伏"许久才能超越自我；有的人是这样的性情禀赋，有的人却是那样的资质平凡；有的人是这样的行为模式，有的人却是那样的处事风格……只有了解自己的成长方式，才能更加清楚自己前行的道路。

心理测试

大学生心理健康测试

指导语

对于以下40道题，如果你感到"常常是"，请在括号内画"√"；"偶尔是"，请在括号内画"△"；"完全没有"，请在括号内画"×"。

测试量表

1. 平时不知为什么总觉得心慌意乱，坐立不安。　　　　　　　　　　　　（　　）
2. 上床后，怎么也睡不着，即使睡着也容易惊醒。　　　　　　　　　　　（　　）
3. 经常做噩梦，惊恐不安，早晨醒来就感到倦怠无力、焦虑烦躁。　　　　（　　）
4. 经常早醒1～2小时，醒后很难再入睡。　　　　　　　　　　　　　　　（　　）
5. 学习的压力常使自己感到非常烦躁，讨厌学习。　　　　　　　　　　　（　　）
6. 读书、看报甚至在课堂上不能专心一致，自己也搞不清楚在想什么。　　（　　）
7. 遇到不称心的事情便较长时间地沉默少言。　　　　　　　　　　　　　（　　）
8. 感到很多事情不称心，无端发火。　　　　　　　　　　　　　　　　　（　　）

9. 哪怕是一件小事情，也总是放不下，整日思索。（   ）
10. 觉得现实生活中没有什么事情能引起自己的兴趣，郁郁寡欢。（   ）
11. 老师讲概念，常常听不懂，有时懂得快忘得也快。（   ）
12. 遇到问题常常举棋不定，迟疑再三。（   ）
13. 经常与人争吵发火，过后又后悔不已。（   ）
14. 经常追悔自己做过的事，有负疚感。（   ）
15. 一遇到考试，即使有准备也紧张焦虑。（   ）
16. 一遇到挫折，便心灰意冷，丧失信心。（   ）
17. 非常害怕失败，行动前总是提心吊胆，畏首畏尾。（   ）
18. 感情脆弱，稍不顺心，就暗自流泪。（   ）
19. 自己瞧不起自己，觉得别人总在嘲笑自己。（   ）
20. 喜欢跟年幼或能力不如自己的人一起玩或比赛。（   ）
21. 觉得没有人理解自己，烦闷时别人很难使自己高兴。（   ）
22. 发现别人在窃窃私语，便怀疑是在背后议论自己。（   ）
23. 对别人取得的成绩和荣誉常常表示怀疑，甚至忌妒。（   ）
24. 缺乏安全感，总觉得别人要加害自己。（   ）
25. 参加春游等集体活动时，总有孤独感。（   ）
26. 害怕见陌生人，人多时说话就脸红。（   ）
27. 在黑夜行走或独自在家时有恐惧感。（   ）
28. 一离开父母，心里就不踏实。（   ）
29. 经常怀疑自己接触的东西不干净，反复洗手或换衣服，对卫生极端注意。（   ）
30. 担心是否锁门和可能着火，反复检查，经常躺在床上又起来确认，或刚一出门又返回检查。（   ）
31. 站在曾有人自伤的场所或悬崖边、大厦顶楼、阳台上，有摇摇晃晃想要跳下去的感觉。（   ）
32. 对他人的疾病非常敏感，经常打听，生怕自己也身患同病。（   ）
33. 对特定的事物、交通工具、尖状物及白色墙壁或稍微奇怪的东西有恐怖倾向。（   ）
34. 经常怀疑自己发育不良。（   ）
35. 一与异性交往就脸红心慌。（   ）
36. 对某个异性伙伴的每一个细微行为都很注意。（   ）
37. 怀疑自己患了严重的不治之症，反复看医学书籍或去医院检查。（   ）
38. 经常无端头痛，依赖止痛药或镇静药。（   ）
39. 经常有离家出走或脱离集体的想法。（   ）
40. 感到内心痛苦无法解脱，只想自伤。（   ）

评分标准

画"√"得2分，"△"得1分，"×"得0分。

结果解释

0~8分：你心理非常健康。

9~16分：你大致属于健康的范围，但应有所注意，可以找老师或同学聊聊。

17~30分：你在心理方面有了一些障碍，应采取适当的方法进行调适，或找心理辅导老师帮助你。

31~40分：黄牌警告，你有可能患了某些心理疾病，应找专业的心理医生进行检查治疗。

41分以上：有较严重的心理障碍，应及时找专业的心理医生治疗。

拓展阅读

你是胡萝卜、鸡蛋还是咖啡豆？

一个女儿跟父亲抱怨她的生活，抱怨社会生存压力如何大，求职如何困难，自己是多么烦恼，事事艰难，她不知该如何应对生活，想要自暴自弃了。她已厌倦抗争和奋斗，好像一个问题刚解决，新的问题就又出现了。

她的父亲是位厨师，他把她带进厨房。他先往三只锅里都倒入一些水，然后把它们放在旺火上烧，不久锅里的水都烧开了。他往第一只锅里放些胡萝卜，第二只锅里放鸡蛋，最后一只锅里放入碾成粉末状的咖啡豆。他将它们浸入开水中煮，一句话也没有说。

女儿咂咂嘴，不耐烦地等待着，纳闷父亲在做什么。大约20分钟后，父亲把火关掉，把胡萝卜捞出来放入一个碗内，把鸡蛋捞出来放入另一个碗内，然后又把咖啡舀到一个杯子里。做完这些后，他才转过身问女儿，"亲爱的女儿，你看见什么了？""胡萝卜、鸡蛋和咖啡"，女儿回答。

父亲让女儿走近些并让她用手摸摸胡萝卜。她摸了摸，注意到它们变软了。父亲又让女儿拿一只鸡蛋并打破它。将壳剥掉后，女儿看到的是只煮熟的鸡蛋。最后，父亲让女儿喝了口咖啡。品尝到香浓的咖啡后，女儿笑了。她问道："父亲，这意味着什么？"

父亲解释说，这三样东西面临同样的逆境——煮沸的开水，但其反应各不相同。胡萝卜入锅之前是强壮的、结实的，毫不示弱，但进入开水之后，它变软了，变弱了。鸡蛋原来是易碎的，它薄薄的外壳保护着它呈液体的蛋液。但是经开水一煮，它的蛋液变硬了。而粉末状的咖啡豆则很独特，进入沸水之后，它们反倒改变了水原本的样子。"哪个是你呢？"他问女儿。当逆境找上门来时，你该如何反应？

人生不如意之事十有八九，前进的路没有是一帆风顺的，一个人在逆境时的表现往往决定了他的人生走向。面对逆境，有的人努力奋斗，百折不挠；有的人浅尝辄止，一番争取之后，偃旗息鼓；有的人陷入困境，就心怀恐惧，绕着问题走。不同的态度导致了不同的结局，或是到达理想的彼岸，或是缩手缩脚碌碌无为。亲爱的同学，你是胡萝卜、鸡蛋还是咖啡豆？

（资料来源：徐慧. 你是胡萝卜、鸡蛋，还是咖啡豆. 当代学生：读写，2015.）

第三节　心理健康的途径

心灵故事

有三个打鱼人聚在一处水潭边钓鱼，突然，他们发现有人在上游落水，被冲进水潭。于是，一个打鱼人跳进水中把落水者救了上来，并用人工呼吸法进行抢救。但在这时，他们又见到另一个被冲下来的落水者，另一个打鱼人也跳入水中将他救了上来。可是，他们接着又发现了第三个、第四个和第五个落水者……三个打鱼人手忙脚乱，穷于应付了。这时，有一个打鱼人似乎想起了什么，他离开现场去了上游，想去做一件性质不同但目的一致的工作：劝说人们不要在这里游泳，并在上游插上一块木牌以示警告。可是，仍有人无视警告被冲进水潭，三个打鱼人仍然忙于从水中救人。后来，一个打鱼人猛然醒悟，他说这样仍然不能从根本上解决问题，他要去做另一项工作——教人们游泳。这似乎是问题的关键，因为人们有了好的水性，能够像他们三个打鱼人那样，即使被冲入深水或急流之中，也能独自应付，不至于深陷危难之中，遭受灭顶之灾。

（资料来源：申荷永，高岚. 心理教育［M］. 济南：暨南大学出版社，1996.）

如果以此来比喻心理健康教育，第一步跳入水中抢救落水者的工作就好比心理治疗，即运用心理学方法，对已经产生较严重心理障碍的人员进行专门调节，使之恢复正常的状态。第二步有一个打鱼人去上游对人们进行劝说，这就好比是心理咨询，即根据个体心理特点与规律，运用心理学方法，帮助前来求助的人排除各种心理障碍，使之能及时摆脱不利的心理状态，恢复到健康状态。第三步，那位猛然醒悟，立志去教人们游泳的打鱼人所做的工作（诸如游泳知识的讲解、游泳技能的培训、体能的提高、体质的增强等），就好比心理健康教育和辅导，即根据个体心理特点与规律，运用心理学方法，设计各种方案来实施，以促使学生良好心理素质的形成。

知识导读

一、大学生心理健康教育的任务

学校心理健康教育是指教育者根据学生生理、心理发展的特点，运用心理学等多种学科的理论与技术，对学生进行心理健康知识与技能的教育与训练辅导，培养学生良好的心理素质，促进学生身心全面和谐发展和整体素质提高。加强大学生心理健康教育工作是新形势下全面贯彻党的教育方针、实施素质教育的重要举措，是高等学校德育工作的重要组成部分，也是促进大学生全面发展的重要途径和手段。

（一）大学生心理健康教育的任务

《教育部关于加强普通高等学校大学生心理健康教育工作的意见》［教社政（2001）

1号]对大学生心理健康教育的任务和内容做了明确规定:"高等学校大学生心理健康教育工作的主要任务是:根据大学生的心理特点,有针对性地讲授心理健康知识,开展辅导和咨询活动,帮助大学生树立心理健康意识,优化心理品质,增强心理调适能力和社会生活的适应能力,预防和缓解心理问题。帮助他们处理好环境适应、自我管理、学习成才、人际交往、交友恋爱、求职择业、人格发展和情绪调节等方面的困惑,提高健康水平,促进德智体美等全面发展。"

大学生心理健康教育的核心任务:给学生提供一个反思和体验的心理空间,使他们能够用宁静平和的心态去审视自己、思考人生;给学生提供一个交流的机会,使他们能够真诚地表达自己的思想、情感;给学生提供调节自己、影响别人的方法,使他们在人际交往过程中以健康的心态面对自己和他人,用真心和关爱去获得友谊、理解和谐的人际环境。

除此之外,大学生心理健康教育还应注意面向少数有心理障碍的学生,开展补救性和矫治性的心理咨询与辅导,使他们尽快摆脱障碍,调节自我,恢复和提高心理健康水平,增强发展自我的能力。对于极少数有严重心理疾病的学生,能够及时识别,并转介到专业心理治疗机构,同时予以密切配合,以尽快治愈其疾病,帮助其重返校园。

(二)大学生心理健康教育的内容

高等学校大学生心理健康教育工作的主要内容:

(1)宣传普及心理科学基础知识,使大学生认识自身的心理活动与个性特点,了解心理健康对成才的重要意义,树立心理健康意识。

(2)介绍增进心理健康的途径,使大学生掌握科学、有效的学习方法,养成良好的学习习惯,自觉地开发智力潜能,培养创新精神和实践能力。

(3)传授心理调适的方法,使大学生学会自我心理调适,有效消除心理困惑,自觉培养坚韧不拔的意志品质和艰苦奋斗的精神,提高承受和应对挫折的能力,以及社会生活的适应能力。

(4)解析心理异常现象,使大学生了解常见心理问题产生的原因及表现,以科学的态度对待各种心理问题。

二、大学生心理健康教育的重要意义

大学生正处在身心发展的重要时期,随着生理、心理的发育和发展,竞争压力的增大,生活环境的日趋复杂,他们的身心健康发展受到的负面影响越来越大,他们的心理健康问题也较以前更显著和突出。

令人担忧的是,不良心理健康状况不仅导致一些学生患上身心疾病,严重影响了身体健康和学习活动,同时还直接损害了他们的品德发展和正常的社会性适应。如有的学生因心理健康问题而休学、退学、离家出走、自伤、犯罪等,给社会、学校、家庭和个人造成了很大影响。因此,对大学生开展心理健康教育,对于大学生健康成长和发展、对于精神文明建设、对于社会稳定都有着十分重要的意义。

(一)有利于促进学生全面发展

高校培养的学生不仅要有良好的思想道德素质、文化素质、专业素质和身体素质,而且要有良好的心理素质。学生的心理健康教育与德智体美劳诸多方面的教育有着密切的关系,不仅是其中不可缺少的部分,也是从某些方面对全面发展教育的融通和优化,具有相互促进和相互制约作用。为此学校必须大力加强心理健康教育,促进学生素质的全面发展和提高。

（二）有利于促进学生身心健康

陶行知先生曾指出，健康是生活的出发点，也是教育的出发点。由此可见健康教育的重要意义。但是，健康不仅是没有疾病，而且是一种个体在身体上、心理上、社会上完全安好的状态。没有精神上、心理上的健康，就难以保证生理上的健康，更谈不上真正的健康。然而，在现实生活中，人们对健康的评价往往只关注生理上的健康，很少注意精神、心理的健康；人们往往只重视生理健康的教育与训练，忽视了心理健康的教育与训练。这不仅影响了学生的心理健康，还使生理健康得不到保证。只有学生的生理健康和心理健康都得到重视，才能全面提高学生的身心健康水平。

（三）有利于促进学生思想品德教育

大学生正处在品德形成的重要时期，也是人生观、世界观形成的关键时期，同时也是心理上充满矛盾和冲突的时期，心理复杂而多变。如果学校不掌握他们的心理，就难以真正了解他们的思想，也无法有效地进行思想品德教育。大学生自身不具备健康的心理素质，也难以塑造优良的道德品质。两者并不对立，在学校教育工作中可以各司其职，各得其所，并相互借鉴与提高；在本质上又都是以培养全面发展的人为宗旨，似车之双轮，鸟之双翼，不应缺一。因此可以说，开展心理健康教育丰富了德育的内容，扩展了德育的方法，增加了德育的途径，进一步提升了德育的地位，在更高层次上提高人的素质，使之达到全面发展的培养目标。

三、大学生心理健康教育的途径

大学生心理健康教育涉及学校教育的方方面面，渗透于学校教育的各个环节。具体来说，开展大学生心理健康教育的途径有以下四个方面。

（一）学校开设心理健康教育课程

大学生心理健康教育是一个系统工程，必须调动各方面的力量为学生创造良好的心理发展环境。大学生心理健康教育只有根植于学校的教育教学实际，与学校的全方位工作相融合，才会根深叶茂，具有无限的生命力。因此，大学生心理素质的提升需要凭借日常的、大量的心理健康教育的影响，通过耳濡目染，日积月累，让学生时时处处都沐浴在健康和谐的心理环境中，才能收到实效。心理健康教育课是促进学生心理健康发展的系列课程，讲授心理健康教育课程是目前学校心理健康教育中普遍采用的行之有效的方法。目前，高校开设此类课程主要包含以下两种：第一种是向学生讲授心理健康知识；第二种是面向全体学生，针对学生的心理发展需要开展辅导活动，辅导目标重在预防心理问题，发展、提高学生的心理品质。总体来说，大学生心理健康教育课程就是教师在心理学理论的指导下，寓心理教育于活动，注重活动对学生心理素质的推动作用。学生积极参与心理活动是活动能否收到实效的关键动力。

（二）学校加强校园文化建设

校园是学生学习和生活的地方，校园的文化气氛在很大程度上影响着大学生的心理发展。孟母三迁的故事在中国家喻户晓，这个故事说明了环境对一个人的影响是多么的重要。环境不仅是人生存的空间，还是人交流的场所，是人反观自身的镜子。教育是在某种特定的环境下，能够帮助、促进学生成长、发展和活动。在这种活动中，一方面，学生要在一种自然真实的环境中接受教育；另一方面，他们又要自觉地参与到创造环境条件的过程中。学生是校园文化建设的主要力量，校园文化建设要以学生的人格发展为出发点和归宿，以激发学生的创造力为途径，以学生内心情感的自然流露和真实生活为内容，倡导积极向上，和谐合作的学习者联合体。

我们处在一个竞争激烈的时代，竞争的环境会给人以发展的动力，也会使人孤独、焦虑。但学生的生活主要不是竞争，而是平等与合作。我们所有人要共同努力创设一个平等、互助、友好的成长空间，避免恶性竞争，让学生健康快乐地成长。

（三）大学生参与学校各项活动

1．班级活动

班级是大学生学习和活动的主要场所，班级活动的目的是创建一个良好的班集体，营造和谐的班级气氛，使大学生在集体活动中塑造良好的个性，提高人际沟通的能力。丰富多彩的班集体活动，如各种班会、沙龙、演出、项目等，都可以让大学生陶冶情操，促进心理成长。

2．心理活动

大学生可以通过参加学校组织的心理活动，如团体咨询、心理文化节、心理剧表演等，了解心理规律，学会了解自己、理解他人，提升心理素质和保持心理健康。大学生可以在团体活动中探究自我、反思自我、完善自我。团体活动中真诚的交流沟通、丰富多彩的活动内容、适应不同学生特点的活动形式、灵活多变的活动过程、自由活跃的活动气氛、彼此间的认可和接纳，以及平等的表达机遇等，都会向学生传达出积极的情感信息，营造安全、信任的交流气氛，让学生在这样的团体中真诚地交流沟通。

（四）大学生寻求心理咨询帮助

大学生心理健康教育预防重于治疗，但是当大学生出现各位心理困扰和问题时，还是应求助于心理咨询中心以获得专业的心理帮助。

在了解什么是心理咨询之前，需要澄清下述问题：心理咨询不同于行政手段，也不是泛泛的说教；心理咨询不是为了盘查别人的隐私，也不是闲聊；心理咨询不是简单的同情和宽慰，也不是把大事化小、小事化了；心理咨询不是工作经验交流或社交休闲，也不是为了达成某项具体的规划或协议；心理咨询不是调解人际关系中的矛盾纠纷，也不能替来访者处理生活中的具体问题。

心理咨询是指受过专业训练的心理咨询人员依据某种心理学原理，运用心理学的方法，通过与当事人建立良好的咨询关系，以化解其心理症结，促进其生活适应和以人格改善为目标的专业的人际帮助活动。

首先，心理咨询与医学治疗有区别。心理咨询的作用途径不是用物理、化学等手段干扰患者的身体并解除疾病，咨询关系也不是医生与患者之间的关系。心理咨询的服务对象是正常人。凡是自觉心理不够健全、适应能力难以顺利应对各种压力、自我发展有待完善的人，都可以从心理咨询中受益。

其次，心理咨询有别于日常生活中的人际帮助活动。在日常生活中，人们可以互相帮助，通过谈心交流来缓解他人的紧张情绪和痛苦，但这不是心理咨询。心理咨询有特定的目的和任务，有专门的理论和方法，它重在帮助人们分析内心的矛盾冲突，协助他们自我改变和实现人格的成长，而不是人与人之间一般的社会交往。

从对心理咨询含义的分析中，我们了解到心理咨询是心理咨询师和当事人相互作用的过程，它包括以下基本要素：

1. 良好的咨询关系

建立和发展良好的咨询关系，是心理咨询基本的和必要的条件，也是心理咨询能否顺利进行的重要保证。咨询关系是心理咨询师用自己的人格力量和专业技能营造出来的独特的人际关系。这种关系能够使当事人与心理咨询师达到真诚透明，相互尊重和共情理解。在安全、信任的气氛中，当事人能够向咨询师袒露自己的烦恼和痛苦，认真进行自我认识、自我探索和自我调整，最终达到自我和谐发展。

2. 倾听当事人心声

倾听是指心理咨询师对当事人的谈话不仅仅是听听而已，而是真正了解当事人，理解当事人所体验的情感、所持有的观念等。倾听是心理咨询师尊重当事人的一种表现，是心理咨询顺利展开的前提，也是始终贯穿于心理咨询过程的主要内容。倾听能使咨询师真正走进当事人的内心世界，产生微妙的影响力。未经过很好的倾听，就凭自己的价值观对当事人的问题进行粗鲁、武断的解释和评判，是心理咨询师常犯的错误，应该极力避免。

3. 鼓励当事人叙事

通过叙事，当事人能认识到自身的创造性力量，重新梳理自己的各种经验，领悟自己的问题，并冲破固有观念的束缚，开放心态，探索新的生活方式。如果当事人没有充分表达和叙事，咨询师和当事人都无法理解当事人存在的问题，咨询就无法顺利开展。因此，咨询师切忌进行自以为是的教训、说服、劝告和指导。

4. 推动当事人求助

当来访者感到心理不适，产生寻求帮助的需要时，咨询才有意义，有些人迫于别人的驱使而来咨询，并不愿吐露心声，交流和帮助就难以深入进行。这时心理咨询师能否尽快以真诚、尊重的态度和具有高度针对性的共情，使当事人产生信任和求助意愿，是咨询能否取得良好效果的关键。

要 点 延 伸

如何维护大学生的心理健康

1. 学会自助是关键

有句俗语叫"解铃还须系铃人"，说的是金陵清凉寺泰钦禅师的故事。有一次，法眼禅师在讲经说法时询问寺内众和尚："谁能够把系在老虎脖子上的金铃解下来？"大家再三思考，都回答不出来。这时，泰钦禅师刚巧走过来，法眼禅师又向他提出这个问题。泰钦禅师不假思索地答道："只有那个把金铃系到老虎脖子上的人，才能够把金铃解下来。"法眼禅师听后，认为泰钦禅师颇能领悟佛教教义，便当众赞扬了他。后来，这句话就被以"解铃还须系铃人"的谚语流传下来，人们用它来比喻谁造成的困境还得由谁去解决。我们面临的心理健康问题也是一样，心理问题的产生主要是由于自己的认知态度偏激或思想狭隘等所致。要改变认知心态，别人不可能代替我们，就像别人不能代替我们吃饭、呼吸一样。只有自助，才是走出心理困境的唯一出路。

2. 主动排查很必要

近年来，大多高校采用通过对学生定期进行心理健康普测，结合日常摸底排查的方法，及时发现心理问题高危人群，通过受过专业培训的心理辅导员或专、兼职心理咨询老师的约谈识别，对确有心理问题的学生建立重点关注档案，并进行跟踪辅导。所以，同学们要高度重视和认真对待心理普测和心理问题排查工作，积极主动配合。一方面要应用所学的心理健康知识经常检视自己的心理健康状况；另一方面也要关心周围的同学，观察和了解他们是否有心理困扰。特别是大学生心理健康协会会员和各级学生干部，包括班级心理委员、宿舍心理信息员，要成为排查问题的骨干成员，做到发现问题及时反馈。

3. 寻求支持与帮助是手段

当同学们发现和认识到自己有了心理问题，自我调适又不能奏效时，就应该积极寻求外界的帮助。如寻求父母、亲友、同伴的帮助，学校的心理咨询机构，社会的心理咨询与治疗机构，著名的心理咨询网站，心理服务热线等。

互动体验

完美一角

活动内容

1. 活动以小组形式进行，组长分发缺一角的圆形纸片。每位组员一个，颜色各不相同。
2. 请组员在圆形纸片上写下自己目前所拥有的资源。
3. 组长分发圆形纸片的缺角给组员，并且说明缺角上要写自己目前最想追求的东西。
4. 请组员在小组里分享自己的作品。
5. 讨论：
(1) 你拥有的资源是什么？
(2) 你想追求什么让自己的生命更趋于完满？
(3) 你准备做怎样的努力来追求自己想要的东西？
(4) 自己追求的东西得不到的时候，你会如何面对？
6. 组长整理组员分享的内容，鼓励大家勇于追求自己想要的东西并成为想要成为的那类人，但不要忘记看看自己已拥有的资源，并且试着去面对和接纳自己的缺陷。

心理测试

大学生心理求助态度问卷

指导语

请认真阅读每个题目，根据自己的实际情况，逐一对问题做出回答。"1"表示完全不赞同，"2"表示不太赞同，"3"表示难以确定，"4"表示基本赞同，"5"表示完全赞同。

测试量表

1. 我认为无论出现任何心理问题都应该由自己解决。　　　　　(1 2 3 4 5)
2. 如果我去找心理咨询师谈论私人问题，我并不担心一些个人隐私会泄露出去。
　　　　　　　　　　　　　　　　　　　　　　　　　　　(1 2 3 4 5)
3. 寻求专业心理帮助的人常被认为是脑子有毛病。　　　　　(1 2 3 4 5)
4. 心理求助是一种积极的应对方式。　　　　　　　　　　　(1 2 3 4 5)
5. 心理问题会像其他问题一样随着时间推移而自动消失。　　(1 2 3 4 5)
6. 寻求心理咨询师的帮助表明我没有能力处理自身的问题。　(1 2 3 4 5)
7. 只有在心理问题比较严重而自己又无法解决的情况下，我才会考虑求助于心理咨询师。　　　　　　　　　　　　　　　　　　　　　　　　　(1 2 3 4 5)
8. 很难想象我的问题会严重到要去寻求心理帮助。　　　　　(1 2 3 4 5)
9. 遇到心理困扰去找心理咨询师求助是不坚强的表现。　　　(1 2 3 4 5)
10. 我认为寻求专业心理帮助可以缓解消极情绪、减轻心理负担。(1 2 3 4 5)
11. 我宁愿忍受某些心理冲突，也不愿接受心理咨询的折磨。　(1 2 3 4 5)
12. 有些事情跟家人和朋友不方便说，找心理咨询师倾诉一下是最好的办法。
　　　　　　　　　　　　　　　　　　　　　　　　　　　(1 2 3 4 5)
13. 如果我曾经在心理咨询中心求助过，我不会认为这是不可告人的秘密。
　　　　　　　　　　　　　　　　　　　　　　　　　　　(1 2 3 4 5)
14. 心理咨询可以帮助人更全面地认识自己，增强自己的适应能力。
　　　　　　　　　　　　　　　　　　　　　　　　　　　(1 2 3 4 5)
15. 我讨厌那些想了解我个人问题的人，无论他是否受过专业训练。
　　　　　　　　　　　　　　　　　　　　　　　　　　　(1 2 3 4 5)
16. 如果别人询问我有关心理健康的问题，我会推荐他去寻求专业心理帮助。
　　　　　　　　　　　　　　　　　　　　　　　　　　　(1 2 3 4 5)
17. 寻求心理帮助会受到同学们的议论和轻视，有损自尊心。　(1 2 3 4 5)
18. 如果我确认自己患有心理障碍，我会主动寻求专业人员的帮助。
　　　　　　　　　　　　　　　　　　　　　　　　　　　(1 2 3 4 5)
19. 心理咨询可以帮助人更好地开发自己的潜能。　　　　　　(1 2 3 4 5)
20. 我身边一些人通过心理咨询获得了很好的帮助。　　　　　(1 2 3 4 5)

评分标准

此问卷中第1、3、5、6、7、8、9、11、15、17题为反向计分题，选择1、2、3、4、5按5、4、3、2、1分计算；其余题项为正向计分题，选择1、2、3、4、5按1、2、3、4、5分计算。

结果解释

将所有项目的得分相加，总分为20～100分，得分越高表明该学生的专业心理求助态度越积极。

第二章
适应环境　做好规划

明白事理的人使自己适应世界；不明事理的人想使世界适应自己。

——萧伯纳

拓展阅读

一个人拥有健康的身体固然重要，但拥有健康的心理更重要。纵使身体残缺，内心完美，照样可以活出美丽的人生。2007年感动中国的十大人物之一"丽姐"——李丽，从小患有小儿麻痹症，她年轻时好不容易与轮椅说再见，可一场车祸又逼她不得不与轮椅长期做伴。试想，遭受这样不幸的命运，有多少人能坦然地面对？有多少人能够笑着去选择崭新的生活？有的人或许只会整天以泪洗面，怨天尤人，甚至走上轻生之路。但李丽却勇敢地说"不"，她穿上漂亮、鲜丽的衣服，以"丽美人"的姿态出现在世人的眼前。她以实际行动告诉人们，不幸的遭遇可能会改变一个人的人生道路，但健康积极的心态也可以改变不幸的命运。她认为，面对生活的磨难与挫折，坚强的意志诚然重要，但健康的心理又岂能忽视？因此，她创办了"李丽家庭教育工作室"，接待成千上万的中学生和服刑人员，帮助他们积极面对生活、面对未来。她每天为很多人的心理健康而努力工作，她在努力工作中实现自己的人生价值，塑造美丽的人生。我们比李丽幸运，因为我们拥有健康的身体，那我们又应该怎样去面对自己的人生呢？那些因为一时挫折而一蹶不振的人，那些因为失恋而自暴自弃的人，那些垂头丧气、脸上总是阴云密布的人，想想李丽，是不是有一点点惭愧呢？

（根据央视网相关资料整理）

启发思考

1. 如何科学地理解健康的概念？什么是心理健康？
2. 对照大学生心理健康的标准请你评估一下自己：你是一个心理健康水平如何的人？在哪些方面做得比较好？哪些方面需要努力提升？
3. 你会选择哪些途径促进自己心理健康？

星说心语

党的十九大报告指出，要加强社会心理服务体系建设，培育自尊自信、理性平和、积极向上的社会心态。

国家的发展本质上是人的发展。人的发展离不开心理的健康发展。习近平总书记在全国卫生与健康大会上强调，要"将健康融入所有政策"。在这一精神指导下，服务健康中国建设成为所有学科共同承担的时代使命，心理学也应积极拓展参与健康中国建设的着力点与关注面，以全面有效地助推健康中国战略的实施。我们要充分利用心理学研究成果，预测、引导和改善个体、群体、社会的情感和行为，提高国民心理素质，促进国民心理健康，提升国民幸福感，提升国家凝聚力。唯有心安，才有民安，才有国安！

第一节 新生"心"适应

心灵故事

小周说:"初入大学后最大的感受就是对新的教学方式不适应。高中时,老师都盯得很紧,还不时地有个测验或考试,不想努力都难。但在大学里,作业不常布置了,老师也很少主动来关心自己的学习,连上课地点也不固定了。面对这么'宽松'的大学学习方式,真令人感到有些手足无措。"

小王说:"上大学之后突然多了那么多时间,我都不知道怎么过了……"的确,高中的每一天几乎都被安排得满满的,上了大学,时间一下子宽裕很多,小王反而觉得不知所措、无所事事。每天上完课之后如何处理大段的空余时间成了让他头痛的问题。

小李说:"我发现下了课,老师连面都见不到了,大学老师不像中学老师那样一直在办公室里,我有问题也很难及时找到他们解答,让我自己去找,又觉得特别不好意思。高中时都是老师主动找我们,盯着我们。可是不找老师,很多问题又得不到解答,着实让我非常为难。"

小红说:"中学时只需念好书就行,生活琐事一切由父母包办。进了大学,一切都得靠自己,感觉很不适应。"

小张说:"我爸妈在我刚入学的时候,把一个学期的生活费都给我打到卡里了,结果不到一个月的时间,钱已经花去了大半,接下来的生活怎么过,已成为我的头等大事。进入大学,不会理财真不行。"

以上同学遇到的问题都属于大学新生的适应问题。初入大学,新鲜、陌生、惊奇等各种感觉交织在一起,如何更好地适应大学生活,已成为每位大学新生的必修课。

知识导读

一、大学生适应概述

(一)适应的含义

"适应"是来源于生物学的一个名词,用来表示能增加有机体生存机会的那些身体和行为上的改变,心理学上用来表示对环境变化做出的反应。由于心理学研究对象从简单的感知觉、认知学习、行为习惯、人格到社会关系,具有复杂的层次性,因此,心理学领域对适应概念的理解和运用存在三种不同的层次。

1. 生理适应

生理适应即生物学意义上的适应,指在有机体的机能和感知觉水平上,个体对声、光、味等刺激物的适应。在此层次上，适应至少可以分为两种类型：一是长期性适应过程，指个体或群体为了求得生存和发展，在生理机能或心理结构上产生改变，以适合于自身生存环境的历程；二是即时性适应过程，指有机体感官随着刺激在时间上的延续，感受性水平发生变化的现象，如感官适应、个体学习等。

2. 心理适应

心理适应通常指个体遭受挫折后借助心理防御机制来使人减轻压力、恢复平衡的自我调节过程。这是一种狭义的适应概念。

3. 环境适应

这是社会适应层次上的概念，主要包括两种适应：一是指个体为了生存使自己的行为符合社会要求的适应；二是努力改变环境使自己能够获得更好发展的适应。

综合以上观点可以看出，适应这一现象具有以下性质和特点：

（1）适应是主体对环境变化所做出的一种反应，适应伴随环境的变化而产生，没有环境的变化就无所谓适应或不适应。

（2）适应的目的是达到或恢复主、客体之间的平衡，因此，适应就是主体不断建立平衡的动态变化过程。

（3）适应是在主体自我意识作用下的自我调节过程，其中，同化和顺应是主要的自我调节方式。

（二）大学新生适应

大学新生适应主要是指个体从中学生到大学生的角色转换，是在与大学这个复杂多变的环境互动中不断调整，最终达到身心平衡的动态过程。

二、大学新生常见的适应问题

大学新生离开家乡，离开父母和家庭后，步入了一个新的生活环境，学习的内容和生活的方式都发生了变化，日常接触的社会群体也发生了变化……这些变化，都以一定方式影响着学生的心理，造成学生心理上的不平衡和行为上的不适应。在某高校的心理咨询过后，有很多学生反映，由于环境的改变，自己出现了矛盾、困惑心理。其中，一部分学生表现出对现实的失落。由于中学时教师为了激励学生刻苦学习，考出好成绩，常把大学描绘成"人间天堂"，学生也将考上大学作为唯一的和最终的目标来激励自己。但当进入大学校园后，突然发现事实并非如此，进而怀念起过去的中学生活。一部分学生还发现在中学时站在山顶"风景这边独好"的感觉没有了，在高手如云的新集体中，昔日那种优越感荡然无存，无形中在心理上产生了一种失落感；还有一部分学生表现出对专业学习的困惑。与中学相比，大学学习具有更多的自主性、灵活性和探索性。进入大学后，很多学生一时无所适从。有些学生感觉一下子从中学的严格管教中"松了绑"，不知如何安排学习，心中感到忧郁、焦虑和恐慌。也有的学生表现出对生活及环境的不适应。进入大学后，学生由原来依赖父母的家庭生活过渡到相对独立的大学集体生活，会在心理上产生一种孤独感。综合以上因素，大学新生常见的适应问题主要表现在以下几个方面。

（一）角色转换有困难

每一位大学新生都面临着角色的转换，即从一名中学生转变为一名大学生，和对自我的重新定位。在这种角色转换的过程中，如果自身的行为不能随着角色的变化而变化，以符合角色的要求，不能随着时间、环境的不同而进行相应的调整，就可能会出现角色的冲突，从而出现适应不良。例如，有一些学生入学后，首先感到难以适应的是班级中地位的变化，因为很多学生在中学都是尖子生，习惯了"拔尖"的地位，进入大学后，高手云集，势必使他们失去了原来的"拔尖"地位，而成为"一般"甚至"比较差"的成员。这种地位的变化越强烈，他们适应起来就越困难。很多学生是带着"过去的辉煌"来到大学的。然而进入大学后，他们不再是大家关注的焦点。大多数学生要从优势角色向普通角色转变，面对新的角色，有的学生发觉自己不管是从职务还是从学习上都很难再现辉煌，于是便产生了一种"挫折感"，原有的优越感和自豪感变成了自卑感和焦虑感。这一转变很可能引发大学生对自己角色定位的困惑，精神上会出现失落感，自卑、抑郁、退缩等心理问题常常会发生。

（二）生活环境难适应

陌生的校园、陌生的面孔、全新的语言环境、崭新的校园内外文化生活，这些都是大学新生进入校园后首先要面对的问题。对大多数刚踏进大学校门的新生来讲，他们在入学前，对大学的生活、大学的环境都有美好的憧憬，然而理想与现实之间总是会有很大的差距，如果不能及时进行调整，减少理想与现实之间的冲突，就很容易导致各种心理落差和心理失衡，以至于不能很好地适应。

家庭舒适的生活条件、父母的各种关爱，使许多学生缺乏独立的生活能力，他们一旦离开了父母，便感到生活上失去了依靠。对新生来说，进入大学后，没有了父母、长辈的每日悉心照料，他们首先要独立生活，独自面对生活中的困难，学会日常生活的打理，学会自己照顾自己。从一日三餐到个人的生活，一切都要由自己做主，这些变化会使一部分学生感到手足无措。此外，饮食习惯、生活环境发生了改变，有的学生会抱怨食堂不可口的饭菜、集体生活的种种不便和舍友的一些不良习惯……一系列生活习惯和环境的改变都可能使他们感到不适应，因而出现想家、思念亲人、怀念老同学等现象，并由此可能产生各种烦恼，出现焦虑、抑郁、敌对、低落的情绪，严重者会影响心理健康。某校曾有一位外地男生，由于无法面对离开父母的生活，产生了严重的厌学情绪，最后宁愿选择退学，也不愿选择独自面对生活。

（三）人际关系有困扰

我国心理学家丁瓒教授指出："人类的心理适应，主要是对人际关系的适应；人类的心理疾病，主要由人际关系失调而来。"对大学生而言，也同样如此。人际关系在大学生活中始终都是影响心理健康的重要因素。人际关系不良，会给大学生带来很多烦恼、焦虑和不安，进而可能产生许多心理问题。有调查发现：在大学一年级新生中，有一半以上的学生有人际交往方面的心理困惑，这是大学新生最大的心理问题。

在大学里，来自天南地北、五湖四海的学生汇集成一个社会的群体，由于地域与家庭的不同，他们的生活方式、性格、兴趣、思想观念、饮食习惯等多方面也存在明显差异，在这个大家庭的人际交往过程中，不可避免地会发生一些摩擦、冲突和情感损伤。本来他们远离父母就有一种孤独感，一旦出现人际关系不和谐或发生其他冲突，孤独感就会进一步加剧，从而产生压抑和焦虑，有些学生表现为人际交往心理障碍。有些学生因为语言表达能力较差，害怕与他人沟通，于是把自己的内心情感世界封闭起来。这类学生经常处于一种渴望交往而又害怕交往的矛盾之中，很容易导致孤独、抑郁或自卑。还有些学生因为不合群，他们因不被理解而被排斥，其中一部分人便独来独往，不与他人接触，久而久之就产生性格孤僻、多疑等心理倾向。

（四）学习方式有压力

大学是人生一个重要的转折点。据有关调查显示，有60%的新生存在不同程度的学习心理问题。刚从中学毕业考上大学的学生，都要经历学习心理与学习方法的适应期。有的同学很快就能适应，有的同学则适应得很慢。首先，大部分大学新生不适应大学的学习生活环境。其次，大学的学习比中学更复杂，同时也更为自觉、独立。老师的授课方式也不同于高中，大学里很少有人监督、主动指导学生学习。相当一部分大学生上大学后产生"动机落差"，比如高中阶段学习的唯一目标是考上大学，一旦目标实现了，就开始松懈，没有重新树立新的目标。最后，很多大学新生自我控制能力差，缺乏远大的理想，没有树立正确的人生观，学习动力不足，从而影响学习效率与学习效果。

（五）综合对比有落差

大学校园里人才济济，这使得大学生在文艺、体育以及知识面、交往能力、经济条件等方面的差异更加突出，势必引起攀比、嫉妒、自卑等心理。特别是大学生中的一些贫困生，由于家庭贫寒造成的生活困难，会导致他们心理失衡，甚至出现某种程度的心理困扰，如果不能及时进行调适，就会使消极的认知和情感体验被泛化到生活的其他方面，使他们感觉到自己在经济基础、风度仪表、人格魅力等方面处处不如别人，产生强烈的自卑感。

三、大学新生适应不良的常见原因分析

适应不良是导致大学生出现心理问题和心理亚健康的重要原因之一。对绝大多数大学新生来说，陌生的校园、新的人际关系、新的学习内容和方式等一系列的改变都需要较强的适应能力。导致大学生适应不良的常见原因主要有以下几个方面。

（一）自我认识不清

自我意识是一种比较稳定、系统的认知，是关于自我、自我与他人和社会关系的一种认知。自我意识过强或过弱都是不符合心理健康标准的。前者表现为以自我为中心、唯我独尊，后者则表现为唯唯诺诺、随波逐流。自我意识良好的核心是自知与自爱。某大学调查发现，有21%的学生对如何发挥自己的优点和克服缺点感到迷茫，有一部分学生看到班上有些同学多才多艺、能力较强，便觉得自己一无是处，事事不如他人，产生自卑心理。有些学生知道自己的不足，但又不知道如何改变自己。在大学阶段，个体的自我意识逐步增强，但在相当长的时间内，他们并没有形成关于自己的稳固形象，自我意识还不够稳定，看问题往往片面主观，加上心理的易损性，一旦遇上暂时的挫折和失败，就会灰心丧气，怯懦自卑。他们对周围人给予的评价非常敏感，哪怕一句随意的评价，都会引起他们内心很大的情绪波动和应激反应，以致对自我评价发生动摇。

过于自卑或过于自信是影响大学生社会适应的常见原因。自卑与自信是人性格中的两面，相互排斥却又相互依赖，就好像一个硬币的两面。每个人身上都有属于自己的优点或缺点，因此，每个人或多或少都会有自信与自卑的心理。一个人如果过于自信，那就会变得自大，忘乎所以，自以为是，目中无人，从而影响与他人的关系，自己孤立了自己，导致人际关系不良；而一个人如果过于自卑，就会缩手缩脚、一事无成，总认为自己样样不如人，因而陷入自责、不安、懊悔之中，导致适应不良。所以，当一个人在与他人比较中获得自信时，要学会与自己比较来获得自谦；而在与他人比较中感到自卑时，也要学会自

己与自己比较来获得自信。自信与自卑是一个人自我感觉的天平，只有正确地认识自我，才能保持心理的平衡，更好地适应周围环境。

美国人本主义心理学家马斯洛在谈到心理健康时指出，人要能够悦纳自我、悦纳他人、接受自然。心理健康的人能够了解自己的实际情况，意识到自己的优点和弱点，并且容忍和认可它们。因此，如果不能建立良好的自我意识，不能实事求是地接纳自己，在现实生活中就容易出现心理的不平衡，出现对大学生活的不适应，甚至会造成某些心理障碍。

（二）存在认知偏差

认知是指人对周围事物的看法或观点。一个人是否有正确、健康的认知方式，直接关系他的心理状况。美国心理学家埃利斯认为，人的大部分情绪困扰的心理问题都来自于不合理的信念。这些不合理的信念，主要表现在以下三个方面：一是绝对化。即以自己的意愿为出发点，对一切事物怀有其必定会发生或不会发生这样的信念。二是过分概括化。这是一种以偏概全的不合理思维方式，常用一两件事情来对自身及他人进行不合理评价。三是糟糕透顶。即认为某一件事情发生了，必将非常可怕，后果极其严重。其实，事情有时并非像自己所看到的那样，事情本身往往并不可怕，而是人把它想得很可怕。

美国心理学家贝克指出，适应不良的行为与情绪源于适应不良的认知。个体对待事物的态度常常左右着个体的行为，消极的态度必然导致消极的行为。例如，有两个学生，考试都得了80分。一个为自己取得的成绩而感到高兴，因为他认为自己顺利地通过了这门考试，成绩良好；而另一个则感到失望痛苦，因为他认为80分未达到优秀水平，对他来说，达不到优秀就意味着失败，由此他情绪低落，责怪自己，无心思学习。消极对待现实或片面地看待事物、主观臆想、以偏概全等都影响着个体的适应，认知上的偏差会导致个体适应能力大大降低，阻碍自我潜能的发挥。所以，在学习、生活、人际交往中，当一个人由于不适应而出现情绪困扰时，应检查一下自己的认知是否出现了偏差。

（三）人格特征不良

人格是一个人独特的心理特征，具有相对的稳定性。适应的好坏与人格特征有着密切关系，下列人格特征常常导致适应不良。

1. 依赖他人

在儿童时期，父母对子女的过度保护可能促成其过分依赖的人格特征，过分依赖的人缺乏主见、决策困难，总是希望或依靠别人来做决定；缺少独立性、自主性，常附和别人、压抑自己，过分寻求别人的赞同与支持，过度依赖别人的照顾，不能独立面对生活。有一位大学生，是家里的独生子，父母对他照顾得无微不至，从小到大一直如此。当他考上大学，离开父母来到新的环境时，他表现出严重的焦虑不安，生活上也不能很好地照顾自己，遇到事情需要做决定时更是不知所措，这一系列问题都是由于心理过于依赖所致。

2. 偏执、嫉妒

嫉妒的人心胸狭窄，不能容忍旁人超过自己，对比自己强或优秀的人常心怀醋意去讽刺、挖苦，甚至造谣、中伤、打击，将时间、精力和才智浪费在与人计较、攻击或伤害他人的无益行动中，结果是既损人又害己。有嫉妒心未必是坏事，嫉妒心人皆有之，但不能过，过之则害人害己。三国时期，名将周瑜才智过人，但嫉妒心极重，容不下与他才智相当的诸葛亮，欲除之而后快。他费尽心机，想尽办法，不料却"赔了夫人又折兵"，气得长叹"既生瑜，何生亮"，"金疮摁裂"而亡。

有一位大学新生，入学一年换了三个班级，每次都是因为在原班级待不下去。究其原因，在于他无法与人和睦相处。在他看来，周围的人都跟他过不去，嫉妒他、压制他，实则是他本人的偏执心理在作怪。这样的人敏感多疑，不信任人且个性固执，自尊心很强，期望别人都尊重他、重视他，未受到特殊待遇便感觉受了委屈；别人无意中的一句话他就认为是针对他的，是与他过不去；固执己见，很难接受不同的意见；只看对他不利的一面，忽视好的一面；一旦形成对某人不好的看法便不再改变，时常与人争执；容易与人为敌，总是感到别人对不起自己，在有意为难他，人际冲突不断，难以适应现实生活。

3. 追求完美

追求真善美是人类的共性，但有的人过于追求完美，不能容忍缺点或失败，对自己持过高的要求。这种学生通常要求自己考试门门要优秀；与人相处时，希望大家都对他有好印象；对自己的缺点过分夸大，考试若有成绩未达到期望水平便认为是失败；若有人对自己印象不好，便认为自己啥都不行。过高的标准并不总是能实现，一旦遇到挫折，达不到期望目标，便认为是自己的过错，是自己无能。担心失败，担心别人看不起自己，过于追求完美的个性，会使自己"活得很累"，从而影响正常能力的发挥和人际关系的和谐。

4. 过于冲动

遇事沉不住气、易发脾气、做出过激反应、与人争吵甚至大动干戈，这种遇事冲动的个性对适应非常不利，一是破坏了心理的平衡，使人失去了理智；二是破坏了与人的关系，影响了感情；三是冲动导致行为失控，产生许多难以意料的后果。

（四）人生观和价值观多元

大学生生活适应与发展是受一定的价值观念影响的。科学的价值观和价值参照标准使大学生在现代化的生活方式面前，可以运用现代价值观去观察生活、分析生活，从而适应生活、驾驭生活。价值观选择困难是大学生生活适应和发展困难的重要原因之一。当代大学生面临的人生观、价值观选择是复杂和多样的，改革和现代化进程为各种思潮的产生、传播提供了宽松的环境，各种纷繁复杂的价值观念也迅速产生和传播。每个大学生在面对诸多压力和生活改变时，不管他们是有意的还是无意的，都会遵循自我的人生观和价值观，摸索出一套自我适应生活的方法和机制。但是，由于目前多元化价值观念并存，造成了当代大学生选择价值观念的困难，同时，价值观念的变化也导致大学生在心理上产生混乱与失衡，他们采取逃避、压抑、投射等消极的方法来应对现实，最终导致个人与现实脱节，不能适应生活。

相关链接

扫一扫，观看视频

新生"心"适应

互动体验

走过你我

班级所有的学生自然围成一个大圈,"1,2"报数。报1的人向左前方走一步,报2的人原地不动;报1的人向右转,向前行进,保持队形;报2的人向左转,向前行进,保持队形。行进中应按照老师的指导慢慢行动。

教师:走过我们面前的每个人,将是我们朝夕相处的同学,也会是我们越来越熟悉的朋友。请每个人用一个愉快的表情和一个手部动作与你对面走过的同学打个招呼。当老师说"停"的时候站住不动。外圈向左转,内圈向右转,面对你对面的人,双手紧紧握在一起。然后,内外圈的人站成一个大圈,肩膀挨着肩膀,不要留空隙。请闭上眼睛,手拉起手。要紧闭双眼,两人实实在在拉起手,不要只牵着别人的手指,要手心贴着手心。

教师:我们刚刚组成一个新的班集体,彼此还不熟悉,还觉得很陌生,把自己包裹在自己的小圈子里。我们不敢去敞开心扉,担心自己无法获得别人的认可和接纳。我们内心忐忑不安,缺乏安全感,还没有感受到同学和集体的温暖。我们每个人每天都有忙不完的事情,也会感到孤单和孤独。学习、工作上的竞争使我们常要考虑"留一手",我们常说的词汇是"思考"和"斟酌"。其实,这些都不妨碍我们成为彼此的朋友,感谢亲人,感谢爱人,感谢朋友,感谢相遇、相识的人,还要感谢和我们作对的人,这些都是我们人生不同阶段的贵人。此时此地,不管我们握着的是谁的手,我们感受到的是温暖。我们感受到自己的温暖和力量传递给了身边的人,感受到了来自他人和这个团体的力量。这种力量源源不断,永不枯竭,给了我们安全和温暖。每个人给了别人一点点关爱,会得到许多许多关爱。我们是彼此人生中的贵人。我们并不孤单。带着这些温暖和力量,让我们在新的大家庭中去感受学习和生活的愉快和幸福。好,"3,2,1",请睁开眼睛。

心理测试

大学生适应能力测试

指导语

表2-1中的问题能帮助你更好地了解自己的适应能力。每道题有3个选项,请你认真阅读,然后选出与你实际情况相符合的一项。

测试量表

表 2-1　　　　　　　　　　大学生适应能力测试

题目	是	无法肯定	不是
1. 我最怕转学或转班级，因为每到一个新环境，我总要经过很长一段时间才能适应			
2. 每到一个新的地方，我都很容易同别人接近			
3. 在陌生人面前，我常无话可说，以致感到尴尬			
4. 我最喜欢学习新知识或新学科，它给我一种新鲜感，能调动我的积极性			
5. 每到一个新地方，第一天我总是睡不好。就是在家里，只要换一张床，有时也会失眠			
6. 不管生活条件有多大变化，我都能很快适应			
7. 越是人多的地方，我越感到紧张			
8. 在正式比赛或考试时，我的成绩多半不会比平时练习的更差			
9. 我最怕在班上发言，全班同学都看着我，我的心都快跳出来了			
10. 即使有的同学对我有看法，我仍能同他（她）交往			
11. 老师在场的时候，我做事情总有些不自在			
12. 和同学、家人相处，我很少固执己见，也乐于采纳别人的看法			
13. 同别人争论时，我常常感到语塞，事后才想起该怎样反驳对方			
14. 我对生活条件要求不高，即使生活条件很艰苦，我也能过得很愉快			
15. 有时我明明把课文背得滚瓜烂熟，可在课堂上背的时候，还会出差错			
16. 在决定胜负成败的关键时刻，我虽然很紧张，但总能很快地使自己镇定下来			
17. 我不喜欢的东西，不管怎么学也学不会			
18. 在嘈杂混乱的环境里，我仍然能集中精力学习，并且效率较高			
19. 我不喜欢陌生人来家里做客，每逢这种情况，我就有意回避			
20. 我很喜欢参加社交活动，我感到这是交朋友的好机会			

评分标准

单数号题选"是"计-2分，选"无法肯定"计0分，选"不是"计2分。
双数号题选"是"计2分，选"无法肯定"计0分，选"不是"计-2分。
将各题的得分相加，即为总分。

结果解释

35～40 分：你社会适应能力很强，能很快适应新的学习、生活环境，与人交往轻松、大方，给人的印象极好。你无论进入什么样的环境，都能应对自如。

29～34 分：你社会适应能力良好。

17～28 分：你社会适应能力一般，当进入一个新的环境，经过一段时间努力，基本能适应。

6～16 分：你社会适应能力较差，依赖于较好的学习、生活环境，一旦遇到困难则易怨天尤人，甚至消沉。

5 分以下：你社会适应能力很差，在各种新环境中，即使经过相当长时间的努力，也不能够适应，常常困惑；且因与周围的环境格格不入而十分苦恼。在与他人的交往中，总是显得拘谨、羞怯、手足无措。

如果你在这个测试中得分较高，说明你的社会适应能力较强。但如果你得分较低，也不必忧心忡忡，因为一个人的社会适应能力是随着年龄的增长及知识经验的丰富而不断增强的。只要你充满信心、刻苦学习、虚心求教、加强锻炼，你的社会适应能力就一定会增强。

拓展阅读……

大学宣言

我是某大学的学生，我的人生将从这里重新起航。

过去的成功将保留在青春档案里，新的阶段到来了，我们将在未来的时间里痛快淋漓地享受学习的快乐、生活的快乐、大学的快乐和人生的快乐。

纵观大局，运筹帷幄，排除杂念，集中精力，行动起来吧！我们要打拼现在，储蓄未来。只要敢梦想，够努力，就没有做不成的事情。朋友们，让我们豪情满怀地共同扛起大学的旗帜，开始新的光明征程！

我们要记住：战胜自我与超越自我是每个人前进的必然选择！

充实过好每一天，每天都会有新收获，今天的收获会成就未来的事业。无论是狂风暴雨，还是荆棘坎坷，我们不会在任何人面前低头畏缩，不会在任何困难面前逃避投降，更不会自暴自弃、沉沦平庸。我们有的是青春的面庞、挺拔的脊梁、实力的自信，还有乐观积极的人生态度，敢打敢拼、不畏困难的奋斗精神。

亲爱的同学们，目标已经定位，动力正在加速，毅力不断增强，成功即将来临。让我们热爱生命，用心生活，品味快乐，收获成功。光阴有限，人生有限，追求无限，奋斗无限。我们要在有限的时光里造就无限的未来。加油吧，同学们！

第二节　生活规划

心灵故事

大学新生如是说:"这是什么破地方！昨天还穿短袖，今天就得穿棉袄……"

"我真不爱吃食堂的菜，什么菜都放糖，连包子馅都放糖，郁闷……"

"我是农村的，原来在高中的时候，大家都说地方话，觉得挺好。上了大学，我说地方话，室友就学我；课上回答问题，同学们就笑我，我心里挺不舒服……"

"我觉得大学里的人际关系好像比高中复杂了，有时候感觉很困惑，不知道该怎么跟宿舍同学相处……"

"我觉得大学空闲的时间特别多，平时也没人管。我不知道在空闲时间里该干什么。"

"上了大学，经常见不到班主任、辅导员，来了两个月了，我都不知道我们辅导员姓什么。"

"学校太大，教室、宿舍、食堂离得都挺远，感觉特别不方便……"

"以前上高中的时候，都是没钱了就跟家里要。现在，家长把一学期的生活费都给了我，我没理过财，也不会有计划地消费，结果一个月就快把半年的生活费用完了。"

以上描述都从不同层面表达了大学新生生活适应方面的问题，这需要大家做好大学生活规划。

知识导读

大学新生面临的第一个巨大变化就是生活环境的变化。有些学生从中小城市、乡镇到大城市读书；有些同学从南方到北方，或者从西部到东部上学，地方变了，气候变了，饮食变了，生活环境变了……这些生活方面的变化都需要新生尽快适应。生活上能否适应，成了他们迎接大学生活的第一个挑战。

一、环境适应

（一）自然环境的适应

第一次离家远行的入学旅程，是大学生独立生活的开始。很多大学生在谈到入学旅程时认为，第一次独自离家远行，的确对自己没有多大的信心，但是经过第一次独立处理事情的锻炼，如买车票、转车签票、托运行李等，觉得自己有点儿像个大人了，而这种感觉正是他们走向成熟的良好起点。

如果说入学旅程是大学生独立处理事情的开始,那么入校后能否迅速地了解和熟悉校园环境,则决定了大学新生能否在这个环境中自如地学习和生活。

首先,要尽快熟悉校园的"地形"。有的新生入校后一安排好行李,马上就到校园的各处熟悉情况,例如,了解教室、图书馆、商店在什么地方,食堂什么时候开饭,如何购买澡票,甚至学校有几个门等。这样,在办理各种手续、解决各种问题的时候就会比别人更顺利、更节省时间。与此相反,某些大学新生显得非常拘谨,生怕走远一点儿就会迷路,又不好意思开口向别人寻求帮助,最后不得不尽量少走动、少说话,实在迫不得已就跟在别人的后面。

其次,要多向高年级的同学请教。直接向高年级的同学请教是熟悉校园环境最快捷的方法之一。一般来说,多数高年级的同学都比较愿意把他们的经验传授给新生,以帮助他们尽快适应校园生活。

最后,在班级中承担一定的工作,也能帮助自己尽快适应校园生活。对环境适应快的大学新生,很快就能成为班级中的核心人物,并承担一定的班级工作。这样与老师、同学接触得越多,掌握的信息越多,锻炼的机会也越多,能力提高也越快,自信心也就逐渐建立起来了。

(二) 语言环境的适应

新生在大学校园里要尽量用普通话进行交流,使自己消除陌生感,这样有利于大学新生角色的转变。语言环境的适应并不太难,新生在平时的生活和学习中,应多向字典学习,向普通话好的同学学习,尽量掌握标准的发音。

此外,在发音准确的基础上,还要进行不懈的练习,发现错误及时纠正。有些同学生怕出错被别人笑话,因此尽量减少开口说话的机会,结果几年下来,仍然是一口家乡话。如果能和其他同学结伴练习普通话,互相纠正,互相促进,互相提高,效果就更好了。

除此之外,掌握一些必要的地方方言也有助于适应环境。如,出门办事或上街买东西都需要与讲方言的当地人打交道,如果会说当地的方言,交流起来更方便,也能避免可能发生的"欺生"现象。

总之,大学新生尽快适应语言环境,使自己消除地方语言的陌生感,有利于自身角色的转变。

(三) 人际环境的适应

大学里面的师生关系不像高中那样联系紧密,学生要学会做自己的老师。与同学建立良好的人际关系非常关键。在大学新生的人际关系中,问题最多的就是同学之间的关系。由于同学们分别来自不同的地域和不同的家庭,他们在思想观念、价值标准、生活习惯等方面都存在着明显的差异,在遇到实际问题的时候往往容易发生冲突。差异是客观存在的,每个大学新生都必须面对它、接受它。

首先,要承认各人有各人的生活习惯和价值观,如果你与别人生活在一起,你就得连同他的生活方式一起接受。如果别人的生活习惯有碍于你的生活(如夜里看手机影响你的休息、经常不收拾个人卫生等),你要委婉地提出意见,并适当地进行自我调整(如调整作息时间、调换宿舍等)。

要想处理好同学之间的关系,还要做到对人宽、对己严,切忌以自我为中心。在平时的生活中，做到三主动：主动和同学打招呼、主动帮助别人。在帮助别人的时候，不要过于计较别人能不能报答你。主动去做一些公共性的工作，以增加同学对你的好感，同学间的关系也就融洽了。

在给同学提意见的时候，要开动脑筋，讲究方法和技巧。比如，同宿舍的人有的爱彻夜卧谈，影响个人休息。直接提意见制止他们难以奏效，而且容易产生矛盾，可以相应地调节自己的计划，或推迟上床的时间，或听听英语广播。需要注意的是，给别人提意见语气要委婉，而且一定不能当着众人的面，以免对方难堪。

二、生活能力的培养

对于很多"00后"的新生来说，上大学是第一次离开家，开始独立生活。高中时期，学生的大部分精力都用来读书，父母包办了一切生活琐事。走进大学，脱离了原来的生活轨道，新生开始独立面对这一切。学会料理个人生活，培养和锻炼自己的独立生活能力，是大学生将来走向社会必须具备的能力。

（一）培养生活自理能力

大学新生应学会料理自己的日常生活，准时起床，运动，整理床铺，收拾房间，洗衣服，缝补衣服，根据天气变化增减衣物，调理好每天的饮食，等等。在这个过程中，多和同学交流，既能增进同学之间的友谊，又能在一定程度上促进生活能力的提高。

（二）学会理财

刚入大学时，同学们都没有太多的"理财"经验，日子过得"前松后紧"，在月初的时间里大手大脚，逛街、旅游、聚餐……前半个月就把钱花得差不多了，后半个月只好节衣缩食或向父母索要，甚至借钱生活。

因此，大学新生要学会"理财"，有计划地进行消费。分清楚在生活中哪些开支是必需的，哪些开支是完全不必要的，哪些是可有可无的。钱要花在"刀刃"上，避免不必要的消费，可花可不花的尽量少花。尤其要根据父母的经济能力和自己"勤工俭学"的能力来进行日常消费，切不可盲目攀比。

一个比较有效的理财方法是：每个月初都制订一个切实可行的"消费计划"，并且尽量按照计划执行，多余的钱可以存入银行，以备不时之需。

（三）培养良好的生活习惯

良好的生活习惯是确保顺利、成功度过大学阶段的一个重要基础。为了让大学生活过得充实，从进入大学起，就应切实重视这个问题，培养良好的生活习惯，并防止不良生活习惯的形成。

1. 按时作息，养成早睡早起的习惯

有的学生精力旺盛，习惯在晚上卧谈，深夜两三点钟仍毫无困意，结果第二天上课时非常困倦，根本无心听课，有的学生干脆旷课，在宿舍里补觉。长期如此，不仅影响课业，还容易引起失眠，也影响同宿舍的其他同学休息。晚睡的学生大都会晚起，一个直接的影响是饮食不规律。很多学生早晨起床较晚，来不及吃早饭便去上课，有的索性不吃早饭，有的则在课间随便吃些零食，时间一长，身体健康会受很大影响。

2. 坚持体育锻炼

"文武之道，一张一弛"，学习之余参加一些文体活动，不但可以缓解刻板紧张的生活，还可以放松心情，有助于提高学习效率。听音乐、跑步、做广播体操、踢足球等，都有助于增强体质，提高对疾病的抵抗力。

3. 远离不良生活方式

由于没有监督，有的学生一进入大学就开始放松对自己的要求，沾染上抽烟、酗酒等不良生活行为。其实，大学并不是学习的终点，而是一个新的起点，这些不良行为将成为大学生求学道路上的一大障碍。大学新生要学会自我克制，远离这些不良行为。

相关链接

扫一扫，观看视频

自我经营从大学开始

互动体验

心动和行动

1. 列出你认为截至目前自己最成功的五件事，并描述成功时的感受和心情，填写在表 2-2 中。

表 2-2　　　　　　　　　　辉煌的过去

最成功的五件事	当时的感受和心情

2. 请列出大学期间最想做的五件事，并规划出具体时间和实施方法，填写在表 2-3 中。

表 2-3　　　　　　　　　　　　　我要这样度过大学

最想做的五件事	具体时间和实施方法

小组内交流，每个人都要在其他人的表格上签名，作为见证者和监督者。

心理测试

大学生理财能力测试

指导语

本测验的目的是调查大学生的理财能力，使其对自己的资产规划进一步完善。本测验共有 22 道题目，见表 2-4。请认真阅读每一个题目，并根据你的真实情况选择答案。

测试量表

表 2-4　　　　　　　　　　　　　大学生理财能力测试

题目	不相符	有些不相符	不确定	有些相符	相符
1. 我第一次光顾一家店就会办理会员卡					
2. 我经常关注理财方面的知识					
3. 我一直有用生活费创造新价值的想法					
4. 我有记账的习惯并能天天坚持					
5. 我会根据当月的生活费控制下个月的生活费					
6. 课余时间我会去学习而不是娱乐					
7. 我会收集代金券、打折券并使用					
8. 我觉得理财很重要，需要系统学习					
9. 遇到组合出售的商品我会算一算是否比单件划算再买					
10. 我很清楚次贷危机的含义					
11. 我会把旧东西都留着以备不时之需					
12. 如果没有带打折卡我会下次再买					
13. 我对自己的财务状况很清楚					
14. 我对著名理财家欧曼很了解					

续表

题项	不相符	有些不相符	不确定	有些相符	相符
15. 我觉得多花点钱买一件贵的有质量的商品，比买便宜的但不耐用的划算					
16. 我愿意办理需要手续费的会员卡					
17. 我有收集纪念币、邮票的习惯					
18. 我觉得自己每月的开销合理适中					
19. 同学聚会时，相比某人单独请客我更倾向于"AA制"					
20. 我懂得维护银行卡的安全					
21. 我会按时兑换积分					
22. 我遇到自己非常喜欢但不在预算范围内的东西，不会购买					

评分标准

"不相符"得1分，"有些不相符"得2分，"不确定"得3分，"有些相符"得4分，"相符"得5分，最后把得分相加。

结果解释

0~20分：你的理财能力太低，财务使用过度，生活没有规划，给自己带来很大负担，亟须加强理财知识的学习。

21~40分：你的理财能力偏低，财务规划水平低，不能很好地管理自己的财务支出。

41~60分：你的理财能力一般，需要合理控制自己的花销，做到不透支。

61~80分：你的理财能力良好，在财务使用方面有较好的控制能力。

81~110分：你的理财能力很好，对自己财务管理有很高的水平。

拓展阅读

心灵的天空不下雨

炎热的夏天，一个五六岁的小女孩手捧一杯冰激凌，蹦蹦跳跳地走出冷饮店，可一不小心冰激凌"啪"地掉在了地上。小女孩沮丧地望着那一堆即将到口的美食，眼泪马上就要掉下来了。这时，一位小哥哥走过来说："只会哭，不怕羞。你知道光着脚踩在冰激凌上的感觉吗？我就试过！"小哥哥背着手，昂着头，像个小大人。

小女孩迟疑了一下，脱下凉鞋，把小脚丫轻轻地放到冰激凌上。当乳白色的冰激凌从她的脚趾缝里歪头歪脑地钻出来时，小女孩惊讶得睁大了眼睛，她快乐地告诉小哥哥："凉凉的，滑滑的，还有点痒痒的，真好玩！"

冰激凌落地也好，下雨也好，这些在大人看来微不足道的小事，在孩子眼里都是重大事件，这种变故会令他们不知所措。而大人们，除了习惯性地给他们备好雨具或者把他们关在屋里，以免他们的身体遭受雨淋以外，很少注意到此时孩子们更需要另一种"雨具"——为他们的心灵撑起一片晴朗的天空。

人生路上不可能总是晴空万里，我们的事业、家庭、身体、亲情与友情……都有"下雨"的时候，都有"美食即将到口却又落地"的时候，谁都没有一套完整的对付这些"下雨"的技巧。但是，我们可以拥有，也应该培养自己拥有一颗不变的晴朗的心，那就是积极主动地迎接变化，享受变化，与变化共舞。

假如心灵的天空不下雨，我们还用怕外面的风雨交加吗？

当我们遇到变化，遇到挑战时，应该勇于面对，积极主动去适应变化，掌握主动权。

同时，我们还要注意调节自我意识，认真评价自我和变化的环境，对自己采取的行动进行估计，并尽可能地调整到最好状态。

新生们，你们准备好了吗？

（资料来源：杨红樱. 下雨啦. 儿童文学[M]. 南京：江苏少年儿童出版社，2005.）

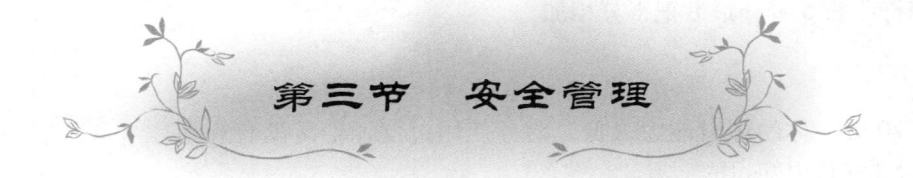

第三节 安全管理

心灵故事

2020年9月13日3时13分，上海某大学南区一宿舍楼西侧露天临时堆放的分类垃圾桶发生火灾。接警后，消防救援部门迅速赴现场处置，火势于3时25分被扑灭，过火面积5平方米左右，无人员伤亡。根据在场学生拍摄的照片，起火点在南区宿舍楼，整栋楼浓烟飘散，不少学生穿着睡衣逃离起火现场。一位亲历火灾的学生记录下了自己劫后余生的经历："三点二十分左右被室友喊醒说着火了，打开窗帘往外一看直接惊呆了，一片火光。害怕火势蔓延，所以我们选择下楼逃到安全的地方。对面楼的窗户阳台全在冒烟，住在高层逃不出去的女孩子们在阳台挥舞着手电筒求助。等我逃到安全区的时候消防员已经基本把火扑灭了，从滚滚的浓烟中救出了很多人，那些女孩子们身上脸上都被熏黑了。后来就是宿舍人员的清点，能回宿舍的都回了宿舍，折腾到四五点我才入睡。第一次感到离灾难这么近，好不容易睡着后就做了噩梦，七点多惊醒……"

13日上午，有网友发微博称，这次的起火原因疑似有人抽烟，烟头掉在一楼塑料垃圾桶上着火引起了火灾。

（根据光明网相关资料整理）

随着我国高等教育的迅速发展，大学校园日趋社会化，威胁大学生安全的事件在校园内外时有发生，大学生安全是高校安全工作的重中之重。然而，大学生的自我防范意识相对较弱，要做好学生群体的安全管理，必须以预防为主，加强大学生安全教育，增强大学生的安全防范意识，提高大学生的自我保护能力。

知识导读

安全是人们共同的追求。人们无时无刻不在盼望和祈祷着国家平安、社会平安、亲人平安、自己平安……平安是家人的期盼，平安是事业的起点，平安是生活的真谛，平安是幸福的源泉。大学生作为青年一代中思维活跃的群体，面临诸多的安全问题，主要包括人身安全、财产安全、心理安全等。

一、人身安全管理

身体是革命的本钱，人身安全应该成为每个人做事前大脑思考的第一触点，大学生只有拥有强壮、健康的身体，才能使大学生活充满欢乐、生机勃勃，才能动力十足，实现远大理想。大学校园常见的人身伤害种类很多，如寝室火灾、交通事故、体育运动伤害、食品安全等。

（一）注意防范电和火

我们先看以下案例：

花季生命，在大火中凋零，令人扼腕。2017 年，上海某学院一学生宿舍因学生违规使用"热得快"引发火灾，4 名女生在逃生中坠楼而亡，引起社会关注。上海市教育部门发出紧急通知，要求各高校迅速行动排查安全隐患，坚决收缴违规电器。

"热得快"是一种利用镍铁合金电热丝发热、作用于液体的小型快速电加热器，其大功率的设定对产品的安全性能提出了很高的要求。为此，我国《家用和类似用途电器的安全通用要求》和《家用和类似用途电器的安全室内加热器的特殊要求》等行业条例中都明确规定，未获得强制性产品认证证书和未注明3C认证标志的室内加热器产品，均不得出厂、进口和销售。即使产品质量过关，使用时也应特别注意检查室内电线是否老化，因为电线长期处于高温状态，使用寿命会缩短，万一发生漏电，后果不堪设想。

然而，记者在不少高校周围的百货小店走访发现，在售的"热得快"主要分三类：通电后加热功能的、水开后可鸣笛报警的和遇干烧自动断电的。其中大部分仅有一个塑料袋包装，既无国家要求的强制性产品认证证书或3C认证标志，也没有标明生产厂家及安全警示。一旦发生故障或干烧，其金属外管可能会很快烤焦，继而引起爆炸或漏电。这些不合格产品对高校学生来说，几乎是定时炸弹。

（根据央视网相关资料整理）

无论是合格的还是伪劣的"热得快"，在高校宿舍都被明令禁止，以最大限度地确保学生宿舍用电安全。除此以外，电热水壶、电吹风、电热毯等也在被禁之列。

学校是人员密集型的场所，是学生的聚集地点，一旦发生火灾，极其容易造成重大人员伤亡，危害十分严重，因而是防火工作的重点。大学生在宿舍内必须做到以下几点：

（1）不乱接电源。

（2）不抽烟。
（3）不在蚊帐内点蜡烛看书。
（4）不焚烧杂物。
（5）不存放易燃易爆物品。
（6）不使用电炉等电热设备。
（7）不使用煤炉、煤油炉、液化器灶具等器具。
（8）人走灯关。闻到电线胶皮煳味，要及时报告，采取措施。
（9）台灯不要靠近枕头、被褥和蚊帐等。

（二）交通安全记心间

大学生交通安全是指大学生在校园内和校园外的道路上行走、乘坐交通工具时的人身安全。只要有行人、车辆、道路这三个交通要素存在，就有交通安全问题。也许一个小小的意外就会造成严重后果，断送美好的前程甚至是生命，所以大学生要遵守交通规则，避免发生交通事故。

随着高校改革的不断深入，高校与社会的交往越来越频繁，校园内人流量、车流量都在急剧增加。校园道路建设、校园交通管理多滞后于高校的发展，一般校园道路都比较狭窄，交叉路口没有信号灯管制，也没有专职交通管理人员管理。校园内人员居住集中，上、下课时容易形成人流高峰等原因，致使高校的交通环境日益复杂，交通事故经常发生。

1. 校园内易发生的交通事故

校园内发生交通事故的主要原因是大学生安全意识淡薄。许多大学生刚刚离开父母和家庭，缺乏社会活动经验，交通安全意识比较淡薄，有的同学在思想上还存在校园内骑车和行走肯定比公路上安全的错误认识，一旦遇到意外，发生交通事故就在所难免。校园内发生交通事故的主要形式有以下几种：

（1）注意力不集中。这是最主要的形式，表现为边走路边看手机、听音乐，或者左顾右盼，心不在焉。

（2）在路上进行球类活动。大学生精力旺盛，活泼好动，有的大学生即使在路上行走也经常蹦蹦跳跳，嬉戏打闹，甚至有时还在路上进行球类活动，增加了事故发生的频率。

（3）骑"飞车"。一般高校校园面积都比较大，宿舍与教室、图书馆等之间的距离比较远，所以许多大学生购买了自行车，课间或下课时骑自行车在人海中穿行是大学的一道风景线。但部分学生骑车技术"高超"，敢与汽车比快慢，殊不知就此埋下了祸根。

2. 校园外常见的交通事故

大学生余暇空闲时常去校外购物、观光、访友，社会上车流量大、行人多，各种交通标志眼花缭乱，与校园相比交通状况更加复杂，若缺乏通行经验，发生交通事故的概率会很高。大学生离校、返校、外出旅游、社会实践等活动中，需要乘坐各种交通工具，交通事故也时有发生，有时甚至造成群体性伤亡，教训十分惨重。

3. 交通事故的预防

（1）提高交通安全意识。乘坐交通工具时，要依次上下，不挤不抢。车辆行驶中不把身体伸出窗外，不乘坐车况不好的车，不乘坐"黑巴""摩的"。乘坐火车、轮船、飞机时要遵守车站、码头和机场的各项安全管理规定。

（2）自觉遵守交通法规。除提高交通安全意识，掌握基本的交通安全常识外，还必须自觉遵守交通法规。在道路上行走时，应走人行道，无人行道时要靠右边行走。走路时要集中精力，"眼观六路，耳听八方"。不与机动车抢道，不横穿马路，有翻越护栏，过街要走过街天桥。不闯红灯，不进入标有"禁止行人通行""危险"等标志的地方。

（三）关注运动安全

体育运动是以锻炼身体为基本手段，以全面发展身体素质、增强体质、提高运动技术水平、丰富社会文化生活为目的的有意识、有组织的社会活动。体育运动安全是指在参加体育运动时不发生安全事故，即参加体育运动的人遵循体育运动规律，具有安全意识，不因疏忽大意而发生事故。

1. 大学生体育运动安全事故的发生时间

（1）上体育课时。大学生在上体育课时发生安全事故的情况比较常见，究其原因主要有以下两方面：一是上课时体育老师对安全问题强调不够；二是学生没有听从老师的指挥，自行其事，发生安全事故。后者是主要的原因。某高校学生王某，在上投掷铅球的体育课时，老师讲解动作要领和注意事项的时候，王某听了一半，就自以为懂了，没等老师讲完就私自跑到一边去练习，恰在此时一个同学从他前面经过，铅球正好落在那位同学的头上，致使那位同学脑部受重伤。这种不该发生的事故对人对己都是一个巨大的损失。

（2）参加体育比赛时。比赛时的运动量比平常训练和个人锻炼时的运动量大得多，加上运动员心理紧张，在对抗性比赛（如篮球、足球等）中的冲撞非常激烈，很容易造成双方或一方受伤。比赛时若不熟悉体育器材，盲目使用或者不当使用，均可能导致安全事故的发生。

2. 体育运动安全事故的预防和处理办法

（1）提高预防意识。体育运动本来是锻炼身体、强健体魄、陶冶情操的一项活动，若由此带来伤害就与体育运动的宗旨背道而驰了。从各种事故所暴露的问题来看，主要原因是学生对安全问题麻痹大意，缺乏自我保护意识。

（2）遵守安全事项。上体育课时要听从老师的统一指挥，了解运动器械的性能、用途，按规定选择适合自己身体状况的体育项目。观看体育运动比赛时，要遵守运动场规定，保持必要的安全距离，在对抗性比赛中不有意与对方发生冲撞，遵守比赛规则。

（3）及时有效处理。发生安全事故后，在场的同学要迅速报告老师或学校有关部门，并尽快将受伤的同学送医院治疗。

（四）关注食品安全

食品安全是指食品无毒、无害，符合营养要求，对人体健康不造成任何危害。饮食安全关系到大学生身心健康，至关重要。大学生在选购食品时，务必做到"六不买"。

1. 无证、无照经营的食品不能买

在选购食品时，要尽可能选择去大中型商场、超市、粮油专卖店、食品安全示范店和证照齐全的食品店等正规店铺购买。如果在无证、无照经营的摊贩或流动商贩处购买食品，一旦发生消费纠纷或者食物中毒等食品安全事件，将很难追偿或索赔，无法保障自己的合法权益。

2. 有包装但标识不全的食品不能买

标识不全、不清楚的包装食品，一般都不是正规食品生产企业生产的，存在安全隐患的可能性比较大，这样的食品不能买。

3. 感觉不好的食品不能买

感觉不好的食品是指变味、变色、沉淀、混浊、结块、发黏、污秽不洁、混有异物、油脂酸败、霉变生虫、腐败变质等现象。这样的食品不能买。

4. 假冒伪劣、掺杂使假的食品不能买

假冒伪劣、掺杂使假的食品是指一些不法分子为牟取暴利对食品采取勾兑、粉饰、假冒、以次充好等手段生产的食品。这种食品有的甚至带毒，严重危害消费者的健康。因此，大学生要到正规的店铺购买食品，以防上当受骗。

5. 露天经营的食品不能买

露天经营的食品一般情况下无防蝇防尘设施、无食品专用器具，食品极易受到污染，直接影响身体健康，这种食品不要购买。

6. 过期食品不能买

购买食品时，一定要注意标签上的生产日期和保质期。一旦过期，食品质量就会发生变化，失去原有的风味和滋味，有的甚至会变质，食用后可能影响健康，还可能发生食物中毒，这样的食品不能买。

大学生要尽量在学校餐厅就餐。学校餐厅会定期消毒，工作人员也会定期体检，接受卫生监管部门的定期检查，这些都保证了学校餐厅良好的就餐条件。当发生食品安全问题，引起腹痛、腹泻和呕吐时应及时到医院接受检查。

二、财产安全管理

大学新生初次离开父母，带着对大学生活的美好向往，也带足了各种开支费用以及手机、电脑等财物来到大学。近年来，发生在大学生身上的被骗、被盗、被抢事件屡见不鲜。如何确保自己的财产安全已经越来越被大学生所重视。在校园里，要特别注意盗窃、诈骗等财产安全问题。

（一）防盗

我们先看以下案例：

2018年1月25日，某高校学生宿舍7栋623室一部被盗手机，被害人向学校保卫处报案。保卫处通过缜密侦查，锁定盗窃嫌疑人黄某（本校同宿舍学生）并将其抓获，黄某被公安机关刑事拘留，后经法院审理认定黄某的行为构成盗窃罪，判处罚金2 000元。黄某被学校开除学籍。

（根据武汉工程大学网站相关资料整理）

这个案例属于校园失窃案。室友间疏于防范，给了犯罪分子以可乘之机。这种案件发生后，会给受害者心理上造成很大负担。

1. 盗窃案件的类型

（1）内盗案件：这类案件主要是学校内部人员所为。他们利用对同学、对内部情况熟悉的优势，选择最佳作案时机实施盗窃。该类案件占高校盗窃案的78%以上，隐蔽性强，侦破难度大。

（2）外盗案件：该类案件主要是校外人员所为。首先，他们在作案前会对作案目标、时间、地点、环境、安保等情况进行"踩点"；其次，是锁定作案目标；然后他们会确定作案计划；最后，是实施盗窃。他们选择作案的地点随意性较大，既有学生宿舍，又有公共场所。

（3）内外勾结盗窃案件：该类案件主要是指内部人员与校外人员相互勾结而实施的盗窃。他们利用内部人员熟悉情况的优势，分工协作，利益共享。该类案件防范难度较大。

2．常用的作案手法

（1）溜门入室。此手法多由于学生和老师安全防范意识差，比如手机、笔记本电脑等贵重物品随意放置，盗窃分子随机作案，容易得手。

（2）顺手牵羊。此手法与溜门入室有相同之处，不同之处在于此手法多是"熟人"作案。当"熟人"进入同学宿舍、实验室等场所时趁人不备实施盗窃。

（3）破门撬锁。此手法多在外来人员进入校内实施盗窃时采用。

（4）偷配钥匙。作案分子主要利用以前作案时盗得的钥匙或事先配好的钥匙开门入室盗窃。

3．应注意的问题

保护自己的财物不发生被盗，这不仅是个人的事情，还必须依靠全宿舍、全班、全宿舍的人共同关注。应注意以下问题：

（1）注意关锁门窗。最后离开寝室的同学要锁门，不要怕麻烦，要养成随手关、锁门的习惯。一时大意往往后悔莫及。

（2）不在寝室留宿外人。年轻人热情好客很正常，但不可违反学校宿舍管理规定，更不能丧失基本的警惕性。

（3）对形迹可疑的陌生人提高警惕。见到形迹可疑在宿舍楼里四处走动、窥视张望的陌生人，要多询问，使盗窃分子感到无机可乘，不敢贸然动手，客观上起到了预防作用。

（4）建立寝室安全值班制度。由寝室同学轮流值班，格外注意防范外来人员。其他同学要支持并尊重值班人员的工作。

（5）做到换人换锁。不要轻易将钥匙借给他人，防止钥匙失控（被他人复制）。寝室更换人员时，应该将门锁及时更换，防止宿舍被盗。

（二）防诈骗

社会上的一些不法分子利用高校大学生单纯、富有同情心、防范意识差的弱点，采取种种手段，想方设法骗取大学生的钱财。给大学生本人和家庭带来了很大伤害。"校园贷"事件，网络"刷单"骗局曾让很多大学生陷入困境，给他们的身心健康带来了很大影响。

1．诈骗惯用手段

网络诈骗是如今大学生主要的被骗方式，主要有以下几种：

（1）以勤工俭学为名的兼职刷单诈骗

犯罪分子通过网站、QQ、微博等方式发布虚假网络兼职信息，受害人刷单后不返还刷单本金及佣金并将受害人拉黑。

（2）网上购物诈骗

犯罪分子通过网络窃取受害人购物信息，冒充客服拨打电话，谎称订单存在问题、商品需要退换等，让受害人登录钓鱼网站，套取受害人银行卡卡号和密码后转走受害人存款，或通过QQ、微信等给受害人发送支付码，要求受害人扫码付款。

（3）网络贷款诈骗

网络贷款诈骗主要有：兼职时身份证信息泄露遭遇被贷款；贷款时掉入网贷陷阱骗局；分期购物或以贷还贷陷入高利贷陷阱；遭遇求职贷陷阱，犯罪分子谎称接受贷款培训才能拿到工作机会。

（4）申领助学金、奖学金等诈骗

犯罪分子通过非法渠道获取目标群体个人信息，以发放贫困补助金、助学金、奖学金等理由，骗取受害人信任，引导受害人登录钓鱼网站进行转账。

（5）冒充公检法人员诈骗

犯罪分子冒充公检法、邮政工作人员，以受害人身份信息泄露，被他人用来犯罪为由，威胁受害人将采取传唤、逮捕，以及冻结受害人名下存款等，引诱受害人将资金汇入犯罪嫌疑人指定的账户。

（6）盗取QQ、冒充熟人诈骗

犯罪分子利用木马盗取受害人QQ后，向其好友列表联系人发送借钱要求、刷单兼职等信息，引导受害人转账。

（7）网络交友诈骗

犯罪分子以交友为名骗取受害人信任，后不断向受害人索取钱款。

2．如何防止上当受骗

（1）不随意泄露身份信息

不在网上随意注册需要填写身份证号的账号，快递单和填有各种信息的废纸妥善处理后再扔掉，确保信息不会轻易泄露。

（2）不贪小便宜

天上不会掉馅饼。对于各种需要填入身份信息免费领物的信息置之不理，各种以获奖为名要求提供验证码的电话直接挂掉。

（3）不着急转账

接到陌生电话谎称家人有事，要求转账的信息，不要着急转账，先联系一下亲人确认事情的真实性。

（4）不办看起来很优惠的借贷

借贷陷阱是指犯罪分子利用受害人图便宜的心理来进行敲诈勒索，不要轻信。大学生涉及借贷的事要先与父母商量，不乱花钱。

（5）不轻信陌生人电话

接到陌生的短信或电话，要多留心眼，冷静判断，可以先拨打邮政、银行、公安等部门电话进行核实，不要直接拨打对方提供的电话号码，也不要将钱轻易转入对方告知的账户，一旦受骗及时报警。

（6）转账前先与亲友确认

不轻信QQ、微信好友发送的借钱请求，转账前先与亲友电话确认是否属实。

（7）谨慎网络交友

网络交友要慎重，特别是在对方以各种名由要求转账时，要果断拒绝。

三、心理安全管理

心理安全是一种感觉。具体来说，心理安全是指一种能使自己处于安全状态的能力。依靠这种能力，人能够对抗来自自身内部或源自他人的任何破坏性冲动，从而使自己避免受到伤害。大学生在遇到人身安全、财产安全等突发事件时极度需要心理安全感。根据马斯洛的需求层次理论，人的需求共分五个等级，分别是生理的需要、安全的需要、归属和爱的需要、尊重的需要、自我实现的需要。其中"安全的需要"是人类要求保障自身安全、摆脱财产丧失威胁、避免职业病的侵袭、接触严酷的监督等方面的需要。马斯洛认为，整个有机体是一个追求安全的机制，人的感受器官、效应器官等主要是寻求安全的工具。人对于稳定、安全、舒适、秩序、受保护、免受焦躁和混乱的折磨等需要极为迫切，在心理安全上诉求尤为强烈。

（一）加强理想信念教育

马斯洛指出，人的行为都是由需求引起的。高等学校要从"需求"的理念出发，着眼于大学生的生活实际，关怀并信任他们，满足他们的合理性心理需求。可以从新时代背景下对理想信念的呼唤出发，加强大学生的世界观、人生观和价值观教育，引导大学生树立现代健康文明的生活观念，使他们具备积极的入世精神和务实、实用的理性精神，促进他们的环境适应性和独立、自立能力的培养，使得他们在内心需要的爱、尊重和自我实现等方面的需要得到满足。

（二）遵循"三不"原则

1．不伤害自己

大学生应当是人格高尚、情趣高雅、心理健康的人。一个人的安全是家庭幸福的源泉，有安全，美好生活才有可能。要善待自己，珍爱生命，对社会、对家庭担负起应当承担的责任，加强心理自我调整和梳理，正确面对成败得失，不做出伤害自己的傻事。

2．不伤害他人

大学生是社会发展的栋梁，不仅要学习理论知识和专业技能，而且要具备完善的人格，各方面都成为社会的主流和典范。每个人的生命都很宝贵，他人生命与自己的生命一样宝贵，不应该被忽视。个人活动不要影响他人安全，不要制造安全隐患。要善待他人，做遵纪守法的好学生，学会理性思考。

3．不被他人伤害

人的生命是脆弱的，变化的环境蕴含多种可能失控的风险，自己的生命安全不应该由他人来随意伤害。平时要提高自我防护意识，保持警惕，及时发现危险并远离它。大学生经验不足，容易冲动，要谨防上当受骗，不粗心大意，不贪小便宜让他人得逞。

（三）提升耐挫能力

大学生没有经受过生活的磨炼，遭遇突发事件后心理上无所准备，可能会缺乏心理安全感。要分析受挫具体原因，和灾难共成长，通过经历各种事件锻炼坚强的性格，学会调适心态和情绪，遭遇问题不回避，以开放的心态去面对，遇到困难时积极向身边的人寻求帮助，寻求得到安慰和支持。

互动体验

穿越电网

活动目的

训练团队成员突破思维定式，加强风险意识，增强团队成员间的相互信任和理解。

活动流程

1. 情境导入：各位队员，大家好！我们先做一下场景的模拟。我们现在是战场中反击队的一支爆破小分队，完成了上级交给我们的任务，炸掉了敌人的弹药库。由于爆炸声音比较大，被敌人发现了，敌军派出我军10倍的兵力前往追赶。所以大家必须迅速撤退。在撤退的必经之路上，敌人设置了这样一张高压电网，一边是悬崖，一边是峭壁。我们只能穿越电网才能得以生还。在穿越的过程中，任何人身体的任何部分，包括头发、衣服、鞋带等都不得触碰电网，一旦触碰将立即牺牲。敌军将在30分钟之内赶到此地，没有穿越的队员也将视为牺牲。

2. 电网上下左右均不能通过，不管成败，每个网洞只能使用一次，每次只允许过一人。

3. 项目开始后，牺牲的队员需要站在旁边的"烈士陵园"，在整个过程中不得提供任何帮助行为。

4. 队员需要被抬起通过时，尽量保持面部向上。

心理测试

心理安全感调查问卷

请同学们根据自己的实际感受和体会，在表2-5中最符合的数字上划"√"。

表2-5 心理安全感调查问卷

项目	非常不符合	不符合	有点不符合	不确定	比较符合	符合	非常符合
1. 我犯了错误往往不会被别人指责	1	2	3	4	5	6	7
2. 我能够在集体中提出棘手的问题	1	2	3	4	5	6	7
3. 我在集体中经常能够容忍别人的不同	1	2	3	4	5	6	7
4. 为集体承担风险是安全的	1	2	3	4	5	6	7
5. 集体中不会有人故意破坏我的工作努力	1	2	3	4	5	6	7
6. 在集体中让别人帮助是容易的	1	2	3	4	5	6	7
7. 与集体成员一起工作，我的特长会得到重视和发挥	1	2	3	4	5	6	7

评分标准

得分在0~49分，分数越高表示心理安全感越高。

拓展阅读

火灾中的科学求生

遇到火灾，一定先在心理上不急不慌，稳定情绪，然后冷静判断到底能不能逃生，千万不要盲目逃生。盲目逃生有时候会带来惨重的伤亡事故。那么，发生火灾我们该怎么做呢？下面是在火灾不同的发展情况下科学求生的方法。

火灾求生的总原则是躲火避烟，既要躲开火对我们的伤害，还要避免口鼻吸入烟气。

同一栋楼楼道或其他房间发生火灾时的具体做法：

（1）观察户门门缝上方是否有烟飘进来。

（2）手背触碰门板上方看是否烫手。

（3）手背触碰门把手看是否烫手。

（4）脚抵门开门缝观察。脚抵住门的下边，把嘴巴和鼻子放在门板后面，侧脸，眼睛对着门缝的位置，打开门缝，观察楼道情况。

（5）楼道有浓烟立即关门。楼道充满浓烟，要立即关门，留在家里，不要试图进入楼道逃生。

（6）勿要乘坐电梯。高层建筑发生火灾后，极有可能停电导致电梯出现故障，人在电梯里随时会被火灾浓烟熏呛而窒息。

（7）利用走廊楼道逃生。高层建筑发生火灾时，趁楼道和走廊没有完全被大火堵塞，可将棉被打湿披在身上，用湿毛巾捂住口鼻，低身冲出受困区。

（8）利用物品逃生。高层建筑发生火灾时，要充分利用身边各种可利用的逃生物品。例如把床单、窗帘、衣物等结成坚固的绳索，进行滑绳自救到安全地带。

（9）尽快发出求救信号。发生火灾时，可以将颜色鲜明的衣物在空中不断摇晃，红色与黄色最佳，以引起楼下行人的注意，帮助报警求助。

自己家中发生火灾时的具体做法：

例如，凌晨醒来时发现卧室内已有烟气，要立即碰醒身边人。烟气层较低时，一起侧身翻滚下床防止吸入。此时一人可以根据烟气层高度或弯腰或爬行去房门口观察户门，同时呼喊其他人员。如果确认是自己家中起火且户门没被火烟封堵、只有分层烟气时，则立即告知所有成员或弯腰或爬到门口，开门爬出逃生，并随手关闭户门。如果户门出口被火或浓烟封堵，所有成员要尽可能地关闭所有可以关闭的房门，选择离火源尽量远的、烟气尽量少的房间固守待援，关门并用湿毛巾堵门缝，同时拨打119报警电话报告火灾，然后用湿毛巾等捂住口鼻，并通过电话等告知外界自己的处境，此时降低身姿防止吸入烟尘仍是关键。必要时，开窗排烟以争取自救时间。必须记住，在任何时候都绝对禁止为了取毛巾而进入浓烟环境！固守待援的房间，房门要能防火防烟，不能到房门下面有格栅的卫生间里去固守待援。

（资料来源：王荷兰. 火灾中的科学求生. 央视网）

启发思考

1. 你在大学生活的适应与发展上遇到了哪些问题？你打算如何解决这些问题？
2. 新的一页翻开了，作为一名大学新生，你知道该怎样规划自己的大学生活吗？
3. 独立生活宣言：每个人写一份独立生活宣言，亲笔书写，寄给父母。

星说心语

大学是信息的海洋，是知识的殿堂，是成长的沃土，是栋梁的摇篮，是精神的家园，是青春的舞台，更是人生的一次重要转折。每一位步入大学校园的新生都曾有过对大学生活的憧憬。然而，从学习内容到学习方法，从人际交往到生活环境，有太多陌生而又具有挑战性的任务摆在大学新生面前。如何应对这些挑战、适应大学生活、顺利完成学业是所有大学新生必须面对的课题。同学们，你们的人生又要进入不同的人生阶段了，从高中过渡到大学，学习方式、生活习惯等都需要有所变化，你们准备好适应大学的学习和生活了吗？大学是一个新的开始，未来之路充满未知。每个人都有无限种的可能。勇敢尝试，不要害怕压力，在大学里散发属于你的光彩吧！时光匆匆，希望你们更快更好地适应大学生活。祝愿你们都能度过一个不留遗憾的美好大学时光，同样也希望你们得到属于自己的升华！

第三章
认识自己　发展自己

　　任何人都应该有自尊心、自信心、独立性，不然就是奴才。但自尊不是轻人，自信不是自满，独立不是孤立。

——徐特立

第一节　自我意识知多少

心灵故事

有一个生长在孤儿院的男孩，常常悲观地问院长："像我这样没人要的孩子活着究竟有什么意义呢？"院长总是笑而不答。有一天，院长交给男孩一块石头，说："明天早上你拿这块石头到市场去卖，但不是'真'卖。记住，不论别人出多少钱，绝对不能卖。"

第二天，男孩蹲在市场角落，有好多人要向他买那块石头，而且价格越出越高。回到院里男孩兴奋地向院长报告，院长笑笑，要他明天拿到黄金市场去叫卖。第三天，在黄金市场，竟有人出比第二天高十倍的价钱要买那块石头。

第四天，院长让男孩把石头拿到宝石市场上去展示。结果，石头的身价较前一天又涨了十倍。由于男孩怎么都不卖，这块石头竟被传扬成是"稀世珍宝"。男孩兴冲冲地捧着石头回到孤儿院，将这一切禀报院长。院长望着男孩，徐徐说道："生命的价值就像这块石头一样，在不同的环境下就会有不同的意义。一块不起眼的石头，由于你的珍惜而提升了它的价值，被说成'稀世珍宝'，你不就像这块石头一样吗？只要自己看重自己，自我珍惜，生命就有价值、有意义。"后来，小男孩慢慢找到了生存的意义，在不断努力下，他终于愉悦地走上了人生的自我实现之路。

（根据语文网相关资料整理）

苏格拉底说，人最难认识的就是自己。当我们将目光投向自身时，认识自己、接纳自己、发展自己、超越自己的种种困惑和困难也就随之而来。正视这些困惑，解决这些困难，我们才能最终走向健康成长的彼岸。

知识导读

一、自我意识

自我意识并不是与生俱来的，它是人类在社会交往中，随着语言和思维的发展而逐步形成和发展起来的。纵观"自我"概念的心理学研究，个体既能以主体我（英语中的I）的身份去认识和改造客观事物（此时的"我"处于观察地位），又能以客体我（英语中的Me）的身份被认识、被改造（此时的"我"处于被观察地位）。可见，每个人都是主体我（主我）和客体我（客我）的统一体。当个体把自己及其与外界事物的关系作为认识对象时，这就涉及对自我意识这个概念及其结构、形成和完善的探讨了。

（一）什么是自我意识

自我意识是指个体对自己的认识，即个体对自己的身心状况与特征、自己与他人和周围世界的关系的认识，包括对自己心理倾向、个性心理特征和心理过程的认识与评价。它是人格结构的核心成分，是人的意识的本质特征，是人的心理区别于动物心理的重要标志。这种认识是个体通过观察、分析外部活动及情境，以及通过社会比较等途径获得的，是一个多维度、多层次的心理系统。

（二）自我意识的功能

1. 现实功能

自我意识影响个体现实的行为方式。人是社会性的动物，人的行为既受社会因素影响，又与自我意识有着很大的关系。每个人的现实行为并不单是由其所在的情境决定的，而是与自我认知、自我意识有着密切的联系。那些自我意识积极的学生，成就动机、学习投入及学习成绩明显优于那些自我意识消极的学生。如当学生认为自己声名不佳时，他们会放松对自己行为的约束。可以说，个人怎样理解自己，是保证个体如何行为及以何种方式行为的重要前提和保证。

2. 经验解释功能

自我意识影响个体对过去经验的解释。不同的人可能会获得完全相同的经验，但每个人对这种经验的解释却可能有很大的不同。解释经验的方式取决于一个人的自我意识。如一个自认为能力一般、只能获得平均成绩的学生，取得了比较好的成绩会认为自己获得了成功，感到十分满足；而同样的成绩，一个自认为能力优秀、应当获得出众成绩的学生，就会感到遭受了很大的失败，体会到极大的挫折感。事实证明，当个人的自我意识消极时，每一种经验都会与消极的自我评价联系在一起；而如果自我意识是积极的，每一种经验都可能被赋予积极的含义。

3. 影响未来期待

自我意识影响个体对未来事情发生的期待。个体对自己的期望是在自我意识的基础上发展起来的，与自我意识相一致，其后续的行为也取决于自我意识的性质。研究发现，一个学生成绩差，其原因并不是单一的，而是他的整个行为动力系统都出现了角色偏离的结果。成绩落后对于成绩好的学生来说是不正常的，但对于成绩差的学生来说，由于他们的整个行为动力系统都出现了偏离，并在偏离的状况下形成了一个新的自相一致的系统，因而在系统内部一切都变得正常。换言之，落后的学习成绩正是成绩差的学生自己"期待"的结果。

（三）自我意识的结构

自我意识是意识的最高级形式，它不是单一的心理品质，而是认识、情感、意志的融合体，是一个完整的心理结构。

1. 从结构形式上来看，自我意识表现为自我认知、自我体验和自我调控

自我认知是指一个人对自己各种身心状况的认识。它包括自我感觉、自我观察、自我观念、自我分析和自我评价等。自我认知主要涉及"我是一个怎样的人""我为什么是这样一个人"等问题。

自我体验是指一个人在自我意识的基础上产生的对自己所持的情感体验。它包括自我感受、自尊、自爱、自卑、责任感和优越感等。自我体验主要涉及"我是否满意自己""我能否悦纳自己"等问题。

自我调控是指不受外界诱惑因素影响，能够自己调节和控制自己的情感冲动和行为，是一种意志力强的表现。它包括自主、自立、自强、自卫、自制和自律等。自我调控主要涉及"我怎样控制自己""如何使自己成为理想的那种人"等问题。

2. 从内容来看，自我意识分为生理自我、心理自我和社会自我

生理自我是指个人对自己身体的认识，包括占有感、支配感和爱护感。这是自我意识的最原始形态。

心理自我就是个人对自己心理活动的认识，包括对自己性格、智力、态度、信念、理想和行为等的意识。

社会自我是指个人对自己在社会关系和人际关系中的角色、地位的意识，对自己所承担的社会义务和权利的意识等。

总之，自我意识是一个多维度、多层次的心理活动系统，在发展人的个性中占有重要的地位，人的兴趣、能力、性格、情感、意志和道德行为无不受它的影响。

二、自我意识的发展阶段

大学生的自我意识是对儿童和青春期自我意识的进一步发展，它既有继承性，又有自身的新特点。心理学研究表明，个体的自我意识从发生、发展到相对稳定，需要20多年的时间。

（一）自我意识萌芽期

在生命之初，婴儿是没有自我意识的，他们甚至不能意识到自己和外界事物的区别。他们经常摆弄自己的手指，并把它们放进嘴里吸吮，但并不知道手指是自己身体的一部分，而把它们当作玩具。1岁左右的婴儿，才开始把自己的动作和动作的对象加以区别，意识到手指与脚趾是自己身体的一部分，这是自我意识的最初形态。1岁半左右的儿童，从成人那里学会使用自己的名字，表明他们能将自己和别人相区别。2岁左右，儿童逐渐学会用代词"我"来代表自己，由此实现意识发展的一次飞跃，而掌握"我"字是自我意识萌芽的主要标志。3岁左右的儿童，自我意识有了新的发展，开始出现了羞愧感与疑虑感，出现了占有欲和嫉妒感，"我"的使用频率逐渐提高，并开始有了自我独立的要求。这一时期的儿童表现出来的行为是一种以自我中心的行为，认为世界以他为中心，外部世界因他而存在，因而也被称为"自我中心期"。

（二）自我意识形成期

从3岁到青春期这段时期，是个体接受社会化影响最深的时期，也是学习角色的重要时期。这一时期，也是"社会自我"发展阶段或"客观化"时期，他们开始意识到自己在人际关系和社会关系中的作用和地位，能意识到自己所承担的社会义务和享有的社会权利等。

(三) 自我意识完善期

从青春期到青春后期大约十年的时间,是心理自我的发展时期,这一时期自我观念渐趋成熟,自我意识经过分化、矛盾、统一,也逐渐趋于成熟。此时个体开始清晰地意识到自己的内心世界,关注自己的内在体验,喜欢用自己的眼光和观点去认识和评价外部世界,开始有明确的价值探索和追求,强烈要求独立,产生了自我塑造、自我教育的紧迫感和实现自我目标的内驱力。主要表现为开始对自己的智慧、才干、道德水平等方面进行评价和判断,从而产生自我优越感,追求政治上、事业上、道德上的进步和发挥自己的才智。这一时期称为心理自我发展时期或自我意识"主观化"时期,世界观、人生观、价值观的形成是心理自我成熟的标志。

三、自我意识与心理健康

良好的自我意识是心理健康的主要标志。人必须首先去爱自己和尊重自己,才能真正地爱和尊重其他人。心理健康的人必然对自己有较为客观的认识,能够接纳自我,并有适当的自尊;能清楚地认识自己,及时地洞察自己的感觉和意图。大学生自我意识的发展现状,既是以往心理发展和心理健康状况的集中反映,也是现阶段大学生心理健康、人格发展的新起点。因此,重视自我意识的发展,学会认识自我,树立自信心,培养独立性,应是大学生的永恒选择和终生追求。

四、大学生自我意识的形成

自我意识是人特有的心理标志,它不是与生俱来的,而是后天获得的,是个体在社会环境中,与他人的互动中逐渐形成的。一般来说,大学生对自己的认知可以通过以下四个方面逐渐形成。

(一) 他人的反馈

他人对个体的品质、能力、性格等给予清晰的反馈,能增强个体对自己的了解。当大学生被老师告诫要更加大胆、更加主动一些,学习更加勤奋一些时,大学生便会从反馈中得知:自己有些害羞,不够主动,学习不够勤奋。特别是当许多人的看法一致时,他就会相信这种看法是正确的,从而确定自己是这样的人。激励对成长中的大学生来说是非常重要的,当否定性评价过多时,大学生会产生"习得性无助"。

(二) 反射性评价

生活中,那些与个人生活无关紧要的人有时并不会给予个人清晰、明确的反馈,但他可以从他们的态度与反应中来了解自己。符号互动学者库利提出"镜中我"理论,认为我们感知自己就像别人感知我们一样,镜子中的我或别人眼中的我就是我们感知的对象,我们常常依据别人如何对待我们来了解自己,这一过程称为反射性评价。

例如,一个大学生在一封信中写道:"我感到非常孤独,宿舍的同学不喜欢我,我经常在宿舍外面听见里面在热烈地谈论一个问题,但我一进入宿舍,谈话就中断了,大家的表情也显示出冷淡与不在乎,我不知道自己做错了什么,得不到大家的认同。这使我非常痛苦。在来自不同家庭背景的同学中,我的家境略好些,可这不是我的过错,我一直主动地想与同学相处好,甚至做了一系列努力,但都得不到大家的认同。在中学以前,我一直是非常受人欢迎的,我现在变得沉默了,因为不知道该如何做。"这说明反射性评价对自我意识的形成也起着重要作用。

(三) 依据行为判断

贝姆的自我知觉理论认为,在内部线索微弱或模糊的情况下,人们常常依据外在行为来推断自己的特征,如性格、态度、品质、爱好等。例如,当一个大学生积极参加公益事业时,会认为自己是一个高尚的人。但在大多数情况下,人们常常依据内部线索,如想法、情绪来了解自己,这比外显行为更准确,因为行为易受外在压力的影响,更易伪装。

(四) 社会比较

费斯廷格提出的社会比较理论认为,人们非常想准确地认识自我、评估自我,因此,在缺乏明确标准时,人们常常和自己相似的人做比较。

大学生正处于人生发展的重要时期,人生目标、职业理想、生活态度等都在形成中,社会比较为大学生提供了认识自我、了解自我和发展自我的重要标尺。社会比较也是每一个个体认识自我不可或缺的方面。没有社会比较,就没有自我的进一步优化。当然,社会比较并不总是向着积极的方向,社会比较分为向上比较、向下比较和相似比较。当个体的目的与动机不同时,采用的社会比较策略也不相同。例如,自我保护与自我美化的动机促使学生与那些不如自己走运、成功和幸福的人相比;而自我成功动机强的人更倾向于向上比较,与那些比自己更加成功的人比较,促使自己更加成功。

要点延伸

你比想象中更美

美国多芬 (Dove) 拍摄的一组广告让人印象特别深刻。这是多芬进行的 "Real Beauty" 计划。他们请来一位由FBI训练并在警局工作16年,能够根据口述画出人像的专业嫌犯素描家。接着再请来7名女性,让素描家在看不见这些女性的情况下,请这些女性向素描家口述自己的长相,画出第一幅人像。然后,再请陌生人同样向素描家描述7名女性的长相特征,让素描家画出第二幅人像。有趣的是,最后比较每个女性的两幅画时,大家发现自己认为的样貌,往往比陌生人眼中的忧郁、肥胖,甚至苍老许多。这透露了一项有趣的信息,那就是:你是不是对自己永远都不满意?

很多时候,我们都是因为不自信,对自己已有的东西不够满意才导致不幸福。人总是这样,喜欢用挑剔的方式为难甚至折磨自己。爱美之心人皆有之,这本无可厚非,但是不难看出,我们都似乎或多或少地丑化了自己,其实我们可能比自己想象中更美丽。多芬的调查可以告诉我们这一点:你拥有着自己最美的本色,你可以比想象中更美。自信和珍惜,将构筑一个最美的自己。

所以,我们与其花时间去挑剔自己,不如欣赏我们拥有的那些好的特质。其实,我们都比自己想象得要美丽。

(资料来源:多芬. 多芬的社会学实验. 数码影像时代,2013.06.)

相关链接

扫一扫,观看视频

我是谁——认识我自己

互动体验

是谁塑造了我

活动目的

通过课堂活动,挖掘成长历程中塑造和影响自己的人物及因素。

活动步骤

1. 要求学生在表3-1中用关键词描述不同人物对他们的看法和评价,难忘的正面和负面的经历。

表3-1　　　　　　　　　　关键词描述表

父亲	母亲	兄弟姐妹	老师	同学
重要人物1	重要人物2	重要人物3	自己	其他人

2. 要求学生在填写过程中,重点做如下自我探索:
(1) 你对哪一个人的看法最为重视?原因是什么?
(2) 最难填写的或资料最少的是哪一部分?原因是什么?
(3) 假设你很努力地填写,却始终出现资料贫乏的现象,你应当反省自己的人际关系。
(4) 除非有充分理由,否则对于全栏出现空白的情况应做出解释与探索。

各栏所填写的,若和谐又具正面取向,反映了你有完整、健康的自我。若各栏资料出现矛盾,或资料倾向负面取向,你应努力面对自我。这项练习可能会引发你长期压抑的一些感受，有时还可能回忆起父母、其他人对自己的一些恶劣评价，甚至是羞辱性的，这是很痛苦的。面对这些情况，要设法做有效的处理，必要时，一定要寻求专业的帮助。

心理测试

你了解自己吗？

指导语

对下列题目，请根据你的真实情况如实做出"是"或"否"的回答。

测试量表

1. 你每天要照三次以上的镜子吗？   （   ）
2. 你一点也不在乎别人对你的看法吗？   （   ）
3. 你是否感到你其实并不了解自己？   （   ）
4. 你很留意自己的心情变化吗？   （   ）
5. 你常把自己与其他人做比较吗？   （   ）
6. 你常在晚上反思自己一天的行为吗？   （   ）
7. 做错一件事后，你常弄不明白当时自己为什么要这样做吗？   （   ）
8. 你比较注意自己的外表吗？   （   ）
9. 你做事情的随意性很大吗？   （   ）
10. 在做出一个决定时，你通常清楚这样做的理由吗？   （   ）
11. 你总是努力揣摩别人的想法，并按照别人的要求与暗示行事吗？   （   ）
12. 你是否总穿着比较得体的衣服？   （   ）
13. 你弄不清自己是属于脾气好的人还是脾气坏的人吗？   （   ）
14. 你弄不清自己的能力比其他同学强还是弱吗？   （   ）
15. 你对自己将成为怎样一个人，没有一点把握吗？   （   ）
16. 你总担心自己能否给其他同学留下好印象吗？   （   ）
17. 你对自己的外貌有自知之明吗？   （   ）
18. 在遭受挫折后，你总是会对自己的行为进行反思吗？   （   ）
19. 你常控制不住自己而发火吗？   （   ）
20. 有时你也不知道自己为什么没有情绪吗？   （   ）
21. 考试前，通常你不知道自己能否顺利过关吗？   （   ）
22. 不少事情在开了头以后，你才发现自己是没有能力完成的吗？   （   ）
23. 当你遇到不快时，你是否总是没有办法把自己从低沉的情绪中摆脱出来？（   ）
24. 考试完毕，在老师批改前，你常常弄不清自己是否考得好吗？   （   ）
25. 大多数情况下，你知道自己行动的动机吗？   （   ）
26. 你觉得别人应该对你留下好印象吗？   （   ）
27. 你常感到莫名的烦躁吗？   （   ）
28. 你不知道自己与班上哪些同学较谈得来吗？   （   ）
29. 你清楚自己的长处和短处吗？   （   ）
30. 你很清楚自己是什么样的人吗？   （   ）

评分标准

4、5、6、8、10、12、17、18、23、25、26、29、30 题答"是"计 0 分,答"否"计 1 分。其余各题答"是"计 1 分,答"否"计 0 分。各题的分数相加,统计总分。

结果解释

0~9 分:你很有自知之明,你对自己的长处和弱点有着较清楚的认识。

10~20 分:你对自己的了解不够全面。你已经较多地注意到了自己的体验,但为了更好地了解自我,还需要掌握一些客观认识自我的方法。

21~30 分:你不了解自我。尽管"自我"与你朝夕相处,但你看来仍是"当局者迷"。

拓展阅读

埃里克森的心理社会发展阶段理论

埃里克森是美国新精神分析派的代表人物。他把自我意识的形成和发展过程划分为八个阶段,见表 3-2。每一阶段的发展危机就是他划分每个阶段的特征性标准。这八个阶段的顺序是由遗传决定的,但是每个阶段能否顺利度过却是由环境决定的,所以这个理论又称为"心理社会发展阶段理论"。

表 3-2　　　　　　　埃里克森的心理社会发展阶段理论

年龄阶段	发展危机 (发展关键)	发展顺利	发展障碍
0~1.5 岁(第一阶段)	基本信任和不信任的心理冲突	信任自己和他人,乐观	不信任自己和他人,悲观
1.5~3 岁(第二阶段)	自主与害羞和怀疑的冲突	能自我控制,行动有信心	自我怀疑,行动畏首畏尾
3~6 岁(第三阶段)	主动和内疚的冲突	有目标、有方向,主动进取	难以建立自信,无自我价值感
6~12 岁(第四阶段)	勤奋和自卑的冲突	具有求学、做事、待人的基本能力	缺乏生活基本能力,充满失败感
12~18 岁(第五阶段)	自我同一性和角色混乱的冲突	自我概念明确,目标方向明确	角色混乱,缺乏目标,彷徨迷失
18~25 岁(第六阶段)	亲密感和孤独感的冲突	能投入工作,有建立亲密人际关系的能力	孤独寂寞,无法与人亲密相处,关系淡漠
25~50 岁(第七阶段)	生育和自我专注的冲突	热爱家庭,热爱公益,扶持后进	自我放纵,不管他人,自私,人际关系贫乏
50~死亡(第八阶段)	自我调整和绝望的冲突	有秩序感和意义感	悔恨过去,悲观失望

大学生处于自我意识发展的第五阶段至第六阶段，以下将进行重点介绍。

一、第五阶段：自我同一性和角色混乱的冲突（12~18岁）

第五阶段是青春期，其发展危机是自我同一性和角色混乱的冲突。个体自我意识发展的第五阶段是由儿童向成人过渡的阶段，也是自我发展的关键时期。这一阶段需要解决自我同一性危机，为进入成人期打下基础。

自我同一性主要有以下四个方面的内容：对个人未来的方向和个人独特性的意识；对个人以往各种身份、各种自我形象的综合感；对异性伴侣和爱的对象能做出明智选择的意识；对未来理想职业的向往和作为社会负责任成员的意识。换句话说，就是我们已经是什么样的人，我们想成为什么样的人和我们应该成为什么样的人。

埃里克森认为，此时青年人若不能形成自我同一性，将产生角色混乱或同一性危机。这样的青年人不能正确地选择生活角色，或在选择生活角色上缺乏一致性和连贯性，对未来没有正确的信念。这样的青年人不能明确地意识到自己是谁，自己有哪些区别于他人的特点，属于哪个阶层、哪个群体，过去怎样，今后向哪个方向发展。为此，他们体验到比以往更多的痛苦、焦虑、空虚和孤独。在这样的混沌状态下，他们感觉要对自己的未来做出明确选择，但他们不能，然而又觉得父母和社会逼迫他做出选择，于是他们就会反抗，以保护自尊心不受伤害。许多青少年犯罪都与同一性危机有关，这些青少年的逻辑是，与其做个不伦不类的人，不如做个臭名昭著的人。

埃里克森总结了同一性危机的几个症状：①回避选择，麻木不仁；②对人距离失调，不能建立良好的人际关系；③空虚，孤独，迫切感、充实的时间意识消失；④勤勉性扩散，不能专注于工作或学习；⑤对他人的评价特别敏感，以病态的防御抵抗他人的批评；⑥自我否定的同一性选择，破坏、攻击或自毁、自灭。

埃里克森认为从青年人内在的倾向来讲，每个青年均可克服危机，达到自我同一性。但社会文化急剧变化所带来的价值观方面的矛盾使一些青年人无法适应，因而导致内部的冲突与危机。另一方面，有的父母和其他老一辈人本身缺乏牢固的信念基础，因而无法给青年人提供适当的指导，也是造成一些青年人同一性危机的原因之一。但如果危机得到积极的解决，则形成忠诚的积极品质，忠诚是对自己的朋友、亲人和生活伴侣承担责任的意愿，也是执着地追求既定目标的能力。

二、第六阶段：亲密感和孤独感的冲突（18~25岁）

第六阶段为成人早期，发展危机是亲密感和孤独感的冲突。青年人通过青春期的发展，如果确立了稳定的自我同一性，就为他们与他人建立亲密关系打下了基础。

埃里克森指出，唯有具备牢固自我同一性的人才敢于同他人建立亲密的关系。

亲密是指关心他人，准备而且渴望把自己的同一性与他人的同一性融合在一起，与他人共享的能力。亲密关系的确立不能与性关系上的密切混为一谈。因为亲密关系不仅仅指性关系上的密切，还包括彼此的心理融洽和责任意识，以及相互的信任。亲密关系也不限于配偶之间，同事、朋友之间也可建立亲密关系。同甘共苦的同事和朋友相互关心、相互帮助，彼此分享对方的信任，同样具有浓厚的亲密感。如果一个人不具备与朋友、配偶建立亲密关系的能力，就会走向孤独。这种人回避与他人的亲密交往，不能与他人分享彼此的信任，自恋，自爱，与他人的交往仅仅维持在表面水平。这一阶段如果发展顺利，亲密的比例大于孤独的比例，则形成"爱"的积极品质。

埃里克森的心理社会发展阶段理论为不同年龄阶段的自我发展关键任务提供了理论

依据，任何年龄段的发展失误都会给一个人的终生发展造成障碍。它也告诉我们，为什么我们会成为现在这个样子，我们的心理品质哪些是积极的，哪些是消极的，这些心理品质多在哪个年龄段形成，从而给予我们更多的反思依据，促进我们发展完善。

（资料来源：俞国良，罗晓路. 埃里克森自我认同与心理社会性发展理论. 中小学心理健康教育，2016.04.）

第二节 自我意识的特点

心灵故事 ……

何某，大二女生，由于长期营养不良而导致精神不济，学习成绩下降，人际关系紧张。该生家庭贫困，无钱供她读书，她靠当家教来挣生活费，因此很自卑，总觉得同学都瞧不起她。其实，该生成绩不错，大一时曾获二等奖学金，同学对她的评价也不错。可她却固执地认为同学都因她家庭困难而"鄙视"她，最令她苦恼的是没有男生追求她。为了改变现状，她常常连续一个月不吃肉，节约伙食开支，去买漂亮衣服，甚至买高档的水果，在寝室吃给别的同学看，以获得同学的"羡慕"与"尊重"。这样的"牺牲"，并没有让她感觉到自己的处境有任何好转，反而发现同学经常投来异样的眼光，于是心情越来越糟。由于长期营养不良，她严重贫血，常常头晕目眩，上课注意力难以集中，学习成绩"大滑坡"，以致补考多门课程而成为班上的"困难"学生，烦恼、自卑时刻吞噬着她不甘人后的自尊心，但此时的她已感力不从心，身心疲惫。

自我意识基础上的自我体验直接影响着人的心理健康。该女生由于自我意识的偏差而导致自尊与自卑的矛盾体验。为了掩饰自卑，她节约伙食开支，封闭自我。就其内心体验而言，她是痛苦不堪的，外表的自尊无法欺骗自己真实的内心体验，她在自尊与自卑的矛盾中挣扎，最后以偏激的方式来解决问题，使自己越陷越深。

知识导读

一、大学生自我意识发展的特点

处于青年期的大学生，随着个体心理和意识的不断发展，自我意识的发展达到了新的水平。独立感、自尊心、自信心、好胜心等逐步趋于成熟；自我认知、自我体验、自我调控三方面趋于协调发展；自我意识的核心——世界观和人生观已基本确立。总的来说，大学生自我意识的发展是随着年龄的增长而发展的。

（一）大学生的自我认知

大学生的自我认知有以下几个特点：

1. 自我意识的广度和深度大大提高

大学这一特殊的学习、生活环境，为大学生提供了一个可以博览群书、自由发展、自我实现的新天地。这个新天地为他们的自我意识向广度和深度发展提供了有利条件。大学生的视野更开阔了，他们更关心社会问题了，社会对他们的期望也更高了。这时，他们的自我意识不只涉及自己的气质、风度和性格等一般问题，还涉及自己的社会地位、社会责任、自我的价值等问题。通过对这些问题的分析和思考，大学生的自我意识达到新的广度和深度。

2. 自我意识的自觉性和主动性明显提高

大学是大学生走向社会前的最后学习阶段。学习期间，在他们面前摆着许多深刻的课题：我将来要做个什么样的人？成就什么事业？我能为社会做些什么贡献？等等。求知欲强烈的大学生，总是急切地思考这些问题，强烈地期待一个满意的答案。这种思考比少年时期更主动、更自觉。

3. 自我评价能力提高

随着大学生活的继续，大学生的知识增加了，社会经验也丰富了，大多数人对自己的分析、评价逐渐变得全面、客观和主动，对自己的优缺点有了较正确的认识和评价，并能选择自己的长处进行发展，开始具备在自觉基础上的"自知之明"，但是，大学生自我评价的能力有很大的个体差异性。

4. 思维的独立性、批判性明显增强，强调民主、自由和个性

当代大学生少保守思想，不囿于成见，不轻信盲从，喜欢独立思考人生和社会问题；他们特别关心我国民主、自由和法制等方面的建设；他们要求别人尊重自己，对那种简单生硬的教育方法极为反感。

（二）大学生的自我体验

大学生自我意识和自我控制能力的迅速发展，使他们自我体验的内容和形式发生了极大的变化。

1. 从自我体验的形式看

（1）丰富性

大学丰富多彩的学习生活为大学生自我体验的丰富性提供了有利条件。例如，由于意识到自己的成熟而产生了成人感；由于意识到自己的能力和品德的高低而产生了自豪、自尊或自卑、自惭等体验；由于意识到自己的社会角色和社会地位而产生了责任感和义务感。

（2）波动性

多数低年级的大学生由于个性还不够成熟和稳定，也缺乏驾驭情感的意志力量，因此，他们的情感体验表现出明显的敏感性和波动性。他们可能因一时的成功而产生积极的、愉快的情感体验，甚至骄傲自满、忘乎所以；也可能因一时的挫折、失败而低估自我或丧失自信心，甚至悲观失望。到了高年级，当他们的自我意识和自我控制比较稳定后，这种波动性才逐渐降低。

（3）深刻性

大学生的自我体验是深刻的。他们的自我体验不仅与自己的个性特点相联系，还与自己的生活信念和人格倾向相联系。当自我的生活信念和人格倾向为别人所悦纳，或客观事物符合自己的生活信念和人格倾向时,他们就会产生愉快的情感体验,否则就会产生消极、不愉快的体验。

2. 从自我体验的内容看

(1) 自尊心和好胜心

自尊心是指一个人悦纳并尊重自己,对自己抱肯定态度的情感体验,是一种希望别人尊重自己和自尊自爱的自我意识倾向。自尊心是一种内驱力(指由内部或外部刺激所唤起的,并使个体指向于实现一定目标的某种内在倾向),它激励着自我不断奋发努力、创造佳绩,尽可能使自己的言行得到别人的尊重,以维护自己存在的价值,强烈地要求肯定自己和保护自己。大学生的自尊心很强烈,对触及自尊心的刺激十分敏感。

好胜心是一个人力求获得成功的一种自我意识倾向。好胜心往往与自信心有着密切联系,如果丧失了自信心,就不可能去争取成功。具有极强自信心的大学生,好胜心也是十分强烈的。他们争强好胜、不甘落后,希望能用行动表明自己是人生道路上的强者。例如,有的大学生有目的地参加各种有益的社会活动,从中锻炼和表现自己的才干。大多数学生则把好胜心用在学习上,勤奋努力,博览群书,提高自学能力,为将来事业上的成功打下良好的基础,这是大学生好胜心发展的正确方向。

多数大学生的自尊心和好胜心都很强烈,但要适当。如果把握不当,就容易转化为自卑感或嫉妒心。

(2) 自卑感和孤独感

自卑感是指一个人自己看轻自己,对自己的能力和品质评价过低,对自己持否定态度的情感体验,它是一种消极的自我体验。过度的自卑会导致精力不集中、意志消沉、自信心降低,甚至自暴自弃,严重的可能会导致自杀。所以,大学生一定要及时克服自卑感,恢复自信,以便顺利完成学业,早日成才。

孤独感是指一种由于缺乏他人的理解,自己感到与世隔绝,内心充满孤单、寂寞的情感体验。在某高校的一项调查中发现,54.4%的学生有不同程度的孤独感,尤其是在新生中的比例更高。为什么大学生中会有如此多的人感到孤独呢?研究表明,大学生产生孤独感的主要原因是青年期的闭锁性心理。大部分的大学生自尊心强、独立欲望强烈,但内心世界一般又不轻易向外人袒露,这就造成了一定时期的心理闭锁性。

孤独感不利于大学生心理平衡,影响正常友谊关系的建立。对于大学生来说,要减轻闭锁心理,就要积极参加集体活动和社会活动,尽量多与人交往,扩大人际交往范围,学习别人的长处,做到互相理解、互相学习,这样孤独感自然就可以消除了。

要点延伸

摆脱自卑的自我暗示

面对自卑的攻击,我们应发挥自己的潜能,挖掘有效的方法。自我暗示就是一种非常有效的对抗自卑的方法。它非常简单,却有惊人的效果。

它起源于法国的一位药剂师鲍德茵。一天,有位客人到鲍德茵那里买一种要医生处方才能出售的药物。客人没有处方,但他非要买到那种药物。鲍德茵明白不能违法卖药,于是他灵机一动,给了那位客人数粒完全没有药性的糖衣片,并告诉他这就是他要的药物，还将其效力夸大了一番，然后将客人打发走了。

数天后，客人回到药房，大大地称赞了鲍德茵一番，说鲍德茵的药治好了他的顽疾。鲍德茵糊涂了：从生理学的角度来说，糖衣片是无法治好这个人的疾病的，但实际上他又是因为吃了"药"才痊愈的。到底是什么治好了这个人的顽疾呢？唯一合理的解释是，心理因素治好了他的病。这种心理的因素就是暗示力量，再加上鲍德茵的大力推荐，糖衣片便成了"灵丹妙药"。

鲍德茵由此得出结论：自我暗示能激励潜意识的力量，使人的自我意识发生改变。自我暗示就像是一个控制站，人可以有意识地运用创造性想象力去播下积极的种子，同时防止消极性的甚至破坏性的想法侵入自己的心灵。

在此基础之上，鲍德茵创立了心理暗示疗法。它主要有以下五大法则：

1. 暗示的句子要简洁有力，如"我非常自信"或者"我是自信的"。
2. 暗示的句子要积极乐观，如果你说"我不会自卑"，那么消极的"自卑"将会移至你的意识里。所以，你应该说"我是自信的"。
3. 信念：你的句子要有可行性。即它要使自己相信，而不会令自己产生抵触的念头。
4. 观想：当你默诵或朗诵暗示的句子的时候，你要在自己的脑海里清晰地见到自己变成理想中的那个人，他的一举一动都是你所希望的。
5. 感情：当你在观想的时候，你要对自己想象的角色满怀激情，充分地接受。

对自我暗示的想法，你应勇往直前，切勿抱着试试看的心态，因为这首先会埋下自我怀疑的种子。

除了对自己进行正向的暗示外，还应承认自己的缺陷和不足。夸大自己的缺陷往往是为了预先给自己的失败找一个台阶，以此来逃避对失败的责任。但这种想法形成习惯之后，人往往就会确信自己真的存在想象中的不足了。所以，要提高自信心，首先就要学会接纳自己，包括接受自己的缺点和优点。

（三）大学生的自我调控

1. 自我控制能力明显提高

在成年人眼中，青年人是精力旺盛、富有朝气的，但也是极为冲动、多变的。这是因为多数青年人的自我控制能力还较差。尤其一些处于低年级的大学生，冲动性还较明显。进入中年级，特别是进入高年级后，随着知识的积累、生活阅历的增加，大学生的自我意识和自我评价水平逐渐增强，他们能够根据别人的评价和自己的行动结果进行反省，及时调整自己的行为和目标，行为的自觉性和自我控制能力明显增强，盲目性和冲动性逐渐减少。

2. 自我设计的愿望增强

大学生有设计自我、完善自我的强烈愿望。他们根据自我设计的"最佳自我形象"而不断地充实知识、培养能力、形成良好的性格与品德。大学生的成就动机是非常强的，他们不愿做一个平平庸庸、碌碌无为的人，都想干出一番事业，能对社会、对祖国有所贡献，以实现自己人生的价值。

3. 独立意识和自信心增强

独立意识也叫独立感，是指个体力图摆脱监督和管教的一种自我意识倾向。大学生在生理发育上已完全具备了成人的特点，心理成熟和社会成熟也已达到较高的水平。他们普遍具有强烈的独立意识和自信心。

自信心是从独立感中派生出来的一种相信自己精力和能力的自我意识倾向。大学生有体力充沛、精力旺盛、思维灵活、记忆力强等优越条件，这是他们产生自信心的生理及心理基础，他们不仅对自己的才华、学识充满自信，而且对自己的风度、能力也充满自信。但由于知识、经验不足，部分学生易产生过分的自信，同时也容易因一时的挫折而降低自信。

二、大学生自我意识发展中的矛盾

大学生正处于心理迅速发展、又尚未完全成熟的时期，自我意识还在不断发展中。传统观念作用下的大学生，在当前多元化的人生观和价值观的冲击下，在复杂多元的社会环境影响下，如果缺乏正确的引导和自省，容易出现各种发展的偏差，导致心理障碍。

（一）理想自我和现实自我的矛盾

理想自我是指个人想要达到的完美形象，是个人追求的目标，它引导个体实现理想中的个人自我。现实自我是个人从自己的立场出发，对现实中自我的各种特征的认识。在现实生活中，理想自我与现实自我总是存在着一定差距的，合理的差距能够使人不断进步、奋发有为。但是，如果差距过大，则有可能引起一系列心理问题。

大学生心中承载着无数的梦想，每个人都渴望成功。他们有抱负，有追求，有理想，成就动机强烈。特别是在市场经济环境的影响下，很多大学生心中涌动着成功的梦想，他们为自己设定了一个个美丽的"理想我"，也对大学生活进行了理想化的设定。但当他们踏入大学时，现实与心中的理想形成了巨大的反差，形成了"理想真空带"与"动力缓冲带"，使他们一时间找不到自己生活的方位。对理想自我的渴望与对现实自我的不满构成了这一时期大学生自我意识发展的重要组成部分。值得重视的两个方面是：一是理想我与现实我有一定的距离是正常的，它可以激励大学生奋发图强、积极向上；二是当现实我距离理想我太过遥远时，大学生会产生各种各样的心理不适，甚至会自暴自弃，变得平庸无为，无所事事，没有动力。

（二）独立和依附的矛盾

一方面，大学生生理与心理的成熟使他们渴望独立，以独立的个体面对生活、学习及工作中遇到的问题，但由于长期的校园生活使他们缺乏社会阅历与经验，当一些应激事件出现时，他们又盼望亲人、老师和同学能够替自己分忧；另一方面，大学生心理上的独立与经济上的不独立也形成了明显的反差。特别是对于某些独生子女来说，由于长期受到父母的溺爱，这种独立与依赖的矛盾就表现得非常突出。

应当指出的是，独立并非意味着独来独往，并非不需要任何人的帮助和指导，并非不需要依赖别人，而是个人必须对自己的行为负有责任。"一个好汉三个帮"，即使是一个独立性很强的人，也有依靠别人的需要。不同的是，独立的人更多的是依靠自己的力量和努力去解决自我的问题，而不是完全依靠他人的帮助或依赖于别人；独立的人能够权衡利弊、审时度势，能够勇敢地做出决定并能够勇于承担自己的行为责任。过分的依附则使大学生缺乏对客观事情的判断能力与决断能力，显得优柔寡断，缺乏主见。事实上，任何心理成熟的独立个体，都需要他人的帮助，广泛的社会支持是个体心理健康的保障。

（三）自负与自卑的矛盾

自负是指个体对自我评价过高，对自己的成功作夸大的评价，对自己的差错则多做外部归因。自负心理的人盲目自大，过高地估计个人的能力，失去自知之明。人是不能没有自负心理的，尤其对青少年来说，在适当的范围内，自负可以激发他们的斗志，树立必胜的信心和坚定战胜困难的信念，使他们能够勇往直前。但是，自负又必须建立在客观现实的基础上，脱离实际的自负不但不能帮助自己的事业取得成功，反而会影响自己的生活、学习、工作和人际交往，严重的还会影响心理健康。

与自负相反，自卑是一种过低的人格评价，表现为缺乏信心、过分怯懦、自我轻视、对自己的能力估计过低，在成功时多归之于外部原因，遭受挫折或失误时则做内部归因。不少大学生身上不同程度地存在着自卑心理：或认为自己其貌不扬，担心被人歧视；或认为自己天资愚钝，将来不能成器，对未来缺乏信心；或认为自己出身贫寒，担心被人看不起；等等。对那些稍加努力就可以完成的任务，也往往因自觉无能而轻易放弃。在他们身上常常伴随着一些特殊的情绪体验，如害羞、不安、内疚、忧伤、失望等，并出现自鄙、自怨、自弃等心理现象。

大学生既不要过于自卑，也不要过于自负，要不卑不亢，做真实的自己。其实只要放松心情，认同自己的作为，就能获得足够的自信。千万不要自卑或自负，因为这样都会伤害自己的内心。

（四）自我中心和盲目从众的矛盾

所谓自我中心，即人在观察事物或考虑问题时，以个人主观意图去对待有关事物，不能设想他人观点、他人内心世界的一种心理状态。自我中心的大学生认为自己具有无穷的力量，是完全正确的，完全有能力按照自己的设想来做任何事情。

盲目从众心理是一种普遍存在的心理现象，它是在群体舆论的压力下，放弃个人意见而采取与大多数人保持一致的自我保护行为。从众心理人皆有之，但是有的学生缺乏独立思考，没有主见，丧失自我，轻信盲从，这会有碍于个人发展。

造成从众心理过强的原因是多方面的：

（1）害怕孤立，为了求得团体的认同，避免孤立而放弃了主见，随大流，凑热闹，以求"合群"。

（2）缺乏自信，有些学生对自己的能力缺乏自信，不敢自己下判断、做决定，只好随大流。

（3）当今不少家庭和学校那种一味要求"听话""服从"的教育方式，使一些学生形成了一种极富惰性的人格特征，"窒息"了他们的独立思考精神。

相关链接

扫一扫，观看视频

"灰领"高职生的角色定位

互动体验

心理剧演出：我错在哪儿？

1. 剧情：一个自以为是的女生，由于过分张扬而不顾他人的感受，说话不讲究方式，总是颐指气使，把责任都推到别人的身上，同学和朋友离她而去。她很苦恼，心想：我是为了大家好，为什么我说的话别人就不爱听呢？请大家帮她想想办法，让她明白自己的问题，学会谦让，理解他人，最后成为一名受同学和老师欢迎的人。

2. 人物：晓杨（主要人物，班长）、晓英、晓华、晓梅、晓丽和老师等。

3. 场景：宿舍和教室。

4. 道具：桌椅等。

5. 演出场景：

场景一：宿舍里，大家都在忙着自己的事情，晓杨气呼呼地推门而入，并冲着大家说："咱们宿舍又没评上优秀。"并指着晓华说："就是因为你的床铺不整齐导致的，跟你说过多少次了，你总是不听，结果大家都跟着你背黑锅。"晓华低着头不理她，晓杨离开了宿舍，此时同学们聚在一起，开始声讨晓杨……

场景二：课堂上，晓杨因有事，迟到了。老师问她原因，她理直气壮地说是为同学们办事去了，老师说以后上课是主要的，为同学们办事下课再去。晓杨生气地嘀咕："也不是我非要去的，是学院老师让去的。"老师看了她一眼，没有理她，继续上课……

场景三：刚从学院办公室出来的晓杨，直接跑到班级里，得意地和晓丽说："看你平时不吱声，这回你参加英语竞赛得了个优秀奖，看我给你报名报对了吧，要不然你还是不敢去参赛。"晓丽红着脸说："谢谢。"背地里大家议论纷纷……

场景四：晓杨的过分张扬，导致很多同学离她越来越远……

6. 分组讨论：请大家讨论晓杨的问题出在哪里，怎样做才是正确的，并把讨论结果分角色表演出来。

心理测试

自卑测试量表

指导语

下列题目请根据你的真实情况如实做出"是"或"否"的回答，答题时不要做过多的考虑。

测试量表

1. 别人对你的看法你是否感到担忧？（   ）
2. 假如走进商店逛一圈后却不买东西，你会感到不好意思吗？（   ）
3. 你总是尽量不做使别人感到不安的事情吗？（   ）
4. 假如有人偶然看见你赤裸着身体，你会感到羞耻与不安吗？（   ）
5. 星期天早晨你不愿意躺在床上睡懒觉吗？（   ）
6. 你觉得自己内心总是本能地拒绝与外界接触吗？（   ）
7. 你是否会违心地给你并不太喜欢的人赠送贺卡或生日礼物？（   ）
8. 你是否会依据别人的好恶来选择自己的服装？（   ）
9. 假如你使别人难堪，会不会感到内心不安？（   ）
10. 你是否常常花很多时间去做自己并不喜欢的事情？（   ）
11. 如果你明知不是你的过错，你是否仍然会向别人道歉？（   ）
12. 你认为自己使父母失望了吗？（   ）
13. 你是否犯过不可原谅、无法弥补的过错？（   ）
14. 你经常觉得自己的表现不如别人吗？（   ）
15. 当你做错事后，很久都不能忘记吗？（   ）
16. 当你和别人闹了别扭后，通常会责怪自己吗？（   ）
17. 你是否做过令自己终生遗憾的事？（   ）
18. 你是否愿意为自己的过失而接受任何惩罚？（   ）
19. 你有时是否会对别人的恋情感到嫉妒？（   ）
20. 你有时是否会对自己的性冲动感到厌恶？（   ）
21. 你听到色情故事时，是否会感到羞耻？（   ）
22. 你是否经常祈祷上天降福保佑你？（   ）
23. 你的老师对你的学习成绩感到失望吗？（   ）
24. 你是否经常回忆并检讨自己过去曾有的错误或不良行为？（   ）
25. 你觉得和周围人相比，你显得微不足道吗？（   ）
26. 你是否曾受到良心的谴责？（   ）
27. 你是否认为失败总是跟随着你，你总是碰不上好运气？（   ）

28. 你是否曾有过难以原谅的不良习惯？　　　　　　　　　　　　（　　）
29. 你是否认为自己所得到的爱与感情，比自己应该得到的要少得多？（　　）
30. 你是否经常花时间回想过去？　　　　　　　　　　　　　　　（　　）

评分标准

回答"是"计1分，回答"否"计0分，请你根据你的答案把总分计算出来。

结果解释

15~30分：你常常愧疚、自卑，并往往将自己的感情世界封闭起来，习惯于不切实际地否定自己，夸大自己的过失与弱点。试一试，将自己看成一位成功者，消除内心深处的无能感与内疚感。积极的自我评价能免除很多身心疾病。当然，对自身的缺点亦应正视，但别让思想走极端，因为如果把自己的价值和某一件事的成败画上等号，那会在无形中增添心理压力。

8~14分：你基本上是自信的，但过失感在你的生活中扮演着重要的角色。其实，自卑心理人人都有，只不过程度不一样，自省程度亦不同罢了。心理学家阿德勒曾提出"因自卑而追求卓越，扬长补短进行代偿"的理论。有自卑心理并不可怕，关键是怎样看待它，又如何将它转化为财富。所以，要清醒而客观、全面地看待自己，别忘了经常鼓励和嘉奖自己。

7分以下：你全身上下充满了自信。自信是你生命中的阳光，让自卑在你心中无处可藏。

拓展阅读 ……

"罗森塔尔效应"在心理学上也被称为"人际期望效应"，这个概念源自美国心理学家罗森塔尔和雅各布森的一次试验。

他们当时找到一个小学，说要对学生进行"未来发展趋势测验"，然后随机挑了一些学生，告诉学校这些学生都是"最有发展前途的人"。几个月后，罗森塔尔和雅各布森再次来到学校观察，发现凡是被挑中的学生，都发生了很积极的变化，他们变得更自信、更乐观，而且成绩都提高了。这可以说是一种心理暗示，罗森塔尔和雅各布森先是给校长、老师提供了一种积极意义的信号，让他们对那些选中的学生有了更高的期望，而学生又从学校老师那里感受到了这种"正能量"，他们得到了更多的关注和激励，所以他们进步得比较快，这又反过来给老师和学校一种正反馈。如此，形成了正向的循环。这个试验证明，人一旦与环境形成了正循环，他的发展就会越来越好。

世界是一面镜子，你笑它便笑，你哭它便哭。外界环境往往是我们内心的投射，我们的人生也与我们的思想息息相关，万事往好处想，心态乐观，就算遭遇风雨，也可以顺利见到彩虹。

（资料来源：隽美惠．罗森塔尔效应在大学生思想政治教育中的应用．吉林广播电视大学学报，2013．09．）

第三节 自我意识的完善

心灵故事

李某，女，20岁，家境贫困。她自上学以来，常担心缴不起学费。她觉得自己学习成绩不太好，没什么优点，不讨人喜欢，所以总不相信他人，不愿理会他人，对人冷漠，缺乏热情。总之，她感到大学生活非常灰暗，没有任何快乐，多次想退学。近来，她连续几天晚上做相同的噩梦，梦见父亲去世了，每次都从梦中哭醒，情绪低落，无法学习。

这是典型的自我意识混乱的案例。当大学生无法形成正确的自我概念和自我评价，不能达到自我同一性的确立而获得安定、平衡的心理状态时，就会出现自我意识混乱。青年期是人的自我意识迅速发展的一个特殊阶段。学习如何正确认识自我、理解自我，是这时期的一个发展任务，这直接关系到大学生能否建立健全的人格。

知识导读

一、健康自我意识的标准

健康的自我意识是个体健康成长、全面发展、走向成功的必备要素。掌握健康自我意识的标准、培养健康的自我意识对大学生十分重要。

健康自我意识的标准：

（1）自我意识健康的人，是一个有自知之明的人，既知道自己的优势，也知道自己的劣势，能正确评价和发展自我。

（2）自我意识健康的人，是自我认知、自我体验和自我控制协调一致的人。

（3）自我意识健康的人，是自我肯定的、独立的并与外界保持协调一致的人。

（4）自我意识健康的人，是理想自我与现实自我统一的人，有积极的目标意识和内省意识，积极进取，永无止境。

（5）自我意识健康的人，是一个不仅自己能健康发展，还能促进社会文明和进步的人。

二、大学生自我意识完善的途径

（一）正确认识自我

正确认识自我，就是要全方位地认识自我。古诗有云：不识庐山真面目，只缘身在此山中。全方位认识自我是形成自我意识的基础。如果大学生能够全方位地、正确地认识自我，客观地、准确地评价自我，每日三省吾身，有助于确立合适的奋斗目标，量力而行，并为实现这一目标而不懈努力。正确认识自我是健全自我意识的基础，有利于调适现在的我和构建未来的我。德国著名作家约翰·保罗曾说：一个人的真正伟大之处，就在于他能够认识自己。如果一个人能对自己有一个全面、正确的认识和评价，就可以扬长避短，很好地完成各项任务。正确认识自我，有以下几种方法。

1．在比较中认识自己

（1）与他人比较

有比较才有鉴别。在缺乏客观评价标准的情况下，可以通过与他人的比较来评价自己。与周围的普通人比较，能认识自己的实际水平及在群体中的地位；而与杰出人物比较，则能找出自己的差距和努力的方向。与他人比较，最重要的是要选定恰当的而不是盲目的参照系。比较的同时，还要学会用发展的眼光、辩证的方法去看待自己和他人，方法越科学，自我定位就越恰当。恰当地评估自己的人，能做到既不妄自尊大，也不妄自菲薄，从而能合乎实际地确定自己的奋斗目标和行动计划。

有实验者请一些大学生作为被试，让他们和另一些竞争对手一起讨论参加工作的问题。在讨论前，被试接受自尊测试。之后，有一半被试看到的是衣冠不整、形象很差的竞争对手，另一半接触到的是仪表端庄、谈吐文雅之士。讨论后，实验者又对被试进行自尊测试。结果，接触到仪表比自己强的被试，自信心明显下降；看到仪表不如自己的那一组被试，自信心却大大提高。

这个实验只是在一定程度上反映了比较的作用。当然，在比较的过程中，不能专门"以己之长比人之短"，也不能专门"以己之短比人之长"，因为这样都不能获得正确的自我意识。

（2）与自己比较

与自己比较是最常用也最能影响个人对自己看法的方式，是每个人都需要学会的一种比较方式。学会与自己的过去比较，能获得强大的心灵能量，因为战胜自己本就是对自己最好的肯定。此外，还需要学会与理想的我比较，让理想的我成为自我发展的目标、方向和动力。

有这样一位大学生，他来到学校以后一直很自卑。因为他来自偏远地区，见识、学识等各个方面都不如周围的同学，而且不管他如何努力，总感觉自己与周围的人相差一截。他很不开心，直到后来学会了正确的比较——与自己比较。他想："我的起点本来就比别人低，想要一步就跟他们齐平，这是不可能的，但我在努力缩短与他们的差距，十年、二十年或许三十年，我总可以跟他们差不多，如果坚持下来，说不定我会更厉害。"后来，经过一年的努力，他发现自己比原来更加坚强、更加独立、更加有主见了，他感到非常自豪。

2．在自省中认识自己

曾子说："吾日三省吾身"。反省自我是自我意识的重要渠道。大学生应该学会自省，经常检查自己的行为和动机正确与否，行为过程中有什么不足之处，结果如何，有哪些收获和缺憾，从中发现长短得失，以便有的放矢地进行自我调整。可以从下几个方面去认识自我：

（1）自己眼中的我。自己实际观察到的我，包括生理自我、心理自我和社会自我。

（2）别人眼中的我。由别人对自己的态度、情感了解自我，这里的别人不是个别人，不是只与自己关系好的人，也不是对自己不友好的人，而是大多数人。

（3）自己理想的我。自己对自己的期望。

3. 通过专家咨询认识自己

到心理咨询中心、就业指导中心、专业咨询机构进行咨询，是一种了解自我有效而快捷的方式。咨询人员会用他们的专业学识、经验以及科学的咨询技巧对来访者提供帮助。在咨询过程中，来访者会获得大量的知识和信息资料，获得对问题的重新认识，也更加自信。

4. 通过心理测验认识自己

心理测验是一种标准化、力求客观的测量手段。它能够在较短时间内测出一个人某方面的特点。通过测量，个人能够在短期内获得对自己的较为客观和准确的描述和评价。要注意的是，个人要选择适合自己的、科学的心理测验方法，另外要准确理解测验报告，最好由心理专家来解释测验结果。

（二）积极悦纳自我

心理学研究表明，心理健康者更多地表现出对自我的接受和认可，而心理障碍者则明显表现出对自己的不满和排斥。有些大学生对自己的容貌、性格、才能、家庭等方面不满，而又无力改变，便产生自我排斥的心理，这是心理幼稚的一种表现。人总会对自己有所肯定又有所否定，并且在自我意识的发展中建立二者的动态平衡。否则，对自己的不满过于强烈，就会加剧心理矛盾，产生紧张的心理，这样不仅会使个人感到疲惫，还可能引发心理问题，严重的可能导致悲剧。因此，悦纳自我是增进健康自我意识的关键和核心。

悦纳自我首先是要无条件地接受自己的一切，包括好的和坏的、成功和失败、优点和缺点；其次要无条件地喜欢自己，肯定自己的价值，有愉快感、满足感和自豪感；再次要接纳自己的不完美和失败，这是自信的表现，是自我完善的起点。每个人在某个方面都有一定的局限，对过去的失败不要耿耿于怀，要吸取教训，总结经验，大胆尝试。最后，要珍惜自己的独特性，建立实际的目标，扩大社交圈子，不对自己有过高的要求，不为讨好别人去做事，多对自己的成就进行鼓励和奖赏。

（三）有效调控自我

自我调控是人主动、定向地改变自己的心理品质、特征以及行为的心理过程。在进行自我调控时，要做好以下四个方面。

（1）力求使自己的行为符合社会行为准则和要求。只有立足社会需求，从个人实际出发，将自己的行为和社会要求保持一致，才能得到社会的承认。

（2）制订完善的计划和程序以提高自我。有相应的计划和程序，才能避免盲目地进行活动，使自己的行为有条不紊。制订出符合自己实际的计划后，要严格执行，不能朝令夕改。

（3）在行动中要运用自我分析、自我体验、自我鼓励、自我监督等各种激励措施。

（4）要培养健全的意志品质。只有意志品质健全的人，才能有效地进行自我控制，从而最终实现理想自我。

研究和经历都告诉我们，我们可以通过改变实际行动来改变我们的心态，从简单易行的事情开始有效调控自我。正所谓"小事养成习惯，习惯形成个性，个性决定命运"。

（四）不断完善自我

加强自我修养，进行自我塑造，不断完善自我，是完善自我意识的途径之一。大学生应致力于不断完善自我，对自我有更多的认可和接纳。

这里介绍一种心理学技巧——利用榜样提高自我约束力，通过想象自己和别人的融合而获得别人的品质，从而逐步完善自我。

（1）确定自己想要有的行为能力。如"我想变得善于交际""我想能够控制自己的情绪""我想变得温文尔雅一些"。

（2）选择你的"本尊"。你的"本尊"应该具备你要的品质，他可以是名人，也可以是你周围的平常人；你的"本尊"要和你有相似性，如果你是男人，你的"本尊"最好是男人；你运用"观想本尊"法后，不仅你期望的行为会和"本尊"相似，你的其他方面也会向"本尊"靠拢，你不可能只在你所期望的这一方面发生变化，你的变化是整体的。

（3）研究你的"本尊"。选好"本尊"后，你可以读一些他的传记资料，或者和他多接触。有可能的话，找一张他的照片多看一看，争取对他尽可能熟悉。你可以研究他所具有的好品质或好行为是如何形成的，他是如何实现自我控制和自我完善的，他与其他成功人士有何共同点等。

（4）想象与"本尊"融合。你只需每天选一个不受打扰的时间，想象"本尊"和你融为一体。你想象他的一张照片进入你的胸膛，然后扩大，直到和你的身体一样大且融合在一起。只需这样做，不需要思考，不需要刻意学习和模仿，每天练习10～20分钟。不久你会发现，潜意识之中，你的行为和你的"本尊"越来越相似。如果你希望见效快，可以有意识地对自己说："现在我不是我，我是在表演我的'本尊'。"那么你期望的那项能力会好得让你自己都不敢相信。练习一个月后，你就不必再练了。你的"本尊"已融入你的心里，你不必再去演别人了。

当你在现实生活中遇到不能把握自己的时候，那就让你的"本尊"来监督和鼓励你做出正确的选择吧。

（五）努力超越自我

每个大学生都有远大的抱负和理想。古人说得好，要"齐家、治国、平天下"须从"修身"开始，即从点滴小事开始，从积极行动开始，行知并重。要想运动健身，就坚持练习自己喜欢的体育项目；要想开阔思路，就多读书，多听讲座。在行动时，无论对人对事，均全力以赴，使自己的能力、品性得到最大限度的发挥。行动之后再反省得失原因，再度投入行动，吸取教训作为经验，一旦有成果，便再反省总结。如此往复进行，对自我的认识便一步一步地得到扩展和深化，自我的境界也就自然而然地得到开拓与提升。

要点延伸

学会每天问自己十个问题

如果你想摆脱烦恼、放松心情，以积极健康的心态面对每一天，那就尝试以自问的方式开始每一天，这些问题会给你带来力量和好心情。

1. 我拥有什么？

通常，我们会为自己没有的东西而苦恼，却看不到自己拥有的。让我们走出哀怨，这样就可以看到什么是我们所拥有的。

2. 我应该为什么感到自豪？

你应该为你已经取得的成绩而自豪。成绩不分大小，每一次成功都意味着向前迈出了一步。

3. 我应对什么心存感激？

每天都有很多事情让我们为之心存感激，同时也有很多人值得我们感谢，因为他们在无形中教会了我们一些事情。

4. 我怎样才能充满活力？

每天都要计划好做一些积极的事情，让自己充满活力。例如，可以给那些一直以来你都很欣赏，却很久未联系的人打电话，对同学说一些鼓励的话，保持微笑，或留出时间进行体育锻炼等。

5. 我今天能解决什么问题？

设法把那些原本想留到明天才解决的问题在今天就解决掉，尽量在当天完成手边的工作，要敢于面对那些棘手的问题，并换一种角度看待它们。

6. 我能抛下过去的包袱吗？

"过去的包袱"指那些长年累积起来的伤心的经历和怨气。背着这些沉重的心理包袱有什么用呢？建议你对过去做一个总结，把值得借鉴的经验保存起来，然后永远地卸下重负。

7. 我怎么换个角度看待问题？

很多时候，根本问题就是我们看待事物的方式。很多人都经历过为一件事苦恼不堪，过后又觉得可笑的时候。悲和喜只是我们看问题的角度不同而已。

8. 我怎样过好今天？

做些与往常不一样的事情。如果我们走出常规，学会享受生活，那么生活就是丰富多彩的。我们要敢于创造和创新。

9. 今天我要拥抱谁？

拥抱是我们的精神食粮。曾经有一位心理学家说过，要想健康，每天要至少拥抱八次。身体接触是人一项基本的需求，它甚至可以帮助我们开发大脑。

10. 我现在就开始行动吗？

是让生活过得索然无味，还是积极向上，决定权就在自己的手中。

（资料来源：冀先礼. 大学生心理健康教育 [M]. 北京：中国社会科学出版社，2005.）

相关链接

扫一扫，观看视频

世界很好，你也不差

互动体验

"我是谁"二十问

请你根据自己的实际情况，用最快的速度完成以下二十个句子。

1. 我是＿＿＿＿＿＿＿＿＿＿＿＿＿＿＿＿的人。
2. 我是＿＿＿＿＿＿＿＿＿＿＿＿＿＿＿＿的人。
3. 我是＿＿＿＿＿＿＿＿＿＿＿＿＿＿＿＿的人。
4. 我是＿＿＿＿＿＿＿＿＿＿＿＿＿＿＿＿的人。
5. 我是＿＿＿＿＿＿＿＿＿＿＿＿＿＿＿＿的人。
......
20. 我是＿＿＿＿＿＿＿＿＿＿＿＿＿＿＿＿的人。

"二十问"法是心理学家了解一个人自我意识的一种简便有效的方法，通过上面的"二十问"，你可以了解自我意识的一些状况和特点。

1. 你的完成速度如何？完成速度与你对自己的了解程度有关，也与你愿意多大程度地表露自己有关。有些人不介意表露自己，所以，他们就会写得快一些、多一些、深入一些；有些人不太愿意表露自己，所以在写每一句的时候都会斟酌一下。

2. 你写的内容深度如何？比如，你可以看看在二十个句子中表面性的句子（如"我是在大学一年级上学的人"）多，还是反映对自己看法的句子多。表面性的句子较多反映了你自我意识的深度不够，或者不愿意让别人了解自己的内心世界（尤其当这二十个句子是要求与别人交流时）。一个正常的大学生自我意识应当有一定的深度，句子中应该较多地反映自己的性格特点和内心活动。如果二十个句子中大多为表层的信息，你就需要反思自我意识的深入程度为什么不够，是自我意识不够，还是不愿意袒露自己的内心世界。

3. 句子中是正面的评价多，还是负面的评价多？这能直观地反映出你是否自信。如果负面的自我评价过多，表明你的自我情感体验比较负面，你不够自信。

4. 句子中正、负面评价都有，还是只有一方面的评价？这可以显示你的自我意识是全面的，还是片面的；是客观的，还是过度自负或过度自卑的。如果所有的自我评价都是正面的，要留意自己是不是过度自负，看不到自己的不足；如果所有的评价都是负面的，则你的自我评价过分消极，你很可能会因此出现抑郁等负面情绪乃至心理问题。

5. 二十个句子的内容如何？是否有集中的主题？如果二十个句子中有许多句子都涉及同一个主题，那么集中反映的主题就是你当下最关注的事物，甚至是之前你自己都未曾意识到的。

总之，这简简单单的二十个句子能帮助你对自己有进一步的了解。这也是心理学研究和探索自我意识简单实用的方法之一。

心理测试

关于心理与行为的问卷

指导语

这是一份关于心理与行为的调查问卷，题目的回答无所谓对错，请认真、如实、独立回答，圈选一个代表你真实情况的数字。1 代表完全不符合你的情况，2 代表不太符合你的情况，3 代表比较符合你的情况，4 代表完全符合你的情况。

测试量表

1. 当学习或活动中取得成功时，我会很得意。　　　　　　　　　　　　（1　2　3　4）
2. 我的人缘很好，大家都愿意和我交朋友。　　　　　　　　　　　　　（1　2　3　4）
3. 我经常积极参加学校、院系组织的各种活动。　　　　　　　　　　　（1　2　3　4）
4. 我认为自己长得漂亮，穿得也漂亮。　　　　　　　　　　　　　　　（1　2　3　4）
5. 当得到表扬时，我感到很高兴，觉得自己比别人强。　　　　　　　　（1　2　3　4）
6. 在学习或生活中遇到困难时，我总相信自己能妥善地处理它们。　　　（1　2　3　4）
7. 我对学习、文艺、体育活动充满了热情，积极性、主动性很高。　　　（1　2　3　4）
8. 我对自己的身材、外貌感到满意。　　　　　　　　　　　　　　　　（1　2　3　4）
9. 我觉得老师对自己的印象很好，所以很得意。　　　　　　　　　　　（1　2　3　4）
10. 我的朋友很多，这让我很自豪。　　　　　　　　　　　　　　　　（1　2　3　4）
11. 我在同学中很有威信，大家都喜欢听从我的主意。　　　　　　　　（1　2　3　4）
12. 我真庆幸自己长得漂亮。　　　　　　　　　　　　　　　　　　　（1　2　3　4）
13. 我在学习或活动中表现出色时，总是想方设法让别人知道。　　　　（1　2　3　4）
14. 我感到自己值得自豪的地方很多。　　　　　　　　　　　　　　　（1　2　3　4）
15. 进行大学生各种活动时，我愿意在众人面前展示自己的才华。　　　（1　2　3　4）
16. 我认为自己长得不漂亮，气质也不出众。　　　　　　　　　　　　（1　2　3　4）
17. 我总爱寻求别人的注意与肯定。　　　　　　　　　　　　　　　　（1　2　3　4）
18. 我觉得同学对自己的印象很好，所以感到很得意。　　　　　　　　（1　2　3　4）

计分标准

表 3-2 中包含四个项目，每个项目包含相应的题目，将各题目的分数相加之后算出平均值。

表 3-2　　　　　　　　　　关于心理与作为的问卷计分表

项目	包含题目	分数平均值
重要感维度	1、5、9、13、17、18，共6项	
胜任感维度	2、6、10、14，共4项	
归属感维度	3、7、11、15，共4项	
外表感维度	4、8、12、16，共4项	

结果解释

重要感维度得分平均值越高表明自我感觉在人群中越重要；胜任感维度得分平均值越高表明自我感觉越能胜任工作；归属感维度得分平均值越高表明归属感越强；外表感维度得分平均值越高表明自我感觉自己的外表在人群中越出众。将 18 个题目的总分求平均值，分值越高表明自尊水平越高。

拓展阅读 ……

找不到自身优势的人，在人生道路上寸步难行

琦琦大学毕业后顺利进入一家单位工作，每天都忙碌而充实。我本以为她过得很顺利，可假期见到她时，却发现她十分消沉，她坦言自己想辞职。在我的询问下，她吐露心事：她性格腼腆，但是她的工作内容却需要频繁地和人打交道，这让"社恐"的她压力巨大，工作完成得也不如别人出色。我建议她，与其在不擅长的领域挣扎，不如换一个更加适合自己的工作。她却唉声叹气："可从单位辞职，又觉得太可惜。况且，我这么多年就知道埋头读书，不清楚自己到底擅长什么。"

听了琦琦的经历，我脑海里立刻浮现出了另一个人：小杰。他中学时喜欢玩模型，上大学时就报了工科，原因是方便他继续摆弄模型。大学里他没闲着，研究各种3D建模软件，买了油漆、磨具等材料，自己研究模型改装。前阵子遇见他，他兴奋地告诉我，他从大学开始筹备的模型小店已经在一年前成功开张了。现在，他的小店在圈子里小有名气，他自己有空时还会在网上开直播，吸引更多的爱好者。他说："我从中学时就知道自己喜欢什么、擅长什么，所以我不去和别人比学习，我就在我的优势领域，一路不断地耕耘。"

你是否也面临和琦琦一样的境况：多年寒窗，却发现自己除了学习，别的什么也不擅长？我们总是什么都想了解一点，什么都想会一点，可人的精力是有限的，于是我们只能浅尝辄止。想要变得全能，最后却变得平庸，不知道自己真正擅长什么。面对自己

不适合的领域时，没有潇洒离开的勇气，因为不知道自己是真的不擅长，还是仅仅不够努力，最后，自己痛苦不堪，人生寸步难行。

都说人生没有捷径，可是即便成功的路也充满坎坷，每个人擅长的路也各不相同。有人适合翻越山峰，而有人更适合穿过沼泽。选择更适合自己的路，才能更快地到达终点。管理学大师彼得·德鲁克说："大多数人穷尽一生去弥补劣势，却不知从无能提升到平庸所付出的精力，远远超过从一流提升到卓越所要付出的努力。"

毋庸置疑，琦琦是优秀的，但她没有发现自己的优势，在自己的劣势领域付出了巨大的精力，却收效甚微。而小杰很早就明白了自己的优势所在，并且选择不断打磨自己的优势，最终在自己擅长的领域小有成就。

有人会问：到底什么是优势？我又该怎么找到我的优势呢？

也可以用一个公式表示：优势＝才干×投入。才干就是你的天赋。天赋可能蕴藏在你的兴趣爱好中，也可能在生活中的其他场合被你意外发现。保持对自身的洞察力，不断复盘自身情况，同时积极尝试接触一些新事物，都有助于你察觉到自己的天赋。同时，仅有天赋是不够的。如果说天赋是优势的种子，那么想要让它长成参天大树，还需要持续不断地浇灌。打造优势，并非一日之功，保持努力，不断突破自我，才能等到量变成为质变之时。

（资料来源：樊登读书）

启发思考

1. 大学生的自我意识是如何形成的？
2. 大学生自我意识完善的途径有哪些？
3. 请全方位地评价当下的自己。

星说心语

过去的成功将保留在青春档案里。我们将在未来的时间里痛快淋漓地享受学习的快乐、生活的快乐、大学的快乐和人生的快乐。

我们要记住：战胜自我与超越自我是每个人前进的必然选择！无论是狂风暴雨，还是荆棘坎坷，我们不会在任何人面前低头畏缩，不会在任何困难面前逃避投降，更不会自暴自弃、沉沦平庸。我们有青春的面庞、挺拔的脊梁，还有乐观积极的人生态度，敢打敢拼、不畏困难的奋斗精神。

亲爱的同学们，自信并非与生俱来，在成长的过程中不断地审视自己，能够建立和重塑自信。当你有了自信，表明你与自身建立了一种良好的关系。让我们珍惜自我，热爱生命，用心生活，勇于行动，品味快乐，收获成功。

加油！

第四章

学会学习　激发潜能

> 要志存高远、脚踏实地、行循自然，学好知识，打好基础，增长才干，将来为中华民族伟大复兴贡献自己的智慧和力量。
>
> ——习近平

第一节 学习即生活

心灵故事

有个老木匠准备退休,他告诉老板,说要离开建筑行业,回家与妻儿享受天伦之乐。老板舍不得他走,问他能否帮忙再建一座房子,老木匠说可以。但大家看得出来,他的心已不在工作上了,他用的是软料,干的活也比之前粗糙了很多。房子建好的时候,老板把大门的钥匙递给他,说道:"这是你的房子,是我送给你的礼物。"他目瞪口呆,羞得无地自容。如果他早知道是在给自己建房子,他怎么会这样呢。

我们有时候也是如此,常常漫不经心地"建造"自己的生活,不是积极行动,而是消极应付,凡事不肯精益求精,关键时刻不尽最大努力。等我们发现了自己的处境,已深困在自己建造的"房子"里了。请你把自己当成那个木匠,想想自己的"房子",每天"敲进一颗钉""加上去一块板",或者"竖起一面墙",既然已经在建造了,那就用你的智慧好好建造吧!你的生活是你一生的创造。大学的时光转瞬即逝,同学们要把握好自己的每一天,充实自己,提升自己,利用好每一天。

知识导读

一、大学学习的特点

(一)大学学习的主动性

如果说中学重视人智慧潜能的积累,那么大学则强调培养人的智慧行为,培养人运用各种基本知识解决复杂问题的能力。大学学习与中学学习截然不同的是:依赖性减少,自主性增强。大学学习的内容既包括基础知识和专业知识,也包括本专业、本行业的前沿知识和技术发展情况,知识的深度和广度比中学有所扩展。学习的主要方式依赖于大学生自己对知识的理解和把握,课堂教学往往只是提纲挈领式的。除此之外,大学生对学习内容有很大的选择权。除了必修课之外,大学还开设了很多选修课,大学生可以根据自己的需要和兴趣去学习。

大学生应当具备自学的能力和习惯。培养大学生的自主学习能力,是适应大学学习的一个重要方面,是每个大学生都要着重培养的能力。正如钱伟长教授所说:一个人在大学四年里,能不能养成自学的习惯,不但在很大程度上决定了他能否学好大学的课程,把知识真正学通、学活,而且影响到大学毕业以后,能否不断地吸收新的知识和进行创造性的工作,为国家做出更大的贡献。

此外，大学生课余自由支配的时间较多，有的人用来学习，有的人从事自己喜爱的活动，也有的人不知如何利用这些时间。所以，在大学里，有的人忙得不可开交，有的人闲得无聊。大学生要充分发挥自己的主观能动性，统筹规划自己的人生，合理安排自己的时间，选择适合自己的学习方法，在有限的时间内获得较高的学习效益。

（二）大学学习的专业性

大学教育具有明显的专业性特点。大学生是按国家需要培养的高级专门人才，从一入学就有一个专业定向的问题。大学的学习就是专业的学习，既要掌握与专业相关的基础知识和核心知识，又要了解本专业的发展前沿和经典理论。

很多大学生对自己的专业不了解。然而，对自己的专业是否有兴趣直接影响学习热情，进而影响整个学习面貌。就现实而言，每个人都必须学习自己的专业，但又不能局限于这个范围，需要开阔自己的视野。这就产生了一个矛盾：在个人的精力、时间有限的情况下，如何处理好专业与非专业学习的关系，如何正确处理基础课与专业课之间的关系，是大学学习的一个中心问题。对大学生来说，要防止出现两种倾向：第一种倾向是忽视基础知识的学习和基本技能的培养；第二种倾向是忽视大学专业性的学习。基础知识属于基本的、系统的、规律性的知识，具有稳定性，而专业知识是以基础知识为基础的，二者缺一不可。因此，大学生应根据自己的时间和精力，合理安排专业知识和非专业知识的学习。

（三）大学学习的综合性

大学学习实际上是一种高层次的专业学习，这种专业性是随着社会对本专业要求的变化和发展而不断深入的。为适应当代科技发展的高度分化、高度综合的特点，高校在进行专业教育的同时，还要兼顾科技发展的特点和社会对人才综合性要求的特点，尽可能提高大学生的综合能力，以增强大学生毕业后对社会工作的适应性。一般来讲，大学生就业时，专业对口是相对的，多数情况下不能达到完全专业对口。所以，大学生在大学期间除了要掌握专业知识外，还应根据自己的能力、兴趣和爱好，选修或自学其他课程，扩大自己的知识面，为毕业后更好地适应社会打下良好的基础。

（四）大学学习的多样性

大学学习的多样性不仅体现在学习目标上，还体现在学习形式上。学习目标的多样性主要体现在，每个大学生在进入大学之后，会根据自己的兴趣、喜好、人生规划等诸多因素考虑和安排自己的学习目标，从而进行学习的取舍。有的学生以追求高分为目标，希望在考试中获取第一名，实现自我价值；有的学生把目标放在专升本上，他们会花费金钱和精力去学习政治、英语和专业课；还有的学生以考招聘教师、特岗教师、公务员等实战型学习为主。

大学学习的多样性还体现在学习途径的多种多样上。在大学里，虽然课堂教学是主要形式，但大学生可以依靠多种渠道，如自学、讨论、参加讲座、参加第二课堂等来获取知识。大学的实践性教学活动占有很大的比重，大学生要加强实验、实训、社会实践和科研等实践性的活动，甚至走出校门做社会调查和志愿服务，这些都是大学生增长知识和才干的重要途径。

(五) 大学学习的实践性

大学教育从某种意义上讲，是培养有知识、有能力的高科技人才的重要一环。大学生在校学习期间，必须在全面掌握专业知识和其他有关知识的基础上，加强专业技能的培养和智力的开发，在学习书本知识的过程中重视教学实践环节的锻炼和学习。要认真做好专业实习和毕业论文，积极参加各类社会调查和生产实践活动，通过大量的社会实践活动，更多地接触社会、了解社会，并努力运用现代科学知识和手段发现问题、解决问题。这样既可以克服在学习中存在的理论脱离实际和"高分低能"的不良倾向，也可以不断激发自身的学习兴趣。

二、大学学习的智力因素与非智力因素

影响学习效果的心理因素有智力因素和非智力因素，前者包括注意力、观察力、记忆力、思维力和想象力，后者包括兴趣、动机、情绪、意志、性格等。注意、观察、记忆、思维和想象都是认识活动，是学习中不可缺少的智力因素，直接影响学习效果，而兴趣、动机、情绪、意志和性格对于智力因素的发展则起促进作用。

(一) 智力因素

智力因素直接影响学习活动。智力不仅影响学生的学习成绩，更重要的是影响学生掌握知识与技能的速度、深度和灵活性，而且在很大程度上决定着学生的准备状态，决定着学生学习的可教育程度。智力是一种综合的认识能力。学习本身就是一种智力活动，通过智力活动可以感知客观世界的万事万物，掌握科学知识，解决问题。人的智力发展有巨大的潜能。大学阶段是人的智力从"学习准备期"到"创造活动期"转变的过渡时期，是智力培养和开发的关键时期。

(二) 非智力因素

非智力因素虽然不直接参与认识过程，却是学习活动赖以高效进行的动力因素。心理学研究发现，取得成就的人，往往是那些智商水平中上等且具有勤奋和不懈追求等优良品质的人。可以说，非智力因素是影响大学生学业成绩的重要因素之一。

1. 兴趣

我们常说："兴趣是最好的老师。"兴趣是一种带有情结色彩的认识倾向，它以认识和探索某种事物的需要为基础，是推动人去认识事物、探求真理的一种重要动力，是学生学习中最活跃的因素。有了学习兴趣，学生会在学习中产生很大的积极性，会主动学习思考。兴趣往往是由好奇心开始的，进一步发展就会成为爱好。

2. 动机

学习动机是由学习需要所激起的，指向一定的学习目标的内部心理状态，是直接推动并维持学生的学习行为以满足其学习需要的一种内在过程。也就是说，无论是学生产生某种学习行为，还是调整、维持或停止某种学习行为，都是学习动机作用的结果。一个学生是否想学习、为什么学习、喜欢学习什么，以及学习的努力程度、积极性、主动性等，都能够通过学习动机得以体现。一般而言，学习动机和学习效果是一致的。

3. 情绪

情绪作为一种内在的动机力量，直接影响学生的学习。情绪对人的学习行为有双重作

用，既能促进、增强学习效果，也能削弱、降低学习效果。一般来说，高兴、快乐、喜悦等积极情绪能推动学生自觉完成一项学习任务，对学习起促进作用；痛苦、忧伤、愤怒等消极情绪抑制学生的学习热情，甚至会使学生拒绝接受老师布置的学习任务，对学习起阻碍作用。但是，因高兴过度而得意忘形也会削弱学习效果；而消极情绪转化为积极力量也可以增强学习效果，如"化悲痛为力量""化压力为动力"，等等。

4. 意志

对于意志在学习中的作用，古今中外的学者都有深刻的认识。荀子提出："锲而舍之，朽木不折；锲而不舍，金石可镂。"苏轼也说："古之立大事者，不惟有超世之才，亦必有坚忍不拔之志。"有人对大学生的学习曾做了这样的描述：大学生差别最小的是智力，差别最大的是意志。意志对一个人的成长和成才都有着十分重要的意义。一个具有坚强意志的学生，不仅能促进自身智力的发展，还可以调节和控制自己的情感，主导和支配自己的认知活动，按照自己的预定目标勤学苦练、克服困难，不断向科学知识的高峰攀登。

5. 性格

性格是非智力结构中的核心成分，它决定着个体活动的方向和性质，具有某种独特性格特征的人，往往以其独特的处事态度和行为方式进行活动。性格具有较大的稳定性和一定的可塑性。它是在遗传的基础上，由环境和教育因素共同决定的。学生的性格特征与其学习效果之间是相互影响的。良好的性格有助于学业成功，而学习上的成功又会增强学习者的信心，产生良好的心境，树立远大的抱负，进而促进开朗、乐观等性格特征的发展。

相 关 链 接

扫一扫，观看视频

大学学什么

互 动 体 验

学 习 目 标

活动目的

通过对学习目标的探索，掌握细化的目标，设定时间表，增强行动力。

活动步骤

1. 导入语

有人说，目标向上看是信仰，向下看是意识，向远看是理想，向近看是计划，向外看是抱负，向内看是责任。

目标是人们面对未来的选择，是人生价值的一种抉择，是实实在在地把理想变为现实的步骤。生活是由一连串的目标组成的，下面我们来分享一个故事：

一个心理学家做了这样一个实验：他组织了三组人，让他们分别向着10公里以外的三个村庄进发。

第一组的人既不知道村庄的名字，也不知道路有多远，他告诉他们跟着向导走就行。刚走了两三公里路就有人叫苦，走了路程的一半时又有人抱怨为什么要走这么远的路，这要何时才能走到。这时有人甚至坐在路边不愿走了，其余的人越往后走情绪也是越低落。

第二组的人知道村庄的名字和路程有多远，但路边没有里程碑，他们只能凭经验估计行程、时间和距离。走到路程的一半时大多数人都想知道他们走了多远，这时一个比较有经验的人说："大概走了一半路程……"于是他们又向前走。当走到全程的四分之三时，大家疲惫不堪，而路程似乎还很长。这时有人喊"快到了"，大家听了之后，又重新振作起来，加快了步伐。

第三组的人不仅知道村庄的名字、路程，而且公路上每隔一公里就有一块里程碑，人们边走边看里程碑，每缩短一公里大家便有一小阵子的快乐。行程中他们用歌声和笑声来消除疲劳，情绪高涨，很快就到达了目的地。

当人们的行动有明确的目标，并且把自己的行动与目标不断加以对照，清楚地知道自己的行进速度和与目标的距离时，行动的动机就会得到维持和加强，人们就会自觉克服一切困难，努力达到目标。

2. 请按照以下步骤制定你的目标

（1）请在表4-1中列出一年中对你最重要的三个目标。

表4-1　　　　　　　　　　　　三个重要目标

最重要的三个目标	目标对自己的意义和重要性	实现目标的把握

(2) 要完成目标，必须注意表4－2中的三个方面，请填空完整。

表4－2　　　　　　　　　　　完成目标要关注的三个方面

目标要求	目标1	目标2	目标3
目标具体、生动			
目标完成的期限			
用肯定的语气来预期你的目标			

(3) 回顾过去失败的事件，总结经验教训，并填写在表4－3中。

表4－3　　　　　　　　　　　回顾过去，总结经验

事件	成败原因	经验启示
事件1		
事件2		
事件3		

(4) 为自己找一些值得效仿的榜样。

①在你的目标领域中找出取得杰出成就的人，或者你身边的同学、朋友，简单地写出他们成功的特质和事迹。

②他们都是你追求成功的最佳顾问，闭上眼睛想一想，该怎样向他们取经，获得一些实现目标的建议呢？

(5) 好好地计划每一天的生活，每日清晨想一想：

①我要做什么？

②我要如何开始这一天？

③我要朝哪个方向努力？

④我要得到什么结果呢？

心理测试 ……

大学生学习兴趣自我评估

指导语

你可以通过下列问题来对自己的学习兴趣进行简单评估。阅读下面的问题，如果你有这种情况就选"是"，没有就选"否"。

测试量表

1. 我觉得学习是很轻松的事。　　　　　　　　　　　　　　　　　　　（是　否）
2. 我觉得学习是很有趣的事。　　　　　　　　　　　　　　　　　　　（是　否）
3. 我不需要强迫自己就能投入学习。　　　　　　　　　　　　　　　　（是　否）
4. 在学习中我体会到的更多的是快乐和收获。　　　　　　　　　　　　（是　否）

5. 当我在学习的时候，别的事情很难打动我。　　　　　　　　　　（是　否）
6. 我每天都会为学习做好明确的计划。　　　　　　　　　　　　　（是　否）
7. 我很少为了必须学习而感到郁闷。　　　　　　　　　　　　　　（是　否）
8. 我如果一段时间不学习就会觉得不舒服。　　　　　　　　　　　（是　否）
9. 我每天用在学习上的时间比其他活动多。　　　　　　　　　　　（是　否）
10. 面对学习任务，我从来不拖拖拉拉。　　　　　　　　　　　　（是　否）

评分标准

以上10个问题可以在一定程度上反映你对学习的总体兴趣。请计算选"是"和选"否"的题项总数。

结果解释

选"是"的题项越多，说明你的学习兴趣越浓厚。如果想进一步了解自己对某学科（如数学）的兴趣，你可以把10个问题中的"学习"改成"学习某学科（如学习数学）"，然后再进行自我评估，这样你就可以对自己所学各科的兴趣程度进行逐一的比较。

大学生学习动力测量

指导语

这个量表主要是为了帮助你了解自己在学习动机、学习目标上是否存在困扰，共有20题。请根据第一感觉如实地回答每一道问题，在与自己情况相符的题目后括号内画"√"，不相符的画"×"。

测试量表

1. 如果别人不督促你，你极少主动去学习。　　　　　　　　　　　　　（　）
2. 你一读书就觉得疲劳与厌烦，总想睡觉。　　　　　　　　　　　　　（　）
3. 当你读书时，总是需要很长时间才能提起精神。　　　　　　　　　　（　）
4. 除了老师指定的作业，你不想再多读书。　　　　　　　　　　　　　（　）
5. 不懂的地方，你根本不想设法去弄懂它。　　　　　　　　　　　　　（　）
6. 你常想自己不需要花太多时间成绩也会超过别人。　　　　　　　　　（　）
7. 你迫切希望自己在短时间内就能大幅度提高成绩。　　　　　　　　　（　）
8. 你常为如何短时间内提高成绩而烦恼不已。　　　　　　　　　　　　（　）
9. 为了及时完成作业，你放弃了许多你感兴趣的活动。　　　　　　　　（　）
10. 为了及时完成作业，你宁愿废寝忘食、通宵达旦。　　　　　　　　（　）
11. 你觉得读书没有意思，想去找个工作做。　　　　　　　　　　　　（　）
12. 你常认为课本上的基础知识没什么好学的，只有看高深的理论、读大部头的作品才有劲头。　　　　　　　　　　　　　　　　　　　　　　　　（　）
13. 你只在喜欢的科目上下功夫，对于不喜欢的科目则放任自流。　　　（　）

14. 你花在课外读物上的时间比花在教科书上的时间要多得多。　　　（　　）
15. 你把自己的时间平均分配在各科上。　　　（　　）
16. 你给自己定下的学习目标，多数因做不到而不得不放弃。　　　（　　）
17. 你几乎从来没有实现过学习目标。　　　（　　）
18. 你总是同时为实现几个学习目标忙得焦头烂额。　　　（　　）
19. 应对每天的学习任务，你已经感到力不从心。　　　（　　）
20. 为了实现一个大目标，你不再给自己制定循序渐进的小目标。　　　（　　）

评分标准

上述20个题目可以分为4组，它们分别测量你在四个方面的困扰程度：1～5题测查你的学习动机是否太弱；6～10题测查你的学习动机是否太强；11～15题测查你在学习兴趣上是否存在困扰；16～20题测查你在学习目标上是否存在困扰。

结果解释

一般来说，假如你对某组（每组5题）中的大多数题目持认同态度，则说明你在相应的学习方面存在一些不够正确的认识，或存在一定程度的困扰。

拓展阅读

习得性无助感

习得性无助感是指由于连续的失败体验而导致的个体对自己的能力失去信心、对行为成功不抱期望的一种无能为力、自暴自弃的心理状态。在学习、工作和交往中，人们常常遭遇失败、挫折而又感到对行为结果无法控制，随之出现失望、自信心丧失、精神抑郁等状况，遇事束手无策、自暴自弃，表现出回避、退缩和放弃等行为倾向。

塞利格曼和梅尔于1967年在实验中首先发现了习得性无助感现象。实验以狗作为实验对象，分两个阶段进行。在第一阶段，将狗用皮带缚在吊床上，给予许多无法预料的、痛苦的电击。第一组狗只要用鼻子推动吊床底部的嵌板，即能逃避电击；第二组狗则无论怎样做也无法逃避或控制电击；第三组狗只是被缚在吊床上，没有接受电击。24小时后进入实验的第二阶段，三组狗都被移放到一个双间穿梭箱内，每只狗只要跳过中间的栅栏，就可以逃避电击。结果发现，第一组和第三组狗很快学会对条件刺激作出反应，跳过穿梭箱中间栅栏，躲避随着条件刺激终止而来的电击。然而，在第一阶段接受了不可逃避电击的第二组狗则无法学会如何避免电击，它们甚至不去尝试逃避电击，只是趴着不动，忍受电击，表现出痛苦和抑郁的表情，以至发出哀鸣声。第三组狗之所以无法学会躲避电击，是由于先前的对电击无法控制的经验所致，因此，塞利格曼和梅尔用"习得性无力感"这一术语来说明这种现象。

（资料来源：田静. 大学生习得性无助现象的心理教育分析及启示. 文学教育（下），2016.）

第二节　大学生常见的学习困扰

心灵故事

王某，19岁，某大专数学专业新生，入学不到三个月。他性格内向，平时与室友以及其他同学交流不多，除了打篮球没有特殊业余爱好或偏好。王某近一个多月来因学习问题感到焦虑、自卑，入睡困难，因此他来到了学校的心理咨询室。他自述原因是开学后高等数学这门课很难学，他做题的效率不高。为了学好这门课，他几乎把所有的时间都花在看书和做习题上，可还是没有起色。于是，他认为不论自己再怎么努力都学不好，对自己产生了怀疑，感到越来越焦虑和自卑。最近上高等数学课的时候他总是无法集中注意力，有时甚至完全听不懂老师讲课的内容，下课以后感觉呼吸沉重、全身乏力，上其他课则没有这些症状。特别是最近，遇到不会做的问题时他会感到非常烦躁，担心期末考试会挂科。

王某在努力学习高等数学而不见起色的情况下，对学习乃至自身缺乏自信，产生了抑郁、焦虑和自卑心理。实际上，在抑郁、自卑情绪状态下，人的思维会变得缓慢又狭窄，对负面信息的关注会多于正面信息，形成一些不合理的认知。同时，焦虑情绪会让人变得易被激惹，一点小小的刺激都能引起很大的情绪反应。建议王某用实际行动降低对考试挂科的恐惧与焦虑，克服习得性无助感。把书本上的知识弄通，把习题弄懂，学会以不变应万变。可以通过老师和同学的帮助，把该课程的知识内容各个攻破。最后，多发现自己擅长的地方，消除不自信和不合理的认知。

知识导读

对大学生来说，学习是首要任务和主要活动方式。但是一些大学生在学习时信奉"学不在深，抄上则灵；分不在高，及格就行。斯是教室，唯有闲情；小说读得勤，无书声之忧耳，无思考之苦心。寻思上网吧，打牌下象棋，心里曰，混文凭"。大学生学习困扰是指影响正常学习行为和学习效能的心理因素或心理状态，常见的学习困扰问题有学习动机问题、学习与考试焦虑问题、学习倦怠问题和注意力不集中问题。

一、学习动机问题

动机是由某种需要所引起的有意识的行动倾向，它是激励或推动人去行动以达到一定目标的内在动因。大学生学习动机是直接推动学习的内部力量，也是学习的一种需要。学习动机是影响学习效率的重要变量，大学生学习动机的缺乏直接影响着高等教育的质量。

（一）学习动机问题的表现及原因

学习动机是直接引起大学生开始并持续学习活动，通过努力实现既定目标的心理动力。相关研究表明，过强或过弱的动机都不利于发挥个人能力，只有适当强度的动机才有利于学习。因此，可以根据学习动机的强度，把大学生的学习动机问题分为动机不足和动机过强两类。

1. 学习动机不足

（1）学习动机不足的表现

学习动机不足是指大学生缺乏学习动力，集中体现为以下这些状态：60分万岁，多一分浪费，为学习而学习；做一天和尚撞一天钟，得过且过；三分钟热度，学习兴趣不断转移；三天打鱼两天晒网，不能坚持学习；想学习却不能集中精力，经常出现倦怠或者厌恶感；注意力涣散，人在课堂而心不知在何方；对学习敷衍了事，甚至不愿意学习，不愿上课、做作业；对学习漠不关心，只专注于网游、时尚或其他与学习无关的事物。

（2）学习动机不足的原因

①社会原因：受当前社会一部分人奉行的金钱至上、读书无用等消极的、错误的观念影响，部分学生认为学习无意义，因而态度不端正，导致学习无动力。

②家庭原因：家庭不和睦、家长对学生学习不重视、家庭经济条件差等都会影响学生的学习态度，分散学生的注意力，导致学习动机不足。

③学习目标不正确：有的大学生高中阶段以考大学为唯一的学习目标和学习动力，进入大学后，原目标已经实现，又没有确立更为远大的学习目标，造成了上大学后无所适从、无处着手。

④对大学学习生活不适应：大学学习需要学生由被动学习转变为主动学习，但部分学生自我控制能力较差，在缺少教师监管的情况下放纵自我，容易受别人的影响，如"他们玩，我也玩"，沉溺于玩乐中；还有部分学生中学一直成绩很好，颇受大家的关注与推崇，到了大学之后，在众多的"天之骄子"中不再受宠而感到失落，情绪低迷，丧失学习的劲头。

⑤对所学专业不感兴趣：有的大学生所学专业是父母选的或是调剂的，他们迫于无奈而学习。

2. 学习动机过强

（1）学习动机过强的表现

①学习过于刻苦：学习动机过强的学生几乎把所有精力都用在学习上，认为学习以外的任何活动都是对时间的浪费，是不思进取。这类学生长期处于紧张、疲惫的状态，导致学习效率一日不如一日，学习兴趣也会逐渐减弱。

②成就渴求过于强烈：学习动机过强的学生把学习成绩和周围人的评价放在最重要的位置上，他们害怕失败，希望一直处于别人的肯定与赞赏之中，极力追求所谓的成功。

③精神过度紧张：学习动机过强的学生由于压力巨大、长时间超负荷学习导致精神紧绷，常感到不安，学习过程中因过分焦虑而不能集中注意力，记忆力下降，学习效率也随之降低。

④自我认同感过差：学习动机过强的学生对自己要求过于严苛，他们要求自己只能胜不能败。但"理想很丰满，现实很骨感"，长期过高的自我要求难以实现，令他们很容易产生挫折感。即使他们不断地完成自己设定的目标，也总是不满意现状，认为自己能做得

更好，不断自我否定。

（2）学习动机过强的原因

①自我期望过高：有些学生对理想中的自我描述得很完美，与现实中的自我差距过大，从而使自己背上沉重的思想包袱。为了实现理想中的自我，他们废寝忘食地学习，希望通过自己的努力和学习成绩来证明自己的价值，在这种心态下，往往会产生过度学习的现象。

②荣誉感过强：荣誉感过强是指对学业上的奖惩看得很重，不允许自己落在别人后面，因此拼命学习，力保自己在学习上的优势地位，以获取奖学金、三好学生等表彰。

③社会期望过高：大学生往往肩负着父母的期望和亲人的期盼，因此会对自身的社会期望过高，在学习上总是怕辜负他人的期望，只追求成功，害怕失败，心理压力大。

（二）学习动机问题的调试

1. 正确认识学习的目的和意义

明确学习的目的和意义，是提高学习动机的重要条件之一。摆脱"学习无用论""学得好不如嫁得好""学不学无所谓，混张文凭就行"等错误思想的消极影响。要深刻认识到学习乃是自己将来的安身立命之本，大学的目标不是吃喝玩乐，学好专业、提升自身能力才是大学最根本的目标。从内心重视学习，提高学习的积极性。

2. 积极适应大学学习的特点

大学学习有着自身的特点和要求，大学生要尽快熟悉大学学习的特点，调整心态，转换角色，培养学习的独立性和自主性，尽快融入大学学习生活中。

3. 培养和保持对所学专业的学习兴趣

兴趣是最好的老师。对自己所学专业有浓厚的兴趣是推动学习的强大动力。大学生要认识自己所学专业的意义和价值，学以致用，理论联系实际，加强实践。

4. 提高学习效率与学业自我效能感

学业自我效能感是指大学生能够又快又好地学习自己专业的一种信念。要掌握科学的学习方法，提高学习的自信，使学习卓有成效，逐步激发学习的积极性。

二、学习焦虑与考试焦虑问题

学习焦虑是指大学生由于不能达到预期的目标或不能克服障碍，致使自尊心、信心受挫，失败感、内疚感增加而形成的一种紧张不安、带有恐惧的情绪状态。考试焦虑是在考试情境下出现的一种焦虑状态，它受个体认知评价水平、人格倾向及其他身心因素所制约，以担忧为基本特征，以防御和逃避为行为方式。由于考试情境经常出现，所以，考试焦虑也可以说是一种习惯性的、条件反射式的情绪反应。

心理学研究表明，学生在学习过程中，保持适当的焦虑是必要的。一定的紧迫感可以增强学习效果，但过度的焦虑会对学习产生非常不利的影响。

（一）学习焦虑与考试焦虑问题的表现及原因

1. 学习焦虑与考试焦虑的表现

（1）躯体化症状：情绪激动、慌张、手足发冷、肌肉紧张、呼吸急促、心率加速，常伴有头痛、失眠、多梦易醒、神经衰弱、消化不良、食欲不振、心悸、盗汗、头晕等症状。

（2）自我认知偏差：缺乏自信，对自我评价偏低，自卑感较重，敏感，胆怯；夸大学习和考试的困难，解题时犹豫不决，思前想后；严重时伴随感知障碍，如视听困难、感受性降低等。

（3）注意力与思维混乱：处于这种状态的学生会有几分神态恍惚，眼神捉摸不定，大脑不听使唤，面对书本和试题思维僵持，甚至会出现短暂的呆滞现象。

2. 学习焦虑与考试焦虑的原因

（1）压力过大：父母、老师都会希望大学生更加优秀，这无形中向大学生传递了过高的期望值，增加了学生的思想负担，造成其学习和考试焦虑现象越来越严重。

（2）动机水平过强：有的大学生对自己的要求过高，追求完美，自我期望值太高，把考试看得太重，却往往因为期望过高而焦虑过度。

（3）自我认知不合理：有的大学生赋予考试更多的意义，出现了不合理的认知，认为"这次考试我一定要取得高分，不然太没面子""这次要是考不好，我就太失败了"，把考试与荣誉、尊严、面子、前途、命运联系过多，不断给自己这样不合理的心理暗示，导致压力过大，考试焦虑水平也随之提高。

（4）自信心不足：有的大学生对自己评价过低，自我效能感过低，不敢面对挑战。面对激烈的考试与竞争过于担心和焦虑，不敢向自己挑战，更不敢向别人挑战，无法逃避时便产生了焦虑的心理状态。

（二）学习焦虑与考试焦虑问题的调适

1. 做充分的复习准备

80%考试焦虑的人是由于复习准备不充分引起的，因此牢固掌握知识是克服考试焦虑的根本途径。掌握一定的学习方法，利用好学习时间，牢固地掌握知识与熟练地运用知识，可以大大减轻考试焦虑。

2. 调整认知

由于焦虑是个体在面临未知情境或不确定因素时的一种情绪反应，焦虑者往往并不清楚自己到底在担心什么，有时一旦知道了，反而没那么不安了。所以，帮助焦虑者认清焦虑的原因并加以分析很重要。面对学习与考试的压力，焦虑的学生不妨问问自己："我到底在怕什么？""我为什么会怕？""最坏的情况会怎样？""即使真的没有考好，天是不是就塌下来了？"学会正确对待考试结果，不以一次成败论英雄，明白过于担心、焦虑不仅于事无补，还会影响水平的正常发挥。焦虑本身毫无可怕之处，可怕之处在于我们对它的态度。

3. 学会放松

掌握简单的放松方法，学会缓解焦虑。另外，运动、倾诉、宣泄等也是不错的放松方法。

4. 系统脱敏

系统脱敏法，又称交互抑制法，主要是诱导焦虑的学生缓慢地暴露出导致焦虑的情境，并通过心理的放松状态来对抗这种焦虑情绪，从而达到消除焦虑的目的。系统脱敏法包括三个步骤：一是建立恐怖或焦虑的等级层次，这是进行系统脱敏法的依据和主攻方向；二是进行放松训练；三是在放松的情况下，按某一恐怖或焦虑的等级层次进行脱敏。在专业的个体咨询中，通过让学生构建考试焦虑场景的焦虑等级，用放松的方法来对抗焦虑情绪，这也是缓解考试焦虑较常用的方法。

三、学习倦怠问题

学习倦怠指的是一种在学习活动方面消极的、萎靡不振的精力耗竭状态，表现为乏力、焦虑、厌倦、冷漠、消沉、郁闷、悲观等一系列倦怠情绪，这种倦怠现象在每个学生的每个学习阶段都可能发生，只不过在不同学生身上存在的程度不同而已。在学习倦怠情绪的影响下，大学生的注意力难以集中，导致学习效率低下、学习困难，严重者还可能感到学习和生活乏味，产生厌倦学校生活、逃学的现象，最终导致学业失败。

（一）学习倦怠问题的表现及原因

1. 学习倦怠问题的表现

学习倦怠问题常见的表现有：对学习、生活充满厌倦感，什么都不想做，对什么都没兴趣，即便是曾经感兴趣的学科、曾经喜欢参加的活动，也觉得索然无味；终日态度消沉，情绪低落，灰心丧气，无精打采，时时感到郁郁寡欢，闷闷不乐，但又把所有的愁苦、愤懑积压于心，不向别人倾诉；对学习和生活中发生的一切都漠不关心，失去了年轻人的朝气、热忱和激情；无理想，无目标，对自己学业的成败得失觉得完全无所谓，对父母和教师苦口婆心的劝导教育无动于衷；对自己的前途悲观失望，心灰意冷，整日长吁短叹，一旦谈到自己的理想、前途和希望便愁苦不已，乃至时时在无人的角落里叹息、呻吟。

2. 学习倦怠问题的原因

（1）学习动机的缺乏：一些大学生对大学学习的重要性认识不够，无抱负。把学习的目标仅仅定位在考试能过就行，没有上升到"学习是为了开辟人生之路"这一层次。对大学教育、大学学习生涯的重要性认识不正确，认为大学中的学习已经无关紧要，感觉不到学业进步带来的成就感和满足感。

（2）高校教育体制的压抑：虽然近年来大学教育的方式已经有所改变，但仍然存在一些问题。比如个别教师还在沿用呆板的教学方式，无创新，更无神韵，使学生对学习产生了一种幻灭感而认为大学学习不过是高中的延续，导致其对本就枯燥乏味的学习过程丧失兴趣。

（3）人生价值观的缺乏：大学生的年龄大都在18～23岁，他们虽然已经成年，但是社会经历单纯，生活内容单调，还处在社会化未完成的阶段。他们的理想、信念、价值观还不完善，还无法把学习上升为一种高度自律自觉的行为，需要有家长教师的督促、指导。这种宏观的人生价值和信念的教育被压抑了，使一部分大学生感到空虚和迷惘，自觉人生没有意义，严重者甚至出现人格的病态与缺失。

（4）大学学习生活的不适应：有的大学生一考入大学，就失去了学习的压力，没有认识到大学学习的要求高，难度大，自主性、实践性强的特点，缺乏自律性和主动性，完全不适应大学的学习生活，放松学习在所难免。

（二）学习倦怠问题的调适

1. 建立适合学生发展和学习的教学管理机制

第一，学校根据社会和学生的需要，为学生提供合适和有价值的课程和学科内容，让学生明确学科的性质,指导学生进行课程选择,通过灵活、创新的教学方法把知识和技能有效地传递给学生。第二,鼓励学生自主学习和参与教学过程。教师和学校管理者可开展多种讨论会、交流会等,让学生参与有兴趣的项目;同时,在制订教学计划和研究策略时允许学生参与,让学生从心里感觉自己是学习的主人。第三,规范考试制度,增加反映学生创新能力题目的比例,杜绝考前划范围的现象。

2．引导大学生树立合理的目标

目标激励对于大学生来说是一种很好的激励方式,在学习倦怠的预防中,可以引导大学生树立合理的学业目标,有了目标,他们就有了前进的动力和方向。目标不能定得过高,也不能定得过低。过高难以实现,容易挫伤学生的积极性;过低没有成就感,难以起到激励的作用。

3．加强大学生的理想和信念教育

研究发现,大学生成功、高效的学习与强烈的理想动机有着密切的关系。他们的理想层次越高,抱负越大,学习的内部动机就越强。学校要帮助大学生形成正确的人生观、价值观,认识到自己肩负的历史使命,端正学习态度,牢记责任,真正树立勤奋、严谨、拼搏、创新的良好学风。

4．激发大学生的学习热情与斗志

学校应转变教育观念,提升学习情趣,让大学成为培养大学生精神资源的中心,为大学生提供丰富多彩的砥砺意志的机会。文明其精神,野蛮其体魄。通过灵活多样的校园文化活动,激发大学生学习、生活的热情与活力,克服日常生活中的慵懒思想,呼唤自信,振作精神,让年轻的学子激荡起应有的活力和热情。

四、注意力不集中问题

注意力集中对大学生学习有着很重要的意义。在学习时,有的大学生注意力不集中,难以长时间保持在特定的对象或活动上。

(一) 注意力不集中问题的表现及原因

1．注意力不集中的表现

(1) 上课不能专心听讲,大脑常常开小差,盯着黑板走神,不能自我控制,思维飘散。

(2) 容易受环境的干扰,教室外很小的动静都能引起注意力的转移,而且长时间不能静心。

2．注意力不集中的原因

(1) 学习动机缺乏:上了大学,没有老师和家长的督促,一些大学生自制能力差,玩的心思胜过学习。

(2) 学习环境差:有的大学生喜欢在宿舍学习,结果会因为很多小事分散注意力。

(3) 生活事件干扰:大学生会面临很多学习以外的事情,如社团活动、人际交往、恋爱、评优评先等,易引发注意力的不集中。

(4) 用脑过度:长期过度学习,没有合理的休息与放松易造成注意力不集中。

（二）注意力不集中问题的调适

1. 制订计划，养成习惯

在定下目标、端正了学习态度之后，可根据每个学期、每个星期、每一天的课表进行自我计划。大学课外自主学习是很重要的，所以学习时间的规划可以帮助大学生形成良好的学习规律。课后学习地点的选择也可以帮助大学生形成良好的学习规律。长期如此，可养成良好的学习习惯，进而热爱学习。有想法才会有行动，有坚定的意志才不会被其他无关紧要的事情左右，在课上课后的效率才能提高。

2. 转移注意，自我暗示

注意力不集中的学生在学习时常会胡思乱想，及时调整这种纷乱的思绪对提高学习效率大有必要。可以找几张卡片写一些提醒自己的警句，置于平常学习时容易看到的地方，以提醒自己。当注意力不集中时，可听一些轻柔音乐，使大脑放松下来，有助于重新集中注意力；也可把眼睛闭上，对自己说"别乱想""认真听课"之类的自我暗示语。如此反复数次，有助于集中注意力。

3. 合理安排，克服干扰

学会处理好学习与学习以外的事情，如学会独立自主地学习、生活，学会自立、自尊地恋爱和交友等。参加社团和群体活动等也都是大学生必须面对和处理的任务，处理好这些任务对大学生学业会有很大的促进作用。

4. 科学用脑，劳逸结合

注意科学用脑，劳逸结合，遵从个体生理、心理规律。合理安排学习与休息时间，防止过度疲劳。

互 动 体 验

小小辩论赛

活动目的

通过辩论，分析学习和休息之间的关系，掌握科学的学习方法。

活动步骤

1. 导入语。

小 E，大三学生，学习成绩连续两年专业第一，学生们都称她为"学霸"。小 E 的成绩来自于非常严格的自我管理，她每天学习时间 10 个小时以上。只要没课，她都待在图书馆里学习，没有什么业余活动，因为她总认为如果自己不学习马上就会被其他同学超越。小 E 的父母均是高校教师，他们对小 E 也寄予了厚望，跟小 E 谈论最多的话题就是她的学习。大三的时候，小 E 突然对这种紧绷的生活状态不适起来，莫名地头疼、心慌，学习时注意力很难集中，老想着逃避，越想看书越看不进去，越看不进去越着急，后来演变到晚上出现失眠的症状。

2. 安排学生分组讨论：小 E 在学习上出现了什么问题，是什么原因引起的？

3. 学生分成两个小组，围绕学习的"张弛有道"展开一场课堂小辩论。

正方：学习应该"张弛有道"，只有这样才能提高学习效率。

论据：_____

反方：学习丝毫不能松懈，只有每时每刻都在学习才能取得好成绩。

论据：_____

4. 辩论后组织学生代表发言。

生物节律的识别

活动目的

通过生物节律的识别，帮助学生体验自己一天生物节律变化的情况，找到自己最佳的学习时间。

活动步骤

1. 观察自己一天生物节律的变化，将下述问题的观察结果填入表 4–4 中，以 2～3 周为一个统计单位。

表 4–4　　　　　　　　　问题观察结果

序号	题目	观察结果
1	一天中的什么时间，我的效率最高，精力最充沛，创造力最强	
2	什么时间我的学习状态最好	
3	什么时间我开始感到疲劳，学习力不从心	
4	什么时间我觉得累了，想休息	
5	什么时间我想去做自己喜爱的运动，调节放松一下	
6	我几点钟想睡觉，上床是在几点	
7	我实际学习时间从几点到几点	
8	我什么时间完成重要任务	
9	我什么时间处理不太重要的工作	

2. 观察自己一天个人能力状态和工作安排的情况，将观察结果填写在表 4–5 中。

表 4–5　　　　　　　　个人能力状态和实际工作安排

时间	个人能力状态						比较	实际工作安排		
	创造力	良好的工作状态	力不从心	出现疲惫	放松	睡觉	偏差	学习时间	重要任务和目标	次要工作
1 点										
2 点										
3 点										
4 点										

续表

时间	个人能力状态						比较偏差	实际工作安排		
	创造力	良好的工作状态	力不从心	出现疲惫	放松	睡觉		学习时间	重要任务和目标	次要工作
5点										
6点										
7点										
8点										
9点										
10点										
11点										
12点										
13点										
14点										
15点										
16点										
17点										
18点										
19点										
20点										
21点										
22点										
23点										
24点										

3. 通过对自己的生物节律的观察，掌握自己生物节律变化的规律，更好地安排时间，提升学习效率。

心理测试

考试焦虑测试

指导语

请阅读下面的句子，选择最符合你感受的答案，不要用太多时间去思考。每一条项目均按1、2、3、4进行评分，"1"表示从没有，"2"表示有时有，"3"表示经常有，"4"表示总是有。

测试量表

1. 在进行考试时，我有信心，并且感到轻松。　　　　　　　　　　(1　2　3　4)
2. 在考试时，我感到心慌意乱。　　　　　　　　　　　　　　　　(1　2　3　4)
3. 如果考虑到考试的分数，就会影响到我的考试。　　　　　　　　(1　2　3　4)
4. 遇到重要的考试时，我会发呆、发愣。　　　　　　　　　　　　(1　2　3　4)
5. 考试时，我发觉自己老想着我能否学成毕业。　　　　　　　　　(1　2　3　4)
6. 我越想认真答题，就越是慌乱。　　　　　　　　　　　　　　　(1　2　3　4)
7. 怕考得不好的念头，干扰我不能集中注意力答题。　　　　　　　(1　2　3　4)
8. 当参加重要的考试时，我感到异常的心神不安，神经过敏。　　　(1　2　3　4)
9. 即使对考试有了充分准备，我还是感到非常紧张。　　　　　　　(1　2　3　4)
10. 在发卷之前，我感到极为不安。　　　　　　　　　　　　　　 (1　2　3　4)
11. 在考试中，我感到非常紧张。　　　　　　　　　　　　　　　 (1　2　3　4)
12. 我希望考试不要如此严重地烦扰我。　　　　　　　　　　　　 (1　2　3　4)
13. 在重要的考试中，我紧张得连胃也不舒服。　　　　　　　　　 (1　2　3　4)
14. 当进行重要的考试时，我似乎被自己击倒了。　　　　　　　　 (1　2　3　4)
15. 当参加重要的考试时，我会感到非常恐慌。　　　　　　　　　 (1　2　3　4)
16. 在参加重要的考试之前，我非常担忧。　　　　　　　　　　　 (1　2　3　4)
17. 在考试之中，我发觉自己总想着失败的结果。　　　　　　　　 (1　2　3　4)
18. 在重要的考试中，我感到自己的心跳得特别快。　　　　　　　 (1　2　3　4)
19. 考试之后，我试图不再担忧它，但是做不到。　　　　　　　　 (1　2　3　4)
20. 考试中，我的神经是那样紧张，甚至把知道的内容也忘记了。　 (1　2　3　4)

评分标准

可依据下面的数值判断自己的焦虑程度，第1题为反向计分题，选"1""2""3""4"依次计4分、3分、2分、1分。2～20题为正向计分题，选"1""2""3""4"依次计1分、2分、3分、4分。

忧虑性的分数是将第3、4、5、6、7、14、17、20题的得分相加。

情绪性的分数是将第2、8、9、10、15、16、18、19题的得分相加。

结果解释

男生焦虑程度：总分在30分以下为无焦虑，31～35分有轻度焦虑，36～45分焦虑明显，46分以上有较严重的焦虑。

女生焦虑程度：总分在26分以下为无焦虑，27～32分有轻度焦虑，33～41分焦虑明显，42分以上有较严重的焦虑。

忧虑性和情绪性男女的判断标准一样。男、女生忧虑性分数在10分以下为正常，10～16分有明显忧虑，17分以上相当忧虑。男、女生情绪性分数在11分以下为正常，12～18分有明显的情绪反应，18分以上相当不稳定。

拓展阅读

如何科学用脑

　　脑科学研究发现，人的大脑在理论上的信息储存量相当于藏书 5 000 万册，大脑的潜能几乎接近于无限。但是，到目前为止，人类普遍只开发了大脑潜能的 5%，仍有巨大的潜能尚未得到合理的开发。换一句话说，一个人的大脑只要没有先天性的病理缺陷，就可以说他拥有可以成为天才的大脑。

　　要想学习好，就要善于用脑，科学用脑是科学学习方法的重要方面。那么，科学用脑要注意什么问题呢？

　　一、用脑讲专心

　　所谓专心，就是指学习时一定要集中注意力，决不能三心二意。研究表明，人在注意某些对象时，大脑皮层相应区域就会产生一个优势兴奋中心，这时大脑的工作效率就特别高，学习效果也特别好。

　　二、用脑讲"五到"

　　所谓"五到"，即心到、口到、眼到、耳到和手到。根据巴甫洛夫的条件反射学说，如果人们在看书、学习时，只用眼睛（眼到），这时视觉刺激引起的兴奋就会从视感觉通路传到大脑，在视皮层上出现一个兴奋中心；如果还动员听觉感觉通路参与这项活动，即开口念（口到、耳到），那么由声音引起的听觉兴奋就会由听觉通路传到大脑，在听觉皮层引起另一个兴奋中心。假如每次学习时都能做到眼到、口到、耳到，则若干皮层兴奋中心间就会渐渐拓宽联系，形成暂时性的神经通路。以后一听到有关学习内容的声音，就会使人想起过去所看到过的那些学习材料。

　　三、用脑讲勤

　　勤用脑会使脑细胞对信息的接受和应答敏感度提高。科学家对脑电波的研究发现，随着人年龄的增长，会出现老化波形，而非脑力劳动者比脑力劳动者出现老化波形更早。这说明脑的使用愈少，衰老愈快。勤用脑能使脑细胞保持充沛活力，延长生存时间，从而延缓脑的老化。

　　四、用脑要适应大脑的活动规律

　　一个人在最佳时间用脑，效率就高，否则事倍功半。所谓最佳用脑时间是指人的精力充沛、脑细胞处于高度兴奋状态的时间。人脑的活动在 24 小时内有周期性变化，这种变化因人而异，每个人均有不同的"生物钟"。因此，每人要了解自己大脑的活动规律，在大脑最清醒时多用脑效果最好。

　　五、用脑要适度

　　学习、休息、运动要有机结合，不要造成大脑的过度疲劳，也就是我们通常所说的劳逸结合。劳逸结合可有效调节流经大脑的血量，改善脑营养代谢，消除脑疲劳。劳逸结合的主要方式有：学习与文体活动交替；学习与睡眠相互调节；学习方式和内容变换。

　　六、睡眠要充足

　　充足的睡眠是保证大脑工作的前提，因为长时间的工作，易使大脑皮层神经细胞疲劳，充足的睡眠会消除这种疲劳，恢复脑力。睡眠时间长短因人而异，一般来说，成年人要保证 8 小时睡眠。有条件的话，中午可以适当小睡。

七、用脑讲营养

脑在人体各器官中是最活跃的器官，虽然其质量只占人体质量的约2%，但消耗的能量却占全身总耗能量的约20%。为了提高大脑工作效率，要注意多吃与大脑营养有关的食物，如大豆、核桃、花生等。

八、用脑讲保养

现代教育心理学研究表明，情绪与脑效率之间也有重要的联系。不论什么原因引起的精神紧张和长时间的精神苦闷、焦虑不安和思想矛盾，都能使脑细胞能量过度耗损，从而使大脑陷于衰弱状态。

九、用脑讲活动

日本有学者指出："手指的精细动作可刺激大脑，防止脑退化，如弹奏乐器、打扑克牌、转动核桃等。"中国民间也有"心灵手巧"的说法。因此，你不妨抽空从事诸如此类的能活动手部的活动，这对提高你的用脑效率将大有裨益。

十、充分地利用外脑

为了更好地利用有限的脑力，做出更多的创造，产生更多、更好的智慧成果，我们还需要充分地利用外脑。所谓外脑，一是指外部的信息储存和处理机构；二是指别人的大脑、别人的智慧。

利用外脑的一个方法是利用外部的信息储存和处理机构，或利用外部条件进行信息储存和处理。比如说，把有关的资料小心地收集起来，做成卡片，需要的时候，可以随时调用，大脑就可以更多地用于寻找这些材料之间的联系和规律。也可以利用电脑。在电脑中，可以把你收集的有关资料储存起来。利用外脑的第二个办法是利用别人的大脑、别人的智慧。每个人的知识和智慧是不同的，对你是很陌生的问题，对有些人来说却司空见惯；对你是困难的问题，对有的人来说却易如反掌。要善于找到知情人、内行人，听取他们的意见。

（资料来源：刘俊山. 学会科学用脑. 中小学心理健康教育，2007.）

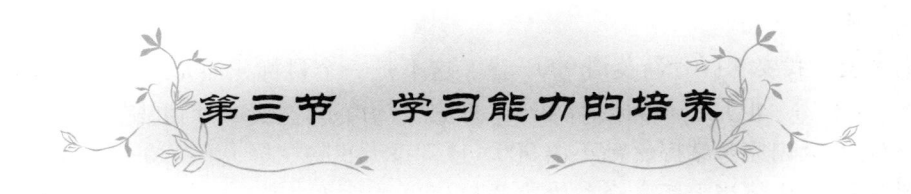

第三节 学习能力的培养

心灵故事

我的学习规划

大学是我进入社会前最重要的一站，我要在大学的学习中学到一身好本领。我想这样规划：大一打基础，进行自我定位、自我探索，为自己初步确定未来的方向；大二进

> 行专业探索和确定职业目标，根据大一进行的初步探索更深入地了解和探究自己的专业发展方向，适时修正或转移；大三是冲刺阶段，为专升本或找工作做充分准备，为之进行冲刺与拼搏，并及时做总结，遇到挫折后总结教训，成功后总结经验。
>
> 学习是个积累的过程，既不能放松，也不能急于求成。为了学习我会警惕各种事情的影响，始终坚持自主学习第一的原则，我会加油！

同学们，大学时光转瞬即逝，从现在开始，给大学阶段的学习和生活做一个清晰的规划和未来，一步步地走下去，让大学生活充实而美好！

知识导读

大学生活对每个大学生来说都只有一次，如何利用有限的时间，掌握有效的学习方法，系统地对基础和专业知识进行学习和技能的提升是每个大学生都要面临的问题。本节主要从明确学习目标、确立学习计划、学会时间管理、探索学习方法四个方面谈谈大学生学习技巧与能力的培养。

一、明确学习目标

考上大学并不意味着可以一劳永逸了，意识不到这点，大学学习将失去意义。每个大学生在高考前，毫无疑问，目标只有一个：考上大学。可当这个为之"消得人憔悴"的目标实现以后，又该干什么呢？难道是打游戏、谈恋爱或睡懒觉吗？没有目标，人就会茫然，不知所措。大学生要认真进行自我发展设计，规划最适合自己的学习生涯发展路线，制定出适合自己的长期、中期、近期学习目标及详细计划，并坚持执行。

学习目标的制定可采用SMART法：即S（Specific）——明确性，目标要清晰、明确；M（Measurable）——可测量，目标要量化；A（Achievable）——可实现，目标要通过努力可以实现，也就是目标不能偏低或偏高，偏低了无意义，偏高了实现不了；R（Relevant）——相关性，目标与个人成长相结合；T（Time table）——时间表，要在规定的时间内完成。

举例来说：我要掌握《新英语900句》。这不是一个目标，而是梦想，因为它虽然满足条件S、A和R，但是它不满足M和T，即它无法衡量，也没有时间限制。

我将在60天内完全掌握《新英语900句》，每天我将在早上6：30—7：30练习15句话，达到在90秒内将当天所学全部内容脱口而出。这才是真正的学习目标，因为它：明确——掌握《新英语900句》；可测量——每天90秒内说出当天所学全部内容；可以实现——每天花费一个小时；相关性——目标与我的个人成长有关，与我的前途紧密相关；有时限——在60天内。这样才算是目标，让人看了以后心里有底，很实在。

将目标写在纸上，它就会产生一种魔力，让你成功的可能性大大提高。

二、确立学习计划

有计划地安排大学生活，这是大学新的学习环境对大学生提出的要求，也是实现大学学习目标的需要。合理制订学习计划，并有效安排时间落实学习计划，不仅关系到大学目标能否实现，也决定着大学生活的质量。

一般来说，在制订大学学习计划时，首先，要结合本专业特点，分析自身情况，找出自己的长处和不足；其次，要确立学习目标，尤其要分解出每年的具体目标，以明确自己每年努力的方向和重点；然后，围绕具体的目标，制订学习计划，特别要根据目标的不同，制定出不同的实施方案；最后，必须保证计划的严格执行，"三天打鱼，两天晒网"的话，再好的计划也没用。

当然，在实施学习计划时，可能会遇到这样那样的变化，需要及时、适当地调整。因而，在制订学习计划时，不能把时间绝对固定化，要有一定的弹性，这样才不至于在遇到意外情况时手足无措。

三、学会时间管理

时间管理策略包括以下四个方面：

（一）明确时间安排

选择任意一个星期，每天记录下每 15 分钟所做的事情，然后做一个分类（如上课、读书、和朋友聊天、社团活动等）和统计，看看自己在各个方面都花了多少时间。在一周结束后，分析一下，有没有活动在时间上占太大的比例，有没有方法可以增加效率。

（二）统筹安排学习时间

在做了上述记录以后，每位大学生可以根据自己的总体学习目标，对自己的时间做出总体的安排，并通过阶段性的时间表来落实。

每天选出最重要的三件事，并且保证当天一定能够完成。在学习和工作中，每天都有干不完的事，我们唯一能够做的就是分清轻重缓急，统筹安排时间。

有这样的一个故事：上课时，一个教时间管理的老师带来 2 个玻璃缸和一堆大小不一的石头，以及一些沙子。他做了这样一个实验，在一个玻璃缸中先把小石头、沙子倒进去，最后发现大石头就放不进去了。而在另一个玻璃缸中先放大石头，其他小石头和沙子却可以顺利地放进去。老师是想通过这个实验告诉我们：时间管理就是要找到自己的优先级，若颠倒顺序，让一堆琐事占满了时间，重要的事情就没有空位了。所以我们每天除了办又急又重要的事情外，有些急但是不重要的事情，要学会放弃，学会对人说："不"！

（三）高效利用最佳时间

人如果能利用最高效的时间，只要 20% 的投入就能产生 80% 的效率。相反，如果使用最低效的时间，投入 80% 的时间却只能产生 20% 的效率。人要把一天头脑最清醒的时间用在最需要专心的工作上。大学生要学会把一天中最高效的时间用在最困难的科目上和最需要思考的问题上。

大学生在安排学习时间时，首先要根据自己的生物钟来安排；其次，要根据一天学习效率的变化来安排。有的同学上午学习效率高，有的同学晚上学习效率高，可以根据自己的情况有效利用时间。

（四）灵活利用零碎时间

如果对自己每天的时间做统计的话，你会发现每天都有很多碎片时间，如等车、排队、走路等，这些时间其实可以用来背单词、打电话、温习功课，等等。无论自己忙还是不忙，都应把那些可以利用时间碎片做的事情先准备好，一有碎片时间就拿出来做。此外，还可以利用零碎的时间与同学、老师进行交流，获得学习的灵感，启发自己的创造性思维。

四、探索学习方法

学习活动不仅是教师讲、学生听的活动，更是以学生为主体、对人类所积累的知识经验进行认知和重新发现的活动。在大学期间，学生要根据不同的学习环境和学习组织形式，改进学习方法以适应高校的学习。

（一）带着任务预习

课前预习对于学生深入而细致地理解教材是十分重要的。但是，预习不是一般地阅读教材，而是围绕书本上所提出的要求和问题进行探索和思考，以理解教材的中心思想和主要内容。预习中还要记下疑难问题，以求在听课时解决。

（二）开拓思维

听课的过程不仅要开拓思维，使新旧知识衔接与融合，还要尽可能地对所学知识进行重新发现与探索。这种探究与发现的学习，不是一成不变地重复知识，而是通过发散思维，扩展知识面，举一反三。这种学习方法不仅有利于科学知识的掌握，还有利于思维能力的培养。

（三）科学地组织复习

组织复习不是简单地阅读已学过的材料，而是要达到进一步消化已学过的知识和发展思维能力的目的。

1. 及时进行复习

按照心理学的规律，遗忘是在学习后就立即开始的，其趋势是先快后慢。因此要想提高记忆的效率，必须在学习新材料之后立即开始复习，不要等到遗忘了才进行复习，否则只能取得事倍功半的效果。

2. 分散复习

对已学材料的复习，不要集中一次进行，要分散在不同的时间内进行，这有利于提高记忆的效率。

3. 多样化复习

分散复习与集中复习相结合是良好的复习方式。上完课以后，可以当天及时复习，也可以每天复习与每周阶段性复习相结合，或者把逐步的复习与更长阶段（一个月、一个学期）的复习相结合。总的规律就是要把分散复习与集中复习结合起来，这样更有利于巩固记忆的效果。

在复习文字材料的时候，可以采用阅读与回忆相结合的方式进行，即先用回忆的办法重现学过的材料，然后在重现的基础上再进行阅读，如此反复交替地进行，直到记住材料为止。

（四）培养切合个人实际的学习方法

学习方法既有共性也有特性。适合别人的学习方法不一定也适合自己，这是因为每个人的基础不同，学习能力不同，个性特点也不同。有的人倾向于快速地完成学习任务，有的人则习惯于深入地领会和发现新知识；有的人倾向于全面概括地掌握知识，有的人则喜欢细致地品味；有的人学得快，而有的人学得慢。因此，大学生要针对所学习的内容和对学习的不同要求，根据个人的特点，在借鉴别人学习经验的基础上摸索和总结适合个人特点的学习方法。

相 关 链 接

扫一扫，观看视频

大学怎么学

互 动 体 验

做自己的时间馅饼

活动目的

通过时间饼图的制作，思考自己的时间安排是否合理。

活动步骤

1. 请根据思考先绘制一张最理想的"时间馅饼图"（图4-1），然后再尽量回忆在过去一周中你参加的各项活动，包括工作、学习、家庭活动、与朋友外出、参加进修、发展兴趣爱好、锻炼身体、休闲活动等，以及参加这些活动所花费的时间。最后根据每项活动所投入时间的多少按照百分比分配在实际的"时间馅饼图"（图4-2）中。

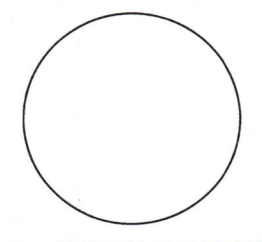

图4-1 最理想的"时间馅饼图" 　　　图4-2 实际的"时间馅饼图"

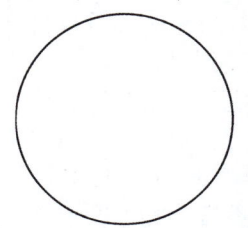

2. 完成"时间馅饼图"的绘制后，对照一下自己做的最理想的"时间馅饼图"，看看自己是否将大部分时间用来实现自己定下的大学目标。可以尝试问自己以下几个问题：

（1）我是否合理地安排时间吃饭，是否有足够的睡眠，是否有规律地锻炼身体。
（2）我是否知道未来的几个星期或几年将要去哪里工作。
（3）我完成每天为自己定下的目标了吗？我最想要做的是什么？
（4）我有时间平衡娱乐、工作和学习吗？
（5）我是不是太匆忙了？
（6）我有时间来培养自己与一些重要的朋友关系吗？如果我告诉自己没有为朋友留出时间，这意味着什么呢？
（7）我每天是否有时间来满足自己的精神需求？我留出时间来做自己生活中重要的事情了吗？
（8）我喜欢自己现在对时间的安排吗？我愿意做到更多吗？我愿意减少或去掉我日常的一些活动吗？
（9）我今天利用时间的方式和昨天有什么不同？与上周或者上个月比，有哪些不同呢？

3. 思考最理想的"时间馅饼图"的分割与实际的"时间馅饼图"的分割情况有何区别，是什么造成了这种情况，能不能改进，如何改进。

请写出你的具体的时间管理计划。

_____
_____
_____

心理测试

学习技能自我诊断量表

指导语

这是一份关于大学生学习技能的自我诊断量表，一共有 25 个问题，请你根据自己的实际情况逐一对问题做出回答。

测试量表

1. 经常记下阅读中的不懂之处。　　　　　　　　　　　　　　（1　2　3　4　5）
2. 经常阅读与自己学习无关的书籍。　　　　　　　　　　　　（1　2　3　4　5）
3. 在观察和思考时，重视自己的看法。　　　　　　　　　　　（1　2　3　4　5）
4. 重视做好预习和复习。　　　　　　　　　　　　　　　　　（1　2　3　4　5）
5. 按照一定的方法进行讨论。　　　　　　　　　　　　　　　（1　2　3　4　5）
6. 做笔记时，把材料归纳成条文或者图表，以便理解。　　　　（1　2　3　4　5）
7. 听人讲解问题时，眼睛注视着讲解者。　　　　　　　　　　（1　2　3　4　5）
8. 利用好参考书和习题集。　　　　　　　　　　　　　　　　（1　2　3　4　5）
9. 逐一归纳，并写出学习中的要点。　　　　　　　　　　　　（1　2　3　4　5）

10. 经常查阅字典、手册等工具书。　　　　　　　　　　(1　2　3　4　5)
11. 面临考试，能克服紧张情绪。　　　　　　　　　　　(1　2　3　4　5)
12. 自己认为重要的内容就格外注意听讲。　　　　　　　(1　2　3　4　5)
13. 阅读中若有不懂的地方，非弄懂不可。　　　　　　　(1　2　3　4　5)
14. 联系其他学科内容进行学习。　　　　　　　　　　　(1　2　3　4　5)
15. 动笔解题之前，先有个设想，然后抓住要点解题。　　(1　2　3　4　5)
16. 阅读中认为重要的或者需要记住的地方，就画上线或做上记号。

　　　　　　　　　　　　　　　　　　　　　　　　　　(1　2　3　4　5)
17. 经常向老师或他人请教不懂的问题。　　　　　　　　(1　2　3　4　5)
18. 喜欢讨论学习中遇到的问题。　　　　　　　　　　　(1　2　3　4　5)
19. 善于汲取别人好的学习方法。　　　　　　　　　　　(1　2　3　4　5)
20. 对需要牢记的公式、定理等反复进行记忆。　　　　　(1　2　3　4　5)
21. 喜欢观察实物或参考有关资料进行学习。　　　　　　(1　2　3　4　5)
22. 听课时做好笔记。　　　　　　　　　　　　　　　　(1　2　3　4　5)
23. 重视学习效果，不浪费时间。　　　　　　　　　　　(1　2　3　4　5)
24. 如果确实不能独立解出习题，就看了答案再做。　　　(1　2　3　4　5)
25. 能制订出切实可行的学习计划。　　　　　　　　　　(1　2　3　4　5)

评分标准

每一条项目均按1、2、3、4、5进行评分，很符合自己的情况计5分，比较符合自己的情况计4分，很少符合自己的情况计3分，不符合自己的情况计2分，很不符合自己的情况计1分。把各项所得分数相加，算出总分，对照评价表，就能了解自己的学习技能水平。

结果解释

总分101分及以上，说明学习技能优秀；总分86～100分，说明学习技能较好；总分65～85分，说明学习技能一般；总分51～64分，说明学习技能较差；总分50分及以下，说明学习技能很差。

拓展阅读

自主学习，不只在大学

高校把培养学生的自主学习能力作为一项重要的教育目标。提高大学生的自主学习能力不仅对大学生在校的成长有重要影响，也关系到他们走向社会后能否持续发展。如何做到主动学习呢？

一、打好基础：确立目标，制订计划，提高行动力

打好基础是获取信息、保留信息和解释信息的基础，就像是学习高阶课程前必须要先学习低阶课程一样。取得成功需要经过三步——"GPA"，也就是"G"——Goal 目标，"P"——Plan 计划，"A"——Action 行动。

二、获取信息：阅读、讲座等多渠道学习

获取信息的途径有很多，最经典的获取途径就是阅读。阅读不仅是大学学习里比较

重要的一项，而且是贯穿一生的必修课。在阅读之前，需要对一本书进行系统的了解，根据这本书的特点类型，以及自身对于阅读收获的要求，采取不同的阅读方式和记笔记方式。

在大学里很重要的一部分知识来自于倾听，而大学能够提供给大学生的丰富资源就包括各种各样的有益的讲座。当然，还有更丰富的渠道去进行学习，比如小组学习、实践学习等。

三、保留信息：对抗遗忘、妙记笔记、复习反思

获取到的信息必须通过记忆，才能够成为自己将来可以运用到的东西。对抗遗忘需要自己通过各种各样的方法整理信息，并及时复习。当然，笔记不能只记在本子上，而要最终放在脑子里。可以通过提问锁定核心观点，然后尝试使用便利贴或者摘要来提醒自己。

（资料来源：［美］沃尔特·鲍克，［美］罗斯·J.Q.欧文斯. 如何在大学学习[M]. 后浪. 天津科技出版社，2020.）

启发思考

1. 结合实际，谈谈学习对于大学生的意义。
2. 影响学习的因素有哪些？
3. 简述大学生常见的学习困扰。
4. 谈谈你的学习策略。

星说心语

高尔基曾经说过："青春是有限的，智慧是无穷的，趁短暂的青春，去学习无穷的智慧。"大学是人生成长的重要阶段，也是学习各方面知识的黄金时期。在这一阶段一定要把基石打深、打牢，明确学习目标、确立学习计划、学会时间管理、探索学习方法，求真理、悟道理、明事理，通过学习知识，掌握事物发展规律，通晓天下道理，丰富学识，增长见识。大学生应该把学习作为首要任务，作为一种责任、一种精神追求、一种生活方式，树立梦想从学习开始、事业靠本领成就的观念，让勤奋学习成为青春远航的动力，让增长本领成为青春搏击的能量。

千川汇海阔，风好正扬帆。广大大学生要肩负历史使命，坚定前进信心，立大志，明大德，成大才，担大任，努力成为堪当中华民族伟大复兴重任的时代新人，让青春在为祖国、为人民、为人类的不懈奋斗中绽放绚丽之花，为中华民族伟大复兴贡献自己的智慧和力量，在实现中国梦的生动实践中放飞青春梦想，在为人民利益的不懈奋斗中书写人生华章！

第五章

驾驭情绪　理性生活

> 良好的健康状况和由之而来的愉快的情绪，是幸福的最好资本。
>
> ——斯宾塞

第一节 情绪知多少

心灵故事

爱地巴跑圈

从前，有一个叫爱地巴的人，每次一生气、和人起争执的时候，就以很快的速度跑回家去，绕着自己的房子和土地跑三圈，然后坐在田地边喘气。爱地巴工作非常努力，他的房子越来越大，土地也越来越广。但不管房子和土地有多大，只要与人争执，他总是会绕着自家房子和田地跑三圈。

后来，爱地巴很老了，他的房子已经很大，田地已经很广了。可他一生气，仍旧拄着拐杖艰难地绕着土地跟房子走。等他好不容易走完三圈，太阳都下山了，爱地巴独自坐在田地边喘粗气。他的孙子在他身边恳求他："阿公，您已经年纪大了，这附近没有人的田地比您的更多，您不能再像从前，一生气就绕着房子和田地跑啊！您可不可以告诉我，为什么您一生气就要绕着房子和田地跑上三圈？"

爱地巴经不起孙子恳求，终于说出了隐藏在心中多年的秘密。他说："年轻时，我若和人吵架、争论、生气，就绕着房子和田地跑三圈，边跑边想，我的房子这么小，田地这么少，我哪有时间、哪有资格去跟人家生气，一想到这里，气就消了，于是就把所有时间用来努力工作。"孙子问道："阿公，那您现在富有了，为什么还要绕着房子和田地跑？"爱地巴笑着说："我现在还是会生气，生气时绕着房子和土地走三圈，边走边想，我的房子这么大，田地这么多，我又何必跟人计较？一想到这，气就消了。"

（资料来源：搜狐网）

这个故事启示我们，在生活中我们要时常觉察自己的情绪，学会控制自己的情绪，做自己情绪真正的主人。

知识导读

一、情绪的定义

（一）什么是情绪

情绪，是对一系列主观认知经验的通称，是人对客观事物的态度体验以及相应的行为反应，一般认为，情绪是以个体愿望和需要为中介的一种心理活动。人们通常以愤怒、悲伤、恐惧、快乐、惊讶、厌恶、羞耻等反应来说明情绪。

日常生活中，我们会体验到各种各样的情绪。和朋友在一起放松、自由地聊天，我们会感到心情愉快；被人误解，我们会感到生气、伤心；看到有人仗势欺人，我们会感到愤慨……

请先看一个案例：

小刚和小明打完球分别回到自己家，都看到桌子上有半杯水。小刚心想：呀！还有半杯水，于是便咕咚咕咚把水喝了。小明却想：唉！怎么只有半杯水，于是气嘟嘟地回到了自己的房间。

同样是半杯水，小刚和小明却会产生迥然不同的情绪反应。核心的问题在于他们的需要是否得到满足。小刚只需要半杯水，他的需要得到了满足，而小明需要的远远不止半杯水，他的需要没有得到满足，所以他们产生了不同的情绪反应。

情绪反映的是客观事物或活动与人的需要之间的关系，所以情绪作为一种主观体验，它所反映的不是客观事物本身，而是客观事物与人的需要之间的关系。凡是能满足人的需要的客观事物，就使人产生愉快、喜爱等肯定的情感体验；凡是不能满足人的需要的客观事物，就使人产生烦闷、厌恶等否定的情感体验。例如，有人考试得了高分，有成就感，体验到了满足、快乐等正性情绪；相反，有人考试成绩不理想，产生了失落、受挫、苦闷等负性情绪。

（二）情绪的要素

人类有数百种情绪，情绪的复杂性是远远超过语言的。从心理学对情绪的研究上看，情绪包含三个方面：主观体验、生理唤起和外在表现。

1．主观体验

情绪是由个体对外在环境和现实的认知产生的一种内心感受。简单地说，就是人的自我感受。如与老朋友聚会，个体会发自内心地感觉快乐；情侣分手，个体会感到内心受伤，体验到痛苦。内省的情绪体验是人脑对客观环境和客观现实的重要反映形式之一，这种反映形式不同于认知活动，它不是对客观事物本身的反映，而是带有主观色彩的反映。

2．生理唤起

情绪的产生还包括一系列的生理变化，也就是生理唤起，如心率、血压、呼吸频率、汗腺、内分泌系统、消化系统等的改变。当情绪产生时，人体的各系统、器官都会发生相应的生理变化和物理反应，其生理机制就是大脑皮层的不同神经元产生兴奋，皮下中枢包括海马体、丘脑和脑干网状结构不断传递和反馈信息，协调和支持脑的激活水平和情绪状态。随着脑和神经系统的变化，机体的其他内脏器官也随之产生不同的生理变化，如呼吸急促、心跳加快等。情绪的生理变化既是主观体验的深化，又是外在情绪表现的基础，在情绪结构中起着承上启下的作用。

3．外在表现

情绪主要的外在表现包括面部表情、姿态和语调。人的喜怒哀惧都可以通过面部表情来表现，如开心时眉开眼笑、伤心时愁云满面、烦恼时眉头紧皱；姿态也能反映一个人的情绪，如紧张时坐立不安、兴奋时活蹦乱跳。一个人说话的语气、音调、音速、音响也能传达他的情绪，如高兴时语调激昂，节奏轻快；悲哀时语调低沉，节奏缓慢，声音时断时续且高低差别很小；愤怒时语言生硬，态度凶狠。所以，通过对人的面部表情、姿态和语调进行细致的观察和辨别可以判断其背后的情绪状态。

二、情绪的功能

（一）自我保护

情绪可以帮助人们适应环境，趋利避害，保护人类得以生存下来。一个人没有了快乐，便不懂追求更适合生存的生活环境和生活方式；一个人没有了恐惧，便不会逃避对自身生命有威胁的处境；一个人没有了愤怒，便不会维护自己的领域和界限，不会反抗；一个人没有悲伤，便失去了与周围人群和环境的情感连接，成为一个孤独冷漠的人，孤独地生存。

情绪的自我保护功能，从根本上来说，就是服务于改善人的生存条件和生活条件。婴儿通过情绪反应与成人交流，以便获得成人的抚养；成人也要通过情绪反映自身处境的好坏。在社会生活中，人们用微笑表示友好，用点头表示同意。人们还可以通过察言观色了解对方的情绪状态，以维护正常的人际关系。

（二）人际沟通

人非草木，孰能无情。人与人的交往与沟通，除了有信息的交换和工作的协调外，还需要有情绪的宣泄、满足与共鸣。试想一下，当你兴高采烈地与朋友谈论一件趣事，而你的朋友却绷着一张脸，冷冷地听完，你有什么感受呢？同住一个寝室，大家却互不表露情绪，天天只是冷眼相对，你会舒服吗？人都对情感交流有渴望，没有情绪的沟通和交流，人很容易感到孤独、寂寞和难受。

同时，情绪在人际沟通中起着调节和反馈作用，像欣喜、热情、快乐、开心等情绪更容易让他人接纳，成为促进人际交往的润滑剂；而猜忌、嫉妒、愤怒、厌恶等情绪容易引起他人的防御，成为阻碍人际沟通的拦路虎，这时就需要人们对自己的人际关系进行反省。

（三）信息传递

人们可以通过情绪及其表现来进行信息的传递。通过对他人情绪的观察，可以了解到很多信息。例如，上课时你精彩地回答提问，老师面露欣喜，对你微笑和点头，你能感受到老师对自己的肯定和赞赏；面对心仪的异性，你会流露出不一样的眼神和表情，传达着你对他的喜爱；默契的密友间一个简单的姿势、动作就能使彼此心领神会；当你闯祸时，父母严厉或失望的眼神，就会让你读懂自己犯了错误，明白自己刚刚所做的不是父母所期望的。

另外，情绪还可以感染，当一个人产生了某种情绪时，会通过表情外显而被人所觉察，并引起他人相应的情绪反应。快乐的人会感染身边的人，调动起他人的情绪；而失望、沮丧的情绪，也容易扩散，使身边的人一起郁闷。

（四）组织活动

情绪对人的行为活动具有增力或减力的效能。快乐、热情、自信等积极情绪会提高人们的活动能力，推动人积极地行动，产生强烈的动力作用，对活动起着协调和促进的作用；而恐惧、妒忌、自卑等消极情绪则会使人萎靡不振、心灰意冷，降低人们活动的积极性，产生阻力作用，对活动起着瓦解和破坏作用。

（五）影响身心

情绪对一个人的身心健康有增进或损害的作用。良好的情绪状态能使中枢神经活动处于最佳状态，保证体内各个系统活动协调一致，充分发挥机体的潜能，使机体的免疫系统和体内化学物质处于平衡状态，增强对疾病的抵抗力，提高脑力劳动和体力劳动的效率，也有利于保持身心健康；不良情绪状态的持续存在会使人惶惶不可终日，结果必然降低人体抵抗力，对人的身心健康造成损害。

三、情绪的分类

根据情绪发生的强度、速度、紧张度和持续性等，可将情绪分为心境、激情与应激三种。

（一）心境

心境是一种微弱而持续时间较长且弥散性的情绪状态，也就是我们平常所说的心情，如心情舒畅、郁郁寡欢、恬静、郁闷等。心境的主要特点包括：从发生的强度来看，它是微弱而平稳的；从延续的时间看，它持续时间较长，少则几小时，多则数年；从影响范围看，它具有弥散性，不是指向特定对象。"人逢喜事精神爽"就是心境的一种写照。

（二）激情

激情是一种强烈的、短暂的、具有暴发性的情绪状态，如狂喜、暴怒、恐怖、绝望都是激情的表现。激情往往由重大的、突如其来的事件或激烈的意向冲突引起。激情既有积极的，也有消极的。人在积极的激情状态下，能做出平常做不出来的事情，发挥出意想不到的潜能。比如在竞技运动场上，运动员由于观众的掌声激发激情，可能会取得意想不到的成绩。激情也能使人的认识范围变得狭窄，使分析能力和自我控制能力都降低。因此，在消极的激情状态下，人的行为可能会失控，甚至产生鲁莽的行为，造成恶劣的后果。人应该学会控制自己的情绪，做情绪的主人。

（三）应激

应激是指在突然出现的紧急情况下所产生的情绪状态。人在工作和学习中，遇到突然发生的事件或危险时，会集中智慧和经验，调动整个机体的力量，迅速做出决定，以应对紧急情况。这时候产生的特殊体验就是应激。比如驾驶汽车途中遇到危险的情境、意外的变故、严重的疾病、考试与事业的失败等都会使人产生应激情绪。应激的发生比激情更突然、更剧烈。在应激状态下，人可能有两种表现：一是意识狭窄，目瞪口呆，手忙脚乱，陷入困境；二是急中生智，行动果断，化险为夷，摆脱困境。应激状态会引起一系列的生理变化，如心率加快、血压升高、内分泌失调、肌肉紧张等。这就是为什么人们在遇到危险时，常常能做出一些奇怪行为的奥秘所在。若人长期处于高度紧张状态，则会消耗很多体力和能量，破坏人体的生物化学保护机制，降低人体的免疫能力，有损于身体健康。

相关链接

扫一扫，观看视频

关于情绪的定义

互动体验

猜猜我的心情

活动目的

制作情绪卡片，进行体会、表演和竞猜情绪的活动，提高识别情绪和移情的能力。

活动步骤

1. 制作各种情绪的卡片（包括积极情绪和消极情绪，消极情绪可稍多一些）：积极情绪，如欢乐、兴奋、幸福、狂喜；消极情绪，如生气、愤怒、郁闷、痛不欲生、惊恐、失望、悲伤、紧张、焦虑等。也可以使用一些有文学色彩的词，如洋洋得意、暴跳如雷、心满意足、心花怒放、喜极而泣、乐极生悲、怒气冲冲、痛不欲生、心惊肉跳等。写得越多越好。老师也可以提前准备一些写有情绪相关词语的卡片。

2. 学生随机抽取卡片。

3. 学生思考自己所抽到的卡片上所描写的情绪会在什么情况下出现，这种情绪有哪些典型表现，需要如何演绎。

4. 学生轮流表演自己抽到的卡片上的所描写的情绪，由其他的同学来猜。

5. 大家来评比哪位同学表演得最好。

6. 老师可以补充提问。

（1）日常生活中，这些情绪在你的身上是否经常出现？

（2）当某种情绪在你身上出现时，你的表现与同学的表演是一样的吗？

（3）你在表演情绪的时候有何感受？

7. 拓展活动。

写有情绪词的卡片也可以换成不同情绪的图片让大家猜，或者播放各种包含不同情绪的视频片段。

令我情绪波动的事情

活动目的

通过厘清大学生情绪波动的不同应激源，帮助他们体会不同的情绪及表现形式。

活动步骤

1. 引导同学们回顾近三个月自己的生活、学习和工作情况，并对自己近三个月的整体情况进行评分，1 分表示非常不好，10 分表示非常好。你给自己的评分是：_____。

2. 写出引起自己较大情绪波动的事情 1~3 件，并根据每个事情对自己的影响进行评级（1 分表示这件事对我的影响非常小，10 分表示这件事对我的影响非常大）。

事件一：_____

事件二：_____

事件三：_____

3. 当你在经受这些事情的时候，你感到_____（请填上描述你感受的词语）。

4. 当你在体验这种情绪的时候，你有什么样的外在行为表现？

_____

_____

5. 老师可以补充提问。

（1）你对自己近三个月的总体评价是几分？为什么给自己打这个分值？主要得分在哪里，失分在哪里？

（2）引起你情绪波动的事情是你自己独有的还是大家都经历了的？你给自己的评分比别人高还是比别人低。

6. 注意事项。

（1）此活动需要所有学生沉下心来仔细体验，课堂氛围的营造以安静为主。有的学生特别兴奋或活跃，需采取相关措施使其情绪平静下来。

（2）评分的标准要设定清楚，老师的表述也一定要清楚，可强调 2~3 遍。

（3）写引起情绪波动比较大的事情时，刚开始可要求大家写 3 件，如有的学生写不出 3 件，要看他是没有沉下心来认真体验，还是心存防御不愿意写。如果有的学生真想不出来 3 件事情，过几分钟后再宣布写 2 件或 1 件均可。

（4）提醒学生面对同样事情每个人会有不同的感受和应对方法。

心理测试

测测你的情绪类型

指导语

请在下列 25 个问题所提供的选项中选一个你认为最符合自己的答案。

测试问卷

1. 如果要你选择的话，你更愿意（　　　）。
   A. 和许多人一起工作，亲密接触
   B. 和一些人一起工作
   C. 独自工作
2. 当你为了解闷而读书的时候，你喜欢（　　　）。
   A. 纪实的书，如史书、秘闻、传记、纪实文学
   B. 纪实加虚构的读物，如历史小说或带有社会背景细节的小说
   C. 幻想读物，如浪漫或荒诞的小说
3. 你对恐怖电影反应如何？（　　）
   A. 不能忍受　　　　　B. 害怕　　　　　　C. 很喜欢
4. 下列哪种情况最符合你？（　　　）
   A. 对他人的事很少关心　B. 对熟人的生活很关心　C. 对别人的生活细节很有兴趣
5. 在你去外地时你会（　　　）。
   A. 为亲戚们的平安感到高兴
   B. 陶醉于自然风光
   C. 希望去更多的地方
6. 你看电影时会哭或者觉得要哭吗？（　　　）
   A. 经常　　　　　　　B. 有时　　　　　　C. 从不
7. 你遇见朋友时，通常是（　　　）。
   A. 点头问好　　　　　B. 微笑，握手和问候　　C. 拥抱他们
8. 如果在车上有个讨厌的陌生人要你听他讲自己的经历，你会怎么样？（　　　）
   A. 显出你颇有同感　　B. 真的很感兴趣　　　C. 打断他，看你自己的书
9. 你是否想过给报社的专栏投稿？（　　　）
   A. 绝对不想　　　　　B. 有可能想　　　　　C. 想过
10. 在工作会见中，你被问及私人问题，你会怎样？（　　　）
    A. 感到不快和气愤，拒绝回答
    B. 平静地说出你认为适当的话
    C. 虽然不快，但还是回答

11. 你在咖啡店里买了一杯咖啡，这时你看见邻座有一位姑娘在哭泣，你会怎么样？（　　）

　　A. 想说些安慰的话，却羞于启齿

　　B. 去问她一下，自己能不能帮助她

　　C. 离开你的座位

12. 你在一对夫妇家里参加聚会时，那对夫妇在你面前激烈地争吵了起来，你会怎么样？（　　）

　　A. 觉得不快但却无能为力　　B. 尽快离开　　　　　　C. 尽力为他们调解

13. 你在何时送朋友礼物？（　　）

　　A. 仅仅在节日和生日

　　B. 全凭感情，只要觉得特别亲近就送

　　C. 在觉得愧疚或忽视他们时

14. 假如你认识的一个人低级庸俗，但却好为人师，你是否会瞧不起他？（　　）

　　A. 不知道　　　　　　　　B. 是的　　　　　　　　C. 不会

15. 假如你不得不与你深爱的朋友分手，你会感到痛苦吗？（　　）

　　A. 说不清楚　　　　　　　B. 肯定会　　　　　　　C. 不会

16. 你生活中的一个重要关系破裂了，你会怎么样？（　　）

　　A. 感到伤心，但尽可能正常地继续生活

　　B. 至少在短时间内感到痛心

　　C. 耸耸肩，摆脱忧伤之情

17. 你家里闯进一只迷路的小猫，你会（　　）。

　　A. 收养并照顾它

　　B. 扔出去

　　C. 想给它找一个主人，找不到时把它无痛地弄死

18. 对于信和纪念品，你会（　　）。

　　A. 无情地把信和纪念品丢掉，即使是你刚刚收到它们

　　B. 把它们保存多年

　　C. 两年清理一次这些东西

19. 你是否因为内疚或后悔而痛苦？（　　）

　　A. 是的，甚至为了很久以前的事情

　　B. 偶尔是这样

　　C. 不，我从来不后悔

20. 当你必须和一个显得很羞怯或紧张的人谈话，你会（　　）。

　　A. 感到不安，多少也会受到他的影响

　　B. 觉得有意思并且逗他说话

　　C. 稍微有点生气

21. 你喜欢孩子们的哪个阶段？（　　）

　　A. 在他们小的时候，而且有点可怜巴巴的

　　B. 在他们长大的时候

　　C. 他们能与你谈话，并且形成自己的个性时

22. 你的配偶抱怨你在工作上花的时间太多了，你会怎么做？（　　）
   A. 解释说这是为了你们的共同利益，然后仍然像以前那样做
   B. 试图把时间更多地花在家庭上
   C. 对家庭和工作两方面的要求感到矛盾，试图使两方面都令人满意
23. 在剧场看完特别好的演出后，你会（　　）。
   A. 用力鼓掌
   B. 勉强地鼓掌
   C. 加入鼓掌，可能很不自然
24. 当你拿到一份母校出版的刊物时，你会（　　）。
   A. 在把它扔掉之前，先通读一遍
   B. 仔细阅读，并保存起来
   C. 还没有看就丢进垃圾桶
25. 你在马路对面看到一个熟人，你会（　　）。
   A. 走开
   B. 穿过马路和他问好
   C. 招手，如果没有反应，便走开

评分标准

请依据表 5-1 将各题分数相加，计算总分。

表 5-1　　　　　　　　　各题分值

题号	A	B	C	题号	A	B	C
1	3	2	1	2	1	2	3
3	1	3	2	4	1	2	3
5	1	2	3	6	3	2	1
7	1	2	3	8	2	3	1
9	1	2	3	10	3	1	2
11	2	3	1	12	2	1	3
13	1	3	2	14	2	1	3
15	3	1	2	16	2	3	1
17	3	1	2	18	1	3	2
19	3	2	1	20	2	3	1
21	3	1	2	22	1	3	2
23	3	1	2	24	2	3	1
25	1	3	2				

结果解释

25～45 分：理智型，特点是理智而有克制力，情绪非常稳定，善于用理智支配一切，感情适度。

46～59 分：平衡型，特点是情绪水平一般，有时候会感情用事，有时候也会克制自己，一般情况下能够从容地处理事情。

60～75 分：情绪型，特点是重感情，热情而有朝气，善解人意，好强，为人随和，喜自省，行为易受情绪左右。

拓展阅读

你的情商决定你的人生高度

所谓情商就是情绪智慧，指的是人们了解和管理自身情绪、自我激励以及处理人际关系的能力。一个人即使智商再高，缺少这些能力也很难有所成就，因为情商是一种基本生存能力，它不仅决定你的行为和心智模式，还决定你一生的走向与成就。

1960 年，斯坦福大学心理学家米切尔做了一项考验儿童耐心和意志力的棉花糖实验。十几年后，研究者发现那些通过实验的孩子成年后更加成功。多年来，心理学家一直认为智力是预测人生成败的最重要因素，但米切尔认为智力其实受制于自我控制力。这项并不神秘的实验使人们意识到，过去智力在人生的作用方面被估计偏高，还有其他的因素对人生的成功有着重要的作用。

以往认为，一个人能否在一生中取得成就，智力水平是第一重要的，即智商越高，取得成就的可能性就越大。但现在，心理学家们普遍认为，情商水平的高低对一个人能否取得成功也有着重大的影响作用，有时甚至要超过智力水平。智商是人走向社会的敲门砖，但真正决定你人生高度的是情商。情商就是人生的升降梯，决定了你人生可以上升的高度。

（资料来源：［日］心屋仁之助. 胡环, 译. 你的情商, 决定你的人生高度 [M]. 中国友谊出版社，2019.）

第二节　常见的情绪困扰

心灵故事

瓦伦达心态

生活中我们常常遇到这样的事：怕什么来什么。在面对一些重要人物或关系重大的事情时，人们常常害怕出差错，但往往越是害怕，越是会出差错。这种现象屡见不鲜，在心理学上被称为"瓦伦达心态"。

> 瓦伦达是美国一个著名的高空走钢丝表演者,在一次重大的表演中,他不幸失足身亡。他的妻子事后说,我知道这次一定要出事,因为他上场前总是不停地说,这次太重要了,不能失败,绝不能失败;而以前每次成功的表演,他只想着走钢丝这件事本身,而不去管这件事可能带来的一切结果。后来,人们就把专心致志做事情本身而不去管这件事的意义,不患得患失的心态,叫做"瓦伦达心态"。美国斯坦福大学的权威人士通过一项研究得出科学的结论:人大脑中的某一想象图像,会刺激人的神经系统,把假想当作真实的情况,并为此做出努力。譬如,一个高尔夫球运动员在击球之前,担心自己把球打进水里,他就一再告诫自己:千万不要把球打进水里去。这样,在他的大脑中便自然会出现一幅"球掉进水里"的清晰图像。其结果往往像是命运有意开玩笑,击出的球竟然真掉进了水里。这项研究从另一个方面证实了"瓦伦达心态"确有其事。

这个故事启示我们,在重大事件中,放松自己,保持平常心很重要。心态决定状态,只有精神放松、情绪稳定,才能发挥出最佳水平,取得满意的结果。

知识导读

处于青年期的大学生,有着丰富的情绪体验,情绪波动较大。不良情绪会影响他们的个性发展,影响他们对自我的认识和评价,还会影响他们的认知水平,降低他们的学习和工作效率,严重的情绪困扰甚至会影响他们的身心健康。

一、大学生的情绪特点

进入大学之后,大学生无论是生活还是学习都有了很大的变化。生活和学习环境的变化,他们所处的特定年龄阶段,使他们在处理生活、学习问题时往往容易遭受挫折,情绪带有明显的特征。

(一)情绪表达内涵丰富、复杂多变

大学生随着年龄的增长和社会性情感的日益丰富,更多地表现出关心他人和社会、积极思考人生的情感倾向,情绪的稳定性增加、波动变化性减少。他们的情绪表达内涵也在不断丰富,对自己情绪的认识更加深刻,表达情绪的能力逐步提高,控制情绪的能力也在提升。一般情况下,大学生的情绪表达相对比较稳定。然而,由于他们身心的特点,一定的生活和学习刺激容易引起他们比较强烈的情绪波动,表现为情绪复杂多变。

(二)存在两级性和矛盾性特点

一部分大学生的情绪容易从一个极端直接跳到另一个极端,这种极端变化反映出了他们情绪的矛盾性特点。比如,理想自我和现实自我的矛盾,社会需求和个人需求的矛盾等,都是导致他们矛盾情绪产生的原因。一些大学生对自我的认识还处于不稳定的阶段,对情绪的认识和把握不完整,因而在情绪表现上容易走极端。学校、家庭、社会的影响等都是大学生情绪变化的重要原因,特别是社会热点事件、体制机制变革等会让他们产生困惑和迷茫,时而激情兴奋,时而悲观厌世。

(三) 自我调节意识增强

大学生在面对外界刺激时，一般能够理智地分析，采取合适的行为，进行自我情绪的管理和控制。但是，有的大学生由于心理不成熟，容易与他人发生冲突，感情用事，做出一些冲动的行为。大学生情绪的外在表现和内心体验并不总是一致的，在某些场合和特定问题上，会隐藏或者抑制自己的真实情绪，表现得不真实。这个时候，大学生通过自我调节，既能根据情境抑制自己的冲动行为，又能通过外显的行为、表情表达自己的情绪。

二、大学生常见的情绪困扰

(一) 焦虑

1. 什么是焦虑

焦虑是一种复杂且常见的负性情绪，表现为对自身的健康和客观情况做出过分严重的负面预估，常预感到一些可怕的、可能造成精神声誉和现实损失的威胁即将来临，在缺乏任何客观根据的情况下出现内心不安的情绪，或认为情况严重、即将大祸临头，并伴有忧虑、烦恼、害怕、紧张、失望、羞愧、不安等情绪体验。从心理学的角度上讲，无论什么形式的焦虑，如果控制在适当的范围内会激发人的动力，有利于提高个人的竞争能力；如果焦虑过度，自己无法控制或持续时间较长，则需要寻求专业人士的帮助。

2. 大学生焦虑的表现

焦虑是大学生常见的情绪困扰和心理障碍，主要涉及以下几个方面：

(1) 学业焦虑：即专业焦虑，大学生对自己所学专业不了解，不知道自己学的是什么、学了以后能干什么、怎么学等，由此产生的焦虑和担忧。

(2) 考试焦虑：即由于担心考试失败或者由考试情境引起的一种忧虑、紧张的心理状态。

(3) 入学适应焦虑：即大一新生对大学的环境、学习方式和人际关系等不能很快地适应而产生的焦虑。

(4) 人际交往焦虑：即一种渴望与周围的人建立和谐的人际关系或者在人际交往中感到紧张的一种状态。

(5) 就业焦虑：即由于即将毕业而表现出的迷茫、困惑、焦虑、不安、沮丧等心理状态。

(6) 自我形象焦虑：即担心自己不够漂亮、没有吸引力、体胖或矮小等，或面部粉刺、雀斑等影响自我形象而引起的焦虑情绪。

3. 焦虑产生的原因

(1) 成就动机的影响

成就动机是影响大学生情绪的重要因素。为了学好专业知识，为以后择业打下良好的基础，许多大学生会因学习成绩不理想而产生危机感和恐惧感，精神压力很大。所以，成就动机的影响是造成大学生焦虑的重要因素。

（2）自我认识和评价因素

大学生正处在心理日趋成熟的关键时期，他们常常根据某一事件或事情的某一方面进行不严谨的推论，容易低估、贬低自己的能力，夸大或高估问题的难度和严重性，这些不良的认知因素是导致大学生产生焦虑情绪的直接原因。

（3）对未来的危机感

有些大学生对自己的未来和命运越来越关注，但又无法预知，这给他们带来了一种危机感，使他们急于提前武装自己，急于求成，很自然就会引发焦虑。

（4）人际关系障碍因素

大学生活为大学生的人际交往创造了有利条件，但也构成了矛盾纠纷的源泉。一些大学生由于缺少人际交往的技巧，容易造成人际交往障碍。人际关系紧张会直接影响他们的学习和生活，容易产生焦虑。

（二）抑郁

1．什么是抑郁

抑郁是大学生较为常见的情绪困扰，是一种感到无力应付外界压力而产生的消极情绪，常伴有厌恶、痛苦、羞愧、自卑等情绪体验。

2．大学生抑郁的表现

抑郁一般表现为情绪低落、心境悲哀。抑郁者会表现出对生活的无望感和强烈的无助感。大学生的抑郁情绪通常表现为郁郁寡欢、闷闷不乐、做事缺乏兴趣、没有活力，进而导致生活能力和学习能力低下、学习效率下降，外表上表现出衣着随便、不梳洗打扮、邋里邋遢、面容愁苦。大学生因生活、学习、人际关系等产生抑郁情绪较为常见，有抑郁倾向的大学生的自我评价以消极为主，严重者还会自杀。

3．抑郁产生的原因

（1）自我认知的不正确

对自我认知的不正确与自我意识发展的不平衡是大学生产生抑郁心理的主要原因。一些大学生在发展自我的过程中放大了自己的"劣势"，忽略了自己的"优势"，不能正确认识生存的意义，给自己的定位不准确。

（2）人际关系的影响

作为正处在青春期的大学生，人际交往的需要非常迫切。但是，一些大学生由于缺乏人际交往的经验和社会技能，加之性格孤僻、心理自卑、行为畏缩，害怕与人交往，因此缺乏安全感，经常处于孤独、寂寞之中，很容易产生抑郁心理。

（3）学业和感情的困扰

学习压力大、动力不足、目标不明确、成绩不理想、学习困难等学业问题给一些大学生带来一定的困扰，使他们进入不了学习状态，内心也非常苦恼，容易产生抑郁的心理；大学生的恋爱目的多元化，缺乏恋爱经验，感情比较脆弱，抗挫折的能力较差，一旦恋爱失败，情绪就会受到影响，有可能产生抑郁心理。

(4) 就业和经济压力

就业压力的增大导致一些大学生不能正确选择就业目标，从而产生了抑郁心理。而一些家庭经济条件较差的学生在生活上要承受很大的压力，经常要为自己的学费、生活费发愁，心理上长期处于一种不平衡的状态，这种心理上的不平衡也会导致抑郁心理的产生。

（三）恐惧

1．什么是恐惧

恐惧是指病理性特点的恐惧，即对无客观危险威胁的事情产生的主观恐惧。它是对某一类特定的物体、活动或情境产生的持续紧张的、难以克服的恐惧情绪，并伴随着各种焦虑反应以及逃避行为，如担忧、紧张和不安等。

2．大学生恐惧的表现

恐惧常常有明显的强迫性，即自知这种恐惧是过分的、不必要的，但却难以抑制和克服。它表现为个体对某一特定事物或情境产生异乎寻常的强烈恐惧或紧张不安的内心体验并出现回避反应，包括社交恐惧、动物恐惧、旷野恐惧、高空恐惧等。

3．恐惧产生的原因

(1) 家庭环境的影响

由于大学生中独生子女非常多，他们在成长过程中缺少亲密的同龄人的陪伴，容易产生孤独感、无助感和不安全感。有的大学生由于长期缺乏亲人的关爱，导致自我封闭，久而久之，便产生了恐惧情绪。

(2) 精神因素的影响

精神因素与大学生早期生活经历中遭受到的意外事件或创伤体验有关。例如，小时候被蛇咬过，长大后就可能对与蛇相似的所有动物产生恐惧的心理。这可能是因为在某一情境中发生急性恐惧并固定下来成为将来的恐惧对象。

（四）自卑

1．什么是自卑

自卑是自我情绪体验的一种形式，在心理学上又称为"自我否定"，主要表现为对自己的能力、学识、品质等自身因素评价过低。由于学习环境、生活环境的改变，部分大学生由高中时期的"佼佼者"成了大学校园中的"普通一员"，这种"地位"的改变是造成部分大学生自卑的重要原因，还有一些大学生由于家庭条件差或自身某些不足而自卑。有自卑感的学生由于自我评价过低，导致行为畏缩、瞻前顾后、多愁善感、过于敏感，严重影响了各方面的正常发展。

2．大学生自卑的表现

大学生自卑往往有两种不同的表现：一是逃避参加集体活动，在诸多竞争活动中退缩，甚至明明能成功也不相信自己而放弃参与的机会；二是不承认自己的不足并竭力掩饰，使他人觉察不到自己的自卑，为此常常夸大自己的作为，有时还表现出比较强的虚荣心，对自己的不足和别人的评价很敏感，这一切都是为了掩饰自卑并由此获得一种补偿。

3. 自卑产生的原因

（1）生理方面

大学生对自身生理素质特别在乎，如性别、相貌、身材、体重、肤色等，对这些方面不满意可能导致自卑感的产生，尤以女生为甚。有生理缺陷的大学生更易产生自卑心理。

（2）个性因素

自卑感的产生与气质、性格有关。若气质抑郁和性格内向者确立了远远高于自己实力的奋斗目标，较易因目标无法实现而丧失自信，产生严重的自卑情绪。

（3）生活挫折

大学生遭受来自家庭或自身的突发性变化，如家庭不和、父母离异、亲人病故、失去朋友、身体病残、恋爱失败，以及在人际交往中受挫等，可能会出现精神恍惚、情绪低落、意志消沉等情况，进而产生自卑感。

（五）愤怒

1. 什么是愤怒

愤怒是愿望不能实现或达到目的而使行动受到挫折所引起的一种紧张而不愉快的情绪。

2. 大学生愤怒的表现

愤怒是大学生中常见的消极情绪，它是遇到与愿望相违背的事情，或愿望不能实现并一再受到挫折，致使紧张状态逐渐积累而产生的敌意情绪。个别大学生因一句不顺耳的话、一件不顺心的事，就会激动得暴跳如雷，或出口伤人，或拳脚相加。盛怒过后，却后悔不迭。愤怒会使人丧失理智、阻塞思维，导致损物、伤人，甚至犯罪。大学生中一些违法乱纪的事件，大多是在愤怒的情绪下发生的。

3. 愤怒产生的原因

（1）人格特征

许多研究表明，大学生的愤怒情绪与人格特征有着很大的关系。以自我为中心的人，缺乏对他人的宽容，稍有令自己不满意的地方就会产生愤怒的情绪。

（2）情绪处理不当

很多大学生的愤怒是由于情绪处理不当，消极情绪没有合理发泄出来，通常是表面平静，内心压抑。之后一些被压抑的情绪会以另一种情绪表现出来，使他们易怒、焦虑、郁郁寡欢，甚至做出失去理智的行为。

（六）嫉妒

1. 什么是嫉妒

嫉妒是指他人在某些方面胜过自己而引起自身的不快，甚至是痛苦的情绪体验。嫉妒是自尊心的一种异常表现，在大学生中普遍存在。

2. 大学生嫉妒的表现

嫉妒的具体表现为：当看到他人的学识能力、品行荣誉，甚至穿着打扮超过自己时，内心产生不平、痛苦、愤怒等情绪；当别人身陷不幸或处于困境时，则幸灾乐祸，甚至落井下石，在人后恶语中伤、诽谤。嫉妒是一种情绪障碍，它扭曲人的心灵，妨碍人与人之间正常的交往。

3．嫉妒产生的原因

（1）过强的自尊心

在大学里，一些自我评价过高、自尊心过强的大学生容易走向妄自尊大、唯我独尊的地步，他们容不得别人强于自己，出现冲突就会产生嫉妒心理。

（2）错误的认知

嫉妒的产生往往和人的错误认知相联系，当自认为某些东西是自己该获得的而被他人获得时，或某些东西是别人不该获得的而获得时，就会产生嫉妒心理。

互动体验

探索情绪

活动目的

通过练习不同的情绪反应，探索情绪压抑时的情绪反应。

活动步骤

1．每天花一点时间独处，思索你的希望，并在日记本上写下你独处时的想法与感受。

2．在生活中难免会有诸多的不顺利，对此你有什么样的反应和行为？当你处在情绪很压抑的时候，你能否很好地表达出来？此练习可以比较客观地了解你的情绪表现及反应。

当我生气时，我会_____；当我愤怒时，我会_____；
当我害怕时，我会_____；当我嫉妒时，我会_____；
当我悲伤时，我会_____；当我贪婪时，我会_____；
当我忧郁时，我会_____；当我害羞时，我会_____；
当我开心时，我会_____；当我恐惧时，我会_____；
当我焦虑时，我会_____；当我烦躁时，我会_____；
当我紧张时，我会_____；当我担心时，我会_____；
当我不安时，我会_____；当我疑虑时，我会_____；
当我内疚时，我会_____；当我苦恼时，我会_____；
当我失望时，我会_____；当我自责时，我会_____；
当我怨恨时，我会_____。

情绪传递

活动目的

通过"情绪源"的传递,让学生体会到不良情绪的易传递性,提醒学生要及时控制不良情绪。

活动步骤

1. 首先进行第一轮。请学生站成一圈,闭上眼睛。教师在这个圈外,然后轻轻敲一下某个学生的后背,这个学生就是"情绪源"。然后请学生睁开眼睛,在屋内自由散开,学生之间可以相互自我介绍、握手、自由交谈,尽可能与更多的人交流。

2. 指定的"情绪源"的任务就是通过眨眼的动作将不安的情绪(事先准备一个情绪卡片,选用卡片中的一个负面情绪)传递给屋内的其他三个人。

3. 任何一个获得眨眼睛信息的人要把自己当作已经受到不安情绪感染的人。一旦被情绪感染了,他的任务就是要对其他三个人眨眼睛,将情绪感染给他们。

4. 当一个受到情绪感染的人已经向其他三个人眨了眼睛后,他可以继续在屋内,但不要再故意眨眼睛了。

5. 5分钟后,让学生坐下来。请"情绪源"站起来,并一直站着。请"情绪源"旁边的三个受到情绪感染的人也站起来。

6. 大家依次都站起来。请"情绪源"情绪低落,建议那些不耐烦的人坐下。所有情绪低落的人也都坐下。

7. 活动进行第二轮。老师告诉学生,已经找到了缓解不安情绪的"灵丹妙药",这种"灵丹妙药"是通过真挚温柔的微笑传播的。

8. 大家站起来闭着眼睛围成一圈。教师告诉他们自己会选一个学生作为"微笑情绪源",这个学生会向三个人微笑,得到微笑的人应该对另外三个人微笑。

9. 老师在圈外,注意不要碰任何人的后背。在恰当的时候,教师假装已经指定了"微笑情绪源",微笑着说"开始"。

10. 请学生自由活动3分钟,然后请他们坐下。请收到"灵丹妙药"的学生举手,并指出他们认为是"微笑情绪源"的人,大家会指向许多不同的人。

11. 教师告诉大家,其实根本没有"微笑情绪源",也没有缓解不安的"灵丹妙药"。

12. 请学生讨论并分享:

(1)被不安情绪感染时,自己有什么感受。

(2)是否有人避免被感染,怎么避免。

(3)每个人分享自己调节情绪的方法。

心理测试

焦虑自评量表（SAS）

指导语

下面有20个条目，请仔细阅读每一条，把意思弄明白，然后根据您最近一星期的实际感觉进行评定。每一个条目均按1、2、3、4进行四级评分来评定症状出现的频度。"1"表示没有或很少有；"2"表示有时有；"3"表示大部分时间都有；"4"表示绝大部分或全部时间都有。

测试量表

1. 我觉得比平时容易紧张或着急。 （1 2 3 4）
2. 我无缘无故地感到害怕。 （1 2 3 4）
3. 我容易心里烦乱或感到惊恐。 （1 2 3 4）
4. 我觉得我可能要发疯。 （1 2 3 4）
5. 我觉得一切都很好。 （1 2 3 4）
6. 我手脚发抖、打战。 （1 2 3 4）
7. 我为头疼、颈痛和背痛而苦恼。 （1 2 3 4）
8. 我觉得自己容易衰弱和疲乏。 （1 2 3 4）
9. 我可以心平气和，并且安静地坐着。 （1 2 3 4）
10. 我觉得心跳得很快。 （1 2 3 4）
11. 我为一阵阵头晕而苦恼。 （1 2 3 4）
12. 我晕倒过或曾经有要晕倒的感觉。 （1 2 3 4）
13. 我吸气、呼气都觉得很容易。 （1 2 3 4）
14. 我的手脚麻木和刺痛。 （1 2 3 4）
15. 我为胃痛和消化不良而苦恼。 （1 2 3 4）
16. 我常常要小便。 （1 2 3 4）
17. 我的手脚常常是干燥而温暖的。 （1 2 3 4）
18. 我脸红发热。 （1 2 3 4）
19. 我容易入睡，并且一夜都睡得很好。 （1 2 3 4）
20. 我做噩梦。 （1 2 3 4）

评分标准

20个条目中，5项（第5、9、13、17、19项）是用正性词陈述的，采用反向计分，选"1""2""3""4"分别计4分、3分、2分、1分；其余15项是用负性词陈述的，采用正向计分，选"1""2""3""4"分别计1分、2分、3分、4分。将20个条目的各个得分进行相加，即得到粗分，用粗分乘以1.25取整数，即得标准分。

结果解释

按照中国常模标准,SAS 的分界值为 50 分。轻度焦虑:50~59 分;中度焦虑:60~69 分;重度焦虑:69 分以上。

抑郁自评量表(SDS)

指导语

下面有 20 个条目,请仔细阅读每一条,把意思弄明白,然后根据您最近一个星期的实际感觉进行评定。每一个条目均按 1、2、3、4 进行四级评分来评定症状出现的频度。"1"表示没有或很少有;"2"表示有时有;"3"表示大部分时间都有;"4"表示绝大部分或全部时间都有。

测试量表

1. 我觉得情绪沮丧、郁闷。	(1 2 3 4)
2. 我觉得早晨心情最好。	(1 2 3 4)
3. 我要哭或想哭。	(1 2 3 4)
4. 我夜间睡眠不好。	(1 2 3 4)
5. 我吃饭跟平时一样多。	(1 2 3 4)
6. 我的性功能正常。	(1 2 3 4)
7. 我感到体重减轻。	(1 2 3 4)
8. 我为便秘而烦恼。	(1 2 3 4)
9. 我的心跳比平时快。	(1 2 3 4)
10. 我无故感到疲劳。	(1 2 3 4)
11. 我的头脑跟往常一样清楚。	(1 2 3 4)
12. 我做事情跟平时一样没有感到困难。	(1 2 3 4)
13. 我坐卧不安,难以保持平静。	(1 2 3 4)
14. 我对未来充满希望。	(1 2 3 4)
15. 我比平时更容易被激怒。	(1 2 3 4)
16. 我觉得做决定很容易。	(1 2 3 4)
17. 我觉得自己是有用的和不可缺少的人。	(1 2 3 4)
18. 我的生活很有意义。	(1 2 3 4)
19. 假若我死了别人会过得更好。	(1 2 3 4)
20. 我仍旧喜爱自己平时喜爱的东西。	(1 2 3 4)

评分标准

20 个条目中,有 10 项(第 1、3、4、7、8、9、10、13、15 和 19 项)是用负性词陈

述的，采用正向计分，选"1""2""3""4"分别计 1 分、2 分、3 分、4 分；其余 10 项（第 2、5、6、11、12、14、16、17、18 和 20 项），是用正性词陈述的，采用负向计分，选"1""2""3""4"分别计 4 分、3 分、2 分、1 分。将 20 个条目的各个得分进行相加，即得到粗分，用粗分乘以 1.25 取整数，即得标准分。

结果解释

按照中国常模标准，SDS 的分界值为 53 分。轻度抑郁：53～62 分；中度抑郁：63～72分；重度抑郁：72 分以上。

拓展阅读

踢猫效应——情绪竟然也可以"传染"？

在心理学上，关于"踢猫效应"有这样一个故事：某公司董事长为了重整公司事务，许诺自己将早到晚回。有一次，他在家看报太入迷以致忘了时间，为了不迟到，他在公路上超速驾驶，结果被警察开了罚单，最后还是误了时间。这位董事长愤怒之极，来到办公室后，为了转移他人的注意，他将销售经理叫到办公室训斥了一番。销售经理挨训之后，气急败坏地走出董事长办公室，将秘书叫到自己的办公室并对他挑剔了一顿。秘书无缘无故被人挑剔，自然是一肚子气，就故意找接线员的碴儿。接线员无可奈何、垂头丧气地回到家，对着自己的儿子大发雷霆。儿子莫名其妙地被父亲痛斥之后，也很恼火，便将自己家里的猫狠狠地踢了一脚……

踢猫效应描述的是一种典型的坏情绪"传染"过程。意大利里佐拉蒂教授在做一项研究猴子脑细胞的实验时发现，猴子在做动作时，大脑中某个特定位置的神经元就立即处于激活状态，这些神经元就像一面镜子，这个猴子自己做动作和看到其他猴子做同样的动作时，某些神经元的反应是相同的，因此被称为"镜像神经元"。后来人们发现，在人类的大脑中，也普遍存在着这种镜像神经元，它们广泛分布在两个大脑半球的重要区域。镜像神经元不但能对行为产生镜像反应，对人的面部表情和情绪也会产生镜像反应。这可能就是"情绪会传染"的真实原因。比如，看到面露恐惧的人，你也会感到恐惧；看到欢乐的笑容，你也会心情愉快。

怎样才能防止"情绪传染"？主要是要加强品格和心情的修养，多一些理性，克服自己的蛮性，不为一些鸡毛蒜皮的小事而生气伤身。"笑一笑，十年少；愁一愁，白了头"，这句话不是调侃之语，在心理学上是有科学道理的。

（资料来源：李原. 墨菲定律［M］. 中国华侨出版社，2013.）

第三节 情绪调控能力的培养

心灵故事

生气的老太太

从前有个老太太,两个女儿都出嫁了。大女儿嫁给染坊的老板,小女儿嫁给卖雨伞的商人。老太太挂念两个女儿,下雨天担心染坊的布晾不干;晴天又担心小女儿家的雨伞卖不出去。所以整天愁眉苦脸,一天天地忧郁憔悴起来。

这天,一位高人路过,了解原委后便指点道:"只要把想法换一换,你就是一个幸福无比的人。下雨天就为小女儿能卖出雨伞而高兴,天晴了就为大女儿的布能晾干而高兴。"老太太照此去做,高人的话果然应验,她每天快乐无比,健康长寿。

这个故事启示我们,影响我们情绪的不是事件本身,而是我们对事情的看法,不同的想法引起不同的情绪。改变想法可以帮助我们减少或消除情绪困扰。

知识导读

在生活中,每个人都会出现这样或那样的情绪困扰,遇到不良情绪时,可以通过情绪识别、情绪调控等方法来管理情绪。

一、学会识别情绪

学会识别情绪包括两个方面,一是学会对自己情绪的识别,二是学会对他人情绪的识别。

(一)学会对自己情绪的识别

要对自己情绪的识别,首先,运用内省法,及时觉察自己所处的情绪状态,知道自己的感受即表面情绪;其次,辨识表面情绪背后的真正需求和情绪感受;然后,进一步澄清自己的复杂情绪;最后,平静地接纳它。

(1)及时觉察自己所处的情绪状态。时时提醒自己注意:我现在的情绪是什么?不管自己处在何种负面情绪中,先暂停、中断目前的情绪,跳出来,试着觉察自己的情绪。如当你因为朋友约会迟到而对他冷言冷语时,就应问问自己"我现在有什么感觉",并自我确认冷言冷语背后的情绪是生气。

(2)分辨表面情绪背后的真正求和情绪感受。比如,有时候我们只能粗略地感受到不舒服、不愉快,至于那个"不舒服"是什么,却说不上来。这时候我们就需要进一步探索情绪,试着问自己:是什么让我感到不舒服?是愤怒、悲伤、挫折、害怕、羞耻还是罪恶感？如果是接近愤怒的感觉，是不平、不满、敌意、生气，还是愤慨呢？如果是羞耻类的情绪，是觉得愧疚、尴尬、懊悔还是耻辱？这样一步一步地引导自己，就可以将原本模糊、笼统的情绪，分化成比较具体、明确的情绪。

（3）进一步澄清自己的复杂情绪，以便清晰了解自己所处的情绪状态。在一种复杂的情绪状态中，人会意念纷扰，情绪五味杂陈，心烦意乱。此时，首先必须中断目前的情绪，冷静地澄清。只要情绪中夹杂着两种以上的复杂情绪，就需要加以澄清，将那些纠葛、混合在一起的情绪抽丝剥茧，辨识出隐藏的真实情绪。理清一层层的情绪，就能比较清楚地知道自己的情绪状态，对症下药，有效地解决真正问题。澄清情绪还能帮助人将注意力集中于内省，有安定情绪的作用。其次是要认清引发情绪的原因。只有认清了引发情绪的原因，才能了解自己情绪发生的来龙去脉，真正觉察自己的情绪。

（4）平静地接纳自己的情绪，并将它恰当地表达出来，不压抑、不排斥。表达情绪应以平静、非批判的方式来叙述情绪的本质，记住是叙述而不是直接发泄，且情绪的言语表达要清楚、具体。

（二）学会识别他人情绪

识别他人情绪，可以通过面部表情、语速和语调、肢体动作这三个方面加以判断，从而识别他人话语背后的情绪，做出相应的反馈。

1. 通过面部表情识别他人情绪

人眼部、眉毛、口部肌肉的变化可表现各种情绪状态。比如，人在喜悦、愉快、欢乐时，嘴角会向后伸，上唇略提，两眼闪光，两眉舒展，眉开眼笑；人在惊奇时会张嘴、瞪目。人的瞳孔放大表示很兴奋、积极；目光游离表示不感兴趣，或者很紧张。正视表示自信、重视与尊重；斜视表示不屑与轻视。双眉上扬表示吃惊或喜悦；双眉下降表示愤怒、不开心。

2. 通过语速和语调识别他人情绪

一个人说话的语调、语速不同，背后代表的情绪也截然不同。对方提高说话时的语速、语调，表示他很气愤，不认可或很重视目前这件事；对方说话时的语调很低，表示他缺乏自信；对方的语调单调平稳、没有感情，或者他冷漠少言，表示他对你不感兴趣；对方突然压低语速、语调，表示他当下不方便谈论这件事，或对这件事不太确定。当了解对方的情绪后，应当采取不同的措施进行应对。

3. 通过肢体动作识别他人情绪

不同的姿态反映了人们不同的情绪状态，以及人们之间关系的紧密程度。相互间靠得越近，表明相互之间的关系越亲密；有意避开对方身体的人，在心理上对对方有抵触情绪。交谈时，身体前倾代表感兴趣；抱臂代表漠视、不欣赏；挠头或者摸下巴，代表紧张或不安；双手叉腰代表傲慢或自豪。

当了解了对方的情绪后，还需要了解对方所说的话语背后的情绪。站在对方的角度和位置客观地理解当下对方内心的感受，然后做出相应的反馈给对方，这就是共情。

二、情绪调控的方法

（一）宣泄调控法

当负性情绪产生时，如果不能及时宣泄，而是过分压抑，就会使情绪困扰加重，积聚起来，危害身心健康。大学生出现焦虑、烦闷、抑郁等负性情绪时，应进行适度的宣泄，使压抑的心境得到缓解和改善,这样有利于他们的身心健康。

宣泄有自我宣泄和他助宣泄。自我宣泄是在产生负性情绪之后及时地表达自己的内心感受。比如,被人伤害后,告诉对方自己的感受,要求其赔礼道歉。他助宣泄的方式则有倾诉和模拟宣泄等。倾诉即向师长、同事、同学、亲人等诉说心中的烦恼和忧虑,或用写日记、写信等方式发泄自己的烦恼和不快,调节自己的情绪。模拟宣泄即对引起不良情绪的一个模拟品发泄情绪,消除心中不快。

宣泄的方式有多种多样,若选择不当,不但不能促进心理健康,反而会带来新的情绪困扰。因此,要注意选择正确的宣泄方式,以不妨碍他人和社会利益为原则。

(二) 注意力转移法

注意力转移法是把注意力从引起不良情绪反应的刺激情境转移到其他事物上或从事其他活动的情绪调节方法。当出现情绪不佳的情况时,要把注意力转移到使自己感兴趣的事情上或暂时离开令人伤心的地方,如外出散步、看电影、听听笑话、看看幽默小说、打球、下棋、找朋友聊天、换换环境等。这些活动有助于让心情平静下来,在活动中寻找新的快乐。这种方法一方面中止了不良刺激源的作用,防止不良情绪泛化、蔓延;另一方面,通过参与新的活动,特别是自己感兴趣的活动,能达到增进积极情绪的目的。

注意力转移法有积极转移法和消极转移法两种。积极转移法是把情绪、时间、精力转移到有利于个人发展的方向,如学习、运动等。消极转移法是情绪不好时,把注意力转移到酗酒、吸烟甚至吸毒等方面。大学生有不良情绪时应当使用积极转移法,尽量避免使用消极转移法。

(三) 自我安慰法

自我安慰法主要是指当一个人追求某个事物而不能实现时,为了减少内心失望,找借口或理由以缓解矛盾冲突,消除焦虑、抑郁、烦恼和失望情绪。人不可能处处顺心、事事顺利,在学习、就业、人际交往中遇到困难和挫折,经过最大努力仍不能改变状况时,可适当地进行自我安慰,说服自己做出适当的让步,勇于承认并接受现实。如可用"胜败乃兵家常事""塞翁失马,焉知非福""坏事变好事"等词语来进行自我安慰,帮助自己摆脱烦恼,缓解矛盾冲突,消除焦虑、抑郁和失望,达到自我激励、总结经验、吸取教训的目的,有助于保持情绪的安宁和稳定。

(四) 心理暗示法

从心理学角度讲,心理暗示法就是个人通过语言、形象、想象等方式,对自身施加影响的心理过程。自我暗示分积极自我暗示与消极自我暗示。积极自我暗示可在不知不觉之中对自己的意志、心理以及生理状态产生影响,使自己保持好的心情和乐观的情绪,从而调动自己的内在因素,发挥主观能动性。消极自我暗示在暗示的过程中会强化自己的缺点,唤醒隐藏在自己内心深处的弱点,从而产生负性情绪。

(五) 放松训练法

放松训练法是克服紧张、焦虑的方法,目的是使身心放松,生理和心理活动趋衡,使人从烦恼、紧张、苦闷、忧虑等不良情绪中解脱出来,达到平静。这里主要介绍三种常用的放松训练方法。

1. 腹式呼吸放松法

所谓腹式呼吸放松法是指吸气时让腹部凸起,吐气时压缩腹部使之凹入的呼吸法。具体步骤为：开始吸气时全身用力，此时肺部会充满空气并鼓起，但还不能停止，仍然要尽全力来持续吸气，到不能再吸为止。然后，屏住气息4秒钟，此时身体会感到紧张。接着利用8秒的时间缓缓地将气吐出。吐气时宜慢、长且不中断。做完几次腹式呼吸后，会有一种舒畅的快感。

2. 渐进式肌肉放松法

渐进式肌肉放松法要求想象最能令人松弛和愉快的情景，使全身肌肉得到深度松弛。具体的指导语："坐好，尽可能地使自己舒适，尽最大可能地让自己放松……现在，握紧右手拳头，把右拳逐渐握紧，在您这样做时，您要体会紧张的感觉，继续握紧拳头，体会右手和右臂的紧张。好，放松……让您右手指放松，体会您此时的感觉……现在，试试再放松一遍，把右拳握起来……保持握紧，再次体会紧张感觉……现在放松，把您的手指伸开，再次注意体会其中的不同。"以同样的方法放松左手与左臂，接着放松面肌、颈、肩和上背部，等等，直至身体各部位都放松。

3. 冥想放松法

冥想放松法是一种通过获得深度宁静的状态而增强自我良好状态的方法。常用的指导语："闭上眼睛，想象初升的太阳、幽静的园林，以及芬芳的花丛和辽阔的海洋……"尽量体验自己在想象环境中的各种美好感觉。试着这样每天坚持做1～2次，每次持续5～10分钟，心里会感到彻底的放松。

（六）合理情绪疗法

美国心理学家艾利斯提出了合理情绪疗法。合理情绪疗法中最核心的便是情绪ABC理论，用来解释人的情绪困扰和不适应行为的产生原因。其中，A是指诱发性事件；B是指个人在遇到诱发性事件后产生的相应的信念，也就是他对这个事件的看法、解释与评价；C是指在特定情境下，个人的情绪体验及行为结果。

艾利斯指出，情绪（C）不是由某一个诱发事件本身（A）所引起的，而是由经历了这一事件的个人对这一事件的解释和评价（B）所引起的。因此，事件只是情绪产生的间接原因，认知才是情绪产生的直接原因，是认知决定了情绪的性质。

相关链接

扫一扫，观看视频

情绪ABC理论

互动体验

情绪的角色扮演

活动目的

通过一些情景下的角色扮演，体会情绪发生的情况并了解情绪发生的原因，理解情绪反应对身心的影响。

活动步骤

1. 设置一些生活情景：
（1）有人弄坏了你的手机。
（2）在某次竞赛活动或者考试中你获得了第一名。
（3）你在公交车上被人踩了一脚。
（4）当你正在看喜欢的电视节目时，有人把它调成了其他节目。
（5）同学们给你起绰号，并当众喊了绰号。
2. 讨论在碰到上述情景时，大家都会有何种情绪产生，如果有消极的情绪产生后会有什么后果。
3. 列举自己在日常生活中因不适当的情绪反应造成不良后果的情形。
4. 根据情景进行角色表演。
5. 观看表演并进行评论。
6. 教师在活动最后可以用话语鼓励学生适应并调试情绪，例如：
（1）我有明确的奋斗目标，绝不放弃！
（2）我要积极行动，勇敢实践！
（3）我乐观、自信、坚强！
（4）我将不断超越自我，走向辉煌！

驳斥不合理情绪

活动目的

通过对不合理情绪进行驳斥，掌握建立合理情绪的方法，克服不合理情绪。

活动步骤

1. 讲述合理情绪疗法 ABC 理论的原理。
2. 找出使自己产生异常紧张情绪的诱发事件（A），比如别人不理睬自己（A）。
3. 分析自己在遇到诱发事件时对它的解释、评价和看法，即由它引起的信念（B）。从理性的角度去审视这些信念，并且探讨这些信念与所产生的紧张情绪（C）之间的关系。从而认识到异常的紧张情绪之所以发生，是由于自己存在不合理的信念，自己应当为自己有失偏颇的思维方式负责。

例如，碰到别人不理睬自己（A）就认为"他人不理睬自己，是不喜欢自己的表现（B）"，但更深层次的信念可能是"每个人都应该喜欢自己""自己应该得到每个人的接纳"，抱着这样的信念遇到事件（A），就会感到很不舒服、很紧张拘谨，甚至很失落（C）。

4. 扩展自己的思维角度，与自己的不合理信念进行辩论（D），动摇并最终放弃不合理信念，学会用合理的思维方式代替不合理的思维方式。还可以通过与他人讨论或实际验证的方法来辅助自己转变思维方式，例如，"凭什么每个人都应该喜欢自己？有这样的可能吗？""现实中我有可能得到每个人的接纳吗？""他人不理睬自己就是不喜欢自己吗？"

5. 随着不合理信念的消除，异常的紧张情绪开始减少，并产生出更为合理、积极的行为方式。行为所带来的积极效果，又促进了合理信念的巩固与情绪的轻松愉悦。个人通过情绪与行为的成功转变，从根本上树立起合理的思维方式，从此不再受异常的紧张情绪困扰，即达到了合理情绪的效果（E）。

6. 概括起来就是：诱发事件（A）—有关的信念（B）—不良情绪和不当的行为（C）—与不合理信念进行辩论（D）—在情绪和行为上产生积极的效果（E）。

7. 练习：请用合理情绪疗法 ABC 理论分析自己的一次负性事件。思路如下：

A. 发生了什么事？
B. 当时有什么想法？
C. 是怎样的情绪反应？
D. 对"当时想法"进行辩论。"想法"对吗？证据是什么？按当时的想法去做的最大好处是什么？最大坏处是什么？
E. 现在的情绪怎么样？感觉如何？

8. 拓展举例：

假设你要参加演讲比赛，你感到十分焦虑、紧张和害怕。

原想法："我要好好讲，不能犯错，犯了错是很糟糕的事。万一讲不好被耻笑，多没面子呀。讲不好说明我是个没用的人。"

驳斥："这想法会影响我，使我不能正常地表现。""即使犯了错，被耻笑，我真的受不了吗？""讲错了就很没面子吗？一次没演讲好就说明我是个没用的人吗？这想法并不是事实，只是我自己主观的意见，不切实际地夸大了后果。""这想法会使我无法达到预期目标。"

驳斥后形成新的合理的想法："虽然我不喜欢犯错，但是如果犯了错，我也只会感到生气，还不至于到糟透了的地步。""虽然我讲不好，但我仍然是个有用的人。一次行为表现不等于一个人的全部；一件事做不成，不代表我就是笨蛋。""不犯错最好，但不表示我一定不可以犯错。"

心理测试

大学生情绪稳定性自我测验量表

指导语

请仔细阅读下面30道题，每道题都有三个选项，请你从中选择与自己的实际情况最接近的一个答案。在作答过程中不得漏题，请根据看完题后的第一反应回答。

测试量表

1. 看到自己最近一次拍摄的照片，你有何想法？（　　）
   A. 觉得不称心　　　　　　B. 觉得很好　　　　　　C. 觉得可以
2. 你是否想到若干年后会有什么事使自己极为不安？（　　）
   A. 经常想到　　　　　　　B. 从来没有想过　　　　C. 偶尔想到过
3. 你是否被朋友、同事、同学起过绰号，挖苦过？（　　）
   A. 这是常有的事　　　　　B. 从来没有　　　　　　C. 偶尔有过
4. 你上床以后是否经常再次起来，看看门是否关好？（　　）
   A. 经常如此　　　　　　　B. 从不如此　　　　　　C. 偶尔如此
5. 你对与你关系最密切的人是否满意？（　　）
   A. 不满意　　　　　　　　B. 非常满意　　　　　　C. 基本满意
6. 在半夜的时候，你是否经常觉得有什么值得害怕的事？（　　）
   A. 经常有　　　　　　　　B. 从来没有　　　　　　C. 偶尔有
7. 你是否经常因梦见可怕的事而惊醒？（　　）
   A. 经常　　　　　　　　　B. 从来没有　　　　　　C. 极少有
8. 你是否曾经有过多次做同一个梦的情况？（　　）
   A. 是　　　　　　　　　　B. 否　　　　　　　　　C. 记不清
9. 是否有一种食物使你吃后呕吐？（　　）
   A. 是　　　　　　　　　　B. 否　　　　　　　　　C. 记不清
10. 除去眼前的世界外，你心里是否有另外一个世界？（　　）
    A. 是　　　　　　　　　　B. 否　　　　　　　　　C. 偶尔是
11. 你心里是否时常觉得你不是父母所生？（　　）
    A. 是　　　　　　　　　　B. 否　　　　　　　　　C. 偶尔是
12. 你是否曾经觉得有一个人爱你或尊重你？（　　）
    A. 说不清　　　　　　　　B. 否　　　　　　　　　C. 是
13. 你是否常常觉得你的家庭对你不好，但你又确知他们的确对你好？（　　）
    A. 是　　　　　　　　　　B. 否　　　　　　　　　C. 偶尔是
14. 你是否觉得没有人十分了解你？（　　）
    A. 是　　　　　　　　　　B. 否　　　　　　　　　C. 说不清
15. 在早晨起来的时候，你最经常的感觉是什么？（　　）
    A. 忧郁　　　　　　　　　B. 快乐　　　　　　　　C. 讲不清楚
16. 每到秋天，你常有的感觉是什么？（　　）
    A. 秋雨霏霏或枯叶遍地　　B. 秋高气爽或艳阳天　　C. 不清楚
17. 在高处的时候，你是否觉得站不稳？（　　）
    A. 是　　　　　　　　　　B. 否　　　　　　　　　C. 偶尔是
18. 你平时是否觉得自己很强健？（　　）
    A. 是　　　　　　　　　　B. 否　　　　　　　　　C. 不清楚
19. 你是否一回家就立刻把房门关上？（　　）
    A. 是　　　　　　　　　　B. 否　　　　　　　　　C. 不清楚

20. 当你坐在房间里把门关上时，是否觉得心里不安？（　　）
    A. 是　　　　　　　　B. 否　　　　　　　　C. 偶尔是
21. 当需要你对一件事做出决定时，你是否觉得很难？（　　）
    A. 是　　　　　　　　B. 否　　　　　　　　C. 偶尔是
22. 你是否常常用抛硬币、玩纸牌、抽签之类的游戏来测吉凶？（　　）
    A. 是　　　　　　　　B. 否　　　　　　　　C. 偶尔是
23. 你是否常常因为碰到东西而跌倒？（　　）
    A. 是　　　　　　　　B. 否　　　　　　　　C. 偶尔是
24. 你是否需要用一个多小时才能入睡，或醒得比你希望的早一个小时？（　　）
    A. 经常这样　　　　　B. 从不这样　　　　　C. 偶尔这样
25. 你是否曾看到、听到或感觉到别人觉察不到的东西？（　　）
    A. 经常这样　　　　　B. 从不这样　　　　　C. 偶尔这样
26. 你是否觉得自己有超越常人的能力？（　　）
    A. 是　　　　　　　　B. 否　　　　　　　　C. 不清楚
27. 你是否曾经觉得有人跟在你后面走而心里不安？（　　）
    A. 是　　　　　　　　B. 否　　　　　　　　C. 不清楚
28. 你是否觉得有人在注意你的言行？（　　）
    A. 是　　　　　　　　B. 否　　　　　　　　C. 不清楚
29. 当你一个人走夜路时，是否觉得前面潜藏着危险？（　　）
    A. 是　　　　　　　　B. 否　　　　　　　　C. 偶尔
30. 你对别人自杀有什么想法？（　　）
    A. 可以理解　　　　　B. 不可思议　　　　　C. 不清楚

评分标准

以上各题的答案，选 A 得 2 分，选 B 得 0 分，选 C 得 1 分。请将你的得分统计一下，算出总分。

结果解释

0～20 分：情绪稳定，自信心强。21～40 分：情绪基本稳定，但较为深沉、冷静。41 分以上：情绪极不稳定，日常烦恼太多。

拓展阅读 ……

积极的心理暗示可以改变你的生活

心理学家巴甫洛夫认为：暗示是人类简单、典型的条件反射。受暗示性是人的心理特性。人都会受到心理暗示。积极的心理暗示能带给人自信、动力、勇气和无限潜力；消极的心理暗示会带来焦虑、自卑、恐惧等情绪，往往会使人陷入困境。真正聪明的人，都会懂得运用积极的心理暗示，引导自己自信、乐观、向上。

我们在生活中常常受到外界的暗示，如广告等，催眠和望梅止渴也都是应用了心理暗示的方法。学会给自己积极的心理暗示，会事半功倍。生活中我们可以这样做：

1. 经常用肯定句对自己积极暗示

夸奖自己，鼓励自己，重复给予自己肯定，可以强化自己的积极信念，有助于树立信心。

2. 不要总强调自己的负面结果

不要总是给自己一些这样的提醒，如"这段路总是出交通事故"等，因为越是这样，心里就会越紧张。可多用一些积极性的暗示，比如"经过这段路时应该减慢速度"，这种积极的暗示和指导会让自己的心态平稳，顺利走过那段路。

3. 用"汽车预热"方式调整心情

司机都知道，汽车上路前都要进行发动机预热，这样才能保证汽车良好的行驶状况，做事也是一样。做事前先不必急于下手，可以给自己的心情"预热"，再以崭新的面貌进入状态，在状态最好时迎接挑战。

4. 积极对待自己的"情绪周期"

人有时难免会陷入莫名的情绪低迷阶段，这时可以放慢节奏，等自己情绪高涨的时候再处理那些令人感到棘手的问题。切忌给自己贴上失败的"标签"，多给自己一些激励与信心。

（资料来源：［法］埃米尔·库埃. 张艳华，译. 心理暗示力 [M]. 清华大学出版社，2017.）

启发思考

1. 什么是情绪？不良情绪对身心有哪些影响？举例说明。
2. 大学生常见的情绪困扰有哪些？怎样克服不良情绪的困扰？
3. 如何理解一个人的情绪不是由客观事物所引起的，而是由自己控制的？
4. 你最近是否遇到过不愉快的事情？你是如何进行调节的？

星说心语

英国作家萨克雷曾经说过："生活是一面镜子，你对它笑，它就对你笑；你对它哭，它也对你哭"。一个人的情绪状态会影响健康状态。良好、稳定的情绪是大学生健康成长的有力支撑，情绪情感教育是大学生心理健康教育的关键。

处于青年期的大学生有着丰富的情绪体验，他们应透过情绪的万花筒，具备认知和识别当前自身情绪状况的能力，学会反思情绪，注重自身心理疏导，掌握情绪管理和调控的技巧；学习缓解焦虑情绪、降低压力、消除恐惧的方法，合理释放情绪，把消极情绪转化为积极情绪；积极应对所处的环境，稳定心态，有针对性地做好心理关怀，提升情绪素养；保持良好的个性、健康的生活方式，保持自身理性平和、乐观向上的心态，为心理健康发展奠定基础。

第六章

人际沟通 从心开始

当你喜欢你自己的时候，你就不会觉得自卑；当你宽容别人的时候，你就不会感到自己和别人站在敌对的地位。能有这种感觉时，你即使仍然没有很多的朋友，也一样会觉得满意和心安理得了。

——罗曼·罗兰

第一节 人际关系你我他

心灵故事

某位大学生到学校心理咨询室求助，自述和室友难相处，其他四个室友都还好，就是李姓室友让他头疼，李同学似乎处处和他过不去，难以沟通，令他很苦恼。这位李姓室友自身有很多问题，比如，经常深夜打电话，喜欢乱用别人的东西，不及时收拾自己的卫生等。而且还说不得，稍微提醒他一下就会引起争吵。这位大学生内心的矛盾就在于要不要和李姓室友力争，说个明白，自己憋着很难受。

上述案例就属于大学生的人际交往问题。在大学生心理咨询和辅导中，因人际交往困惑而求助的案例很多，出现案例中同样问题的大学生占一定比例。班级和宿舍内同学之间的交往状况往往决定了一个大学生是否对大学生活感到满意。很多大学生虽能与人交往，但多属泛泛之交，他们总觉得自己缺乏影响力，没有知心朋友，因而感觉空虚、迷茫和失落。若遇到不好相处的同学和室友，他们便不知如何处理，影响心情，学习和生活也会受到很大的影响。

知识导读

从健康心理学的角度讲，大学生积极进行人际交往有着十分重要的现实意义。开放的社会要以开放的心态面对人际关系。和谐的人际关系、适当的交往能力和表达能力也是一个人素质的体现。为此，学习人际交往的相关理论、提高人际交往中的心理素质，已成为大学生的人生必修课。

一、人际交往与人际关系

在社会生活中，人们相互交流信息、沟通感情的过程就是人际交往。交往的目的是达成沟通、协调并建立一定的人际关系。

（一）人际交往与人际关系的含义

人际交往是指人与人之间通过一定的方式进行接触，在心理和行为上发生相互影响的过程。作为一种社会现象，人际交往有两个特点：其一，交往双方互为主体和客体；其二，交往双方有互动，即在影响他人时，也在接受他人的影响。人际关系是在交往的基础上形成的，好比心理上的桥梁和纽带，显示人与人之间的心理距离。

人际交往和人际关系联系十分紧密。人际关系是指一种静态，如师生关系、同学关系；人际交往则是指一种动态，是指人与人之间一切直接或间接的相互作用。一方面，人际交往是一切人际关系的前提和基础，而人际关系又是人际交往的起点和依据；另一方面，人际关系的发展和变化实际上是人际交往的结果，人际关系的发展程度又影响和制约着人际交往的深度和广度。因此，一般把人际交往和人际关系等同对待。良好的人际交往和人际关系对大学生的成长和成才起着非常重要的作用。

（二）人际吸引的心理机制

在大学生群体中，有的学生很有人缘，他们身上似乎有一种吸引力，与任何人相处起来都非常融洽默契，让人非常羡慕。这种能力一般称为交际能力。大学生群体中气质特征各异，有的人偏安静，有的人很活跃。活跃的人通常交际面会更广，但是，有些活跃的人会因为太直率而得罪人。那么，人际吸引的秘密是什么呢？这里涉及人际关系的结构。

人际关系的结构如图6-1所示。从图中可以看出，人际关系包含着认知、情感和行为三个相互联系又相互制约的成分。认知是指对他人和自我的认知，情感包括交往双方相互间在情绪上的好恶程度和对交往现状的满意程度，以及情绪的敏感性及对他人、对自我的评价，等等。行为主要指人际交往活动的活动、表情、手势以及言语等。认知是人际关系形成的前提条件，情感是人际关系的主要调节因素，行为是人际关系沟通的手段。在这三个成分中，情感起着主导作用，是核心成分，制约着人际关系的亲密程度、深浅程度和稳定程度。从这个角度来说，情感因素是人际吸引的决定性因素。个体之间情感上相互肯定，即感情相悦和价值观相似，则人际关系稳定。

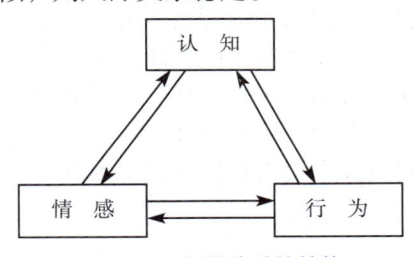

图6-1　人际关系的结构

两情相悦和价值观相似，是人际吸引的两大心理机制，其功能的差异是前者作用于交往的前期，后者则常作用于交往的后期。理想的人际关系是两大心理机制同时发生作用——既两情相悦又价值观相似。

1．两情相悦

两情相悦指你喜欢别人的同时，别人正好也喜欢你。两情相悦，互相接纳，可以避免或减少人际间的摩擦与冲突，使交往得以良性循环。反之，你喜欢别人而别人不喜欢你，或者说别人喜欢你而你不喜欢别人，就无法形成交往，即使勉强交往，最终还是要分道扬镳的。

2．价值观相似

价值观相似指能吸引自己的人在价值观念、态度、信念等方面与自己有某些相似之处。价值观越相似，意见越一致，互相就越喜欢。因为在交往中彼此价值观相似不仅容易获得支持与共鸣，而且容易预测彼此的反应倾向，相互适应就比较容易。价值观相似，会促进交往频率的增加，循环往复，彼此关系便趋向稳定和密切。

(三) 人际关系的建立与发展

人际交往是人际关系实现的根本前提和基础，也是人际关系形成的途径；而人际关系则是人际交往的表现和结果。从时间上看，人际交往在前，人际关系在后。人际交往是一个动态的过程，而人际关系则具有相对的稳定性。

表 6-1 对人际关系的建立与发展做了直观的描述。

表 6-1　　　　　　　　　　　　　人际关系的建立与发展

图解	人际关系状态	相互作用
	零接触	低
	单向接触	
	双向接触	
	表面接触	
	轻度接触	
	中度接触	
	深度接触	高

表 6-1 中，圆圈表示人际关系涉及的范围。零接触指人际交往双方完全无接触，尚未意识到对方的存在。单向或双向接触是双方注意到对方但无言语交流；表面接触始于直接谈话、开始有真正的情感关联，但没有情感卷入，标志着人际关系诞生；轻度、中度、深度接触，主要指交往中情感或共同的心理领域卷入的程度，共同的心理领域越多，情感的融合程度就越高，人际关系相互作用就越高。图解中重合的情况说明无论人们的关系多么密切，情感多么融洽，也无论人们主观上怎样感受彼此之间的关系，卷入者都不可能在心理上取得完全的一致。两个人毕竟是两个"世界"，存在两种理解、两种情感和两种利益的差异。所以，人与人之间只存在很大程度上的一致性，不存在完全一致的情况。

二、人际关系对大学生心理健康的意义

人际关系对大学生的心理健康具有十分重要的意义。良好的人际关系有助于个体提高自信和自尊，使个体心情愉悦，热爱生活，乐于接纳他人，大大提高个体行为的有效性。而如果人际关系失调，长期处于紧张、冷漠与冲突的人际交往状态中，个体经常感到压抑、孤寂、苦闷，逐渐地会产生对生活、学习和工作的消极态度，甚至导致心理扭曲。因此，和谐、融洽的人际关系对身心具有极其重要的保健功能。人际关系对大学生心理健康的意义表现为如下几点。

(一) 满足自身需要，促进情感交流

人通常都害怕孤独，强烈的孤独感会使人难以忍受，以致影响身心健康。心理学家马斯洛提出了需要层次理论，这一理论将人的需要分为五种层次：生理的需要、安全的需要、社交（归属与爱）的需要、尊重的需要和自我实现的需要。马斯洛认为这五个层次的需要是逐级上升的，当一个层次的需要获得相对满足以后，人就会追求更高层次的需要，这就形成了驱动行为的动力。其中，社交需要即希望伙伴、同事之间关系融洽，因为每个人都不希望自己离群索居，而是渴望别人了解自己，彼此间相互关心和照顾。

(二) 调控不良情绪，促进心理平衡

面对生活中不可避免的矛盾，人们会产生这样那样的情绪，或焦虑，或抑郁，或失

望，或恐惧，或苦恼，或悲观。如果有良好的人际关系，使不良情绪得到及时宣泄，就可以避免心理疾病的产生。如果不良情绪得不到适当宣泄，不仅影响人际关系的发展，久而久之，还会造成身心紧张，影响健康甚至导致疾病。所以，良好的人际关系不仅是人健康成长的基本条件，同时也是促进心理平衡的一个重要资源。

英国著名思想家培根说："如果你把快乐告诉一个朋友，你将得到两个快乐；如果你把忧愁向一个朋友倾吐，你将被分去一半忧愁。"由此可见，良好的人际交往是维护和促进大学生心理健康的一剂良药。

（三）充分完善自我，促进个性发展

认识自我，确立自我，发展自我，完善自我，是一个人青年时代重要的心理过程。而要认识自我、确立自我、发展自我和完善自我，他人的评价很重要。大学生通过与他人相处、比较，通过他人对自己的评价，可以看到自己的价值、优点和缺点，从而正确地认识自我。个性的形成和发展也需要在交往中去实现。只有在交往中自我才会完善，个性才会发展。

（四）提高交往能力，促进事业成功

现代社会是一个合作与竞争的社会，随着职业流动性的增大和大学生自主择业政策的实施，社会对大学生的人际交往能力提出了更高的要求。可以说，人际交往能力已成为大学生必须具备的重要基本素质之一。因此，掌握人际交往的基本规律和技巧，提高人际交往能力，建立良好的人际关系，是大学生事业成功的基础，也是心理健康教育的重要内容。

三、影响大学生人际关系的主要心理因素

影响人际关系的心理因素很多，主要包括认知因素、动机因素、情感因素、人格因素等。

（一）认知因素

认知是个体对人际关系的知觉状态，是人际关系的前提。首先，是对自己的认知。对自己有无正确的自我评价会影响人际交往中的自我表现。其次，是对他人的认知。对他人与自己关系的了解与把握，能使个体在交往中更好地调节与他人的关系；最后，是对交往本身的认知，人与人之间若不相识、不相知，就不可能建立人际关系。

（二）动机因素

动机在人际关系中有着引发、指向和强化功能。人与人的交往总是缘于其种需要、愿望与诱因。人际交往的最基本动机就在于希望能从交往对象那里得到自己需求的满足。然而，每个人的需求是不同的，有的人希望得到金钱财物，有的人为了攀附名利。大多数人的交往动机都处于较高的社会意义上，比如，结识朋友、寻求信息交流、沟通感情和承担社会责任等。每一种动机都能促使个体参加相应的交往活动。

（三）情感因素

情感是人际关系的重要调节因素。人们在交往过程中，总是伴随着一定的情感体验，如满意与不满意、喜爱与厌恶等。人们正是根据自身情感体验不断调整人际关系的。情感直接关系着交往双方在情感需要方面的满足程度。可以说，情感是人际关系中最重要的部分，它往往被当作判断人际关系状态的决定性指标。

人际交往中的情绪表现应是适时适度的，应当与引起情绪的原因及情境相称，并随客

观情况的变化而变化。情绪反应过分强烈，不分场合和对象地恣意宣泄，会给人轻浮不实的感觉；情绪反应过于冷漠，对本可引起喜怒哀乐的事情无动于衷，则会被认为麻木无情。这些不良情绪反应都会影响交往。

(四) 人格因素

人际交往中，人格因素至关重要。不良的人格特征容易给人以不良评价、不愉快的感受甚至是一种危险感，影响正常的人际交往。下面是一些较常见的不良人格因素及它们对交往的影响：

(1) 为人虚伪。与这种人交往，容易没有安全感。

(2) 自私自利。这种人只关心自己的需要，不关心他人。与这种人交往，会经常感到精神上、物质上受损。

(3) 不尊重人。与这种人交往，易被挫伤自尊心。

(4) 报复心强。与这种人交往，常使人担心稍有不慎就会遭到报复，感到心理紧张。

(5) 嫉妒心强。与这种人交往，易使人感到自己被嫉恨、被排挤、被剥夺，从而感到不舒服和不安全。

(6) 猜疑心重。这种人常令人在交往中感到冤枉委屈，难以从内心接近他。

(7) 苛求于人。这种人易使人感到紧张和压抑，使自尊心受挫。

(8) 过分自卑。这种人常被感觉为无能，与这种人交往使人感到有负担、沉闷。

(9) 骄傲自满。这种人易使人感到受威胁或难以信任。

(10) 孤独固执。这种人自我防御心理太强，相互间难以影响，常使人感到交往无效或交往很累。

相关链接

扫一扫，观看视频

其实你并不孤单

互动体验

小组活动：画出你的人际关系图

先绘制一个圆圈代表你自己，然后请你尽量回想进入大学后你的人际关系网，用不同的圆圈代表不同的人际交往对象类型，并予以注明（如父母、同学、老师等）。再仔细思考自己花在不同人际交往对象上的时间，用不同圆圈之间的距离代表彼此关系的亲疏（图6-2）。

```
      朋友                老师
           自己
              家人
```

图 6-2 人际关系图

完成人际关系图后，请思考下面问题：

1. 对照一下自己绘制的人际关系图，看看你的人际交往圈是否合理。是什么造成了你目前这种人际交往圈？你的人际交往圈是否需要改进？如何改进？
2. 思考你有几种不同类型的人际关系网？与不同的人交往时方式有什么不同？

素质拓展团队培训项目：罐头鞋

项目类型

团队合作项目。

项目导入

在拓展培训中这是一个团队协作类项目。假设现在我们面前是一片充满瘴气的沼泽地，沼泽地里有很多有剧毒的虫子，我们身体的任何一个部位都不能触碰到这片沼泽地，否则就会受伤，而且如果在沼泽地滞留久了，也会被瘴气所伤。

项目描述

罐头鞋由两块木板和三只大桶组成，木板经过相应处理，具有一定的防腐防水性能，总长 3.5 米，宽 0.28~0.3 米。该项目采用杠杆原理，木板放在桶上，要求所有人通过沼泽地的时候只能站在木板上，由起点移动到终点，利用两块木板快速又安全地使全部队员通过这片有毒的沼泽地。在行进过程中，强调站在木板上的学生必须共同完成。一定要注意细节问题，如果不注意就容易发生事故，比如一边翘起；强调这是一个团队项目，大家必须协作才能圆满地解决问题。

培训目的

培养学生相互合作、指挥协调和获取胜利的能力；增强身体的协调力以及平衡能力，锻炼个人的决策力和执行力；加强沟通能力。大家共同交流才能解决直线式沟通的障碍，引导学生在混乱紧张的情况下学习如何有效沟通，并充分信任队友，很好地执行队友给出的可行性建议。

项目道具

两块木板、三只大桶。

适合人数

16 人左右。

注意事项

1. 全体同学相对均匀地站到木板上，不得在木板上故意震颤和打闹。
2. 在没有动作时，双手在体前下垂交叉示意。活动中，想要换位的话，必须采用面对面扶肩换位，相邻同学互相帮助。
3. 活动过程中，身体任何部位不得触地，木板不得触地。
4. 在挪动木板的时候，手指不能放在大桶与木板之间，避免被压伤。
5. 踩在木板后方的学生至少要 4 个以上体重较重的，后方板长至少要在三分之一以上，在前端的同学需要身手敏捷，这样在更换的时候容易操作。大家要注意后面的板子上是否有人，以防一边无人把另一边的人弄倒。

讨论与分享

1. 在这个项目中，什么时候是最难的？
2. 在不能说话的时候，大家如何做到协调一致？如何运用非言语信息？
3. 当总是有学生步调不一致时应该怎么做？
4. 在这个项目完成的过程中，谁发挥的作用最大？谁发挥的作用很小？

心理测试

人际关系行为困扰的诊断

指导语

这是一份人际关系行为困扰的诊断量表，共 28 个问题。符合自己情况的请打"√"，不符合自己情况的则打"×"。请你认真完成，然后按后面的计分标准计算总分并对测验结果做出解释。

测试量表

1. 关于自己的烦恼有口难言。   （   ）
2. 和陌生人见面感觉不自然。   （   ）
3. 过分地羡慕和妒忌别人。   （   ）
4. 与异性交往太少。   （   ）
5. 对连续不断的会谈感到难以应对。   （   ）
6. 在社交场合感到紧张。   （   ）
7. 时常伤害别人。   （   ）

8. 与异性交往感觉不自然。（　　）
9. 与一大群朋友在一起时，常感到孤寂或失落。（　　）
10. 极易受窘。（　　）
11. 与别人不能和睦相处。（　　）
12. 不知道与异性交往该如何适可而止。（　　）
13. 当不熟悉的人对自己倾诉他的生平遭遇以求同情时，自己常感到不自在。（　　）
14. 担心别人对自己有什么坏印象。（　　）
15. 总是尽力使别人赏识自己。（　　）
16. 暗自思慕异性。（　　）
17. 时常不愿表达自己的感受。（　　）
18. 对自己的仪表（容貌）缺乏信心。（　　）
19. 讨厌某人或被某人讨厌。（　　）
20. 瞧不起异性。（　　）
21. 不能专注地倾听。（　　）
22. 自己的烦恼无人可倾诉。（　　）
23. 受到他人排斥与冷漠对待。（　　）
24. 被异性瞧不起。（　　）
25. 不能广泛地听取各种意见、看法。（　　）
26. 自己常因受伤害而暗自伤心。（　　）
27. 常被别人谈论、愚弄。（　　）
28. 不知如何与异性更好地相处。（　　）

评分标准

打"√"的得 1 分，打"×"的得 0 分。

结果解释

如果你得到的总分在 0～8 分，那么说明你在与朋友相处上的困扰较少。你善于交谈，性格比较开朗，主动关心他人。你对周围的朋友都比较好，愿意和他们在一起，他们也都喜欢你，你们相处得不错。而且，你能够从与朋友相处中得到许多乐趣。你的生活是比较充实而且丰富多彩的，你与异性朋友也相处得很好。你不存在或较少存在交友方面的困扰，你善于与朋友相处，人缘很好，获得许多人的好感与赞同。

如果你得到的总分在 9～14 分，那么说明你与朋友相处存在一定程度的困扰。你的人缘很一般。换句话说，你和朋友的关系并不牢固，时好时坏，经常处在起伏波动的状态。

如果你得到的总分在 15～28 分，那么说明你在与朋友相处上的困扰较多。如果分数超过 20 分，则说明你的人际关系的困扰程度很严重，而且在心理上出现较为明显的障碍。你可能不善于交谈，也可能是个性格孤僻的人，不开朗或有明显的自高自大、讨人嫌的行为。

拓展阅读

萧伯纳和小姑娘

英国著名戏剧家、诺贝尔文学奖获得者萧伯纳对"平等"二字有很深的体验。一次他访问苏联,漫步在莫斯科街头,遇到一位聪明伶俐的苏联小姑娘,便与她玩了很长时间。分别时,萧伯纳对小姑娘说:"回去告诉你妈妈,今天同你玩的是世界有名的萧伯纳。"小姑娘望了萧伯纳一眼,学着大人的口气说:"回去告诉你妈妈,今天同你玩的是苏联小姑娘安妮娜。"这使萧伯纳大吃一惊,他立刻意识到自己太傲慢了。后来,他常回忆起这件事,并感慨万分地说:"一个人不论有多大成就,对任何人都应该平等对待,要永远谦虚,这就是苏联小姑娘给我的教训,我一辈子也忘不了她。"

(资料来源:辽远,张凤鸣. 萧伯纳和小姑娘 [J]. 少年月刊,2004 (8):1.)

第二节　常见的人际困扰

心灵故事

小方是大一新生,性格偏内向,家庭条件较好,进入大学后与5名同学同住。时间一长,他开始看不惯寝室同学"不良"的卫生习惯和作息制度,更不喜欢他们的"夸夸其谈"。于是,他开始独来独往,减少与同学们的交往,而寝室其他同学说说笑笑,进出都结伴而行,似乎也视他不存在。他开始感到失落了,孤独感油然而生,曾经多次萌发过主动与他们交往的念头,可总是不能张开口。他觉得室友们可能在背后议论他,想换寝室但没有得到批准。于是,他早出晚归尽量避开他们。他开始失眠,食欲下降,精神状态越来越差,听课效率越来越低,最后终于病倒了。但是在他住院期间,寝室同学对他照顾有加,就像自己的家人生病了一样,他的心被震撼了。他把内心的苦闷与孤独告诉了他们,才知道原来一切都是自己"想"出来的,同学们只是觉得他不愿说话,并不知道由此引发了他内心如此大的震荡。

小方由于看不惯寝室同学而拒绝与他们交往,最终陷入了失落、孤独中,消极的心理状态导致了躯体化反应,终于不堪重负而病倒。幸好他后来在同学们的关怀中找回了和同学之间的友情,感受到了友情的快乐和温暖。他敞开心扉,重新回到了同学们中间。其实,在人际交往中,每个人都需要别人的关心与支持,所以不要因为任何原因而封闭自己。大学生在学校要学会互相关心、互相理解、换位思考和适当妥协。

第六章 人际沟通 从心开始

知识导读

人际交往能力是现代社会人才的重要素质，是一个人能否适应现代社会的重要标志之一。良好的人际交往能力是大学生成人、成才的重要条件。但是，目前大学生群体中却不乏不愿、不懂和不善于交往的同学，他们面临着种种人际交往的问题，为此苦恼，甚至影响了自己的学习和生活。他们中不少人感到疑惑，为什么自己总是和别人处不好，问题到底出在哪儿。清楚地了解问题所在，以积极的态度和行为与人交往，才能不断提高人际交往能力，享受人际交往带来的丰富的信息和情感交流的愉悦。

一、大学生人际交往中的常见问题

（一）认知导致的人际交往障碍

不正确的认知即认知偏差，主要有自我认知偏差和社会认知偏差，这些都会影响大学生的人际交往。

1. 自我认知偏差

来源于自我认知方面的障碍因素有很多，对人际交往有影响的主要有自卑和自负两个因素。

自卑是个体由于某些原因自我评价过低而造成自我轻视和否定的情绪体验。自卑是人际交往的大敌，具有强烈自卑感的人一般表现为自我封闭、不愿与人交往。有自卑心理的大学生大多数比较敏感，缺乏自信。他们处事十分谨慎，为了减少挫折，尽力避开人群。一个人如果形成自卑心理，不仅会阻碍与他人的交往，还会抑制自身的发展。

自负则指一些大学生在交往中表现出以自我为中心的特点，他们往往自视甚高，表现出一种"优越感"，喜欢自吹自擂、盛气凌人。他们对别人要求苛刻，希望别人尊重自己，却不懂得尊重他人，具有偏执的倾向。俗话说"人贵有自知之明"，只有正确认识自己、评价自己，才能协调好人际关系。这对个人的心理和行为发展有着重要意义。

2. 社会认知偏差

社会认知主要是指对他人的认知，包括社会知觉、印象等。在生活实践中，每个人都需要进行人际交往或者接收信息，如果这些认知发生偏差，将会严重影响人际交往的顺利进行。

（1）首因效应（又称第一印象）

首因，即最初的印象。在人际交往中，人们比较注意刚开始接触到的细节，如对方的表情、身材、容貌等，而对后来接触到的细节不太注意。首因效应即指交往双方形成的第一次印象对今后交往关系的影响，即我们常说的"先入为主"。

第一印象获得的信息是有限的，也并非总是正确的，但却总是最鲜明、最牢固的，并且决定着今后双方交往的过程。

（2）近因效应（又称最后印象）

近因效应指的是最后的印象对人们认知具有的影响。最后留下的印象往往比较深刻，这也就是心理学上所阐释的后摄作用。

首因效应与近因效应不是对立的，而是一个问题的两个方面。在大学生的人际交往中，第一印象固然重要，但最后印象也是不可忽视的。一般情况下，在对陌生人的认知中，首因效应比较明显，而对熟悉的人的认知中，近因效应比较明显。这就告诉我们，在与他人进行交往时，既要注意平时给对方留下的印象，也要注意给对方留下的第一印象和最后印象。

（3）光环效应（又称晕轮效应）

光环效应是指由知觉对象的某一特征推及对象的总体特征，从而产生美化或丑化其形象的心理倾向，即根据少量的情况对别人做出全面的结论。所谓"情人眼里出西施"，说的就是这种光环效应。

光环效应实际上是个人主观推断泛化的结果。大学生在人际交往中经常有这样的泛化情况，比如，喜欢交往对象的某一特征，就认为他的其他一切都是好的；反之，讨厌交往对象的某一特征，就认为他的其他一切都是不好的。这是一种以点带面、以偏概全的交往方法。纠正的方法是，要学会一分为二地看待事物、看待人，不能只看其一，不看其二，去全盘肯定或全盘否定。

（4）投射效应

投射效应是指在人际交往中，认知者形成对别人的印象时总是假设他人与自己有相同的倾向，即把自己的特性投射到其他人身上。如"以小人之心，度君子之腹"，反映的就是投射效应的一个侧面。又如考试中想作弊的人总感到别人也在作弊，如果自己不作弊就是吃亏。这也是投射效应在作怪。投射效应的实质在于从主观出发简单地去认知他人，其结果必然导致认知的主观性、随意性，从而影响人与人之间的良好沟通。纠正的方法是，客观地认识自己和他人，分清自我与他人意愿，不要"以己论人"。

（5）定势效应（又称刻板印象）

定势效应是认知者对于某一类事物或人物的一种比较概括和笼统的看法。比如，有些人认为老年人保守、死板；有些男生认为女生娇气、傲气；有些女生认为男生粗鲁、霸气；等等。显然，刻板印象所产生的人际认知和评价是不全面、不正确的，有时会造成偏见或成见，给人与人之间的正常交往带来负面影响。纠正的方法是，认真、全面地评价他人，不臆断，对具体的人应具体分析，不一概而论。

应该看到，人际交往中的这类心理现象常常是在不知不觉中产生的，而且在心理学上也能找到与之对应的理论，它们会给人际交往带来不同程度的影响。

（二）导致大学生人际交往障碍的情绪

所谓情绪，是指个体受到某种刺激所产生的一种身心激动的状态。人与社会之间，以及人与人之间的关系都可以通过情绪反映出来，诸如爱和恨、快乐和悲伤、期望和失望等。人拥有各种各样的情绪，但并不是每个人都具有驾驭和控制情绪的能力。通常情况下以下几种情绪可能会影响大学生的人际交往。

1. 易怒

培根说过，有三种人容易发怒：第一是过于敏感的人；第二是认为自己受到轻视的人；第三是认为自己名誉受到损害的人。大学生正值盛年，有的大学生在人际交往中有时会因为发怒而大吵大闹、恶语伤人，甚至大打出手。这样不仅会造成人与人之间的怨恨，还可能由于不能理性地克制情绪而做出一些无法挽回的事情。

2. 冷漠

冷漠是指对他人冷淡漠然的消极心态。主要表现为对人怀有戒心甚至产生敌对情绪，既不与他人交流思想感情，又对他人的不幸冷眼旁观、无动于衷、缺乏同情心。冷漠通常是因为自己曾受人欺骗、暗算等遭受心灵创伤，或曾经受人漠视、轻视，甚至歧视，导致自己在人际交往中习惯戴上灰色眼镜看待人生，对人对物逐渐失去了应有的热情和同情心，甚至形成恶性循环。

3. 嫉妒

嫉妒是由于别人胜过自己而引起抵触、消极的情绪。这是人性的弱点之一，是焦虑、悲哀、猜疑、羞耻、憎恶、敌意等不愉快情绪复杂的综合体。一个人的身材、容貌和聪明才智都可以引起他人嫉妒；其他如荣誉、地位、成就等有关社会评价的各种因素，也都容易引起他人嫉妒。嫉妒心强的人往往事事好胜，常想方设法地阻止别人发展，总想压倒别人，导致同学、朋友都想躲开他，不愿与其交往，从而给自己造成一个不良的人际关系氛围，使自己感到孤独和寂寞。

莎士比亚说："您要留心嫉妒啊，那是一个绿眼的妖魔！"有嫉妒心的人不能容忍别人的快乐与优秀，甚至会用各种手段去破坏别人的幸福，有的挖空心思用流言蜚语中伤他人，有的使用卑劣手段阻碍他人发展；有嫉妒心的人又是可怜的，他们自卑、阴暗，享受不到阳光的美好，体会不了人生的乐趣，只能生活在自己的黑暗世界里。

二、大学生的人际冲突

（一）人际冲突的含义及过程

1. 人际冲突的含义

人际冲突是一种对立的状态，表现为相互关联的主体之间的紧张、不和谐、敌视，甚至争斗关系。人际冲突产生的原因各种各样，在这个过程中，冲突双方的认知、情绪和关系都可能发生变化。

2. 人际冲突的过程

人际冲突通常是一个动态的过程，大致分为五个阶段。

（1）冲突潜伏阶段

导致双方冲突的客观条件已经基本具备，也就是说，双方在某些方面存在差异，难以兼容，但是，双方还没有明确意识到这种不兼容。

（2）冲突知觉阶段

当双方认识到他们之间的差异，而且认为不能相容时，就进入了冲突知觉阶段。

（3）冲突感觉阶段

双方开始分析冲突性质，思考应对策略，当同时出现一些情绪性的反应（如紧张不安、不舒服、愤怒等）时，就进入了冲突感觉阶段。

（4）冲突外显阶段

感觉到冲突后，双方都需要做出选择：是回避冲突，还是公开面对冲突。只要一方将冲突公开化，就会进入冲突外显阶段。这时，双方可能发生言语上的争执、情绪上的对立，甚至是行为上的对抗。在这个阶段，很容易出现冲突升级，将矛盾扩大化、情绪化。

（5）冲突结果阶段

冲突意味着人际平衡关系的破坏，经过一段时间的冲突后，双方关系一般会达成一个新平衡，这时就进入冲突的结果阶段。冲突的后果可能是两败俱伤，也可能是一胜一负，如果处理得当，也可能双赢。当然，能否达到双赢的效果，要取决于冲突的性质及双方管理冲突的水平。

（二）大学生人际冲突发生的根源

实际上，在大学日常生活中人际冲突主要有两种表现形式：一是显性冲突，表现为直接用行为来对抗、侵犯和伤害对方；二是隐性冲突，仅表现为心理上和情感上的对抗或者不相容。大学生正值青春盛年，血气方刚，同学之间容易发生人际冲突。人际冲突发生的根源主要有以下几个方面：

1. 沟通障碍

沟通是一个双向交互的过程，是人际交往的基础。但在沟通过程中，可能会由于信息发送者的表达能力、沟通技巧和策略等有问题而导致人际冲突。比如，有些学生会由于某些口头禅或给别人起外号而与同学产生摩擦和冲突；还有一些学生由于不注意眼神以及肢体语言等也会与他人产生冲突。如某些班干部在安排工作时喜欢用手指指向他人，令人很难接受。还有一种情况是"说者无心，听者有意"，信息接收者自身的状态和理解能力也会造成冲突。

2. 生活习惯差异

每个人都是一个特殊的个体，来自不同地区、不同家庭的学生普遍存在语言、作息、饮食等习惯上的差异。如果彼此之间不能相互尊重、相互谦让，势必引起矛盾冲突。这种矛盾在宿舍中表现得最为明显，大家朝夕相处，在卫生习惯、作息制度等细节方面的不一致会逐渐引发不愉快，甚至争吵、打架。

3. 价值观差异

调查显示，在大学生产生冲突的原因中，由于价值观认同差异产生的冲突占32.7%，其他原因分别为：性格不合占17.8%、意见不统一占12.7%、当时心情不好占11.2%、生活习惯差异占10.6%，其他原因占9.1%，而由于利益原因造成的冲突仅占5.9%。价值观是指个人对客观事物（包括人、物、事）及对自己的行为结果的意义、作用、效果和重要性的总体评价，是对"什么是好的""什么是应该的"总体看法，是推动并指引一个人做决定和采取行动的原则和标准。换言之，一个人在人际交往中该做什么、不该做什么、该怎么做，都是由价值观决定的。

相关链接

扫一扫，观看视频

孤岛

互动体验

撕纸张

活动目的

让参与者明白，人际沟通是一个双向交互的过程。在沟通过程中，可能会由于信息发送者的表达能力、沟通技巧和策略等问题而导致人际冲突。比如人们平时沟通过程中经常使用的单向沟通方式，信息发送者的真实意图和信息接收者的理解通常会出现很大的差异。双向沟通能够有效提升沟通效果，但差异可能依然存在。通过活动，使学生体会沟通过程的复杂性，理解最佳的沟通方式要根据不同的场合、对象而定。

活动材料

A4 纸若干。

活动程序

1. 邀请 10 名学生站在讲台前，给他们每人发一张纸。
2. 教师发出单项指令，要求其他学生和这 10 名学生都不能发出声音。
"大家闭上眼睛，全程不许问问题，把纸对折，再对折，再对折，把右上角撕下来，转 180°，把左上角也撕下来，睁开眼睛，把纸打开。"这 10 名学生会得到各种不同的结果。
3. 教师问大家，为什么会有这么多不同的结果。大家可能会这样回答：单向沟通不允许问问题，所以才会有误差。
4. 邀请一名学生上来，对大家重复上述指令，唯一不同的是这次学生们可以问问题。
5. 教师问大家，为什么还会有这么多不同的结果。其实沟通过程是复杂的，没有一成不变的程序或效果，沟通效果受彼此的理解程度、所处环境等因素的影响。

变形虫

活动目的

通过心理游戏"变形虫"，让学生体验沟通的必要性；通过小组交流，让学生感悟人际交往中理解、合作的重要性；在体验和分享中学习人际交往的技巧，提高人际交往的能力。

活动材料

约 13 米长的绳子 2～3 根，眼罩若干。

活动程序

1. 教师先把绳子两头对接打结，形成一个大圈，这样的大绳圈准备 2～3 个。

2. 全班学生分成若干组，每组 5 人。2～3 组同时进行游戏比赛，其他组观摩。

3. 5 名学生分别戴上眼罩，教师把事先准备好的大绳圈分别交给他们。

4. 学生根据教师发出的指令将大绳圈变形，如三角形、长方形、正方形、平行四边形……5 名参与者通过合作完成，用时最少的一组为胜。

5. 在小组预赛中成绩最优秀的小组出线，参加总决赛，决出团体前三名。在总决赛中，教师发出的变形指令既可以和预赛相同也可以不同，但是难度要适宜，学生可以完成。

6. 在合作过程中，不允许用语言交流。

7. 教师总结点评（如有条件可让学生观看自己比赛时的视频，感受"当局者迷，旁观者清"的道理）并颁发奖品。

注意事项

长绳的长度以比 5 个人伸直双臂的总长度多 5 米为宜，不要太短，也不能太长，否则都会影响游戏的难度。一般以 2～3 个小组同时开展竞赛为宜，其他小组观摩，保持安静。在"变形"过程中，要求绳子充分展开，不可以收缩绳子、减短边长以降低难度。整个游戏存在"领导"与"服从"两个角色，学生之间需要协调、服从和合作，教师要耐心等待"变形"过程的完成。

你听我说

活动目的

让学生在心理游戏中感受沟通中非语言因素的重要性；在活动的体验中，提高学生的倾听能力。

活动程序

1. 将学生自然分组，两个人为一组，分为角色 A 和角色 B。

2. 要求学生主动选择角色 A 和角色 B。

3. 由角色 B 向角色 A 说一件很自豪的事情，例如获得奖学金等。角色 A 不能做任何语言上的回应，但要假装表现出很不屑的样子，可以使用相应的表情和动作。

4. 由角色 A 向角色 B 说一件很委屈的事情，例如被人冤枉等。角色 B 可以给予语言上的回应，告诉角色 A 自己有更委屈的经历。总之，A 说委屈，B 要说得比 A 更委屈。

5. 邀请若干组合分享感受。

6. 再由角色 A 向角色 B 说刚才的那件很委屈的事情，角色 B 要在语言回应的同时，表情、动作上表现出理解和支持，帮助角色 A 把委屈的情绪发泄出来。例如，角色 B 可以表现出同情，注视 A 的眼睛并用手摸一下 A 的胳膊说："碰见这样的事情，确实很委屈，我能理解。后来怎么样了？"

7. 再由角色 B 向角色 A 说刚才那件很自豪的事情。角色 A 要在表情、言语和动作上表示愿意和角色B分享这种喜悦。

8. 邀请若干组合分享感受。

心理测试

大学生人际关系自我测评量表

指导语

请你仔细阅读下面的16个问题。每个问题后面有A、B、C三种选项，请你按照自己的真实情况任选其一。

测试量表

1. 在人际关系中，我的信条是（　　）。

   A. 大多数人是友善的，可与之为友

   B. 人群中有一半是狡诈的，一半是善良的，我将选择与善良者为友

   C. 大多数人是狡诈虚伪的，不可与之为友

2. 最近我交了一些朋友，这是（　　）。

   A. 因为我需要他们

   B. 因为他们喜欢我

   C. 因为我发现他们很有意思，令人感兴趣

3. 外出旅行时，我总是（　　）。

   A. 很容易交上新朋友　　B. 喜欢一个人独处　　C. 想交朋友，但又感到困难

4. 我已经约定要去看望一位朋友，但因为太累而失约了，在这种情况下我会感到（　　）。

   A. 这是无所谓的，对方肯定会谅解我

   B. 有些不安，但又总是在自我安慰

   C. 很想了解对方是否对我有不满意的情绪

5. 我结交朋友的时间一般为（　　）。

   A. 数年之久

   B. 不一定，合得来的朋友能长久相处

   C. 时间不长，经常更换

6. 一位朋友告诉我一件极有趣的个人私事，我是（　　）。

   A. 尽量为其保密，不对任何人讲

   B. 根本没有考虑过要继续扩大宣传此事

   C. 朋友刚一离开，即与他人议论此事

7. 当我遇到困难时，我（　　）。

A. 通常是靠朋友解决的

B. 要找自己可信赖的朋友商量着办

C. 不到万不得已时，绝不求人

8. 当朋友遇到困难时，我觉得（　　）。

A. 他们大多喜欢来找我帮忙

B. 一般都不愿意来麻烦我

C. 只有那些与我关系密切的朋友才来找我商量

9. 我交朋友一般（　　）。

A. 经过熟人介绍

B. 在各种社交场所

C. 必须经过相当长的时间，还相当困难

10. 我认为选择朋友最重要的品质是（　　）。

A. 具有能吸引我的才华　　　B. 可以信赖　　　C. 对方对我感兴趣

11. 我给人们的印象是（　　）。

A. 经常会引人发笑

B. 经常启发人们思考

C. 和我相处时别人会感到舒服

12. 在晚会上，如果有人提议让我表演或唱歌时，我会（　　）。

A. 婉言谢绝　　　　　　B. 欣然接受　　　　　C. 直截了当地拒绝

13. 对于朋友，我喜欢（　　）。

A. 诚心诚意地当面赞扬他的优点

B. 真诚地对他提出批评意见

C. 既不奉承，也不批评

14. 在结交朋友方面，我（　　）。

A. 只结交那些与我的利益密切相关的人

B. 通常能和任何人相处

C. 有时愿意和志趣相投的人和睦相处

15. 如果朋友们和我开玩笑，我总是（　　）。

A. 和大家一起笑

B. 很生气并有所表示

C. 有时高兴，有时生气，视自己当时的情绪和情况而定

16. 当别人依赖我的时候，我是这样想的（　　）。

A. 我不在乎，但我却喜欢独立于朋友之中

B. 这很好，我喜欢别人依赖于我

C. 要小心点！我总是对一些事物持冷静、清醒的态度

评分标准

各题的计分如下，请根据你所选定的答案，找出相应的分数，并将16道题的得分数累加起来，这个数值大致可以评定你的人际关系是否融洽。

1. A：3，B：2，C：1　　2. A：1，B：2，C：3　　3. A：3，B：2，C：1
4. A：1，B：3，C：2　　5. A：3，B：2，C：1　　6. A：2，B：3，C：1
7. A：1，B：2，C：3　　8. A：3，B：2，C：1　　9. A：2，B：3，C：1
10. A：3，B：2，C：1　　11. A：2，B：1，C：3　　12. A：2，B：3，C：1
13. A：3，B：1，C：2　　14. A：1，B：3，C：2　　15. A：3，B：1，C：2
16. A：2，B：3，C：1

结果解释

如果你的总分在38～48分，说明你的人际关系很融洽，在广泛的交往中你是很受众人喜欢的。

如果你的总分在28～37分，说明你的人际关系并不稳定，有相当数量的人不喜欢你，如果你想受人爱戴，还得做出努力。

如果你的总分在16～27分，说明你的人际关系是不融洽的，你的交往圈子确实太小了，很有必要扩大你的交往范围。

拓展阅读 ……

赢得朋友及影响他人的途径

戴尔·卡耐基在《如何赢得朋友及影响他人》一书中提出了六条赢得朋友的途径：真诚地对别人感兴趣；微笑；多提别人的名字；做一个耐心的倾听者，鼓励别人谈他自己；谈符合别人兴趣的话题；以真诚的方式让别人感到他很重要。卡耐基将他的技巧传授给了无数的人，帮助他们成功地建立和改善了人际关系，并使他们获得了事业上的成功。实际上，人人都有我们比不上的地方，人人都有被人肯定的需要，人人都有自我表现的需要，为什么不做举手之劳让别人获得满足呢？

（资料来源：方平，等. 自助与成长——大学生心理健康教育. 教育科学出版社，2010.01）

第三节 人际交往能力的培养

心灵故事

王同学，男，22岁，某高职院校三年级学生。该生自述为家里的老大，家中还有一个小他4岁的弟弟。王同学从小不善言辞，家里人总说王同学是"没嘴葫芦"。他的弟弟却非常外向灵活，走到哪里，哪里都很热闹，是家里人的开心果。王同学很羡慕弟弟外向的性格，相比之下，愈发觉得自己木讷，所以，他平时很少开口说话，也怕自己说错话得罪人，甚至有时候别人问他话也不回答。上大学后，王同学尝试着改变，希望能像别人那样谈笑自如，可是内向的性格并没有得到改变，而是延续了以往的风格特征，所以他在大学期间朋友特别少。王同学只跟自己同宿舍的两个同学接触较多，以至于上大三了自己班上还有几个同学他不认识，与女生更是没有接触。他内心感到非常孤独、苦闷，有时觉得自己就像是行尸走肉，不知道活着有什么意义。

王同学由于性格偏内向，缺乏交往技巧，因而难以和同学们建立友好、深入、持久的人际关系。他缺少知心朋友，不愿与人主动交流，甚至有人主动与他交谈时，他也闭口不言。他生活在狭小的自我天地，尝够了封闭的孤独滋味，这种状态严重影响了他的社会交往功能，阻断了他与外界之间的交流和沟通。人是需要群居的，任何人都不可能脱离社会群体而独立存在，与社会保持密切的联系，才能得以成为一个正常的人。所以，王同学的内心非常孤独，以至于失去了生活的价值感和意义。他应该求助于心理咨询师，解开心中的困惑，与同学加强联系，重拾生活信心。

知识导读

大学生人际交往失败的一个不容忽视的原因是缺乏人际交往的经验、方法及相关的技巧。在人际交往过程中，大学生可能有意无意地忽略了他人的体验与感受，不了解、不关心他人，甚至有时也不了解自己。由于缺乏人际交往的技巧和方法，不少大学生自感没有推心置腹的朋友，大多数只是点头之交。

人际交往是一种复杂的艺术。成功的交往艺术和技巧很多，我们很难做到全部了解和掌握。但要想有良好的人际关系，首先要掌握人际交往的基本原则，其次是掌握一定的交往艺术和技巧，多参加社会交往实践，最后在实践过程中摸索、总结和提高。

一、大学生人际交往的基本原则

积极、全面和良好的交往认知是健康交往的基础。为了使自己的交往行为引起交往对象良好的反应，产生积极的交往效果，在交往中应遵循一定的原则。人与人之间的交往应遵循的原则有以下几个方面：

（一）尊重原则

古人说："敬人者，人恒敬之。"尊重包括自尊和尊重他人两个方面。自尊就是在各种场合都自重自爱，维护自己的人格；尊重他人就是尊重他人的人格、情感，承认他人的社会价值。只有这样才能保持人际交往的平等地位。懂得尊重他人的人，往往威信较高。因此，在人际交往中尤其要注意尊重原则。

尊重他人要做到：对他人平等相待，不以家庭条件、父母职位、个人容貌、实际能力等为标准分等级、分类别对待，一视同仁；尊重他人的人格，不随意暴露他人的"隐私"，不随意拿他人的短处和生理缺陷取笑，尊重他人的兴趣、爱好等；尊重他人的劳动，对他人的帮助和支持应表示谢意，对他人的付出应予以接受和尊重，珍惜他人的付出，并给予适当的回报。

（二）真诚原则

美国学者安德森研究了影响人际关系的个性品质，他发现排在最前面、受喜爱程度最高的六个个性品质依次是真诚、诚实、理解、忠诚、真实、可信。真诚是人际交往中最有价值、最重要的原则，以诚待人是人际交往得以延续和深化的保证。大学生在与人交往中，首先要做到为人诚实，不虚情假意，不耍小聪明，与人建立互相信赖的人际关系。其次，言必信，行必果。对朋友的要求，能做到的就全力以赴；做不到的，则不可信口开河，开"空头支票"。只有相互信任，尊重他人，才能建立良好的人际关系。

（三）互利原则

互利是指交往双方在满足对方需要的同时，又得到对方的回报。如此，双方的交往关系才能得以继续发展。如果一方只索取不给予，交往就会中断。互利性越高，交往双方的关系就越稳定、密切；互利性越低，交往双方的关系就越疏远。人际间的互利包括物质的和精神的，人际交往的互利原则主要指精神上的互利。思想上沟通、交流顺畅，既满足了双方的友谊需要，又促进了相互间关系的发展。

（四）宽容原则

宽容，即心理相容，指与人相处时的容纳、包含以及忍让。宽容实际上是一种境界、一种修炼。善于宽容他人是一个人的美德，也是一个人良好心理素质的表现。人在追求个性独立的同时，应当允许其他的个性、行为与生存方式的存在。大学生与人相处时可从两方面做起：一是不以自己做人的标准要求他人。允许在交往中存在差异，不企图改变他人，不按自己的标准去衡量和评价他人，承认差别，求大同存小异，和睦相处，不吹毛求疵。二是金无足赤，人无完人。每个人都有缺点和不足，在交往中要多看他人的长处，多发现他人的优点，不强行改变他人已形成的观念，尊重他人的权益。

（五）理解原则

相互理解是人际沟通、促进交往的条件。理解不等于知道和了解。大学生在人际交往过程中，不仅要细心了解他人的处境、心情和需求，还要根据彼此的情况，主动调整或约束自己的行为，尽量给他人以关心、帮助和方便，善解人意，处处理解和关心他人。古人云："己欲立而立人，己欲达而达人，己所不欲勿施于人。"凡事多考虑别人的感受，多站在别人的立场来考虑问题，才能交到知心朋友。

（六）倾听原则

一个真正能展示自己个人魅力与气质的人应该是一个好的倾听者。倾听得越多，就会被更多的人喜爱，就会成为更好的交往伙伴。有的人在听别人说话时心不在焉，或哈欠连天，或时时看表，或不停打断别人的谈话，这样的人不会是一个好的倾听者，他只能使交往的人感到索然无味，最终不欢而散。所以，我们应该时时提醒自己：我们有两个耳朵、一张嘴巴，可以少说一些，但必须学会倾听。

二、大学生人际交往的常用技巧

在学习人际交往原则的基础上，大学生还要掌握一些常用的社交方法。这些常用的社交方法可以帮助同学们建立良好的人际关系。

（一）积极主动，创造良好形象

1. 主动打招呼

主动打招呼既能使人感觉到你的热情和乐观，给人一种亲近感；也会使人觉得与你的心理距离缩短了。但要做到主动打招呼并不容易，要自信大方，侃侃而谈，不急不躁。

2. 学会微笑

微笑是健康的标志，是自信的象征，是安详、宽容、博爱的产物。微笑隐含着对他人的尊重和接纳。爱微笑的人能使自己处于一个较好的心理状态，在无形中散发魅力和感召力；微笑也会给人一种温暖、亲切之感，使人心情愉悦。将微笑挂在脸上需要内在力量的支持，只有心理健康、充满爱心和对未来充满信心的人才能做到。

3. 注意仪容仪表

三国时期曹操曾经这样说："君子正其衣冠，尊其瞻视，何必蓬头垢面，然后为贤？"这句话的意思是说，即使是谦谦君子也要衣冠整齐。整洁的仪容仪表是人际交往的第一步，要做到清洁、美观、卫生、得体，给人留下好印象。

4. 注意姿势姿态

站立是人们在交际场所基本的姿势，也是其他姿势的基础，是培养优美仪态的起点。一般要求头正，颈直，双肩展开并放松，人体有向上的感觉。入座轻稳，双膝并拢，两脚平行，两腿自然弯曲，不跷二郎腿，不抖动双腿或者前俯后仰。行走时要从容、轻盈、稳重，协调稳健、轻松敏捷的走姿会给人以美感。女士的走姿要展现优雅之美，男士的走姿要体现阳刚之气。

（二）提升沟通技巧

1. 善于观察，创造交往机会

对别人进行外表观察和语言分析的目的是推断其个性特征和内心世界，进而选择与其交往的方式和交往的深度。了解对方的兴趣，就他感兴趣的话题进行交谈，有利于引出对方的兴奋点，也体现了双方具有共同的爱好，拉近了彼此间的距离。

2. 记住对方的名字

卡耐基曾说过："一种既简单又重要的获取好感的方法，就是牢记别人的姓名。"记住别人的名字，会让别人感觉你是一个注重细节、懂得尊重别人的人。这是一种礼貌，也是一种感情投资，在人际交往中会达到意想不到的效果。我们可以运用以下方法帮助记忆：

（1）多次重复对方姓名。认真听清对方姓名，介绍后要立刻重复这个姓名，交谈中尽可能用到。

（2）建立有意义的联想，或通过谐音帮助记忆。

（3）认真观察相貌，选择最突出的特征，运用想象把这个人的名字与其面部特征或者一些特殊之处进行联想记忆。

3. 注意言语表达

大学生谈话要注意礼貌，分清对象和场合，特别是与长辈对话时更要注意。有时候还要学会毛遂自荐，赢得别人的认可。除了分清场合和对象之外，语言表达还应该注意语音、语调和语速以及逻辑，不装腔作势、阴阳怪气。有的同学说话语速过快，不能很好地与人沟通交流，这也是人际交往的弊端，应该尽量克服。

4. 学会赞赏

赞赏是一个良性的互动，会使双方都感到愉快，从而形成人际关系的良性循环。在大学生人际交往中，学会赞赏非常重要。

赞赏有两个原则是必须要注意的：一是真诚。夸奖别人要出于真心，所夸奖的内容是对方确实具有的或即将具有的优良品质和特点，不要让别人觉得你言不由衷、另有所图；二是夸奖的内容应被对方所在意。比如，大部分的女同学都喜欢被别人称赞漂亮，但是也有一部分女同学希望别人关注的是自己的智慧和能力。

5. 学会拒绝

由于主客观原因，每个人都有自己受限制的点，所以，对于个人情感上排斥或能力不及的事情，必须拒绝。但是，如果拒绝没有采用合适的方法和相应的技巧，就容易给对方造成伤害，引发怨恨和不满，甚至会导致人际关系破裂，引起各种难以解决的纠纷，让自己陷入非常被动的境地。

拒绝是一种艺术。当别人对你有所求而你办不到时，要学会拒绝。这里可以给大家提供几个建议。

（1）不要随便拒绝他人。太随便地拒绝对方会让人觉得你不重视他，容易造成对方的反感。要表露出一种很愿意、很乐意帮忙，却实在是因为能力不足或其他实际的原因而无力帮忙的态度。

（2）不要无情地拒绝。无情地拒绝会令人很难堪，甚至反目成仇。

（3）要有代替性地拒绝。拒绝的同时，尽量为其提供其他的方法，这在实际上还是帮了他的忙。

（三）其他技巧

1. 自我解嘲

如果别人不是用恶劣的口气来讥讽你，而是无意中使你处于尴尬的境地，你不必在意，可以用幽默的语言自我解嘲。自我解嘲是应付尴尬局面的最好办法之一。古希腊哲学家苏格拉底有一位性情暴烈的妻子。有一天，他的一个朋友来他家做客，这时他的妻子正在朝他发脾气，大声吵闹。过了一会儿，他妻子忽然端出一盆水泼向他。苏格拉底笑着说："不出所料，雷声响过之后，必有大雨。"他的朋友和妻子都大笑起来。

2. 以退为进

当别人的发问使你不好回答，甚至使你生气时，你可以用婉转的方式予以化解，如谈一些完全与他问的问题不相干的事。

3. 逻辑回敬

当别人有意使你难堪时，可以用逻辑回敬的方法解除尴尬局面。东汉末年的神童孔融十岁那年有一次随父亲到名士李膺家做客，登门者都是名流，他表现突出被人盛赞。但有一位名叫陈韪的太中大夫却讥讽道："小时候聪明，但长大未必聪明。"孔融立即答说："我想先生小时候一定十分聪明吧？"把陈韪弄了个大红脸。

相关链接

扫一扫，观看视频

人际交往法则

互动体验

镜中人

活动目的

提高成员的共情能力，学会在沟通过程中首先了解对方的想法和感受，互相接纳。

活动时间

15分钟左右。

实施步骤

1. 成员两两一组，分为A、B两个角色，面对面站立。
2. A讲述一件事情，B作为倾听者，将原话重复叙述，表达的模式为"你说……是吗？"直到完全得到对方肯定的答复。
3. 随后，B用自己的语言来表达A讲述的事情，表达的模式为"你的意思是不是……"直到得到对方完全肯定的答复。
4. 接下来，让A和B讨论3分钟刚才的活动。

5. 原来的两人继续一组，A 自由想某个活动并做出动作，B 模仿其动作。1 分钟后，B 询问 A 的行为含义，表达的模式为"你的行为是不是……"直到得到对方完全肯定的答复。交换角色进行上述活动。

6. 两人交流 3 分钟，讨论刚才的活动。

分享交流

1. 你在表达一件事情的时候最担心的是什么？当你听到别人重复你的话时你是怎么想的？

要点：一个人在表达一件事情时，最担心的是对方是否愿意听自己讲。因为在现实生活中，许多人都喜欢发表自己的观点，却不喜欢认真去听别人讲话。当别人复述你的话时，你会认为对方认真听了你的讲话，也会感觉到对方对你的尊重。

2. 当你作为倾听者时你是怎么做的？你能够重复对方的话吗？你是否理解对方的话？

要点：要想重复对方的话，首先必须专心去听对方讲。这做起来其实并不容易，因为听其实比说更难。学会听是人与人之间进行沟通的前提。学会听的第一个层次是能够复述对方的话；第二个层次是能够听懂对方表达的意思，这是交流更重要的目的。当然理解别人的意思是更难的。

3. 当模仿者理解你时，你是什么感觉？当模仿者不理解你时，你又是什么感觉？

要点：在沟通中，能够被别人理解，会感觉很欣慰，觉得彼此内心有了碰撞；不能被对方理解，就会感到很遗憾，和对方交流会有一种被阻碍的感觉。

4. 当你做动作时是什么感觉？当别人做和你一样的动作时你是什么感觉？

在别人面前做一个动作会有点不好意思或感到有压力，但是，当别人的行为和自己一样时，自己的压力就会降低。这就是人们常说的从众效应。大部分人都有与众人采取相同行为的愿望，因为在那样的情况下，人们会感觉到安全。

5. 你是否能够理解对方的动作？你理解了之后对方的神态和表情怎么样？

行为比语言更难理解。行为，又称为非言语信息。要提高共情能力，除了要用心听对方的言语之外，还要去观察对方的行为。对方行为被理解之后一定是满心欢喜，神采飞扬的。

注意事项

组织者要注意观察成员的不同表现，观察用心模仿和随便模仿的人，在总结过程中可以采访这些成员。

心理测试

你属于哪种人际交往类型？

下列各题请根据自己的实际情况进行选择，符合自己情况的答"是"，反之答"否"。

1. 我碰到熟人时会主动打招呼。　　　　　　　　　　　　　　　（　　）
2. 我常主动联系友人以示想念。　　　　　　　　　　　　　　　（　　）
3. 我旅行时常与不相识的人闲谈。　　　　　　　　　　　　　　（　　）
4. 有朋友来访，我从内心里感到高兴。　　　　　　　　　　　　（　　）
5. 没人引见时我很少主动与陌生人谈话。　　　　　　　　　　　（　　）
6. 我喜欢在群体中发表自己的见解。　　　　　　　　　　　　　（　　）
7. 我同情弱者。　　　　　　　　　　　　　　　　　　　　　　（　　）
8. 我喜欢给别人出主意。　　　　　　　　　　　　　　　　　　（　　）
9. 我做事总喜欢有人陪伴。　　　　　　　　　　　　　　　　　（　　）
10. 我很容易被朋友说服。　　　　　　　　　　　　　　　　　　（　　）
11. 我总是很注意自己的仪表。　　　　　　　　　　　　　　　　（　　）
12. 约会迟到我会长时间感到不安。　　　　　　　　　　　　　　（　　）
13. 我很少与异性交往。　　　　　　　　　　　　　　　　　　　（　　）
14. 我到朋友家做客从未感到不自在。　　　　　　　　　　　　　（　　）
15. 与朋友一起乘公共汽车我不在乎谁买票。　　　　　　　　　　（　　）
16. 我与朋友联系时常诉说自己最近的烦恼。　　　　　　　　　　（　　）
17. 我常能交上新的知心朋友。　　　　　　　　　　　　　　　　（　　）
18. 我喜欢与有独到之处的人交往。　　　　　　　　　　　　　　（　　）
19. 我觉得随便暴露自己的内心世界是很危险的。　　　　　　　　（　　）
20. 我对发表意见很慎重。　　　　　　　　　　　　　　　　　　（　　）

评分标准

各题回答"是"的计1分，回答"否"的不计分。

结果解释

1～5题代表交往的主动程度。得分高说明交往偏向于主动型，得分低则说明交往偏向于被动型。主动型的人在社交上总是采取积极主动的方式，不会等待别人来接纳自己，而是主动结交，能做交往的始动者；在现实生活中，主动型的人对自己在人际关系方面比较自信，即使在交往中遇到一些误解和挫折，也能坦然对待。被动型的人在社交上消极、被动、退缩，总是等待别人来接纳他们；虽然他们处在一个人来人往的社群中，却不能摆脱心灵的孤寂；他们最多只能做交往的响应者而不是始动者。

6～10题代表交往支配性水平。得分高表明交往倾向于领袖型，得分低则说明偏向于依从型。领袖型的人比较好强、固执、独立、积极，自视甚高，非常自信，武断而有力量，攻击性强。依从型的人比较谦卑、温顺、惯于服从、随和；自我抑制，想象力较差，喜欢稳定、有秩序的环境；独立性较差，不喜欢支配和控制别人。

11～15题代表交往的规范性程度。得分高意味着与人交往比较严谨，得分低则说明与人交往比较随便。严谨型的人有很强的责任心，为人忠诚，坚韧有毅力，细心周到，有始有终。随便型的人不讲原则，不守规则，缺乏社会责任感，做事比较敷衍，缺乏奉公守法的精神。

16～20题代表交往的开放程度。得分高表明交往偏向于开放型，得分低则意味着交往倾向于闭锁型。开放型的人比较可信随和，易于相处，安全感强，对人无猜忌，但也易轻信他人；不与他人竞争，容易合作，宽容，容易适应环境，善于体贴他人，较有信用。闭锁型的人对他人比较戒备，不易受到欺骗；在集体中与他人保持距离，缺乏合作精神，比较固执己见；嫉妒心也很强，与人相处常斤斤计较，不太顾及别人的利益。

如果得分不是偏向最高或最低两个极端，而是处于中等水平，则表明交往倾向不明显，属于中间综合型的交往者。

拓展阅读

人际沟通实用的九条原则

1. 讲出来。坦白地讲出你内心的感受、痛苦或期望，但绝不是批评、责备、抱怨和攻击。

2. 不批评、不责备、不抱怨、不攻击、不说教。这些都是沟通的刽子手，只会使事情恶化。若要批评先从赞扬开始。

3. 互相尊重。只有给予对方尊重才有沟通，若对方不尊重你时，你也要适当地请求对方的尊重，否则很难沟通。

4. 绝不口出恶言或说不该说的话。恶言伤人，就是所谓的"祸从口出"。如果说了不该说的话，往往要花费极大的代价来弥补，切忌信口雌黄、口无遮拦，但完全不说话，有时也会使情况变得更恶劣。

5. 情绪激动时不要沟通，尤其不能做决定。

6. 承认"我错了"，勇于说"对不起"。承认"我错了"是沟通的消毒剂，可解冻、改善与转化沟通的问题，就一句"我错了"可化解多年打不开的死结，让人豁然开朗，放下武器，重新面对自己。说"对不起"，不代表真的犯了什么天大的错误或做了伤天害理的事，而是一种软化剂，给彼此一个台阶。

7. 爱。爱是最伟大的治疗师。

8. 耐心等待转机。如果没有转机，就要等待。当然，不要空等，你要自己去努力，努力未必就会有结果，但若不努力你将什么都没有。

9. 聪明。聪明使人不执着，而且福至心灵。我们总希望拥有真心朋友，其实朋友的好坏全取决于我们自己。如果你想拥有真正的朋友，自己就要做别人真正的朋友。要改变别人很难，但改变自己容易。

（资料来源：张将星，曾庆. 大学生心理健康教育. 广州：暨南大学出版社，2013.8.）

启发思考

1. 人际交往对心理健康的作用是什么？
2. 大学生人际交往中常见的问题有哪些？
3. 大学生人际交往的常见技巧有哪些？请结合自身进行分析。
4. 案例分析：班主任张老师对学生的关爱在学校人尽皆知，尤其对家庭贫困的小韩给予了很大的帮助，小韩也非常感激张老师，师生之间情深意笃。然而，在小韩临近毕业时，张老师因为心情不好，当着众多学生的面对小韩大发脾气，使小韩的自尊心受到了严重伤害。虽然张老师为自己的一时冲动后悔不已，也向小韩做了解释，但原来那种亲密无间的关系已经消失了。毕业后，其他同学多次看望张老师，唯独他钟爱的小韩没有一点音信，这使他感到十分沮丧。

请思考和讨论：为什么会出现这样的情况？用什么方法可以调整？描述最近导致你人际交往困扰的事件，并分析它们产生的原因。

星说心语

2014年8月22日，习近平总书记在蒙古国国家大呼拉尔的演讲中指出："在5 000多年的文明发展中，中华民族一直追求和传承着和平、和睦、和谐的坚定理念。以和为贵，与人为善，己所不欲、勿施于人等观念和传统在中国代代相传，深深植根于中国人的精神中，深深体现在中国人的行为上。"中华民族的优秀观念和传统应该在每个青年心里生根发芽，应正确看待人际关系，正确处理人际关系，建立相互尊重、真诚、互利、宽容、理解的人际关系，提升人际交往的技巧，积极主动创造良好形象。总书记的话同样也是青年人际交往的指路灯，我们在生活中要和他人和平、和睦、和谐相处，以和为贵，与人为善，创造成长、成才的良好人际环境。同时，青年朋友们也必须志存高远、脚踏实地，不为一时、一处的困难或摩擦所困扰，积极投身人民的伟大奋斗。同人民一起奋斗，青春才能亮丽；同人民一起前进，青春才能昂扬；同人民一起梦想，青春才能无悔。青年要勇于担当这个时代赋予的历史责任，励志勤学，刻苦磨炼，在激情奋斗中绽放青春光芒，健康成长进步。

第七章
战胜压力　逾越坎坷

　　只有经过地狱般的磨炼，才能炼出创造天堂的力量。只有流过血的手指，才能弹奏出世间的绝唱。

——泰戈尔

第一节　压力与挫折

心灵故事

小杰，男，22岁，大二学生。他高考时因意外没能考取理想学校，来到现在就读的院校。自觉成绩还不错，大一第一学期他放松了对自己的要求，觉得随随便便也能拿个奖学金。没想到学校里高手如云。第一学期他不仅与别的同学相差很多，而且还挂科了。小明深受刺激，决定洗心革面，第二学期好好努力，争取综合成绩达到班级前十名。第二学期，他每天起得比别人早，睡得比别人晚，总担心自己被落到后面。但没想到第二学期还是没有达到预期的效果。看到别的同学好像不用学习、轻轻松松、毫不费力地就拿了综合奖学金，自己比别人付出那么多，结果还是这样，不禁有点气馁。大二第一学期，小杰觉得自己的学习状态一天不如一天，他明明知道要好好读书，可是上课还是开小差，思维混乱，记忆力明显减退，心里憋闷。考试前这种感觉更加强烈，他总觉得自己好像没有好好复习一样。眼看大学生涯就要过半了，小杰回顾这一年多的时间，觉得自己好像什么都没有学到，心里感觉非常不安，不知道该怎么做才能让自己恢复正常状态。

大学时期是人生的重要阶段，这一时期大学生有来自学习、工作、人际关系的压力，再加上社会大环境的影响，他们内心种种矛盾冲突交织在一起，对他们的心理健康产生了很大的影响，造成部分大学生存在心理问题。大学生要想顺利度过大学生活，不仅要端正学习态度，尽快适应和掌握大学的学习方式，还要多与人交往，有意识地参加各项活动，感受集体生活的温暖，锻炼自己各方面的能力。

知识导读

生活中我们总会祝愿自己和他人万事如意，但实际上，事事如意的人生基本上是不存在的。对大学生群体而言，他们除了面对学习的主要压力外，还要面对恋爱的压力、人际交往的压力，并为前途担忧。大学生如果不会处理心理压力和挫折，将会对他们的生活和学习造成干扰。那么，大学生的压力和挫折有哪些？这些压力和挫折会造成哪些影响？在面对压力和挫折的时候，大学生应该怎么应对呢？

一、压力与挫折的含义

（一）什么是压力

压力是压力源和压力反应共同构成的一种认知和行为体验过程。它是一种反应模式，当需要面对的刺激事件超出个体的应对能力时，便会对个体心理造成负担，使个体感觉不舒服、沉重，有时还会导致身体出现不适，如胃痛、失眠等，这就是压力的体现。电影《当幸福来敲门》中的主人公克里斯·加德纳便承受着生存压力、抚养和教育孩子的压力、实习中的竞争压力等。对大学生来说，日常要面对的事情主要是学习、生活、人际、恋爱等，而这些方面都是压力的来源。

（二）什么是挫折

挫折是指个体的意志行为受到无法克服的干扰或阻碍，预定目标不能实现时产生的一种紧张状态和情绪反应，也就是俗话所说的"碰钉子"。挫折可使意志薄弱者消极、妥协，也可使意志坚强者接受教训，在逆境中奋起。例如，电影《当幸福来敲门》中的主人公遇到的事业不顺、生活潦倒、妻子离去、居无定所等境遇，便是他遇到的挫折。

一般来说，挫折情境越严重，个体的挫折反应就越强烈；反之，挫折反应就越轻微。但是，只有当挫折情境被主体所感知，并判断自己没有应对的能力时，主体心理才会产生挫折反应。如果出现了挫折情境，而主体没有意识到，或者虽然意识到但并不认为很严重，也就不会产生挫折反应，或者只产生轻微的挫折反应。因此，挫折反应的性质、程度主要取决于主体对挫折情境的认知。

二、大学生常见压力与挫折的类型

挫折与压力密切相关，如果在压力环境下调适不当，则极易产生挫败感，同时挫败感也会使大学生承受的压力更大。大学生常见的压力来源也是大学生常见的挫折情境，主要有以下几个方面。

（一）自然变故带来的压力与挫折

自然挫折是指由个人能力所不能控制的自然因素所导致的挫折，如突发疾病、天灾人祸、家庭重大变故等。这些变故突如其来，必然给个体带来巨大的心理压力，有时甚至导致个体无法像过去一样正常生活。由于自然变故并非人们所能控制的，所以很多时候没有一个可以指责的对象，这会让人们更难以接受，于是有的人会埋怨上天不公，自暴自弃，但也有的人会拿出巨大的勇气与之抗争。

（二）学习的压力与挫折

学习是大学生常见的压力源。随着社会竞争愈演愈烈，大学生都希望自己日后在社会中更有竞争力，因而对自己的学习不敢掉以轻心。除了要保证正常课程的成绩达到理想的标准，争取获得奖学金外，还要抽出时间与精力投入各种课外的学习与考试，如英语四级考试、计算机二级考试等。各种各样的学习任务，增加了大学生的心理压力。

除此之外，大学学习环境不同于中学，在这个新的环境中学习需要学会适应。若不习惯大学校园里自主学习的方式，不懂得为自己的学习进程做规划、定目标，便会遇到各种各样学习上的挫折。比如，不知道学什么、上课听不懂、成绩不理想等都是大学生常见的学习挫折。

（三）生活的压力与挫折

大学生来自不同地方，拥有不同的家庭背景，因此彼此很多地方可能存在差异。比如，家庭经济困难的学生，可能因为生活费用紧张而担心自己在学校的衣食住行；上大学前没有独立生活过、总由父母操持自己生活上大小事务的学生，可能会因为需要独自面对学习和生活而不知所措；舍友都有各自的生活习惯，难免会发生生活上的矛盾；学校饮食不适应；舍友间卫生习惯和作息制度方面的差异都是大学里较常见的生活挫折。

（四）工作和个人发展方面的压力与挫折

上大学后，很多同学开始有意识地发展学习以外的各种个人能力，不少同学会选择参加学生会、勤工助学等各种社团组织。这种工作中一般存在上下级关系，需要接受上级的监管，工作中可能辛苦受累，有时候可能还需要受点委屈、承受工作的压力。由于大多数学生是在进入大学以后才开始接触工作的，经验或者责任心不够，有的同学会出现工作纰漏，遭到上级批评，甚至辞退；有的同学工作不被肯定，方案不被采用；也有的同学无法管理自己手下的成员，无法与共事的同学合作等。面对这些工作中的挫折，有的同学会因此感到自责和难过，有的同学会对管理他的上级以及反对他的人产生不服和愤怒的情绪，也有的同学在遭遇挫折后会出现一些幼稚和非理性的反应。所以，学会承受工作中的挫折对大学生来说是很有必要的。

（五）恋爱的压力与挫折

大学生正值青春年华，生理发育成熟，对爱情有了憧憬与期盼，渴望与异性有亲密的接触，展开浪漫的爱情。然而，爱情就像带刺的玫瑰，追逐其芬芳美丽的同时，也可能会被刺痛。

不是所有的恋爱都是幸福圆满的。有些学生单相思，自己倾心于对方，却得不到对方的回应，遭受打击；有些学生择偶标准不切实际、虚荣心强，选择对象太过理想化；有些学生看到身边同学纷纷谈起恋爱，而自己却没有男（女）朋友感到很没面子，有压力；有些学生谈恋爱遭到家里人的反对，但又不想放弃恋爱关系，感到内心冲突矛盾；最严重的是有些学生沉浸在失恋带来的悲伤痛苦中无法自拔。大量个案表明，大学生因恋爱所造成的情感危机，是诱发大学生心理问题的重要因素，也是大学生常见的压力源，有个别学生还因此走向极端，甚至造成悲剧。所以，大学生的恋爱压力不容忽视。

（六）人际交往的压力与挫折

部分大学生不知道如何与人交往和沟通，缺乏人际交往和沟通的技巧。有的不知道怎么与人交往、相处；有的不愿意与人交往；有的则为交际而交际，不惜牺牲原则随波逐流，让人感到不真诚。

在大学生人际关系中宿舍矛盾更容易显现出来。大学通常是4~6人一个宿舍，大家朝夕相处，学习、生活中难免发生各种矛盾，一些学生相互间不愿或不会包容和谅解，日积月累可能致使矛盾激化，严重的甚至酿成血案。事实上，每个人都需要良好的人际关系，需要真心相待的朋友，都希望能愉快、自由地与人互动。而交往和沟通不畅、不愿相互包容、总希望别人迁就自己的心态，或者自卑、孤僻、好强的个性，都能造成人际交往的挫败，从而使大学生在心理上产生极大的压力。

（七）就业的压力与求职的挫折

近几年来，由于社会竞争的加剧，就业形势日益严峻，大学生找工作或者找比较理想的工作越来越困难。很多大学生对日后的就业前景充满忧虑，普遍存在着就业焦虑。"毕业即失业"的说法也引起了不少大学生对未来就业的担心，因此，就业与求职对大学生造成了很大的心理压力。

三、压力与挫折对大学生的心理影响

压力与挫折是一把双刃剑，既能鼓舞人心、使人奋进，也能令人痛苦，停滞不前。有的人把压力与挫折看成是走向成功的垫脚石，而有些人在压力与挫折面前却不堪一击。任何事情都具有两面性，压力与挫折对大学生的影响也不例外，有积极和消极两个方面的影响。

（一）压力与挫折对大学生的积极影响

1. 有利于培养大学生坚强的性格和意志

坚强的意志往往是长期磨砺的结果，生活中的挫折和磨难不一定是件坏事，它往往使人变得更加成熟和坚强，有时候大学生经历的挫折越多，应对挫折的能力就越强，性格也会越坚强。

2. 有利于大学生管理自己的情绪

人往往一遇到挫折，其神经中枢就会受到刺激，使整个神经系统兴奋水平提高，引起情绪波动。经历过多次挫折的大学生，再遇到挫折可能就会比较沉稳，能很好地管理自己的情绪，冷静地处理问题。

3. 有利于提高大学生解决问题的能力

大学生在遇到挫折时，只要接受现实，做好积极的调整，即使不能战胜挫折，也能从困难中总结经验教训，使挫折向积极的方面转化，提高自己分析问题和解决问题的实际能力。

4. 有利于大学生正确地认识自我

许多大学生由于缺乏实际经验，对社会和自己有一些不切实际的幻想，当他们用这些想法去指导实践时，很容易遭受失败。失败的遭遇往往能使他们清醒地认识自己，进而做出调整，合理地评价自己，客观地认识社会，增强社会适应能力。

（二）压力与挫折对大学生的消极影响

1. 降低大学生的学习效率

学习是一种积极的思维活动，学习效率除了与学习者的智力水平和知识水平有极大的关系外，还与学习者的精神状态、自信心等因素密切相关。有的大学生受挫后，焦虑不安，自信心明显降低，思维比较混乱，难以集中注意力，降低了学习效率。

2. 降低大学生的思维能力和生活适应能力

有的大学生一遇到挫折，精神就高度紧张，情绪波动比较大，时而害怕，时而激动，不能控制自己的情绪，如果持续遭遇挫折，还有可能导致情绪紊乱。这样不但容易降低他们的思维能力，严重的还会大大降低他们的生活适应能力。

3. 损害大学生的身心健康

有的大学生受挫后，自我调整能力比较差，长期处于一种紧张、压抑和焦躁不安的状态中，如果这种状态不能得到有效的释放，不仅会损害他们的身心健康，甚至还可能造成当事人潜在的精神病患。

4. 导致大学生性格改变和行为偏差

有的大学生在遇到重大挫折或连续挫折而又无法做出相应的调整时，会使某些性格特征产生相应的改变。比如，一位积极自信、热情开朗的大学生，在多次竞选班干部失败后可能会变得自卑。另外，有的大学生受挫后容易冲动、难自控，很难正确地评价自己的行为，有可能会做出违反社会道德的事情。极个别大学生受挫后容易想不开，走极端，报复他人及社会。

相关链接

扫一扫，观看视频

世界温暖　莫言放弃

互动体验

压力传递

活动目的

激发成员参与团体活动的兴趣，增强成员间的协作。引发成员对压力事件和压力下自身感觉的思考。

活动说明

1. 时间：20分钟左右。
2. 材料：小物品（一只手能拿得住并会发出声音的小件物品）。

实施程序

1. 每人先选择一件能用一只手拿住的小物品放在手里，然后组织者与所有其他成员围成圆圈站好。所有人把小物品放在自己的脚前，组织者带领其他成员用一个稳定的节奏拍手。
2. 拍手要求：每个成员左手朝上放在左边，右手朝下放在右边，当组织者喊"开始"后，每个成员用自己的右手先拍一下自己的左手，再拍一下右边成员的左手，然后用稳定的节奏循环进行。

3. 节奏稳定后，组织者要求所有成员把小物品拾起放在自己的左掌上，用右手拿起左手的小物品放到右边成员的手中，过程中成员同时喊"拿起"和"放下"，配合抓起和放下的动作，用稳定的节奏依次进行。

4. 待所有成员熟悉口令和动作后加快节奏，如有物品滑落，需要在不影响节奏的情况下拾起。

5. 待传递节奏加快到一段时间后，看到物品滑落的情况越来越多、成员显得有些手忙脚乱时，组织者可以宣布停止传递，请成员静下来，观察教室内发生的事情和景象，并讨论分享自身感受。另外，组织者可以提供的话题包括：回想活动中感觉最有趣和最紧张的一个环节；自由表达自己对"得"与"失"的领悟；分享活动中什么情况对自己的干扰最大；回想在活动中自己的动作对身边成员的影响；思考当干扰最大时自己的内心感受在生活当中是否经历过。

组织者提问

刚才大家有什么感觉？这种感觉在生活中熟悉吗？

解说要点：事情一个接着一个、纷至沓来的那种疲惫感、无力感是否会出现在刚才的活动中？似乎我们每天都在疲于应付各种事务。但我们也有"拿起"和"放下"的自主权，特别是当外界各种事情让我们身心疲惫时，我们要在内心默默地放下它们。另外，我们会发现，很多时候我们都身不由己地在为别人忙碌，最后自己手上剩下的东西却寥寥无几，我们要学会珍惜生活中我们觉得很重要的东西，关爱自我。

注意事项

1. 组织者在开始时要提醒成员注意活动过程中自己的感受，结束后要积极引导成员思考，否则，有的成员会仅仅认为这个活动很有趣，而缺乏感悟。

2. 一些平时生活中压力过大的成员的消极情绪可能在这个活动中被调动起来，并且会产生抵触情绪，这时组织者要提醒成员自己是与他们在一起的，自己非常愿意参与到活动中，与大家一起探索如何释放压力。

心理测试

大学生心理适应性测量问卷

指导语

本问卷共20题，每题均给出5个备选选项，请从中选择一项最适合你的，并打上"√"。

测试量表

1. 假如每次考试把试卷拿到一个安静、无人监考的房间去做，我的成绩会更好一些。
   A. 很对　　　B. 对　　　C. 无所谓　　　D. 不对　　　E. 很不对

2. 夜间走路，我能比别人看得更清楚。
   A. 是　　　B. 好像是　　　C. 不知道　　　D. 好像不是　　　E. 不是

3. 每次离开家到一个新的地方，我总爱闹点毛病，如失眠、拉肚子、皮肤过敏等。
   A. 完全对　　　B. 有些对　　　C. 不知道　　　D. 不太对　　　E. 不对

4. 我在正式运动会上取得的成绩，常比体育课或平时练习的成绩好些。
   A. 是　　　B. 似乎是　　　C. 吃不准　　　D. 似乎不是　　　E. 正相反

5. 我明明每次已将课文背得滚瓜烂熟，可在课堂上背诵的时候，还是会出差错。
   A. 经常如此　　　B. 有时如此　　　C. 吃不准　　　D. 很少这样　　　E. 没有这种情况

6. 开会轮到我发言时，我似乎比别人更镇定，发言也显得很自然。
   A. 对　　　B. 有些对　　　C. 不知道　　　D. 不太对　　　E. 不是

7. 我在冷天比别人更怕冷，而热天又比别人更怕热。
   A. 是　　　B. 好像是　　　C. 不知道　　　D. 好像不是　　　E. 正相反

8. 在嘈杂的环境里，我仍能集中精力学习、工作，效率并不会大幅度降低。
   A. 对　　　B. 有些对　　　C. 吃不准　　　D. 有些不对　　　E. 不对

9. 每次检查身体，医生都说我"心跳过速"，其实我平时脉搏很正常。
   A. 是　　　B. 有时是　　　C. 时有时无　　　D. 很少有　　　E. 完全不是

10. 如果需要的话，我可以熬一个通宵，精力充足地学习和工作。
    A. 完全可以　　　B. 有时可以　　　C. 不知道　　　D. 不太可以　　　E. 完全可以

11. 当父母或兄弟姐妹的朋友来我家做客的时候，我尽量回避他们。
    A. 是　　　B. 有时是　　　C. 时有时无　　　D. 很少有　　　E. 完全不是

12. 出门在外，虽然饮食、居住环境等变化很大，可是我很快就能习惯。
    A. 是　　　B. 有时是　　　C. 是与否之间　　　D. 很少是　　　E. 完全不是

13. 参加各种比赛时，赛场上很热烈，观众越加油，我的成绩反而越差。
    A. 是　　　B. 有时是　　　C. 是与否之间　　　D. 很少是　　　E. 不是

14. 上课回答问题或开会发言时，我能镇定自若地把事先想好的一切都完整地说出来。
    A. 对　　　B. 有些对　　　C. 对与不对之间　　　D. 有些不对　　　E. 不对

15. 我觉得一个人做事比大家一起干效率高一些，所以我愿意一个人做事。
    A. 是　　　B. 好像是　　　C. 是与否之间　　　D. 好像不是　　　E. 不是

16. 为求得和睦相处，我有时会放弃自己的意见，附和大家。
    A. 是　　　B. 有时是　　　C. 是与否之间　　　D. 很少是　　　E. 根本不是

17. 当着众人和陌生人的面，我感到窘迫。
    A. 是　　　B. 有时是　　　C. 是与否之间　　　D. 很少是　　　E. 不是

18. 无论情况多么紧迫，我都能注意到该注意的细节，不会丢三落四。
   A. 是　　　　B. 有时是　　C. 是与否之间　　D. 很少是　　E. 不是
19. 和别人争吵时，我常常哑口无言，事后才想起该怎么反驳对方，可是已经晚了。
   A. 是　　　　B. 有时是　　C. 是与否之间　　D. 很少是　　E. 不是
20. 我参加正式考试或考核的成绩，常常比平时的成绩要好些。
   A. 是　　　　B. 有时是　　C. 是与否之间　　D. 很少是　　E. 不是

计分标准

单号数的题目A～E五种答案依次计分为1、2、3、4、5分，双号数的题目A～E五种答案依次计分为5、4、3、2、1分。

结果解释

81～100分：适应性很强。
61～80分：适应性较强。
41～60分：适应性一般。
20～40分：适应性很差。

拓展阅读 ……

心中的顽石

阻碍我们去发现、去创造的，仅仅是我们心理上的障碍和思想中的顽石。

从前，有一户人家的菜园地里嵌着一块大石头，长度约有50厘米，宽度约有40厘米，高度有10厘米。到菜园的人，不小心就会踢到那块大石头，不是跌倒就是擦伤。儿子问："爸爸，那块讨厌的石头，为什么不把它挖走？"

爸爸这么回答："你说那块石头噢！从你爷爷时代，就一直放着了，它的体积那么大，不知道要挖到什么时候，没事无聊挖石头，不如走路小心一点，还可以训练你的反应能力。"若干年后，当时的儿子娶了媳妇，也生了小孩。又过了若干年，小孩长大了，也娶了媳妇。

有一天他儿媳妇气愤地说："爸爸，菜园那块大石头，我越看越不顺眼，改天请人搬走好了。"

他回答说："算了吧！那块大石头很重的，可以搬走的话在我小时候就搬走了，哪会让它留到现在啊！"

媳妇心里非常不是滋味，那块大石头不知道让她跌倒了多少次。有一天旱上，媳妇带着锄头和一桶水，将整桶水倒在大石头的四周。十几分钟以后，媳妇用锄头把大石头四周的泥土搅松。媳妇早有心理准备，可能要挖一天吧，没想到几分钟就把石头挖起来了，看看大小，这块石头没有想象得大，大家都被它的外表蒙骗了。

温馨提示：你抱着下坡的想法爬山，便无从爬上山去。如果你的世界沉闷而无望，那是因为你自己沉闷无望。改变你的世界，必先改变你自己的心态。

（资料来源：张杰. 心中的顽石 [J]. 初中生必读，2017（05）：9-10.）

第二节 心理防御机制

心灵故事

张某，大二女生，性格偏内向，父母下岗，家庭经济情况一般。为了供张某读书，父母平时总是省吃俭用，生活十分拮据。父母把未来的希望全寄托在张某身上，对她期望很高，希望她毕业后能找到一份好工作补贴家用。父母对张某的要求也非常严格，有时严厉到会伤害她的自尊。张某希望毕业后尽快改善自己家庭的境遇，可是行动上总是上不去，因害怕父母唠叨，平时甚至不愿回家，心里总有一个疙瘩。半年多来，张某看不进书，坐在教室里总是东想西想，精神不能集中。她对自己的行为很不满意，非常担心自己一直这样下去。她想尝试改变自己，但不知从何做起，效果也不好。她的心情越来越坏，对任何事情好像都提不起兴趣，吃饭经常没有胃口，去医院检查，医生说身体没什么问题。

张某的心理问题显然是由压力造成的。首先，家庭条件是张某的主要压力来源。张某父母双双下岗，她的家庭应激（压力）是非常大的。张某作为一名学生，对事件的冲击似乎无能为力，只能消极地承受。其次，持续的家庭压力直接影响了张某日常生活和学习的行为方式，甚至影响到她的生理机能，例如，吃饭时没有胃口等。最后，张某采取的方式是摇摆于积极和消极二者之间。一方面，张某确立了目标，这是积极的应对；另一方面，张某又在回避来自家庭的压力，这又是消极的应对。现在，张某最好求助于专业的心理咨询师，让心理咨询师帮助她打开心结，以全身投入学习中去。

知识导读

一、什么是心理防御机制

（一）心理防御机制的含义

当个体遭遇挫折和失败时，都会有一种摆脱困境、减轻不安、稳定情绪、重新达到心理平衡的倾向，这种缓解内心紧张或者压力状态的一贯方式或倾向被称为心理防御机制。

（二）心理防御机制的特点

心理防御机制的特点主要包括无意识、自我保护、回避问题、与个性有关和种类繁多。

1. 无意识

人们在遇到挫折的时候，往往会无意识地做出一些反应。当回忆挫折反应的时候，可能什么也想不起来了，或者没意识到自己当时做了什么。这些本能反应是人们在面对心理威胁时惯性地保护自己的方式，而平时是意识不到的。

2. 自我保护

当人们的心理受到威胁的时候，心理防御机制可能就会启动。它可以保护人们远离不良情绪的困扰，维护人们的自尊心不受伤害。可以说，心理防御机制在某种程度上满足了人们的心理需求，使人们因挫折而失去的心理平衡得以恢复。

3．回避问题

心理防御机制通过对自身与挫折情境之间关系的重构发挥作用，所改变的是个人对挫折情境的看法、解释等，尽管可以保护个人的心理不受伤害，但由于这样做往往只是通过歪曲、回避或者重新解释现实来满足个人的心理需求，而不是针对挫折情境本身所做的应对反应，所以只能暂时缓解焦虑、紧张等不良情绪，减轻心理压力，而不能解决实际问题。因此，心理防御机制对个体面对现实问题反而是不利的。

4．与个性有关

一方面，一个人的个性发展越成熟，越敢于面对困难，因此也就越少利用心理防御机制；另一方面，在遇到挫折时经常使用心理防御机制，这种回避现实困难、谋求心理平衡的行为方式就可能固定下来，成为个性的一部分，妨碍日后对现实的适应。

5．种类繁多

尽管都是为了回避现实，获得心理平衡，但每个人采取的防御方式可能不同。因此，就会出现各种各样的心理防御机制。

二、主要的心理防御机制

人在遭遇挫折时，会不自觉地运用心理防御机制。在日常的学习生活中，由于主客观条件不一样，挫折反应也各不相同。挫折的防御机制是多样的，有些是积极的，有些是消极的，也有些是中性的。

（一）积极的心理防御

积极的心理防御可以帮助个体正视挫折，承认挫折，正确分析挫折产生的主客观原因，总结经验教训，采取积极的行为方式，最后战胜挫折。主要表现如下：

1．升华

将遇到挫折或者愿望无法满足时产生的愤怒、不甘等情绪，以外部世界能够接受的，有利于社会发展、文明进步的方式表现出来，并且因此创造出一定的社会成就，这就是升华，即通常所说的"化悲痛为力量"。升华是积极的行为反应，从古至今演绎出绵绵佳话。如：盖文王拘而演《周易》；仲尼厄而做《春秋》；屈原放逐，乃赋《离骚》；左丘失明，厥有《国语》；孙子膑脚，《兵法》修列。不仅如此，升华还是一种富有建设性的行为反应。所谓"屡战屡败，屡败屡战"就是这种在挫折面前自我激励的情绪状态。

2．坚持

坚持，指个体发现目标难以达到，于是要求自己做出加倍努力，使目标最终实现的行为。电影《当幸福来敲门》中的主人公面对挫折一直坚持不懈地努力，最终赢得了自己的事业，也获得了幸福的生活。正如有学者所说：成功就在于最后的坚持之中。

3．认同

认同，指个体在现实生活中无法获得成功时，效仿他人获得成功的经验和方法，使自己的思想、信仰、目标和言行更适应环境和社会的要求，以增强自信心，减少挫折感。一般情况下，所效仿的他人往往是自己敬重或者喜欢的人。例如，大学生常以一些历史名人、科学家或小说中欣赏的人物作为自己效仿的对象，建立自己心中的榜样，并依照榜样进行积极的自我激励与自我暗示，用成功代偿挫折。

4. 补偿

所谓补偿，是指因某方面的缺陷而无法达到期望的目标时，以其他方面的成功来弥补先前的遗憾与自卑的现象。例如，有的大学生在学业上的成绩不理想，转而发展自己的人脉和关系网，培养自己的人际交往能力，并在社会实践中取得优异的表现。

5. 幽默

有些人在遇到让人尴尬或者难堪的情境时，会以一种轻松愉快的方式化解尴尬、难堪的局面，称为幽默。幽默不是对问题的回避，而是直面问题，并以恰当的方式做出反应，既不伤害别人，又能够合理地表达自己的想法和态度，使处在情境中的人获得愉快的体验。幽默是个人看待挫折成败的一种超然心态和智慧。

（二）消极的心理防御

消极心理防御是指个体遭受挫折后所表现出来的带有强烈情绪色彩的非理性行为。常见的情绪行为方式有以下几种：

1. 固执

当个体一而再、再而三地遭受到同样的挫折，就会慢慢失去信心，失去随机应变的能力，而形成刻板的反应方式，盲目地重复同样无效的行为。在大学校园里，固执行为往往发生在一些性格内向、倔强、看问题片面的大学生身上。固执是非理智性的消极行为，对大学生的成长极为不利。

2. 退行

退行又称退化、回归，是指当个体受到挫折时，心理活动和反应退回到个体早期发展水平，以幼稚、不成熟的方式应对当前情境。表现出这种行为方式的大学生往往对自己缺乏信心，像孩子一样依赖他人，多指大人小孩状。如忽闻亲人离去，有的人可能会一下子呆住，不知所措，只知道哭泣。又如某大学生参加学生会干部竞选失败了，感到很"委屈"，无法理智分析和正确对待，不吃饭，也不上课，成天蒙头大睡。

3. 逆反

个体遭受挫折后，一意孤行，对正确的观念盲目地反抗、抵制与排斥，这种行为便是逆反。用通俗的语言来说就是"你要我朝东，我偏朝西"。持逆反心理的人往往为了排除内心的不满，会产生一些不符合社会规范、不被允许的愿望和行为，甚至做出一些反社会性行为。

4. 攻击

攻击是一种破坏性行为反应，指个体遭受挫折后，在情绪与行动上会产生一种对有关人或物的攻击性的抵触反应，以消除来自挫折的痛苦。攻击的表现形式多种多样，一般可分为直接攻击和转向攻击。直接攻击是指一个人受到挫折以后，把愤怒的情绪直接发泄到使之受挫的人或物上，如大学里发生的打架斗殴、损害公物等现象。转向攻击是指一个人受到挫折以后，把愤怒的情绪指向其他的人或物身上去，如受到老师批评时，把怒气发泄到别人身上或物品上。

5. 轻生

轻生是个体受挫后表现出的一种极为消极的行为反应。在现实中，个别大学生面对突如其来的挫折和打击，在得不到外力帮助的情况下，可能会自暴自弃，产生轻生厌世、自杀自残的行为，以此来获得内心痛苦的解脱。

6. 压抑

当一个人不愿意接受自己的一些情感、冲动或者记忆的时候,可能会将这些东西"遗忘",这样就不会感到焦虑和痛苦了。但是,那些"遗忘"的情感、冲动或者记忆并不是真的不存在了,只是一个人为了避免产生心理冲突,降低焦虑,将它们压抑到了潜意识里。事实上,它们往往会以一些特殊的方式来显现,如口误、笔误等。

(三)中性的心理防御

中性的心理防御是指当一个人受到挫折后,采取一些暂时减轻受挫感的行为方式,以缓解挫折给自己带来的心理烦恼,减轻内心的冲突与不安。主要表现为以下几种:

1. 求得注意

求得注意即想方设法引起别人对自己的注意,如以大声喧哗、寻衅生事、恶作剧来表现自己,这是不可取的。

2. 合理化

合理化即自我安慰,指无法达到追求的目标时,给自己一个好的借口来解释,但用来解释的借口往往是不真实、不合逻辑的,但防卫者本人却能借此说服自己,使自己心安理得。比如,鲁迅小说中的主人公阿Q被欺负不敢还手时说"儿子打老子"。合理化主要包括酸葡萄效应、甜柠檬效应和推诿。

(1)酸葡萄效应。酸葡萄效应指的是将自己想要得到却得不到的东西说成是坏的,简单地说就是,只要不是自己的都是不好的。比如,自己运动能力比较差,为了保持自尊就说那些在体育方面比自己强的人"四肢发达,头脑简单";自己学习成绩不理想,就说那些比自己学习好的同学是"书呆子"。

(2)甜柠檬效应。甜柠檬效应简单地说就是只要是自己的就是好的,也许东西本身并没有那么出众,但因为是自己的,所以就大加颂扬。比如,自己的眼睛小却说"眼睛虽小,聚光有神";自己长得胖却说身材丰满。

(3)推诿。俗称找借口,因为害怕受到责备、嘲笑,或者为了减轻心理上的内疚感,而将事情的原因推到不可控的外部因素或者可以原谅的主观因素上。

3. 反向形成

人们并不总是能完全接纳自己内心的观念和情感,有时候可能会拼命地压抑那些自己无法接纳的观念和情感,唯恐表现出来被别人发现。但正是由于过度压抑,结果往往会以相反的方式表现出来,这就是反向形成。比如,明明很讨厌一个人,但见到对方时却表现得十分热情,甚至热情到连自己都觉得不可思议;明明喜欢一个人,但见到对方的时候却爱答不理,有时候还会出言挤兑对方。区分真实的情感和反向形成情感的标准就是行为表现是否过分,即行为表现是否超出本应该有的程度。比如,跟一个人没那么亲密,却表现得异常亲热,自己都觉得难以理解,这个时候就要考虑是不是有反向形成的作用,是不是因为自己心里对这个人有极大意见或者非常讨厌他而刻意压抑的结果。但是,这种刻意压抑长期运用会从根本上扭曲自我意识,使动机与行为脱节,造成心理失常。

4. 抵消

抵消是指人们在发生不愉快的事情之后,为了弥补内心的愧疚感、罪恶感等,可能会进行一些象征性或者仪式性的动作以使自己的内心平静,来缓解紧张焦虑的情绪。简单地说，抵消就是一个人犯了错，可以通过一些象征性或者仪式性的活动让自己的内心感觉好一点。如孩子考试没考好，心里觉得对不起爸爸妈妈，让他们失望了，于是回家之后拼命帮爸爸妈妈干活，这样做之后心里似乎好过了一些。

5. 投射

有时候人们难以接受自己的一些想法、情感、欲望及自身的某些特征，就将它们转移到别人身上，或者认为别人也如此，这样可以使自己免于焦虑不安。例如，一个渴望获得别人关注的人，可能会向别人述说老是有人在看他，其实他一直在注意别人。我们用自己的想法揣度着世界，揣度着别人，这样有助于我们处理事情、理解他人。但是，因为我们不是他人，所以这种投射又具有一定的局限性，因为我们无法确知别人是不是真的如此。

6. 向下比较

当个体遇到挫折的时候，在某些情况下，有必要和那些命运比自己更差的人去比较，以消除心里愤怒不平的消极情绪，让自己在心理上获得一种平衡感。

7. 冷漠

冷漠即一个人表现出对挫折情境漠不关心、无动于衷等的情绪反应。冷漠并非没有情绪反应，相反，是一种压抑极深的痛苦情绪反应。有的人在遭遇挫折后，心灰意冷，自以为"看破了红尘"，看透了人生，热情消失了，兴趣没有了，对一切表现得很默然。这种冷漠心态对一个人的健康人格和良好心理的形成和发展，有着极大的危害。

三、善用心理防御机制

任何人在任何年龄段都可能会或多或少地使用心理防御机制。人在遇到挫折、失败和打击时，或者心中的愿望、想法、冲动等得不到满足时，会本能地动用心理防御机制，为自己在心中筑起一道防线，以免自己的心灵受到伤害。然而，心理防御机制虽然能够在一定程度上缓解人们心理上的痛苦和焦虑，但却不能直接解决问题。通常，一个人的心理发展越成熟，越倾向于不使用心理防御机制，或者使用更成熟的心理防御机制。

相关链接

扫一扫，观看视频

负重一万斤长大

互动体验

在生活中遭遇挫折时，采取不同的应对态度对个体成长的影响是有很大差别的。请大家阅读以下材料后，对照自己在挫折面前的表现。以5～8人为单位分小组讨论自己所受到的启发。

情景假设

你每天去上班都得越过一个水塘。这个水塘有些地方结冰很厚，在上面走路很安全，而有一些地方的冰很薄，稍有不慎你就会掉进冰冷的水中。失败者与成功者思考问题的模式对照如下：

1. 失败者这样思考问题

（1）无论什么时候总是集中精力考虑如何避免失败，总是战战兢兢、小心翼翼地往前走，而不是考虑如何越过这个水塘。

（2）每走一步都仔细试探冰面的厚薄，轻轻地落下脚步，确定冰面结实之后才踩下去。然后，犹犹豫豫地再迈一步。这样一步步地走，不惜一切代价地避免失败。

（3）每走一步都小心谨慎地试探冰面的厚薄，随时准备着失败。

（4）一刻不停地担心犯错误，担心掉到冰水里面。

（5）如果非多花工夫不可，就用一整天时间来过这个水塘，连耽误上班都不太担心，总是想着：最重要的是别失败。

（6）如果确实不够机灵，掉进了水里，就狠狠地责备自己，并怀着非常厌恶的心情，详细地回忆每一个错误的动作，一点点地想，越想越恼火。

（7）痛骂自己。面对着让你失败的地方，坐在那里大声痛骂自己。你从下边的这些话开始骂，越骂用的词越"新鲜"，越骂想起的词越多：愚蠢、粗心大意、瞎子、低能、傻瓜、笨蛋、蠢猪……

（8）把自己痛骂一番之后，站了起来，又去一寸一寸地试探冰面的薄厚。你慎之又慎地往前挪动，如果你觉得有必要，几个小时才往前走几步。

（9）小心地重复上面的动作，最后到达水塘对面的目的地。

2. 成功者这样思考问题

（1）没到水塘之前，先研究有关冰层的问题。拜访遇到过类似情况、有经验的人，读所有能够找到的有关这个问题的材料。

（2）开始过水塘的时候，集中精力考虑要解决的问题，即研究怎样走过去，而不是想掉进冰水的可能性。

（3）做好准备。因为失败的可能性非常大，穿上一套不怕落水的衣服。

（4）早一点出门，留有充分的时间对付倒霉的事情，这样还能赶上上班时间。

（5）不为会不会掉进水里担忧。自己随时可能落水，因为不管走到哪里都有冰层很薄的地方。

（6）不停地走。如果真的掉到冰水里，赶快爬上来，接着往前走，绝不动摇。

（7）因为把失败当成朋友和老师，所以把每一个掉进水里的地方做上记号，这样下次就可以躲开这些地方。

（8）事先在上班的地方准备好毛巾、干净衣服、电吹风、化妆用品等。有了这些东西，即使自己掉进水里，也能很快将自己收拾妥当，然后开始工作，耽误不了多少时间。不管掉进冰水多少次，夸奖自己掉下去的次数不是很多，而且这么快就走过来了。

（9）到达单位的时候，心里想：在这里的人全部是从那个水塘走过来的，他们大都经历过他们自己的挫折，所以，他们不会耐心地去听你的倒霉事。于是，不谈自己的遭遇，而是关心大家，跟大家聊一些对彼此都有益的事情。

3. 请回答以下问题
（1）你所受到的启发是什么？
（2）请尝试用一句话来概括你所受到的启发。

心理测试

挫折容忍力测验

指导语

每个人在生活中都会受到不同程度的挫折，但每个人受挫后恢复的能力却各不相同。有些人"弹性"十足，有些人受挫后一蹶不振，而大多数人则介于两者之间。下列的问题可以测验出你应付困境的能力。在回答这些问题时，请你用"同意"或"不同意"作答。回答越坦白，越能准确地测验出你的挫折忍受力。同意画"√"，不同意画"×"。

测试量表

1. 胜利就是一切。　　　　　　　　　　　　　　　　　　　　　　（　）
2. 我基本是个幸运儿。　　　　　　　　　　　　　　　　　　　　（　）
3. 白天工作不顺利，会影响我整晚的心情。　　　　　　　　　　　（　）
4. 一个连续两年平均成绩都名列最后的球队，应退出比赛。　　　　（　）
5. 我喜欢雨天，因为雨后常常是阳光普照。　　　　　　　　　　　（　）
6. 如果某人擅自动用我的东西，我会生气一段时间。　　　　　　　（　）
7. 汽车经过时溅我一身泥水，我生气一会儿便算了。　　　　　　　（　）
8. 只要我继续努力，我便会得到应有的回报。　　　　　　　　　　（　）
9. 如果有感冒流行，我常是第一个被感染的人。　　　　　　　　　（　）
10. 如果不是因几次霉运，我一定比现在更有成就。　　　　　　　（　）
11. 失败并不可耻。　　　　　　　　　　　　　　　　　　　　　（　）
12. 我是一个有自信心的人。　　　　　　　　　　　　　　　　　（　）
13. 落在最后，常让人提不起竞争心。　　　　　　　　　　　　　（　）
14. 我喜欢冒险。　　　　　　　　　　　　　　　　　　　　　　（　）

15. 假期过后，我需要舒散一天才能恢复常态。（   ）
16. 遭遇到的每一次否定都使我更进一步接近肯定。（   ）
17. 我想我一定受不了被解雇的羞辱。（   ）
18. 如果向我所爱的人求婚被拒绝，我一定会精神崩溃。（   ）
19. 我总忘不了过去的错误。（   ）
20. 我的生活中，常有些令人沮丧气馁的日子。（   ）
21. 负债累累的光景叫我寒心。（   ）
22. 我觉得要建立新的人际关系相当容易。（   ）
23. 如果周末不愉快，星期一我便很难集中精力学习和工作。（   ）
24. 在我生命中，我已有过失败的教训。（   ）
25. 我对受侮辱很在意。（   ）
26. 如果应聘职务失败，我会愿意再次尝试。（   ）
27. 遗失了钥匙会让我整个星期都不安。（   ）
28. 我已达到能够不介意大多数事情的地步。（   ）
29. 想到可能无法完成某项重要事情，我会不寒而栗。（   ）
30. 我很少为昨天发生的事情烦心。（   ）
31. 我不易心灰意冷。（   ）
32. 必须要有百分之五十以上的把握，我才敢冒险把时间投资在某件事上。（   ）
33. 命运对我不公平。（   ）
34. 我对他人的恨会维持很久。（   ）
35. 聪明的人知道什么时候该放弃。（   ）
36. 偶尔做个败北者，我也能坦然接受。（   ）
37. 新闻报道中的大灾难，使我无法专心工作。（   ）
38. 任何一件事遭到否决，我都会寻求机会报复。（   ）

评分标准

上述问题，1、3、4、6、9、10、15、17、18、19、20、21、23、24、25、27、28、29、32、33、34、35、36、37选"不同意"计1分，选"同意"计0分，其余题选"同意"计1分，选"不同意"计0分。各题得分相加，统计总分。

结果解释

0～10分：你是那种易被逆境、失望或挫折所左右的人，你把逆境看得太严重，一旦跌倒，要很久才能站起来。你不相信"胜利在望"，只承认"见风使舵"。

11～25分：你遇到某些灾祸或挫折的时候，往往需要相当长的时间才能振作起来。不过你能找到很多的技巧和策略来获取个人的利益。

26～38分：你应付逆境的"弹性"极佳，不理想的境遇虽然会对你造成伤害，但不会持久。你在情感上通常相当成熟，对生活也充满热爱，不承认有失败，纵使一时失败，仍坚信有"东山再起"的一天。

拓展阅读

在中央电视台科教频道《我爱发明》栏目里，有人制作了一个奇特的苍蝇捕捉器。

捕捉器看上去很特别，也很简单。其实它就是一个椭圆形的玻璃杯，上端封闭，没有出口，下端是一个锥形管连接的入口，底部的口稍大些，直径约5厘米，锥形管向上伸入到玻璃杯中心的位置，管口直径约3厘米。就这么一个简单的装置难道真能捕捉住乱飞的无头苍蝇吗？观众们都捏着一把汗。

在记者的见证下，发明人把苍蝇捕捉器拿到附近的公路边上，用砖头支起来，底部放一些苍蝇爱吃的饵料。不一会儿，七八只苍蝇飞来，叮在下面的饵料上。吃饱了的苍蝇按飞行习性向上顺着捕捉器的入口飞到玻璃瓶里，在里面向上、向四周乱飞了一通，始终不能出来。

观众们通过观察发现，只要进了捕捉器的苍蝇，只知道盲目地向上飞、向四周飞，不知道向下飞，不知道原来的路是安全的路，无一能逃出，它只能在里面困死、累死、饿死。看来这个简单的装置真能捕住苍蝇。

不懂得向下的路是安全的路，在困境中一味地向前，不会原路返回，这是苍蝇的致命伤。

同样，生活中只知道勇往直前不是真正的勇敢。那些懂得适时放低自己，在困境中及时回头的人才是真正的强者。

（根据央视网农业农村频道"诱蝇入瓮"节目整理，2021.07.06）

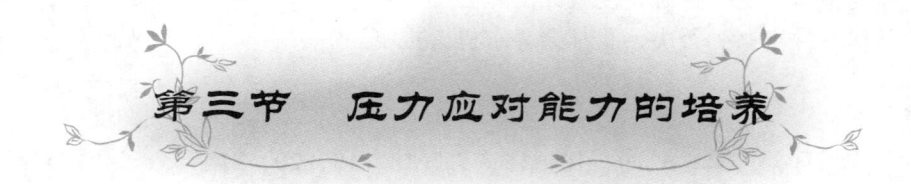

第三节 压力应对能力的培养

心灵故事

崔某，某高校2018级学生。该生平时学习非常勤奋，每年都能获得奖学金。他大三上半年因参加英语四级考试未通过，感觉受到了极大挫折。崔某身患先天性心脏病，自幼体弱，他的家庭因为给他治病这些年也负债累累，他又面临毕业找工作还是选择专升本继续深造的两难选择，这些事情使崔某感觉压力倍增，他精神不振，身体愈发脆弱，不知道该如何应对，一度想退学了之。后来，经过心理咨询师的心理疏导和现身说法，崔某最终选择正视困难、吸取教训、继续努力，他重新以饱满的热情投入学习和生活中，不但顺利通过了大学英语四级考试，还顺利通过了专升本考试。

崔某的经历其实在大学里非常常见，如顺风顺水的生活突然遭遇变故，或者一向学习很好但高考发挥失常，等等。其实，每个人生活的环境都是经常变化的，顺境、逆境交替出现。只有积极、主动地适应这些变化，并且勇于调整，才能使自己走出情绪的低谷、人生的困境和失败的打击。自怜、自怨或寻求保护伞逃避现实都于事无补。

知识导读

挫折是人生之旅的波折和考验，一方面它能够打击我们，让我们身心痛苦；另一方面它也给了我们磨砺和成长的机会。借助挫折的力量成就自我，需要学习一些技巧调整自己，才能顺利地度过最艰难的时期。那么，怎样才能顺利地度过困难时期，并善用这个磨刀石呢？

一、调整情绪

挫折来临的时候，人们会产生紧张、焦虑、担心等不良情绪，这些情绪有时会影响人们对问题的分析和处理，妨碍人们处理事情的效率。了解一些调整不良情绪的方法对人们成功应对挫折是非常重要的。

（一）暂停思考

遇到挫折时，难免会产生不愉快的情绪，这个时候对自己说"停"将有助于消除不良情绪。具体方法是：首先，在头脑中想象挫折带来的想法和感受，当能够清晰地想象挫折事件和挫折情境的时候，对自己说"停"；当自己不能在头脑中清楚地想象挫折事件和挫折情境时，就可以慢慢地不再使用"停"了。其次，想象一个让自己愉快的事情或者场景，用愉快的情绪取代不愉快的情绪。最后，切记当不良情绪消失后，要对自己进行鼓励以强化所取得的成果。

（二）积极地自我指导

人在指导别人的时候总是头头是道，但是轮到自己时却常常觉得不是那么回事。事实上，我们完全可以像指导别人那样指导我们自己。例如，当遇到挫折时，像帮助别人那样，对自己说"试试看"。具体的方法是：在遇到挫折时，先告诉自己不要担心，看看有什么办法可以解决自己所面临的问题；在开始着手处理问题时，适当地安慰自己只要能够应对当下的挫折就可以了；同样，当"雨过天晴"后，要记得奖励自己来强化战果。

（三）正向思维

有的时候，人们觉得挫折难以应对，不是因为挫折本身真的那么难以应付，而是人们在心里给自己设置了障碍。常见的就是还没有开始做事情时，就觉得自己肯定做不好；遇到困难就觉得天都塌下来了，自己无能为力……这些负向性的思维方式不仅对应对挫折没有益处，还会影响自己的心情；相反，正向性的思维方式则有助于人们应对挫折，产生积极的情绪。正向性的思维方式就是以积极的方式来思考问题，如，我们可以这样想："困难和挫折的出现不是我能左右的，但是我可以决定自己做什么，我只要尽力就好，既然我已经尽力了，那么无论结果怎样，我也不会有什么遗憾。"

（四）换个角度

任何事情都有两面性，从不同的角度去看会有不同的感受。塞翁失马，焉知非福？挫折之所以会让人气馁，是因为我们只看到了它对我们达成目标的阻碍，却没有看到它能够给我们带来的启示和教训。比如，一个想要竞选班干部却因为紧张说不出话的学生，虽然竞选未成功，但可以换个角度来考虑：尽管这一次竞选演讲没有得到想要的结果，但自己能够站在讲台上，本身就已经是一种成功；这一次积累了经验和教训，下一次就能够更好地做准备；通过这次的经历，也可以针对自己的不足着重锻炼需要改善的地方。

（五）转移注意力

我们都有这样的经验，当遇到挫折的时候，越想那些让自己头疼的事情，就越是烦躁，事情就越糟糕；越是想解决问题，越是想不出办法来。这时，如果我们通过转移注意力让自己的情绪平复下来，等心境平和了再来处理问题，可能会发现原来问题也没那么糟糕。常见的转移注意力的方法有听音乐、看电影、运动、睡觉、逛街等。对于不同的人，不同的活动所产生的效果也不一样，需要每个人寻找和选择适合自己的活动。选择这些活动时有两个原则：一是活动本身能够有效地转移自己的注意力，当我们从事这项活动的时候，能够忘记那些不愉快，放松心情；二是这些活动要有建设性，而不应该对他人或者社会产生破坏性的活动。

（六）放松训练

身体的放松能够让紧张的心情得以缓解。放松训练就是通过让身体放松来达到放松心情的目的。当我们感到心情紧张的时候，可以尝试下述放松方法：

第一，找一个安静的房间，还要有一把带靠背的椅子，然后以一个舒适的姿势坐在椅子上，双脚自然平放在地板上，闭上眼睛。

第二，静静地体会气流在自己身体中流淌的感觉，慢慢地做深呼吸，同时默默在心里说"放松，放松……"

第三，将注意力集中在脸上，可以感觉到脸、眼睛、下巴都很紧张，在头脑中想象脸紧张的样子，然后想象自己脸上的紧张慢慢消失，脸变得松弛了。

第四，感觉脸上的肌肉松弛下来，并且那种松弛的感觉向全身其他部位传导。

第五，使劲绷紧自己的脸，体会紧绷的感觉，然后缓慢地放松肌肉，让脸上的肌肉变得放松，可以感觉到有暖暖的舒适感从脸上流出。

第六，按照上述的方法将身体的其他部位，如头、颈、肩、手、手臂、肚子、大腿、小腿、脚、脚趾逐一放松。全身放松后再静静地坐5分钟，感觉眼皮轻了，再闭着眼睛坐1分钟，然后再睁开眼睛。放松训练结束。

上述放松方法每天练习两次效果更佳。

注意：做练习前不要吃东西，不要穿太紧的衣服，以免影响放松效果。

（七）适当宣泄

心情不好时，若能表达心中的不满、不快等情绪，则有助于缓解不良情绪。不过，宣泄不愉快情绪要讲究方法，方法不当不但难以取得宣泄的效果，还可能对自己和他人造成伤害。在遇到挫折时，比较适合的宣泄方法有以下三种：

1. 找人倾诉

找个值得信赖的朋友，选个安静的环境，将自己的不愉快讲出来，既可以帮自己梳理思路，重新审视自己遇到的挫折和困难，也可以让自己在向朋友倾诉的过程中获得心理上的支持和理解，进而降低挫折带来的不愉快。

2. 替代倾诉

有的时候，我们可能觉得一些事情不能或者不愿意与他人分享，但是我们心里的压力已经积累到了一个难以忍受的程度，迫切地需要宣泄，这个时候可以找个没人的地方，并选一个替代性的东西作为倾诉对象，甚至也可以没有明确的对象。"国王长了驴耳朵"的故事就是典型的替代倾诉的例子。故事中的理发师不敢将这个只有他知道的秘密告诉别人，他快憋疯了，于是找个树洞倾诉，倾诉之后他的心情大好。

3. 写日记/信

将心中的不快和挫折感记录下来，给自己写一封信，隔段时间再看，会发现事情也没有之前感觉的那么糟糕。有时候在写的过程中自己就会慢慢平复下来，并发现自己之前没有考虑到的一些细节，顿悟出解决问题的办法。

二、重构认知

（一）调整观念

美国心理学家艾利斯提出了心理治疗的 ABC 理论，认为是人们的不合理信念造成了挫折体验，因此，想要改善人们在挫折中体会到的不良情绪，应该从改变不合理信念入手。常见的不合理信念如下：

（1）犯错误是不可原谅的。
（2）做事情就必须做到最好，否则还不如不做。
（3）我周围的人都应该时刻关注我。
（4）没有人喜欢听别人诉说不开心的事。
（5）少说多做，不可以随便发表自己的意见。
（6）人必须独立，凡事都应该自己面对。
……

生活中存在的不合理信念有很多，归结起来不合理信念的主要特征有：绝对化要求、以偏概全和糟糕之极。我们可以通过这三点来识别自己的不合理信念。另外，还有一个更直接的办法，即参照上述所列出的不合理信念，当自己觉得哪一条似乎特别有道理的时候，就说明在我们的观念中存在着这样的不合理信念。

识别不合理信念的目的是最终改变那些不合理的信念，以合理的信念取代它们。如果发现自己头脑中确实存在上述的不合理信念，尝试用下面的合理信念取代那些不合理的信念。试试看，这样做之后，是不是感觉很多让自己郁闷、烦恼的事情都变得不再那么令人讨厌呢？一些想不通的事情似乎也迎刃而解了。与上述不合理信念相对应的合理信念如下：

（1）任何人都不是完人，都有可能犯错误。
（2）我们做事的时候只要尽力而为就好，至于能不能成为最好的不是我们所能决定的。
（3）别人没有必要时刻关注着我。
（4）当我不开心的时候，我可以跟我信赖的朋友分享我的感受。
（5）我的行为是由我自己做主的，我有权发表自己的意见。
（6）当我需要帮助的时候，我可以向别人求助。
……

（二）调整抱负水平

抱负水平是人在从事某种实际活动之前，对自己要达到的目标规定的标准。挫折感的产生往往是由于自己的目标过高、不切实际。因此，实时调整自己的抱负水平，不仅可以减少挫折的发生，还能锻炼自己的意志力。

（1）量力而行，目标适当。调整抱负水平，不提超出自己能力和资源的要求，这样可以减少挫折发生的概率。

（2）提前准备，避免受挫。当意识到可能出现阻碍目标实现的困难时，提早做准备，或者调整自己的目标，尽可能地避免挫折出现。

（3）知彼知己，百战不殆。我们要对自己的优势和劣势有清晰的认识，在做事之前对所要面对的情况也要有清晰的认识。这样才能知道差距在哪里，需要向哪个方向努力。

（4）知难而退，洒脱豁达。如果发现事情确实不可为，那么就要果断地调整目标，或者直接放弃目标，不要恋战，白白耽误时间和精力。

总之，遇到挫折时，应审视自己的目标是否得当，所定的目标最好既有一定难度，又是经过一定努力能够实现的。

三、积极应对

挫折是把双刃剑，它既可以磨炼人的意志，让人学会积极的应对方式；也可以让人精神崩溃，或麻木、冷漠，形成消极应对挫折的方式。适当的挫折应对方式有助于人们的成长，能够帮助人们塑造良好的个性品质，也能够为人们在以后的生活中提供借鉴和指引。选择挫折应对方式的时候，可以从以下两个方面来考虑：

（一）挫折造成的不良影响是否消除或缓解

（1）由挫折带来的情绪紧张状态是否得到了缓解。如果不良情绪因此而降低了，那么当前选择的应对方式是有效的；如果当前的应对方式对改善挫折带来的不良情绪没有效果，甚至火上浇油，那么它就是无效的。

（2）身体的不良反应是否消失。在遇到挫折的时候，人们可能会出现心跳加快、呼吸不畅等身体上的反应，如果使用一种应对方式之后，身体上的这些反应消失了，也可以证明这种应对方式是有效的。

（3）生活是否恢复正常。挫折会打乱我们的生活节奏，扰乱生活秩序，让人焦头烂额，干扰正常的学习和生活。一个成功的挫折应对方式应该能够让我们的生活恢复到原本的状态和秩序，不再干扰我们正常的学习和生活。

（二）是否有助于以后的生活

（1）要有助于我们面对问题，而不是回避问题。面对才是解决问题的开始，如果一直无法面对，问题就难以解决。

（2）要符合现实情况。任何人也无法凌驾于现实之上，如果选用的应对方式与现实相背离，那么它本身就不可能有效地应对挫折。

（3）要有助于我们在面临挫折情境的时候做出准确的评估，不会使我们对压力情境做出歪曲的评估。

（4）要有助于提高解决问题的能力，改善处理问题的思维方式。

（5）要有助于我们识别和控制自己的情绪，提高我们的挫折承受力。

四、有意识地建设和维护社会支持系统

社会支持系统指的是一个人遇到挫折和困难时，可以在自己的社会关系网络中获得的帮助和支持，既包括物质上的，也包括精神上的。通常情况下，个人的社会支持系统主要由亲人、朋友、同学、老师等组成，也包括可以提供心理咨询和指导的咨询师及咨询机构。当一个人遇到挫折的时候，能够获得的社会支持越多，越有助于应对挫折。因此，人们需要有意识地建设和维护自己的社会支持系统。可以说，社会支持系统是人们在这个世界上生存的支撑点。

首先，弄清楚自己有什么资源，这些资源能够给自己提供什么样的支持和帮助。当遇到挫折的时候，就可以有效地寻找可利用的资源。例如，当自己心情不好的时候，可以找朋友倾诉；当自己遇到学习上的困难时，可以找老师求助。

其次，分析还有什么资源是可以发掘的。要注意建设新的资源，扩大自己的社会支持系统。如果只有一个可以倾诉的朋友，碰巧遇到挫折的时候他又不在身边，那就无法获得朋友的支持；但如果有几个这样的朋友，在需要倾诉的时候就能比较容易地获得这样的社会支持。

最后，社会支持系统是需要维护的。社会支持系统往往由与自己关系比较密切的人组成，不能只在需要的时候才想起来去维护与他人的关系，在平常的生活中就要积极地维护，这样在需要的时候社会支持系统才能够顺利启动。

相关链接

扫一扫，观看视频

繁星流动，与你同路

互动体验

最坏结果设想

活动目的

1. 促使成员宣泄自己的压力。
2. 启发成员分析压力事件能够给自己带来的最坏的结果，看自己能否接受这一结果。
3. 引导成员平和地看待压力事件的缘起。

活动说明

时间：10 分钟左右。

场地：空旷教室或团体训练室。

实施程序

1. 分组：成员之间两两一组，面对面坐好。尽量选择自己不熟悉的成员。

2. 组织者邀请成员以"我不得不"句式造句，比如"我不得不做某事"，然后继续造句："如果我不做某事，就会 B。""如果 B，则 C。"以此类推（B、C 均为某个不好的结果），一直到成员觉得可以结束，即没有更坏的结果发生为止。另一名成员倾听，第一名成员分享完毕后交换角色。

3. 分享完毕后组织者可以邀请几名成员分享他们的故事并谈谈感受。

组织者提问

1. 大家最后最坏的结果究竟是什么？

解说要点：有时我们说完这一连串的"不得不"后，会发现很多情况下我们最终否定的是自我的价值，即如果这件事我没做，那么就体现不出自我的存在价值了。但是要注意，我们自身存在的价值不可能也不应该仅仅因为遇到一些小事而被否定。事实上，自我价值的体现取决于我们自己。另一些"不得不"的最后结果会让我们感到非常有趣甚至荒谬，我们往往倾向于将一些小的失败看成巨大的灾难，把一些小的压力事件主观放大，其实这些"不得不"并不会给我们带来多严重的后果。

2. 体察一下当说完这一连串的"不得不"后，感受如何？说完以后，这件让你担心的事情还会继续让你担心吗？

解说要点：生活事务的状态只有两类，即做了和没做。其余的一切都取决于自己的心态。我们每天对自己说的话决定了我们做这些事情的心情，如果每天生活中真的出现这么多的"不得不"，那么，我们就会在一个悲惨的状态下工作，而这一悲惨的状态是自己强加给自己的。谁能够为我们的选择和生活状态负责？答案只能是自己。

注意事项

1. 如有黑板，最好把造句的句式写下来，以便成员观察。

2. 有的成员分享到最后可能会觉得这一过程和最后结果有些可笑，会感觉其实没有多大的压力，组织者要抓住这一机会进行干预。

拓展活动

组织者可以以这一活动为切入点，引入情绪管理的 ABC 理论，请成员分辨自身的不合理信念。

第七章 战胜压力 逾越坎坷

心理测试

心理承受能力测试

指导语

下面的每道题，请根据自己的实际情况做出"是"或"否"的回答，并打上"√"。

1. 你认为自己是一个弱者吗？
   A. 是　　　　　　　B. 否
2. 你是否喜欢冒险和刺激？
   A. 是　　　　　　　B. 否
3. 你生活在使你感到快乐和温暖的班级吗？
   A. 是　　　　　　　B. 否
4. 如果现在就去睡觉，你担心自己会睡不着吗？
   A. 是　　　　　　　B. 否
5. 生病时你依旧乐观吗？
   A. 是　　　　　　　B. 否
6. 你是否认为家人需要你？
   A. 是　　　　　　　B. 否
7. 晚睡两个小时会使你第二天明显精神不振吗？
   A. 是　　　　　　　B. 否
8. 看完惊险片很长一段时间内，你一直觉得心有余悸吗？
   A. 是　　　　　　　B. 否
9. 你常常觉得生活很累吗？
   A. 是　　　　　　　B. 否
10. 你是否有一些无话不谈的知心朋友？
    A. 是　　　　　　　B. 否
11. 当考试成绩不理想时，你会感到非常沮丧吗？
    A. 是　　　　　　　B. 否
12. 你认为自己健壮吗？
    A. 是　　　　　　　B. 否
13. 当你与某个同学闹意见后，你一直无法消除相处时的尴尬吗？
    A. 是　　　　　　　B. 否
14. 大部分时间你对未来充满信心吗？
    A. 是　　　　　　　B. 否
15. 你有一个关心、爱护你的家吗？
    A. 是　　　　　　　B. 否
16. 当你在课堂上回答不出问题时，你在课后还会久久地感到烦恼吗？
    A. 是　　　　　　　B. 否

17. 每到一个新地方,你是否常常会出现问题,如吃不下饭、睡不着觉、拉肚子、头晕等?
    A. 是　　　　　　　　B. 否
18. 即使面对困难,你还是相信困难终将过去吗?
    A. 是　　　　　　　　B. 否
19. 你明显偏食吗?
    A. 是　　　　　　　　B. 否
20. 当你与父母发生不愉快时,你是否曾想离家出走?
    A. 是　　　　　　　　B. 否
21. 你是否每周至少进行一次喜欢的体育活动,如登山、打球、玩游戏等?
    A. 是　　　　　　　　B. 否
22. 你觉得自己有些神经衰弱吗?
    A. 是　　　　　　　　B. 否
23. 你认为你的老师喜欢你吗?
    A. 是　　　　　　　　B. 否
24. 心情不愉快时,你的饭量与平时差不多吗?
    A. 是　　　　　　　　B. 否
25. 看到苍蝇、蟑螂等讨厌的东西,你感到害怕吗?
    A. 是　　　　　　　　B. 否
26. 你相信自己能够战胜任何挫折吗?
    A. 是　　　　　　　　B. 否
27. 你是否常常与同学们交流看法?
    A. 是　　　　　　　　B. 否
28. 你常常因为想心事而躺在床上久久不能入睡吗?
    A. 是　　　　　　　　B. 否
29. 在人多的场合或在陌生人面前说话,你是否感到窘迫?
    A. 是　　　　　　　　B. 否
30. 你是否认为你受到的挫折与其他人相比,根本算不了什么?
    A. 是　　　　　　　　B. 否

评分标准

第2、3、5、6、10、12、14、15、18、21、23、24、26、27、30题答"是"计1分,答"否"计0分。其余各题答"是"计0分,答"否"计1分。各题得分相加,统计总分。

结果解释

总分0~9分:说明你的心理承受能力差。你遇到困难易灰心,常有挫折感。

总分10~20分:说明你的心理承受能力一般。你能轻松地承受一些小压力,但遇到大的打击时,还是容易产生心理危机。

总分21~30分:说明你的心理承受能力很强。你能在各种艰难困苦面前保持旺盛的斗志。

第七章　战胜压力　逾越坎坷

拓展阅读

　　心理学家用小白鼠做了一个实验。在这个实验中，心理学家给小白鼠设置了一条跑道，在跑道上由远到近设置了两个点 A 和 B。将小白鼠分成两组，一组小白鼠的跑道上，A 和 B 两个点都放了吃的东西；另一组小白鼠的跑道上只有 B 点有食物。心理学家对小白鼠出发和奔跑的速度进行了测量。结果发现，在 A 点没吃到食物的小白鼠在冲向 B 点的时候跑得更快。这些心理学家在这个实验的基础上提出了"挫折－奋进"说，认为受挫可以激励一个人奋发图强，而且受挫越严重，奋发的程度越大。由此可见，挫折也可以成为我们前进的动力，如果我们在遇到困难和阻碍的时候，能够平心静气，冷静分析，不气馁，积极应对，无论在失败还是在成功面前都善于总结经验教训，有意识地磨炼自己，那么，我们就能够培养自己面对困难时的积极态度和积极品质。

　　（资料来源：林清香. 大学生心理健康教育. 清华大学出版社，2013.10.）

启发思考

1. 结合本章内容谈一谈你在生活中都遇到过什么挫折，试着用本章提到的理论对其进行分析。比如，你遇到的挫折是什么原因造成的，挫折的背后是否存在不合理的信念等。
2. 什么是心理防御机制？常见的心理防御机制有哪些？
3. 结合生活实际，谈谈你认为自己在生活中是否应该使用心理防御机制。为什么？
4. 你觉得自己应对挫折的能力如何？如果想进一步提升自己的挫折应对能力，你应该怎样做呢？

星说心语

　　2017 年 5 月 3 日，习近平总书记在中国政法大学考察时指出："青年在成长和奋斗中，会收获成功和喜悦，也会面临困难和压力。要正确对待一时的成败得失，处优而不养尊，受挫而不短志，使顺境逆境都成为人生的财富而不是人生的包袱。广大青年人人都是一块玉，要时常用真善美来雕琢自己，不断培养高洁的操行和纯朴的情感，努力使自己成为高尚的人。"正如习近平总书记所言，我们在成长过程中难免会遇到压力和挫折，必须要学会正确看待压力与挫折，克服挫折与压力对心理的消极影响，学会调节不良情绪，把挫折与压力转化为我们前进的动力。正确处理压力与挫折，反而能促进我们学习和事业的发展。未来属于青年，希望寄予青年，新时代的中国青年肩负着实现中华民族伟大复兴的责任和使命，必须正确面对压力与挫折，学会正确应对压力与挫折，战胜成长道路上的各种压力，逾越前进征程上的各种坎坷，不断增强做中国人的志气、骨气、底气，不负时代，不负韶华，不负党和人民的殷切期望。

第八章

美好爱情　彼此成就

> 学会爱人，学会懂得爱情，学会做一个幸福的人。这就是要学会尊重自己，就是要学会人类的美德。
>
> ——马卡连柯

第八章 美好爱情 彼此成就

第一节 掀开爱情的面纱

心灵故事

大一新生小倩来到了心理咨询室,她说自己很迷茫。问其原因,她告诉老师,第二学期一开学,她们宿舍好几个原来玩得很好的小姐妹都谈起了恋爱,一时间她显得有些落单。看到别人在爱情中幸福的样子,她很是羡慕,不免对爱情产生了憧憬,可是又害怕谈恋爱会耽误学业,一直很矛盾。上周系部活动时,一位大二的学长向她表示了好感,她既开心又紧张,同时感到不知所措。一方面,刚入校时,这位学长帮了自己很多忙,自己一直很感激对方,不好意思拒绝;可另一方面又觉得学长好像并不是自己想象中白马王子的样子,面对他时,自己也没有脸红心跳的感觉。这让她很难取舍,这些天,她每天睡不着觉,严重影响了学习和生活。小倩想搞清楚什么是真正的爱情,她应该恋爱吗,她要不要接受学长的追求呢?

爱情是神圣而美妙的,青春期的学生更是对爱情充满了向往。然而,接受或付出一段感情应当是一件非常慎重的事情,在决定开始一段感情之前,要先了解什么是真正的爱情。爱情不是攀比、炫耀的工具,空虚和寂寞不应该成为追求爱情的理由,为了恋爱而恋爱是对爱情的亵渎。真正的爱情是两颗心最自然、最炽热的碰撞,"金风玉露一相逢,便胜却人间无数"。同时,要懂得区分爱情与友情、感恩之情等其他情感的区别,希望小倩能够邂逅并把握真正的爱情。

知识导读

一、爱情的定义

伟大革命导师恩格斯给爱情的定义是:"爱情是指一对男女基于一定的客观物质基础和共同的生活理想,在各自内心形成对对方最真挚的倾心爱慕,并且渴望对方成为自己终身伴侣的一种最强烈、最稳定、最专一的感情。"这一经典定义全面客观,经久不衰。我们来共同看一下这个定义的一些关键词。

客观物质基础:说到爱情这个词,谈物质似乎有些大煞风景,然而真正的爱情并不是乌托邦。正如作家三毛所说,爱情如果不落实到穿衣、吃饭、数钱、睡觉这些实实在在的生活里,是不容易长大的。没有物质基础的爱情就像是一座空中楼阁,迟早都有倾斜甚至倒塌的时候。爱情是需要经济基础作为后盾的,财富能让爱情、婚姻生活更美好,金钱买不来爱情,却能让爱情更稳固、更长久。

共同的生活理想：这一点很重要，双方一定要有共同的生活理想。也就是说两人要有共同的人生观、价值观。人生观、价值观一经形成很难改变，所以恋爱双方在此问题上的一致性尤为重要，共同的生活理想可以让两个人在人生的道路上共同奋斗、共同抵御风雨而无怨无悔。

终身伴侣的渴望：渴望对方成为自己的终身伴侣，这说明了爱情和婚姻的密切关系。单纯为了爱而爱，而不要"婚姻"这个结果的爱情，对自己和他人都是不负责任的，是不道德的。恋爱中的人谁不希望长长久久在一起呢，当你遇到正确的人时，你一定会渴望对方成为你的终身伴侣，共度此生。

二、爱情的属性

爱情是由生物、社会、心理三个要素相互作用构成的，完整而全面地认识爱情就必须从这三个方面去把握。

（一）爱情的生物属性

科学家经过多年的研究发现，支配爱情的激素一般有四种，它们分别是苯基乙胺、多巴胺、去甲肾上腺素和内啡肽。

1. 苯基乙胺

苯基乙胺是人体自身合成的一种神经兴奋剂，能让人产生一种极度兴奋的感觉。这种物质使恋爱双方产生"来电"的感觉，并在恋爱过程中不知疲倦，是信心和勇气的来源。

由于苯基乙胺的作用，人的呼吸和心跳都会加速。恋爱中，人的心跳会加快，手心会出汗，颜面会发红，瞳孔会放大。英国伦敦大学的一位科学家曾经招募自称处于热恋阶段中的青年男女作为志愿者，采用磁性共振成像技术记录他们的大脑活动。图像表明，在看到自己恋人照片的时候，大脑的四个特定的区域不约而同地出现血液流量急升的现象。同时，大脑中负责记忆和注意力的部分活动则受到了抑制，于是，那些处在恋爱中的男男女女自然就"变笨了"。

2. 多巴胺

多巴胺能产生一种使人欢欣的感觉。一般认为，拥抱时所感受到的安全感和满足感与这种激素密不可分。

在多巴胺的作用下，我们感觉爱的幸福。人们品尝巧克力时所体验到的那种满足感，是同样的机制在发生作用。幸好，我们的大脑能够区别彼此之间的不同。多巴胺好像是一把能打开许多锁的万能钥匙，根据所处情景不同，在体内产生不同的反应。巧克力的气味和口味告诉大脑，我们正在吃东西；情侣的体味和香味提醒大脑，我们身陷爱中。多巴胺带来的"激情"，会给人一种错觉，以为爱可以永久狂热。然而，我们的身体无法一直承受这种像可卡因的成分刺激，也就是说，一个人不可能永远处于心跳过速的巅峰状态。所以，大脑只好取消这种念头，让那些化学成分在自己的控制下自然地新陈代谢。这样一个过程，通常会持续一年半到三年。随着多巴胺的减少和消失，激情也逐渐变为平静。

3. 去甲肾上腺素

去甲肾上腺素有强大的血管收缩作用和神经传导作用，会引起血压、心率和血糖的增高。所谓心跳的感觉就是去甲肾上腺素在起作用，它能让恋爱的人产生怦然心动的感觉。

4. 内啡肽

所有有过恋爱经历的人都知道，爱除了激情外还应该有些其他的东西。在轰轰烈烈地爱过之后，我们需要另外一种爱情物质内啡肽来填补激情。内啡肽可以降低焦虑感，让人体会到一种安逸、温暖、亲密、平静的感觉。时间越长，这种状态越牢固。

费舍尔有一本书叫《情种起源》，从更全面的角度阐释了爱情的生物性，揭开了爱情的神秘面纱。

（二）爱情的社会属性

人不是脱离社会而存在的动物，那么人类的情感——爱情就不可避免地具备社会属性。爱情不仅是两个人之间的事情，它受制或牵扯到两个人的时代背景、社会背景。比如《孔雀东南飞》中的焦仲卿和刘兰芝虽然情投意合，然而两人的婚姻却受到了经济地位、社会、文化、风俗习惯、家庭背景的种种影响，最终只得以悲剧告终。

爱情的社会属性主要表现在以下七个方面。

（1）爱情包含着理性而有目的的交往。动物身上只有条件反射，而人具有在劳动和社会关系中合乎规律地发展起来的意识，他能够根据一定的原则和准则来权衡并且调整自己的行为，这就使复杂的性关系具有高尚的精神。

（2）爱情是同一社会结构中人的道德意识，是与人的善恶观、对道德的认识联系在一起的。只有人才能把道德带进两性关系，当一个人体会到真正的爱情时，就会表现出自我牺牲精神与巨大的道德力量。

（3）爱情是作为在男女关系上的一种特殊的审美感而发展起来的，爱情创造了美，使人对美有了新的领悟。爱情创造的美丽带有永恒性，我们所说的"情人眼里出西施"正是爱情特殊的审美趋向。在恋人眼中，对方身上所折射出的美丽是其他人无法理解也无法感受的，而这种美不仅表现在外表的吸引，更是心灵深处一种深沉的、发自内心的、对美的鉴赏力的持久的迷醉。

（4）作为一种社会现象，爱情的力量包括生理的力量与精神的力量，这种力量使相爱的两个人走到一起。爱情引导一对男女共同去建立牢固的生活，即去建立婚姻和家庭形式的关系。

（5）爱情的思想内容和社会心理内容决定社会发展水平，男女之间的相互作用不仅是生物作用，还是精神作用。志同道合曾经是革命年代崇高爱情的代名词，当历史进入21世纪时，爱情价值观的多元化显然与社会文化的多元化紧密相关。

（6）爱情的社会成分自然也存在于选择恋爱对象的过程中。选择和中意的标准不仅是生物性的，还是社会的、心理的。在选择对象时，无论男女注意到的不仅由遗传决定的生物特点（眼睛、头发、体形、气质等），还考虑社会评价（社会地位、物质条件、教育程度、道德水准、志向等）。如果说爱情最初的迷醉是从生物特点开始的话，那么持久的爱情靠的是社会评价。

（7）调节两性关系的手段是动物所不具备的羞耻感。与美感相对应的是，人类爱情的社会性有其特有的羞耻感，既表现在爱情表达方式与性行为的选择上，也表现在爱情受挫后引起的心理反应上。

（三）爱情的心理属性

作为人际吸引的最高形式，爱情是心理学古老而永恒的课题，它一直是心理学中的经典研究课题。在西方心理学界，关于爱情的研究成果众多，我们在此列举一二。

1. 斯腾伯格的"爱情三维度论"

这个理论认为，爱情包括亲密、激情、承诺三个维度。亲密是指与伴侣间心灵相近、互相契合、互相归属的感觉，属于爱情的情感成分；激情是指强烈地渴望与伴侣结合，促使关系产生浪漫和外在吸引力的动机，也就是与性相关的动机驱力，属于爱情的动机成分；而承诺则包括短期和长期两个部分，短期的部分是指个体决定去爱一个人，长期的部分是指对两人之间亲密关系所做的持久性承诺，属于爱情的认知成分。

三个维度结合在一起才是圆满完美的爱，随着认识时间的增加及相处方式的改变，上述的三种成分也将有所改变，爱情三角形的形状与大小会因其中的组成元素的增减而发生改变。三角形的面积代表爱情的质与量，面积越大，三角形越大，爱情就越丰富。如图8-1所示。

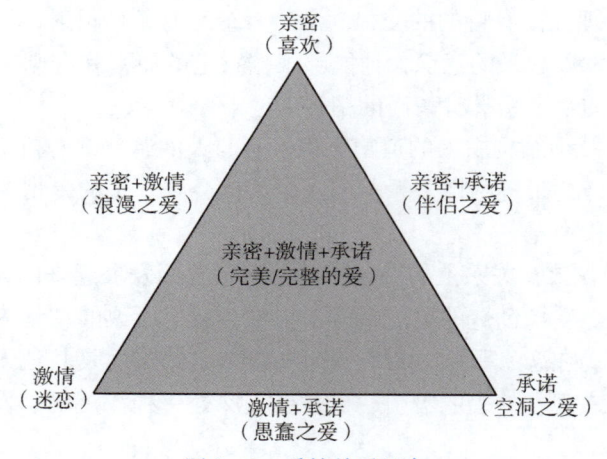

图8-1 爱情关系组合

斯腾伯格进一步指出，在三种成分下有八种不同的爱情关系组合，具体如下。

（1）无爱：三种成分俱无。
（2）喜欢：只有亲密成分。
（3）迷恋：只有激情成分。
（4）空洞之爱：只有承诺成分。
（5）浪漫之爱：亲密和激情组合。
（6）伴侣之爱：亲密和承诺组合。
（7）愚蠢之爱：激情和承诺组合。
（8）完美/完整的爱：三种成分同时包含在关系当中。

2. 爱情态度理论

1970年，鲁宾开始将爱情定义成对某一特定的他人所持有的一种态度之后，使爱情得以并入人际吸引之社会心理学主流内,并能使用一般测量方法研究爱情。

他假设爱情是可以被测量的独立概念,可视为一个人对特定他人的多面性态度,他从文艺著作、普通常识及人际吸引之文献资料中,寻找拟定叙述感情的题目,经过项目分析、信度、效度考验建立了爱情量表(Love Scale)和喜欢量表(Liking Scale),他发现爱情与喜欢有质的差别,量表中他特别突出了爱情的三个特质,即:亲和和依赖需求;欲帮助对方的倾向;排他性与独占性。

三、常见的爱情心理效应

心理效应是社会生活当中较常见的心理现象和规律,是某种人物或事物的行为或作用,引起其他人物或事物产生相应变化的因果反应或连锁反应。在恋爱过程中常常会出现一些有趣甚至不可思议的现象,我们试图从心理学的角度解释其中的一些现象。

(一) 光环效应

光环效应,又称晕轮效应,指对他人直觉的一种偏差倾向。当一个人对另一个人的某些主要品质有良好的印象后,就会认为这个人的一切都良好,这个人就被一种积极的光环所笼罩。反之,则被赋予不好的品质。俄国著名诗人普希金曾狂热地爱上被称为"莫斯科第一美人"的娜塔丽娅,并且和她结了婚。娜塔丽娅容貌惊人,但与普希金志不同道不合。当普希金每次把写好的诗读给她听时,她总是捂着耳朵说:"不要听!不要听!"相反,她总是要普希金陪她游玩,出席一些豪华的晚会、舞会,普希金为此丢下创作,最后还为她决斗而死,一颗文学巨星过早地陨落。在很多人看来,一个漂亮的女人也必然有非凡的智慧和高贵的品格,这就是光环效应的结果。然而事实并非如此。《诗经·静女》中男主角得了女主角赠送的一根荑草,大赞"洵美且异",但内心也明白是"匪女之为美,美人之贻",这也是光环效应的结果。

(二) 罗密欧与朱丽叶效应

罗密欧与朱丽叶效应出自莎士比亚的《罗密欧与朱丽叶》。故事描写的是彼此相爱的罗密欧与朱丽叶,由于双方家族的世仇,他们的爱情遭到双方家庭的竭力阻挠。然而,家庭的阻力非但没有使他们彼此分手,反而使他们爱得更深,直至双双殉情而亡。于是,心理学家德里斯科尔等人针对这种试图破坏两个人的爱情关系,反而使两个人爱得更深的现象进行了实验研究。

他们考察了91对已婚夫妇和49对相恋达8个月以上的恋人彼此相爱程度与他们父母干涉程度之间的关系。结果发现,在一定范围内,父母干涉程度越高,他们之间相爱的程度也越深。于是,德里斯科尔等人借用莎士比亚戏剧中的情节,将这种干扰恋爱双方爱情关系的外在力量出现时,恋爱双方的情感反而会加强,恋爱关系也因此更加牢固的现象称为"罗密欧与朱丽叶效应"。

(三) 吊桥效应

吊桥效应源于心理学上一个非常著名的实验。加拿大心理学家达顿等人分别在两座桥上对 18～35 岁的男性实验者进行问卷调查。一座桥是高悬于山谷之上的吊桥，吊桥距离下面的河面有几十米高，而且左摇右晃，非常危险；另一座桥是架在小溪上的一座坚固的木桥，高度也很低。心理学家先让一位漂亮的女调查员站在桥中间，并负责对过桥的男士进行问卷调查，然后告知他们若想知道调查结果可以电话联系这位女调查员。数日之后，给这位女士打电话的男士中，过吊桥的远比过木桥的多。这是因为紧张会促使人的苯基乙胺分泌水平提高。也就是说人处在危险的时候，产生爱情的可能性反而会提升。难怪有人说人生有三种场景最容易发生爱情：高空之上、异国他乡、生死存亡。

（四）蔡加尼克效应

1927 年，心理学家蔡加尼克做了一项有关记忆的实验。他给参加实验的每个人布置了 15～22 种难易程度不同的任务，比如，写一首自己喜欢的诗词、将一些不同颜色和形状的珠子按一定模式用线串起来、完成拼板、演算数学题等。完成这些任务所需的时间是大致相等的。其中一半的任务是顺利地完成，而另一半任务在进行中会被打断，要求被试者停下来去做其他的事情。在实验结束的时候，要求他们每个人回忆所做过的事情。结果十分有趣，在被回忆出来的任务中，有 68% 是被中止而未完成的任务，而已完成的任务只占 32%。这种对未完成工作的记忆优于已完成工作记忆的现象，被称为"蔡加尼克效应"。

这也是初恋难忘的主要原因之一。不是因为它本身的美好无法超越，而是因为未完成的状态让我们记忆深刻。

（五）投射效应

所谓投射效应是指以己度人，认为自己具有某种特性，他人也一定会有与自己相同的特性，是把自己的感情、意志、特性投射到他人身上并强加于他人的一种认知障碍。在人际认知过程中，人们常常假设他人与自己具有相同的属性、爱好或倾向等，常常认为他人理所当然地知道自己心中的想法。所以从某个角度说，我们爱上的人其实是我们心中的那个"他"，而不是真正的他。

（六）阿尼玛和阿尼姆斯情结

人在成长过程中特别是幼年时期与青春发育初期，通过回忆自己曾接触异性的感觉和受有关知识的影响，会在心里逐渐形成一种理想异性的原型，这种原型就是所谓的"梦中情人"。男性心目中所形成的理想异性形象在心理学中称为"阿尼玛"，女性心目中所形成的理想异性形象则称为"阿尼姆斯"。

正是因为"阿尼玛和阿尼姆斯情结"的作用，有的男子在初次见到某位女子时就会马上认定是"她"，女子在初次见面也认定了"他"，由此两人坠入情网。当现实中一个人的面前出现一个与"梦中情人"原型雷同的时候，在这个人的心里会产生一种似曾相识的感觉，更容易对对方产生信任与依赖的感觉。

男人最早接触的异性是母亲，因此，男人"阿尼玛"形成的原型很多与自己的母亲相似。女人最早接触的异性是父亲，因此，女人"阿尼姆斯"形成的原型很多与自己的父亲相似。因此，很多人理想中的异性标准自然与父亲或母亲相似。

互动体验

爱情中，你盼望得到什么？

拍卖活动

表 8-1 列出的 16 个项目是你盼望在爱情中得到的内容，可依据情况进行补充。

表 8-1　　　　　　　　　　爱情中，你盼望得到什么？

序号	项目	顺序
1	可以和他（她）分享生活中的点点滴滴	
2	可以因他（她）而扩展生活领域	
3	可以和他（她）相知很深	
4	可以和他（她）共同建立家庭	
5	可以因他（她）的提携，激励自己成长进步	
6	可以多一个工作伙伴	
7	可以获得爱和支持的感觉	
8	可以享有和他（她）的美好性生活	
9	可以有他（她）随时随地陪在身边	
10	可以和他（她）一起赚很多钱	
11	可以去照顾他（她）并为他（她）而付出	
12	可以因他（她）而生活更有变化	
13	可以由他（她）照顾生活起居	
14	可以和他（她）一起生儿育女	
15	可以因他（她）而增加生活乐趣	
16	可以因他（她）而获得安定感	

拍卖完，讨论下列题目

1. 按照你心目中的重要性，给这些项目排序。
2. 你经何种考虑进行排序的？

3. 当你所排顺序（即你心目中最盼望得到的）与你的男（女）朋友相冲突或不同时，怎么办？

心理测试

爱情态度量表（LAS）

指导语

想知道你对爱情是什么样的态度吗？以下是一些与爱情有关的句子，请你尽量真实地根据自己的经验和想法来填答。若你有多次恋爱经验，则请你以目前或最近一次的恋爱作答；若你未曾有过恋爱经验，则请以你理想中的情况来回答。

作答时，请在每个句子后写下对应的数字。"0"表示完全不同意，"1"表示比较不同意，"2"表示不同意也不反对，"3"表示比较同意，"4"表示完全同意。

测试量表

1. 我的伴侣和我有着很好的默契。（　　）
2. 我相信我的伴侣，他（她）不了解的一些事情不会伤害到他（她）。（　　）
3. 我们的爱情是最好的，因为它源于我们长期的友谊。（　　）
4. 我在选择伴侣时一个主要的考虑因素是他（她）怎样影响我的家庭。（　　）
5. 当我的伴侣不注意我时，我总感觉浑身不安。（　　）
6. 我宁愿自己受苦也不愿让我的伴侣受苦。（　　）
7. 我感到我的伴侣和我密不可分。（　　）
8. 我有时不得不防备我的伴侣寻找其他的爱人。（　　）
9. 我们的友情随时间逐渐发展成了爱情。（　　）
10. 我在选择伴侣时一个重要的因素是看他（她）是否有好的家庭。（　　）
11. 自从我爱上了我的伴侣后，我对于其他事难以集中注意力。（　　）
12. 只有我的伴侣感到开心我才开心。（　　）
13. 我和我的伴侣能够相互理解。（　　）
14. 如果我的伴侣听说我跟别人的一些事情，他（她）会非常不安。（　　）
15. 我们的爱情是很深的友情，不是神秘的感情。（　　）
16. 我在选择伴侣时要考虑他（她）对我的事业有怎样的影响。（　　）
17. 当我怀疑我的伴侣和其他人在一起时，我不能放松。（　　）
18. 我通常愿意为实现他（她）的愿望而放弃我自己的愿望。（　　）

19. 我的伴侣在外形方面符合我的理想标准。（　　）
20. 我认为爱情就是一场游戏。（　　）
21. 我们的关系非常令人满意，因为它来自坚固的友情。（　　）
22. 在进一步交往过程中，我会想万一我们有了孩子，双方的家庭能否很好地协调。（　　）
23. 有时我的伴侣忽视我一会儿，我会做一些蠢事去吸引他（她）的注意。（　　）
24. 我愿意为我的伴侣忍受一切。（　　）

评分标准

把你各题的得分填入表 8-2 中各题号后，算出各类的总分，看哪一类的总分最高，你的爱情类型就接近于哪一类。

表 8-2　　　　　　　　　　　得分表

类别		题号	分值	题号	分值	题号	分值	题号	分值	总分
1 类	情欲之爱	第 1 题		第 7 题		第 13 题		第 19 题		
2 类	游戏之爱	第 2 题		第 8 题		第 14 题		第 20 题		
3 类	友谊之爱	第 3 题		第 9 题		第 15 题		第 21 题		
4 类	现实之爱	第 4 题		第 10 题		第 16 题		第 22 题		
5 类	依附之爱	第 5 题		第 11 题		第 17 题		第 23 题		
6 类	利他之爱	第 6 题		第 12 题		第 18 题		第 24 题		

结果解释

加拿大社会学家经由文献收集及调查访谈两阶段的研究，将男女之间的爱情分成六种形态：情欲之爱、游戏之爱、友谊之爱、依附之爱、现实之爱和利他之爱。这 24 个项目是基于以上 6 种爱情类型而设定的。

情欲之爱：建立在理想化基础上的外在美，是浪漫、激情的爱情。

游戏之爱：视爱情为一场让异性青睐的游戏，并不会将真实的情感投入，常更换对象，且重视的是过程而非结果。

友谊之爱：如青梅竹马般的感情，是一种细水长流型、稳定的爱。

依附之爱：对于情感的需求非常强烈。

现实之爱：会考虑对方的现实条件，以期让自己减少付出成本的爱情。

利他之爱：带着一种牺牲、奉献的态度追求爱情且不求对方回报。

拓展阅读

爱情最美的模样

爱情最美的模样是什么呢？是初相遇时的怦然心动，还是相爱时温情的话语，抑或是"执子之手，与子偕老"的岁月静好？我们一起来看看下面这些平凡但不平淡的爱情故事吧！

1. 有一种爱叫相濡以沫

2020年，一段奶奶跳广场舞、爷爷在背后扇扇子的视频感动了无数网友。视频中，奶奶随着音乐节奏挥舞双臂，跳得十分卖力，以至汗流浃背，爷爷心疼奶奶，就在她背后默默扇风。其实爷爷的腿也在抖动着打节拍，但手中扇风的动作却始终没停。这一对老年人被广大网友称为"全网最真实的爱情"，奶奶成了"全广场最幸福的奶奶"。

2. 有一种爱叫不离不弃

张鹏和妻子周艳秋从事化肥销售工作，他们辛勤劳动，一家人生活得其乐融融。2011年，周艳秋因脑出血成为植物人。面对突如其来的打击，张鹏选择不离不弃，8年间无微不至地照料妻子。他每天早上5点起床做家务，照顾妻子的起居，进行康复治疗。有时喂一次药就要一个小时，但他始终耐心地照顾妻子。为了减少妻子常年卧床造成的身体病痛，张鹏自学按摩，每晚都会给妻子按摩三到五次。在他的精心照料下，妻子终于苏醒了，并重新站了起来。虽然妻子失去了往日的风采，可张鹏却视她为失而复得的珍宝。他告诉两个女儿："有你们的妈妈在，家就在，相亲相爱的一家人才会幸福长久。"

3. 有一种爱叫相互扶持

有这样一些让人羡慕的情侣：男友想创业，女友辞去了令人羡慕的医生工作当起了"老板娘"，两人开起了"朝阳板面"店；男友创办服装品牌，学新闻的女友则发挥特长为创业团队拍起了纪录片……他们放弃令人羡慕的工作待遇，彼此鼓劲打气，收获幸福。在他们眼中，"夫妻店"合伙人的创业形式因为爱情而可以走得更远。

这些爱情故事里，有难舍的相守，更有共担责任的勇气。让我们看到了爱情最美的模样或许就是"陪你一起慢慢变老"。

第二节　爱情如是说

心灵故事

中午，某高校食堂前围满了人，一个男生当众长跪于地，一手拿鲜花，一手拽着一个女生，嗫嚅着。女生没有回应，只是低头流泪，想走开却被该男生紧紧拽住。原来两人是情侣，女生因为某些原因提出了分手，没想到男生用这种方式苦苦挽留。

追求爱情的道路上需要勇敢和浪漫，但更需要的是智慧，这种大庭广众之下的表白和挽留令人尴尬，甚至恐慌。这个男生缺乏健康的表达爱的能力，采用极端的处理失恋的方式，容易给对方造成极大的心理伤害，效果可能适得其反。

知识导读

大学生恋爱是校园中的普遍现象，在人生的花季时代拥有真挚的爱情何其幸福。健康的爱情是大学生身心发展的需要，也是大学生人际交往的重要课题。但是，由于个性的发展以及受社会大环境的影响，有的大学生盲目地结交异性朋友，甚至持有一些偏颇的、不理智的错误的爱情观，尤其面对情感问题时采用过激或极端行为，对身心造成巨大伤害，使青春留有遗憾。引导大学生理性思考爱情、享受美好大学生活是本节的重点。

一、爱情圆舞曲——大学生恋爱的特点

进入21世纪以后，随着社会环境的变化，当代大学生恋爱呈现出明显的时代特点。

（一）自主性强，恋爱行为公开化

大学生是一个特殊的青年群体，思想开放，容易接受新观念，有着较强的独立意识，他们刚刚摆脱高考的束缚、父母的管制，就像刚出笼的小鸟，在恋爱问题上，个性比较突出，不太受长辈的影响，不顾及他人的评价，校园处处可见热恋中的情侣卿卿我我的身影。

（二）注重恋爱过程，轻视恋爱结果

恋爱向来被看成是为了寻觅生活伴侣，是婚姻的前奏。但是根据调查，在回答"大学期间谈恋爱主要是为了什么"这一问题时，28.3%的大学生选择"体验爱情的幸福"；37.6%选择"充实大学阶段的生活"；11%选择"将来结婚成家"；9.8%选择"赶恋爱风的时髦"；13.3%选择"不知为了什么"。其中，把恋爱动机指向恋爱过程的"体验爱情

的幸福"和"充实大学阶段的生活"的共占65.9%,而把恋爱动机指向婚姻"将来结婚成家"的只占11%。由此可见,当代大学生注重的是恋爱过程本身,至于恋爱的结果大多不在考虑之列。

注重恋爱过程,有利于双方相互了解、加深认识,也有利于培养感情、增加心理相容度。同时也反映了大学生不愿落入世俗,执意追求爱的真谛。但是,只注重恋爱过程,强调爱的"现在进行时",把恋爱与婚姻分离,不考虑爱的"将来完成时",未免失之偏颇。只重恋爱过程,轻视恋爱结果,实质上是只强调爱的权利,而否认了爱的责任。

(三) 主观学业第一,客观爱情至上

在对待学业与爱情的关系上,43.6%的大学生认为"学业高于爱情";49.6%的大学生认为"学业和爱情同等重要";只有6.8%的大学生认为"爱情高于学业"。调查结果表明:绝大多数大学生在主观上能够正确看待学业与爱情的关系。但在客观上、行为上能够正确处理好学业与爱情关系的大学生却不多。有的大学生一旦坠入情网就不能自拔,强烈的感情冲击一切,整天忙于花前月下、你侬我侬,厌学、早退、旷课现象增多,有的大学生甚至多门课程不及格,不能顺利毕业,耽误了自己的美好前程。

(四) 恋爱观念日趋开放

据中国青年报对大学生对待婚前性行为看法的调查,大学生的性开放程度呈现增长的趋势。受学生身份的限制,大部分大学生认为此时的恋爱应该保守一些;但也有人认为,大学生已经是成年人,可以自由选择恋爱方式。在关于恋爱行为尺度的调查中,在拉手、接吻、爱抚、进行性行为、同居这五种恋爱行为中,半数以上男生选择了"同居"这一项,而女生普遍认为"接吻"和"爱抚"都是很正常的行为。

(五) 网恋日益盛行

除了传统的恋爱形式外,随着网络的发展与普及,恋爱又有了虚拟形式——网恋。无形的网络开始取代"月老的红线",许多未曾谋面甚至远隔重洋的男女,通过网络相识、相恋。网恋成为很多年轻人的生活新方式,也成为互联网时代少男少女的一种新时尚。大学校园本来就充满着浪漫的气息,大学生又对新事物有强烈的猎奇心理,且高校的网络已十分普及,因此,在高校里,上网聊天和网恋更为流行。

二、爱情诊断室——大学生恋爱中的常见问题

(一) 恋爱动机之扭曲

时下,大学生恋爱蔚然成风。然而,有的大学生情侣不是因为爱情走到一起,而是因为种种其他原因:难以忍受寂寞、试图用爱情来抚慰自己、浇愁解闷者有之,分不清爱情和友情而傻傻被动陷入爱情者有之,盲目从众、满足虚荣者有之。如此恋爱,扭曲真情、荒废学业,辜负青春。

(二) 恋爱过程之忘我

能否兼顾好学业与爱情,是恋爱中的大学生所面临的重要问题。有的大学生因为爱情而荒废学业,恋爱的过程疯狂而忘我,陷入情网而无法自拔;有的大学生谈恋爱之后,眼

中只剩下彼此，和寝室同学逐渐疏远，不再参加班集体活动，严重阻碍了自我发展，格局渐窄。这些大学生一旦恋爱失败，整个大学生活只剩下"荒废"二字，徒留遗憾。

（三）恋爱角色之错位

1．单相思

单相思是指异性关系中的一方倾心于另一方，却得不到对方回报的单方面的"爱情"。"我本将心向明月，奈何明月照沟渠"，爱而不得，令人癫狂。

爱情错觉是单相思的另一种形式，它常会使当事人想入非非，自作多情。爱情错觉是指在异性间的接触往来关系中，一方错误地认为对方对自己"有意"，或者把双方正常的交往和友谊误认为是爱情的来临。

要想克服单相思和爱情错觉，重要的是正确理解爱情的深刻含义，同时用理智驾驭情感，尊重对方的选择，不可感情用事。

2．暗恋

暗恋是指一方对另一方心存爱意或好感但没有表现出来，通常不外乎胆怯、害怕被拒绝等原因。暗恋是一个人爱情的准备阶段，也是一个人情窦初开，对异性产生好感，并且开始有对爱情的懵懂理解的时期。它是一种痛苦同时又让人黯然欣喜的体验。每个人在暗恋的最初阶段，都有一种莫名的兴奋和喜欢。这种心理状态就如一把双刃剑，可以成就一个人的，是动力；可以毁掉一个人的，是破坏。

暗恋通常是一种没有回报的爱，自己心甘情愿为他（她）付出。暗恋者的付出往往比正常的恋情多出好几倍，而可悲的是，通常这种付出都不会获得回报。暗恋之所以美好，可能是因为你并没有和他真正走到一起，所以没有了解到真正的对方，爱上的可能只是想象中的美好。暗恋又是痛苦的，你如果不想承受这种痛苦，那就要学会把你的暗恋说出口。

3．多角恋

陶行知先生说："爱之酒，甜而苦。两人喝是甘露，三人喝是酸醋，随便喝，要中毒。"爱情中出现多角恋的情况也不罕见。有的大学生醉心于此，视爱情为游戏，以拥有多角恋而沾沾自喜；有的大学生陷入情网，难以自拔。多角恋行为不道德，既易引起纷争、不幸和灾难，也易产生冲突、酝酿悲剧，最终带来不良的后果。面对这种局势，应该光明磊落，碰到真心所爱，要看清形势，发挥优势，奋起而直追；如若失败，也要怀着祝福之心默默退出，另寻属于自己的幸福。

（四）恋爱结果之苦酒

最后，我们来谈谈失恋。当心中的理想之爱最终成为空想时，当身边的他（她）执意不再回头时，留给我们的是心中无限的遗憾、懊悔与失落。如何走出失恋的阴影，是大学生应该学会的课题。失恋可以让人一蹶不振，也可以让人峰回路转、自我升华。苏格拉底关于失恋的对话可以给我们深刻的启示。

失恋者：我要等到海枯石烂，直到她回心转意向我走来。

苏格拉底：但这一天永远不会到来。

失恋者：那我就用自杀来表示我的诚心。

苏格拉底：如果这样，你不但失去了恋人，你还失去了自己，你会蒙受双倍的损失。

失恋者：踩上她一脚如何，我得不到的东西别人也别想得到。

苏格拉底：这只能使你离她更远，而你本来是想与她更接近的。

失恋者：可我为她所投入的感情不是白白浪费了吗？谁来补偿我？

苏格拉底：不，你的感情从来没有浪费，因为在你付出感情的同时，她也对你付出了感情，在你给她快乐的时候，她也给了你快乐。

失恋者：可是现在她不爱我了，我却还苦苦爱她，这多么不公平啊！

苏格拉底：的确不公平，我是说对你所爱的那个人不公平。本来爱她是你的权利，但爱不爱你却是她的权利，而你却想在自己行使权利的时候剥夺别人行使权利的自由，这是何等的不公平！

三、爱情研习所——培养爱的能力

（一）迎接爱的能力

爱的能力包括施爱的能力和接受爱的能力。一个人心中有了爱，在理智分析之后，要敢于表达、善于表达，这是一种爱的能力。一个没有爱心的人是一个自私自利的人。一个人面对别人对自己的爱，能及时、准确地判断，并做出接受、谢绝或再观察的选择，这也是一种爱的能力。缺乏这种能力的人，或是匆忙行事，或是无从把握。大学生要具有迎接爱的能力，懂得爱是什么，有健康的恋爱价值观，知道自己喜欢什么样的人，适合什么样的人，对自己、对他人保持敏感和热情，主动关心他人，热爱他人。当别人向你表达爱时，能及时、准确地对爱的信息做出判断，坦然地做出选择，能承受求爱被他人拒绝或拒绝他人求爱所引起的心理扰乱。

（二）表达爱的能力

爱，要勇于表达，既然爱，就要告诉她（他）。对爱情的渴望总要转化成对爱情的实践，因此，你要首先去告诉她（他），告诉对方你的感受和承诺，送她（他）一件小小的礼物来传递、表达你的爱情，让对方知道你已深深地爱上了她（他）。爱情是一种经历，是一个过程，而不是一个结果。每个人必须亲身去体验，去感受。如果一个人不能积极地把爱情表达出来，只是消极地等待，可能永远也体会不到爱情的美丽和神圣。

爱情是神圣的，在表达爱意时一定要适度，切忌搞怪和突袭。在表达爱意之前，最好和对方约定一个时间，并提前给她（他）一个暗示。要充分了解对方的思维方式和生活规律，选择一个恰当的时机给予对方一个表示，前提是不能给对方造成压力。未经对方同意在公共场合示爱十分不妥，等于同时将自己和对方推入了尴尬的局面。如果实在没有把握或难以开口，可以尝试使用逐步试探的方法，给双方都留下回旋的余地。

（三）拒绝爱的能力

自己不愿或不值得接受的爱应有勇气拒绝。拒绝爱要注意两个方面：一是在并不希望拥有的爱情到来时，要果断、勇敢地说"不"，因为爱情来不得半点勉强和将就。如果优柔寡断或屈服于对方的穷追不舍，发展下去对双方都是不利的。二是要掌握恰当的拒绝方式。虽然每个人都有拒绝爱的权利，但是珍重每一份真挚的感情是对他人的尊重，也是一种自珍，同时也是对一个人道德情操的检验。不顾情面，处理方法简单轻率，甚至恶语相向，结果会使对方的感情和自尊心受到伤害，这些做法是很不妥当并且是危险的。

（四）面对恋爱挫折的能力

大学生恋爱受多种因素制约，在追求爱情的过程中遇到各种波折是在所难免的。前面所提到的单相思、爱情错觉、失恋等恋爱挫折对大学生的心理承受能力是一种考验。如果承受能力较强，就能较好地应付挫折，否则就有可能造成不良后果。因此，提高恋爱挫折承受能力对大学生的心理健康是非常重要的。

当爱情受挫后，要用理智来驾驭感情，通过分析原因，总结经验教训，寻找解决问题的方法和途径，在新的追求中确认和实现自己的价值，从而提高自己的心理承受能力和思想水平。

大学生对失恋的应对方式反映了他的心理成熟水平和恋爱观。一个人能够理智地从失恋中解脱出来，往往会使自己变得成熟起来。

（五）发展爱的能力

爱上一个人是一件简单的事情，然而爱情这朵娇艳的玫瑰只有细心呵护才能永葆生命力，因此发展爱的能力很重要。首先，要在爱情的发展过程中，有意识地培养自己的人格魅力，不断丰富自己，增强吸引力；其次，在恋爱的过程中双方要保持独特的个性，不能让自己"消融"在对方的影子里，同时又要保持与对方的和谐，两心相悦，互补互生；最后，在恋爱的过程中，要不断提高处理各种问题（与异性朋友的关系、恋爱与学业的关系等）的能力，使爱情之花永不凋零。

相关链接

扫一扫，观看视频

培养爱的能力

互动体验

一、爱情生命线

1. 请在白纸上画一条长长的直线，在末尾标上箭头，使之成为一条有方向的线。在线的左侧标上"0"，在线的右侧箭头旁边标上自己预测的寿命（如90岁）。最后，在纸的上方正中间写上"×××的情感生命线"。

2. 请估算今天的你在生命线上的大致位置，并做出一个明显的标记。

3. 请从左侧"0"开始，从自己有记忆开始回忆。回忆在自己成长过程中难忘、爱慕、痴迷过的异性，包括小伙伴、同学、邻居、明星等，甚至老师、长辈都包括在内。每当回忆起一个人，就请在生命线相应位置上做出标记，在上方写下他（她）的名字，在下方写下他（她）的迷人之处。

4. 回忆到"今天"暂停。如果现在你有男/女朋友，请大大地写下他（她）的名字，在下方写下甜蜜幸福的感受。如果现在你没有男/女朋友，请在生命线上画一颗红心，在下方写下心目中的他（她）的可爱之处。如果现在你正处于失恋状态，请画一颗红心，在下方写下对自己和对他（她）的祝福。如果现在你有爱慕的对象但还没有进一步发展，请你仍然画一颗红心，在下方写下自己要如何努力进一步来赢得他（她）的爱。

5. 从"今天"到生命的终结是长长的未来，请你在这长长的未来生命之路上标注出未来人生发展的规划和轨迹，如30岁结婚，请在30岁的位置做出标记，并写上"结婚"二字。

6. 完成后，请仔细观察这条写满了密密麻麻小字的情感生命线，对自己的情感经历做一个总结，以文字或图画的方式呈现在另一张白纸上。

7. 请部分学生分享自己在完成情感生命线过程中的感受。

二、爱情建议卡

1. 准备心形彩纸，粘贴到每个同学背后，播放音乐。

2. 请男女生排队，学生轮流分别在每个人背后写下对他（她）的爱情能力的看法和建议，要求简单而实际。

3. 请大家根据自己收获的爱情建议卡，思考如何提高自身爱的能力。

心理测试

"喜欢量表"与"爱情量表"

美国心理学家鲁宾把爱情看作一个人对另一个人所持的态度，他编制了喜欢和爱的态度量表，来测量不同的态度。

指导语

你还在为搞不清是"爱情"还是"喜欢"烦恼吗？不管你是否恋爱，试着针对自己的情况或想法勾选下列符合自己目前恋爱状况或对爱情憧憬的项目（可复选）。

说明：他 = 她，男女都可以作为参考。

对"爱情"情绪分析结果，"爱情量表"计 13 点：

1. 他情绪很低落的时候，我觉得很重要的事情就是使他快乐起来。
2. 在所有的事情上，我都可以信赖他。
3. 我觉得忽略他的过失是一件很容易的事情。
4. 我愿意为他做所有的事情。
5. 我对他有一种占有欲。
6. 若我不能和他在一起，我觉得非常不幸。
7. 假如我孤寂，首先想到的就是要去找他。
8. 在世界上也许我关心很多事，但有一件事就是他幸不幸福。
9. 他不管做什么，我都愿意宽恕他。
10. 我觉得他的幸福是我的责任。
11. 当我和他在一起时，我发现我什么事都不爱做，只喜欢用眼睛看着他。
12. 若我能让他百分之百信赖，我觉得十分快乐。
13. 没有他，我觉得难以生活下去。

对"喜欢"情绪分析结果，"喜欢量表"计 13 点：

14. 当我和他在一起时，我发觉好像我们两人有相同的心情。
15. 我认为他非常好。
16. 我愿意推荐他去做为人尊敬的事。
17. 以我看来，他特别成熟。
18. 我对他有高度的信心。
19. 我觉得人们和他相处后，大部分人都会有很好的印象。
20. 我觉得我和他很相似。
21. 我愿意在班上或团体，做什么事都投他一票。
22. 我觉得他是许多人中容易让人尊敬的一个。
23. 我认为他是十二万分聪明的。
24. 我觉得他是所有我认识的人中，非常讨人喜欢的一个。
25. 他是我很想学的那种人。
26. 我觉得他非常容易赢得别人好感。

评分标准

每勾选一项计 1 分，将 1～13 项分数累计，将 14～26 项分数累计。

结果解释

如果你在第 1 项至第 13 项累计分数偏高，表示你对他的感情以"爱情"成分居多，如果你在第 14 项至第 26 项累计分数偏高，表示你对他的感情以"喜欢"成分居多。

拓展阅读

我要的爱情（节选）

我对于你的意义是：我的出现，抹掉了你许多和空虚有关的坏习惯。

我要你上课时不再挂着QQ，自习时不再插着耳机，我愿意你能找回高三时那种甘于寂寞、清苦但平静的心境。

我不希望你每晚举着电话影响了室友的睡眠，让他们对你有一点小小的不满，让他们认为你是一个被爱情冲昏头脑的小男人，因为我知道，在你的大学生活中，他们的尊重和支持，会比我睡前的甜言蜜语更重要。

我要你不再翘掉"不太重要"的课，来补各种实验报告和作业本，或是陪我出游，因为每翘一节课你的进程链就比别人松一扣，知道吗？空虚和堕落就是在这种松懈中累积起来的。

我要你不再从周五就打算着带我去哪里玩，看什么电影，我愿意你去找一份规律的兼职工作，或者学一门外语。这样，在有一天你面临择业问题时，不会突然发现我占用了你太多的时间，我们都可以作为一个有竞争力的求职者，坦然地说起我们很充实的大学生活。

我要你不再对学校组织的各种活动一味地反感和怀疑，因为这些活动无论组织得好与坏，都会使参与的人得到锻炼，没有活动的大学不是完整的大学，没有参与活动的大学生也不是完整的大学生，我愿意你参与其中，渐渐在竞争中树立自信，拓宽胸襟。

我想我不再是一个你空虚时亲亲抱抱的对象，而是你疲惫时的倾听者；我想我在多少年后记起我们的恋情时，不会是夹杂着负担和后悔的，而是溢着阳光味道的；我想你的母亲看到你恋爱中的变化时，不再是对我心存怀疑和埋怨的，而是为他的儿子有了更规律、更有目标的大学生活而感到欣慰……

我宁愿在这四年里和你聚少离多，也不愿在四年后面临生活时和你做一对苦命鸳鸯。

我知道我们之间的感情还谈不上"爱"，因为爱需要很长时间的积淀。现在只是喜欢，有好感，有默契，想和你一起拼搏，想在你年少轻狂的时光里扮演一个角色……只有一起经历过，各自战斗过，彼此鼓励过，很久很久之后，才敢说我爱你……即时享乐的爱情是短命的！所以我不要……

亲爱的，我多想和你走得更远些，再远些……

（资料来源：真正的大学情侣，就应该是这个样子. 简书社区.）

第三节　走进健康性心理

心灵故事

婷是一个大二的女生，一向活泼开朗的她最近显得心事重重。在朋友的建议下，她来到了心理咨询中心，向老师敞开心扉，说出了隐藏在心里的烦恼。原来，婷有一个男朋友，两个人已经谈了一年恋爱，感情也非常好。但是前一段时间，男友向她提出了在外租房合住的想法，他对婷说，爱他就应该和他"在一起"。并且向她许诺，以后一定会好好珍惜婷，对她更好的。婷很惊慌，也很犹豫。一方面，她很爱自己的男朋友，以后也希望和他结婚共同生活；另一方面，她认为自己年龄还小，尚在读书期间，不希望婚前同居，而且她很担心同居会怀孕或染上什么病，心中非常忐忑。男朋友已经好几天没有和她联系了，婷不知如何面对，这样的苦恼又羞于开口向家人或朋友倾诉，她很是不安。

青年时期，由于生理方面第一性征、第二性征发育成熟，萌动了对性的意识和强烈的欲望，这种情况十分正常。但是，由于大学生尚处在求学阶段，所处校园环境比较特殊，大学生在与异性进行交往、恋爱时要慎重对待婚前性行为这个问题，把握交往的分寸和尺度。婷在面对这一问题时要充分考虑：我对性爱的丰富内涵真正理解吗？他是真心爱我，还是只为满足自己的欲望？一旦发生婚前性行为，我能承担后果吗？要同自己的异性朋友充分沟通、相互理解，在尊重对方的基础上做出慎重并对双方负责任的决定。此外，作为大学生，应该认识到"性"问题是一个普遍而正常的问题，羞羞答答、谈性色变只会让问题变得更为复杂，要大方面对，科学对待。

知识导读

听到"性"这个词，你会想到哪五个相关的词语？试着将它写出来。

性的科学含义可以简单概括为：人类的性是以生物繁衍的机能为基础，受特定的社会关系影响和人的心理因素支配的性行为。性教育又可称为性健康教育，是指关于两性关系以及性生活方式的教育，其目的是使受教育者的性生理、性心理保持健康、性行为符合社会伦理要求，最终在社会上求得两性间完美生活。华中师范大学的彭晓辉副教授说："性，关乎人们的生活质量，生活质量＝生活水平＋文明素养，文明素养中包括性文明素养而且是很重要的一个方面。""正确的性知识教育，可以使年轻人树立科学、健康、进步和有益的性观念，提高他们在性问题上的辨别力、鉴赏力和选择力，良好的性教育可以促进个体身心健康发展和成长。"性，作为爱情的亲密伴侣，应该是自然、美好而和谐的，如果没有性，生命就不复存在。每一个追求自身成长、关注生命价值的现代大学生都要建立一个科学的性观念，培养健康的性心理。

一、理解"性"

（一）性的基本属性

1. 性的多面性

现在，我们来看一下刚才同学们写了哪些词语。总结起来，大致可将其分为三类：

正面：幸福、快乐、温存、缠绵、震撼。

中性：怀孕、性心理、性器官、性爱、性别。

负面：恶心、肮脏、暴力、丑恶、嫖娼。

从上面的词汇中，大家可以感受到性的多面性，性既可以带给人快乐，同样也会给人带来痛苦。性，自古以来就是一个复杂而饱受争议的词语。

2. 性的三角结构

性作为来源于人的本能行为的一种，在不同的历史文化背景中被赋予了不同的内涵，大致可从以下三个方面来理解：首先是生物学意义上的性，指的是男女两性在生理上的差异。其次是心理学上的性，指在生理基础上，人们体验性带来的心理感受，如新鲜、刺激、亲密、美好、罪恶等。而由于性别差异，男女在性格、气质、情感、智商等方面也表现出心理层面的差异。最后是社会学意义上的性，也就是不同文化对于不同性别的不同期待。比如，在多数文化中，男性被鼓励强壮、敏捷、勇敢、成功和具有男子汉气魄，而女性则被鼓励温柔、体贴、易动感情和生育。

（二）性心理的基本理论

性心理是指人在性活动中的各种心理反应。在相关性心理理论中，以弗洛伊德的理论最具代表性。

弗洛伊德认为，人的精神活动的能量来源于本能，本能是推动个体行为的内在动力。人类最基本的本能有两类：一类是生的本能，另一类是死亡本能或攻击本能。生的本能包括性欲本能与个体生存本能，其目的是保持种族的繁衍与个体的生存。弗洛伊德是泛性论者，在他的眼里，性欲有着广义的含义，是指人们一切追求快乐的欲望。性本能冲动是人一切心理活动的内在动力，当这种能量积聚到一定程度就会造成机体的紧张，机体就要寻求途径释放能量。

弗洛伊德把性心理的发展分为五个阶段：

（1）口腔期（0~1岁），性本能主要靠口腔部位的吸吮、咀嚼、吞咽等活动获得满足。婴儿的快乐也多来自口腔活动。

（2）肛门期（1~3岁），原始性欲的满足主要靠大小便排泄时所产生的刺激快感获得满足。随着括约肌的逐渐成熟，婴儿获得了依照自己的意愿大小便的能力。按自己的意志大小便是满足婴儿性本能的最主要的方式。

（3）性器期（3～6岁），这一时期的儿童开始对自己的性器官产生兴趣，性器官成为全身最敏感的部位，儿童会以抚摸性器官获得快感。幼儿在此时期已能辨识男女性别。

（4）潜伏期（6～11岁），这个阶段的儿童兴趣扩大，由对自己的身体和父母的感情转变到周围的事物，性本能相当安静，注意发展各种为应付环境所需要的知识和技能。

（5）两性期（也称青春期），这一阶段起始于青春期贯穿于整个成年期。如果前面的几个性心理阶段发展顺利，这时就可以建立持久的性爱关系。这时，虽然快乐源指向生殖区，但人们不只是寻求自我满足，而是考虑他人的需要，在性爱的基础上建立爱情关系。

弗洛伊德创立的精神分析学说对西方乃至世界心理学都产生了深远的影响。在他的理论中，始终贯穿着生物遗传决定论的思想，认为个人的原始性欲支配着整个人的全部活动，包括人格发展。他否认了环境文化的作用，是一种"泛性论"。

二、大学生性心理的一般特征

（一）性心理的本能性和朦胧性

相当一部分大学生尤其是低年级大学生的性心理，尚缺乏深刻的社会内容，主要还是生理发育成熟带来的本能作用，好像情不自禁地对异性产生兴趣、好感和爱慕。不少学生不了解性的基本知识，对性有较浓厚的神秘感，使得这种萌动又罩上了一种朦胧的色彩。大学生由于性生理和性心理日趋成熟，希望与异性交往，他们喜欢探索异性的心理秘密。正是在此基础上，在朦胧纷乱的心理变化中，大学生的性意识逐渐强烈和成熟起来。

（二）性意识的强烈性与表现上的文饰性

大学生对性的关心程度明显强于中学生。他们十分重视自己在异性心目中的形象，十分看重来自异性的评价，并常按照异性的要求和希望来进行自我评价和塑造自己的形象。然而，尽管大学生在心理上对性问题和异性都很关注、很敏感，但在行为上还表现得拘谨、羞涩和冷漠，具有明显的掩饰性。

（三）性心理的压抑性和动荡性

青春期是人一生中性欲最旺盛的时期。但是，不少大学生的性心理不够成熟，尚未形成稳固的道德感和恋爱观，自控和自制能力有限。他们的性心理极易受外界各种因素的影响而显得动荡不安，表现出明显的动荡性。

（四）性心理的性别差异性

大学生的性心理存在着明显的性别差异性。在对于异性情感的流露上，男生显得较为外显和热烈，女生往往表现得含蓄而温存；在内心体验上，男生更多的是新奇、神秘和喜悦，女生则常是羞涩、敏感和不知所措；在表达方式上，男生比较主动和直接，女生更喜欢采取暗示的方式；男生的性冲动易被视觉刺激唤起，而女生则易在听觉、触觉刺激下引起性兴奋。不过，这种差异近年来有缩小的趋势。如在表达方式上，女生变得较为主动的情况也越来越常见。

三、大学生常见的性困扰

（一）性生理的困扰

1. 体相困扰

进入青春期后，男生和女生的体相发生了很大变化。男生希望自己身材高大、体魄强壮、音调浑厚、拥有男性吸引力以吸引女生；女生则希望自己容貌美丽、体型苗条、音调柔美来显示女性魅力，以吸引男生。然而，当他们的体相不如己意时，就常出现烦恼和焦虑。

2. 遗精恐惧与月经困扰

遗精是指男性在无性交状态下的射精现象，是青春期男子常见的正常生理现象，是性成熟的标志。过去传统观念往往把遗精看得很严重，认为这种行为会伤元气。青少年常因此而焦虑不安，惊恐失措。实际上精液由精子和黏液组成，一次排放的数毫升精液中99%的是水分，其余的是蛋白质、糖等，其营养物质对人体微乎其微。认为遗精就是"泄阳"的想法是不科学的，这种想法会引起紧张焦虑的情绪，对身心健康产生不利影响。

女性的月经期及来月经的前几天是女性生理曲线的低潮期，身体的耐受性、灵活性下降，易疲劳。有些女生过于担心经期的不舒服，这些消极暗示会加重自身情绪的低落和躯体的不适感，甚至造成恶性循环。

（二）性心理的困扰

1. 性别认同困扰

在对全国大学生的调查中发现，有一定比例的学生不喜欢自己的性别。大多数情况下，性别认同与生理性别是相符的。但有的时候两者间会产生不匹配。当这种不相符发生时，当事者就会产生一种不安的性别焦虑。

2. 性交往不适

"少男钟情，少女怀春"是青春期性心理的正常表现。大学生们渴望与异性交往的愿望非常强烈。但是，由于受传统性观念的影响，以及缺乏与异性交往的方法，许多大学生羞于与异性交往，常常拒异性于千里之外，在异性面前表现得非常紧张。

3. 性的白日梦与性梦

当大学生对与异性交往强烈的渴求不能实现时，性的白日梦就有可能发生。性的白日梦又叫性幻想。性幻想是指在某种特定因素诱导下，自编、自导、自演的与性行为有关的心理活动过程。这在一定程度上可以缓解人们的性需求。性的白日梦是一种普遍的心理现象。但是，不能长期沉迷于此，甚至把幻想当成现实，否则就会成为病态，有碍于大学生的健康成长。

性的白日梦是人为的幻想，而性梦则是真正的梦。性梦是指在睡梦中发生性行为。人们通过梦的方式能部分得到自己白天被社会规范限制的性冲动的满足，从而缓解性紧张。性梦也是大学生性心理较为普遍的一种表现。一些大学生由于缺乏对性梦知识的了解，常为自己有过性梦的经历而焦虑和自责。

4. 手淫引起的心理困惑

手淫是指用手或工具刺激生殖器而获得性快感的一种自我刺激，它是一种获得性补偿和性宣泄的行为。在传统的"手淫有害"论的影响下，一些大学生常常为自己有过手淫行为而自责，甚至产生心理障碍。实际上手淫是一种自然的、正常的性行为，手淫是对性冲动的一定程度上的合理缓解，但要适度。

5. 性骚扰的恐惧

常见的性骚扰有故意擦撞异性身体的某个部位、故意贴近别人、故意谈性的问题、用色情语言进行挑逗、用暧昧目光打量别人或强行要求发生性行为等。由于缺乏自卫心理，一些大学生面对性骚扰时常常会惊慌失措、恐惧万分，甚至长时间地自责，认为自己不"干净"，心理困扰长时间不能解脱。

四、培养和维护健康的性心理

（一）性心理健康及标准

世界卫生组织对性心理健康所下的定义是：通过丰富和完善人格、人际交往和爱情方式，达到性行为在肉体、感情、理智和社会诸方面的圆满和协调。性心理健康是人类健康不容忽视的重要组成部分，近年来正越来越受到人们的重视。

根据性心理健康的内涵，大学生的性心理健康应该符合以下标准：

（1）能够正确认识和接纳自己的性别。

（2）具有正常的性欲望。

（3）个体性心理特点和性行为符合相应的性心理发展年龄特征。

（4）具有较强的性适应能力。

（5）能和异性保持和谐的人际关系。

（二）维护大学生性心理健康的途径

1. 掌握科学的性知识

（1）了解科学避孕的方法

目前，常见的避孕方法有安全套避孕、避孕药避孕及安全期避孕。前两种方法避孕效果较好，但避孕药避孕会对身体产生一定的副作用，不宜长期使用。最后一种方法避孕成功概率偏低，希望引起足够注意。

（2）流产相关知识

对于大学生来说，还没有做好为人父母的准备，怀孕后通常意味着要做流产手术。医院采用的流产方式一般有药物流产和人工流产两种。无论药物流产还是人工流产都会对身体造成不可逆的伤害，严重时甚至会造成终身不孕。

（3）认识性病

性病种类较多，有一定潜伏期。一旦发现或怀疑感染性病请及时就诊。正规医院都能提供科学、保密的检查、诊断、治疗和咨询服务，切不可在网上盲目咨询，或到不正规的小医院或不正规的特色医院就诊。

2. 培养健康的人格

"性是人格的完成"。性不仅仅决定于生物本能，一个人对待性的态度也反映了一个人人格的成熟。人自身的尊严感和对他人是否尊重，都会在两性关系中充分体现出来。

（1）自爱自信

认同自己的性别角色。性别角色意识是一个人社会化成熟与否的重要体现，是心理健康的重要标志。男性和女性在生理上和心理上各有自己的特点，各有自己的性别魅力。现代社会的大学生应当在生物生理、社会心理和文化、经济、社会参与以及政治上，进行合乎科学、合乎道德、合乎时代要求的全面角色认同。尽管现在社会上对同性恋存在着各种不同的看法，但人们对同性恋所引起的社会适应困难的看法是相当一致的。因此，大学生应当接纳和欣赏自己的性别角色，发展适应时代要求的优秀个性特点。

（2）对性行为负有社会责任感

如果性行为只停留在手淫、性梦等方式的自我宣泄上，不会影响他人。但是，如果性行为涉及另一个人，那么便涉及许多社会责任。性行为可以给另一方造成心理和生理上的伤害，可以产生第三个生命，这将意味着影响另一个人的生活，也将影响自己的生活。每一个成熟的大学生都应当了解个人性行为给他人、自我和社会带来的后果。要尊重他人，尊重自我，对自我的行为负起责任。大学生要增强自己的性道德和性法律意识，用道德和法律规范自己的性行为。

（3）培养良好的意志品质

大学生自我控制性心理能力的大小，在一定意义上是由个人意志品质的强弱决定的。意志作为达到既定目的而自觉努力的一种心理状态，具有发动和抑制行为的作用。人不同于动物，人有意志力，人可以抑制和调整自我的冲动。那些放纵自己的人往往缺乏坚强的意志品质。诚如鲁迅先生所言，"不能只为了爱——盲目的爱，而将别人的人生的意义全盘忽略了。"

3. 培养正常的异性交往

异性之间的正常交往，有利于破除对异性的无知和好奇，可以使性能量在合适的人际渠道中以升华的方式得以合理地宣泄，保持心理平衡。在与异性交往中，要遵循一定的原则：相互尊重、自尊、心态自然、适度、自律。

4. 寻求专业的咨询与帮助

大学生要恰当选择性知识的学习工具，可以参阅一些有益健康的性知识书籍，登录一些主流媒体的性健康教育网站来学习。一旦出现相关的生理、心理问题，切不可藏着、掖着、病急乱投医，一定要到正规的治疗机构就诊。

第八章　美好爱情　彼此成就

互动体验

四个问题告诉你关于爱、关于性的真相

请阅读故事，在阅读故事的过程中讨论并澄清关于爱情和性的一些真相。

姑娘与水手

一艘船遇上了暴风雨，不幸沉没了。船上的人中有4个人幸运地乘上了两艘救生艇。一艘救生艇上坐着水手、姑娘；另一艘救生艇上坐着姑娘的未婚夫和他的朋友。气候恶劣，波浪滔天，两只救生艇被打散了。

姑娘乘坐的艇漂到一个小岛上。与未婚夫分开的姑娘惦记着未婚夫，千方百计寻找，但找了一天，一点线索也没有。第二天，天气好转，姑娘仍不死心，继续寻找，还是没找见。有一天，姑娘远远地发现了大海中的一个小岛，她就请求水手："请修理一下救生艇，带我去那个岛上好吗？"水手答应了姑娘，但提出了一个条件，必须和他睡一夜。姑娘万般无奈，寻未婚夫心切，满足了水手的要求。

（讨论：贞操和爱情的关系是什么样的？）

第二天早上，水手修好了艇，带着姑娘去了那个小岛。远远地，她看到了岛上未婚夫的身影，于是船靠岸后，她从船上跳下来，拼命往前跑，一把抱住了未婚夫的胳膊。在未婚夫温暖的怀抱里，姑娘想：要不要告诉他昨晚的事呢？

（讨论：善意的谎言和残忍的真相到底哪种是真爱呢？）

思前想后，她下决心说明情况。未婚夫一听，顿时大怒，一把推开她，并吼着"我再不想见到你了"，转身跑走了。

（讨论：男性眼中的贞操比生命还重要吗？）

姑娘伤心地边哭边往海边走。见此情景，未婚夫的朋友走到她的身边，用手拍着她的肩膀说："你们两人吵架我都看到了，有机会我再找他说说，在这之前，让我来照顾你吧。"姑娘陷入了沉思。

（讨论：如何区分感激之情和爱情？）

通过听取他人意见，小组成员受到启发，可以修正自己的意见。每个小组派代表交流。在共同讨论中可以表现出每个人的价值观，也可以了解他人的价值观，促进深入思考，逐渐确立正确的价值观。

心理测试

两性知识知多少

指导语

请结合自己对性的认识，勾选表8-3中合适的选项。

表 8-3　　　　　　　　　　两性知识测试

1. 适当自慰对身体无害	符合	不符合
2. 只要自己快乐就好，社会怎么看，我不在乎	符合	不符合
3. 学习性知识是结婚以后的事，现在难以启齿	符合	不符合
4. 我与对方发生性关系，并不一定得爱对方	符合	不符合
5. 我常有性幻想和性冲动，这真可耻	符合	不符合
6. 采取避孕措施会影响性爱质量，所以我多数情况下不用	符合	不符合
7. 只要对方是自愿和我发生性关系，我就可以不承担后果	符合	不符合
8. 对于性，不愿意的时候我应该坚决说"NO"	符合	不符合
9. 用性来证明自己的成熟和魅力不明智	符合	不符合
10. 有性的爱情才保险	符合	不符合
11. 我觉得我的生殖器不理想，为此感到自卑	符合	不符合

评分标准

1、8、9题，选"符合"得1分，选"不符合"得0分；其他题，选"符合"得0分，"不符合"得1分。将各题得分相加。

结果解释

分数越高，表明你对性的认识越正确。如果你的得分是5分以下，也许你对性的看法容易导致自己或他人身心受伤，需要特别注意培养健康的性爱观和学习健康的性行为知识。

（资料来源：张大均. 大学生心理健康. 清华大学出版社，2015.）

拓展阅读

学会去爱

我经常收到和你同龄的和比你稍大的姑娘们的来信，你回家以后读一读吧，足有几千份。里面既有真正的呼声，也有发人深省的提示：人的爱情应当去创造、去培养，它不会遗传，也不可能继承，它不会像人种延续的本能那样，可以自然而然地得到。

一位17岁的姑娘写道：她同一个小伙子认识了，交上了朋友，很快乐。可是她发现，小伙子爱喝酒，说话很粗暴。姑娘为此哭过，烦恼过。她原谅了这个小伙子的所有一切越轨行为，实际上，也原谅了他的一些低俗举动。这位姑娘自我原谅说："反正我是爱他的呀。"一件本来可以预料的事情终于发生了，她怀孕了。这位姑娘委身于那青年，与其说是出于爱情，不如说是出于恐惧：她担心，如果拒绝他的要求他会抛弃她，去找更顺从、更好说话的姑娘……当姑娘告诉那青年"我们将有孩子了"时，他吃惊地说："怎么说'我们'呢？是'你'将有孩子。"于是他抛弃了她。这姑娘不得不中断了学业，迁到了另一个城市生活。她的一生就这样给毁了。我觉得，这些信的每一张每一页就像烧红的金属片一样炽热、灼人，不时从中发出绝望和惶恐的呼喊：他爱我，可是不尊重我；为了使他不仅爱我，而且尊重我，该怎么办？

你瞧，我的好闺女，我想使你避免许多姑娘犯过的不得不付出昂贵代价的那种错误，有的姑娘因为犯这样的错误而牺牲了自己的幸福、欢乐、健康，甚至生命。人的爱情不仅应当是美好的、忠诚的、可靠的，而且应当是明智的、慎重的、机警的和是非分明的，只有这样，它才能带来快乐和幸福。记住这一点吧，我的女儿。记住：生活中不仅有美好和崇高的东西，令人痛心的是，也有丑恶、奸诈和卑鄙行为。你不仅要有一颗坦率、善良的心，这颗心同时还必须是端正的、坚毅的和严格的。

（资料来源：苏霍姆林斯基. 致女儿的信.）

启发思考

1. 爱情的定义是什么？常见的爱情效应有哪些？
2. 如何培养爱的能力？
3. 大学生性心理健康的标准是什么？

星说心语

习近平总书记强调，中华民族历来重真情、尚大义。真情，需要用社会主义核心价值观来引领，需要用中华民族传统美德来滋养。真情，是不虚、不私、不妄之情。不虚就是要忠诚老实、诚恳待人，不私就是要砥砺品格、刚正无私，不妄就是要光明磊落、坦坦荡荡。唯有如此，亲情、友情、爱情、同志之情才能高尚恒久，才能有益于自己，有益于亲人、友人、所爱之人、同志，也才能铸就守望相助、天下同心的人间大爱。

爱情是人类社会文明中永恒的课题，也是大学校园里的热门话题。中共中央、国务院印发的《中长期青年发展规划（2016—2025年）》中明确提出："加强青年婚恋观、家庭观教育和引导。将婚恋教育纳入高校教育体系，强化青年对情感生活的尊重意识、诚信意识和责任意识，引导青年树立文明、健康、理性的婚恋观。"正确健康的婚恋观不仅与同学们的学业、生活与事业紧密联系，而且还影响着同学们世界观、人生观和价值观的形成。大学生要通过掌握恋爱心理学理论知识、爱情挫折心理及调适等知识，培养爱的能力，树立正确的爱情观，懂得爱情是相互理解、相互信任的一份责任和奉献。

第九章

绿色网络　助飞梦想

网络文明是新形势下社会文明的重要内容，是建设网络强国的重要领域。

——习近平

第一节 "网事"细说

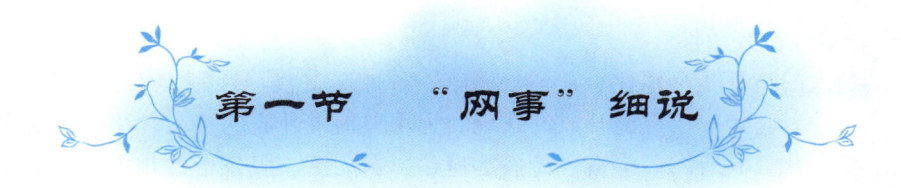

心灵故事

某学院大学生张某在学院QQ群内看到一则刷单返利广告:"淘宝、天猫、京东等官方商城为提升业绩,急需一批网络刷客。"张某发现这种兼职赚钱快,操作简单,便根据群内的广告加了一个QQ好友,这个QQ好友教张某如何进行刷单,并发送了一个支付宝账号,张某便按照要求向此账户转账刷单。刷了第一次之后,对方告诉张某第一单要连刷5笔,张某按照要求转账后,对方又说连刷两次5笔才能把之前刷单的钱返还。张某便又刷了5笔钱,但对方又称转账金额较大需要系统认证,需要张某转账7 200元认证,而后又多次以转账金额较大、认证失败为由,要求张某分别转账7 200元、8 400元、8 400元再次验证。就这样,张某通过自己的支付宝先后刷17次,总计刷单47 400元。张某此时方发现对方一直要钱,却一分钱没有返还给自己,他意识到自己被骗了。

刷单"工作"相对轻松,成本低,不受地域限制,足不出户便能获得高额回报,因此吸引了很多大学生从事此项"工作"来"勤工俭学"。但在各类电信网络诈骗案件中,刷单诈骗案件发案数居于首位,特别是大学生等年轻人群体成为此类案件的高危群体。千万不要从事任何形式的刷单、刷信誉等"工作",因为这很有可能是一个骗局。况且刷单本身就是一种欺骗手段,《中华人民共和国反不正当竞争法》已明确规定,刷单行为是违法行为,大学生应当诚实守信,自觉抵制刷单行为。

知识导读

一、网络的概念及特征

网络即互联网(Internet),是International Network的缩写,中文称国际互联网,它是集通信网络、计算机、数据库,是以及日用电子产品于一体的电子信息交换系统,以接收、储存、处理、传递全球信息为主要功能的国际互联网络,是跨地域、跨时空的信息快速传递和便捷交流的通道。

互联网能使每个人随时将文本、声音、图像、电视信息传递给设有终端设备的任何地方、任何人。从这个角度上说,互联网已经不仅仅是一个单纯的计算机网络,它同时是一个庞大的、实用的、可共享的公共信息源,是一个面向芸芸众生的平台。大学生在这个平台上搜集所需要的材料和知识,以此用于休闲娱乐、颐养性情、提高品位、增长见识等。

网络的发展速度是超常规、跳跃式的,可谓瞬息万变、一日千里,并已涉及我们生活的各个角落,成为当今社会最繁忙、最富有挑战性、最具活力的改变我们学习、生活、思维等的便利工具。它具有以下特征：

（一）全球性和开放性

互联网最大的特征是全球性，它不分国家、种族、贫富、性别、年龄，使"地球村"成为现实。同时，它是一个空前开放的系统，为用户提供开放的接入环境。建立在互联网基础上的信息文化，具有内容丰富、传播迅速、影响广泛、服务个性化等特征，是其他类型的传媒文化无法比拟的。

（二）快捷性和高效性

网络带来了高效、快捷、廉价的通信方式。例如，电子邮件可以同时传送图、文、声等信息。网络可以将信息高效处理，鼠标一点，键盘一敲，就能满足各种需要。我们可以足不出户知晓国内外大事，省时省力，提高了生活质量。

（三）平等性和互动性

网络可以减少因社会经济地位不平等带来的享用资源不公的现实事件，"网上盲道"技术研制成功后，盲人、老人等"信息弱势群体"也可以"网阔凭鱼跃"地顺畅获取信息。网络上，人与人之间的联系方式是互动式的，发布信息能得到及时反馈，有问必答为我们提供自由选择、主动参与的广阔平台。网络方便的交互式访问及信息资源的可复制性、共享性和实时传输等特点使信息获取方式更加快捷主动。

（四）虚拟性和隐匿性

网络关系的虚拟性是与实体相对的。网络中，生活的一切主题都可以被虚拟化。交往主体隔着"面纱"，遮蔽了现实世界中显示人们身份特征的识别标志，只用一个数字代码来表明身份，畅所欲言，来去自由。网络上可隐藏性别、年龄、种族和社会地位，每个人都可以成为"隐形怪杰"，一个白发老翁可以伪装成妙龄少女，少女也可自称"大侠"。

（五）弱社会性和弱规范性

由于网络的开放性、虚拟性和隐匿性，社会很难对网络进行有效的监管，网络行为缺乏社会规范性。一些社会成员出于各自的目的，滥用技术手段威胁网络信息安全，使网络盗窃、网络欺诈、网络赌博、网络恐怖事件、信息污染等情况屡见不鲜，扰乱了网络社会的正常秩序，同时，也给网民和社会带来了极大伤害。

二、网络对大学生的影响

网络作为一种工具，被人们接受、使用的速度如此惊人，对人们的生活、心理产生了极大的影响。网络是把双刃剑，涉世未深、追求刺激、自我控制力较弱的大学生群体成为网络的极大受益者，同时，他们也极易沉迷于网络，出现各种网络心理问题。

（一）网络对大学生的积极影响

1. 丰富知识，开阔视野

大学生拥有强烈的好奇心和求知欲，网络的广袤性、开放性、高效性给予其极大的满足。不用骑马，不用坐船，不用乘飞机，经济实惠，足不出户，鼠标一点，就能很快地从浩如烟海的信息中搜寻到所需要的知识，比起课堂解答和查阅书本资料，网络显得更方便、更高效又更前沿。全球知识的共享让新时代的大学生开启了一种"头脑风暴式"的全新学习模式。网络构成的协同学习环境，使他们不受地域的限制，实现有效学习。网海宽阔任我"鱼儿"越，网络天空高远任我"鸟儿"飞，"秀才不出门便知天下事"得到淋漓尽致的体现。

2. 提高自学能力，开拓创新思维

现代社会是终身学习的社会，学习已经成为个体生活的一部分，而自学对每个人来说尤为重要。大学生可以通过远程教学和课程在网络上自主选课、自主择师、自主测验，通过网络图书馆阅读海量图书，通过论坛、微博、微信等渠道直接与某领域专家交流沟通，获取知识。

网络集声音、图像、文字于一体，给人以形象、生动、逼真的感觉。多角度的构建、多侧面的描绘、多角色的模拟，呈现给大学生的是一个多种文化和价值观交织的世界。可打破其固定思维模式，促进大学生思维的多元化发展，开拓其创新思维，培养其创新精神。

3. 扩大人际交往的范围

随着网络的普及和发展，电子邮件、网络游戏、网络聊天等形式使得大学生的交往从个人所熟悉的强联系人群，延伸到了原本遥远、陌生的弱联系人群，极大地丰富了大学生人际交往的方式，扩大了人际交往的范围，使得大学生从狭小的生活圈子走出来，接触社会不同层面的人，"朋友遍天下"的理想成为现实。全新的人际互动模式对大学生的社会适应和人际交往能力的培养起到了积极作用，有利于促进大学生的社会化。

4. 拓宽情绪表达的途径

网络成为大学生情绪表达的有效途径。研究表明，网络可以减轻大学生来自学习和生活等方面的压力。大学生可以在网上与有共同兴趣和经历的人沟通交流，获得社会支持。同时，网络的隐匿性使大学生避开了现实世界的压力，更能敞开心扉，真实表达自我，有效缓解情绪压力。

5. 娱乐休闲，满足心理需求

但是，在网络的虚拟世界里，一个人不论长相如何，家境如何，身处何地，用一个虚拟的身份登录，就可以在网上视频聊天、设置个人主页、收发 E-mail 等，这些娱乐休闲方式使大学生们身心愉悦，体验现实生活中体验不到的乐趣，满足自我心理需求。正是网络独具的这种优势，让很多人乐此不疲，流连忘返，尤其对于引领潮流、追求时尚的大学生来说，上网更是一种自我实现的满足。

（二）网络对大学生的消极影响

网络给大学生的学习、交友、娱乐等各方面带来了积极的影响，但如果大学生对网络认识不到位，运用不得当，网络也会对大学生的身心产生不可估量的负面效应。

1. 网络易影响大学生的身心健康

长时间在网络里漫游不利于身心健康。一方面，可在生理上出现视力下降、颈椎病、腰椎病、四肢痛、手指灵活度降低、记忆力衰退、睡眠障碍、恶心厌食等躯体病理现象；另一方面，过长时间的上网会使大学生产生社会孤独感、焦虑、沮丧、注意力难以集中等心理现象。

2. 网络易使大学生产生厌学情绪

信息的丰富性和多样性使得大学生把过多的时间用在网络的漫游中，再加上现实与理想的差距，有的大学生更是对网络产生了极强的依赖性。有学生描述，在网上虚拟空间内打游戏很有成就感，很刺激，很有趣，没有任何现实压力。大学生网游时间越长越不想回到现实社会，学习动力也越弱，厌学情绪日渐增长，逃课上网的现象更是司空见惯，久而

久之可能导致学业荒废。

3. 网络易导致大学生产生社会交往障碍

网络交往的虚拟性影响了大学生的面对面交往,"人—机—人"封闭的网络环境减少了同辈群体现实交往、集体活动、社会实践等机会,个体不能在现实人际交往中产生信任感和归属感,导致大学生现实中的人际关系冷漠,产生紧张、孤僻、恐惧等新的人际交往障碍。某机构对 25 所大学 1 000 个大学生网民进行了纵向研究,发现网络使大学生网民的社会活动减少、心理幸福感降低、孤独感和抑郁感增加。

4. 网络负面信息可污染大学生的心灵

网络信息传播的全球性、超地域性使得某些负面信息无障碍地传播,网络价值取向趋于多元化,主流意识形态的教育功能被弱化。网络垃圾场中充斥着色情、暴力、盗窃、诈骗等,网络犯罪的形式和手段越来越多样化,谣言、诽谤随处可见,垃圾文化影响着大学生的文化导向和价值取向,对大学生的身心健康造成极大伤害,耽误其学习生活,也极易诱使大学生走上违法犯罪的道路。

心理测试

网络认知度

指导语

你怎样看待网络?是四通八达、无所不能,还是洪水猛兽、残害人生?抑或仅是一个服务器全然没有知觉?以下是对网络的各种看法(表 9-1),请根据你的看法进行选择。

表 9-1　　　　　　　　　　对网络的看法

题目	赞同	不赞同
1. 网络是一片汪洋大海,可以任意遨游,随心冲浪		
2. 网络是学习的好工具,帮助我提高成绩,开阔视野		
3. 网络是我的知己,帮我抹去现实的苦楚,远离"江湖",好舒心		
4. 网络是一条"毒蛇",使我的学习时间减少了,与人交往也稀疏了,我变得"与众不同""不伦不类"了,我好难受		
5. 网络带着迷人面纱走来,把我害得痛苦不堪,我恨它		
6. 总以为孩子天真幼稚,没想到一些事情他在网上点击几下,就讲得头头是道,反说起家长知识老化,俨然成为我们的"老师"了!不得不承认网络好		
7. 网络如同洪水猛兽,靠近它,人就变得郁郁寡欢、性情暴躁,请赶紧取缔网络		
8. 网络是新时代的新生儿,对待新生儿我们需要精心呵护,用心培养		
9. 电脑是工具,是给我们用的,会用的人是聪明人,只会玩的人是愚蠢的		
10. 网络是一个浪潮,淹没那些在这一浪潮中还没有学会游泳的人		

评分标准

赞同第2、6、9、10题各得1分,赞同第3、4、5、7题各得-1分,赞同第1、8题各得0分,然后将分数相加。

结果解释

如果总得分为正,说明你对网络的态度积极向上,恭喜你能够正确认识现代社会里网络这个高效、便捷的工具;如果总得分为负,说明你对网络的看法有些偏激,需要加深对网络的认识;如果总得分为0,说明你对网络的看法比较公正、客观,希望你积极看待网络的多维功能,成为网络时代的前沿者。

拓展阅读

网络流行语录

网络流行语往往是互联网浪潮下全民娱乐的时代产物,对网络用语的细致分析,可以准确反映出普通人的生活关注,以一种直接明了的方式呈现市井百姓的人生百态。

网络流行语摘录:

1. 逆行者

逆行指逆着众人的方向而行,不走寻常路;逆行者,指由于职责和信念所系,在发生重大危险时不顾个人安危,迎难而上,去拯救他人的生命、财产安全的人。2020年,"逆行者"成为对在新冠肺炎疫情阻击战中涌现出的先进个人和集体的称呼,展现了中国人民面对生死考验时坚守岗位、不畏艰险的优良品质。

2. 内卷

内卷本意是指人类社会在一个发展阶段达到某种确定的形式后,停滞不前或无法转化为另一种高级模式,而只能不断地在内部变得更加复杂的现象。现在很多高校学生用内卷形容所有无实质意义的消耗。

3. 重要的事情说三遍

最早说这句话的是某房地产网站的电台广告语:"走直线,走直线,走直线,重要的事情说三遍。"此广告一经推出,迅速火遍各大电台。"说三遍"自此被各类广告和软文跟风引用。

4. 吃土

吃土出处:一年一度的网购盛会"双11"之后,不少网友纷纷表示钱花得太厉害,以后吃不起饭,只能吃土了。"吃土"也成为"剁手"之后的疯狂网购代名词。

5. 凡尔赛

凡尔赛源自漫画《凡尔赛玫瑰》。是一种"以低调的方式进行炫耀"的话语模式。

这种话语模式先抑后扬，明贬暗褒，自说自话，假装用苦恼、不开心的口吻炫耀自己。

6. emo

emo 最初是指一种音乐风格，到现在变成了一种情绪指代。2021 年，"我有情绪了"在网络上有了新的流行表达——"我 emo 了"，用来表达不开心、抑郁等比较负面的"情绪"。

7. 破防

"破防"即"破除防御"，原本指游戏中用特殊的物理伤害破除对方防御，使其防御建筑物、装备等失去抵御效果。现在更多的是用来表达人们在看到震撼人心的文字或画面时，心理防线被突破的那种强烈的感动或情感震动。

8. 双减

"双减"指进一步减轻义务教育阶段学生作业负担和校外培训负担。"双减"意见发布后，其效果堪称震撼，不但强化了学校教育的主阵地作用，有效遏制了校外教育机构的无序发展，而且也让社会各界，尤其是学生家长重新思考探索更加科学的教育理念和方式。

9. 不明觉厉

不明觉厉原是周星驰的电影《食神》中的对白，是"虽不明，但觉厉"的缩句。意为虽然不明白（对方）在说什么，但是感觉很厉害的样子。现用于表达新手对技术型高手的崇拜。

10. PUA

PUA 是英文"搭讪艺术家"的缩写，原指一方（通常是男性）为了发展恋情，去学习如何提升情商和互动技巧以吸引对方。在互联网语境下，PUA 逐渐演变为恋爱关系中的一方通过精神打压等方式，对另一方进行情感控制的代名词。

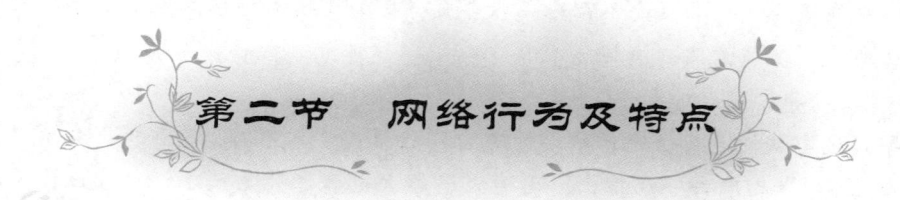

第二节　网络行为及特点

心灵故事

王某，男，某高校大三学生。他高考成绩不错，大学第一学年必修课和综合考评成绩均排在班级中等。大二开始，该生因玩网络游戏出现旷课现象，辅导员也对其进行过谈话教育。大三刚开学时，他暂时脱离了网络游戏，可三个月后又开始玩。"我们见过迷恋网游的，但是没见过这么痴迷的。下午2点半就要考试了，他都能玩到2点。"他的室友说。王某玩网络游戏《穿越火线》《征途》到了"痴迷"的程度，每天都要外出上网，一刻不停地玩上8个小时，有时候课都不上，即使去上课，也是在课堂上"补觉"。其实，王某家庭条件并不好，他没有购买私人电脑。由于经常去网吧上网、购买游戏角色的装备等都需要钱，他几乎把全部生活费都投在了游戏里面，一日三餐也只是花困难补助。他很少给饭卡充值，冬天很冷的时候也只穿薄薄的单鞋。王某几乎把所有的空余时间都用来打游戏，并拒绝参加学院的学生活动。大三下学期起，他发现自己的思维跟不上同学的节奏，脑子里想的都是游戏里发生的事，遇到事情会首先用游戏中的规则来考虑。他开始感到不适应现实生活，陷入了深深的焦虑之中。

网络游戏内容惊险刺激，对抗性、投入性强，富于挑战性和冒险性，迎合了大学生生理、心理特点，案例中的王某因为沉迷网游而忽视了现实生活，荒废学业，虚耗青春。长期的网络生活逐渐使他不能适应现实中的生活，不愿参加社会性活动，人际关系敏感，警惕性强，焦虑不安。

知识导读

一、大学生的网络行为分析

据中国互联网信息中心发布的数据，截至2021年12月，我国网民规模达10.32亿，较2020年12月增长4 296万人，互联网普及率为73.0%。目前，高校网民的普及率已接近100%，可见，大学生是一个庞大的网络群体。大学生接受事物能力强，是互联网的忠实追随者。那么，大学生上网都做些什么呢？调查和研究表明，大学生上网主要用于以下几种情况。

（一）网络学习

随着网络的普及，网络学习成为传统学习模式的一种补充。相较于传统的学习形式，网络学习具有灵活、便捷、交互性强、无时空限制、资源丰富等特点，是实现个性化自主学习的有效方式。大学生网络学习的目的主要有完成作业、撰写论文、课程内容学习、了解学科前沿知识等，网络学习已经成为课堂教学的重要补充。

（二）信息查询

互联网的开放性使得互联网如同一个信息的聚宝盆，应有尽有。这些取之不尽、用之不竭的多彩信息赋予了网络无穷魅力，很多大学生正是把互联网看成是一个庞大的信息库，所以经常上网"寻宝"。

（三）网络交往

当前，社交网络在世界范围内发展得如火如荼，大学生作为接受新知识和新事物的青年群体，对社交网络表现出极大兴趣。大学生通过电子邮件、QQ、MSN、微博、微信、个人空间、社交网站、论坛等形式参与其中，在自由、平等的环境中交流思想、沟通感情、展现自我。聊天、交友、网友见面成了一些大学生日常生活的组成部分，他们乐此不疲，有的甚至深陷其中不能自拔。

网络人际交往中有一种与众不同的方式——"网恋"，这是两个人在网上相互依恋而形成的一种新型人际关系。有些社交网站还提供"网婚"服务。网恋的双方在虚拟社区买房、结婚、生子等，模拟现实生活。深陷网恋情缘是有害的，大学生需要在现实生活中锻炼与异性相处的能力，为将来真正的婚恋做准备，同时，要认真审视和调整现实的人际关系问题。

（四）网络休闲

1．游戏

与游戏机或游戏光盘相比，网络游戏因其交互性显得更加魅力难挡。因此，游戏网站也是一些大学生经常光顾的地方，他们在网游中体验成功、找回自信、赢得尊重。网络游戏在媒体技术的展现下，在传媒舆论的渲染下，在虚荣心理的驱使下成为众多大学生放不开、割不断的网络情结。有的大学生甚至逃课逃学，在游戏网站一待就是七八个小时，严重影响了学业。如何把网络与自身的专业学习、人生发展、兴趣爱好结合起来，很多大学生却是一片茫然。

2．视频

在一些男生将电脑变成游戏机的同时，部分女生则把电脑变成了电视机，她们乐此不疲地观看电影、电视剧，在剧情中消磨时光，在象牙塔里荒废学业和青春。

3．购物

现如今，网购成为最火爆、最适合年轻族购物口味的一种购物方式，冲击着人们的传统消费习惯和生活方式。大学生作为对网络最敏感的人群，日益成为网购群体的大军。随之，网店、微店也在大学生群体里雨后春笋般出现。淘宝、支付宝、商家信誉、旺旺这些词语如今是大学生的常用语，快递公司每天像开展销会一样，在宿舍楼下摆开一长串包裹。调查显示，大学生群体中80%以上有网购的经历，部分大学生还做起了微商，赚取一定的生活费或零用钱。

二、大学生的网络心理特征

了解大学生的网络心理特征是开展网络心理健康教育的前提。

（一）求知欲望与好奇求新心理

互联网以其信息快、内容新、手段先进，给大学生提供了一个新奇丰富的大观园，引起了他们极大的关注、兴趣和好奇心，激发了他们学习和掌握网络知识和应用技能的欲望。

（二）平等参与意识与自我展现的需要

网络平等自由的氛围迎合了当代社会中对自由、平等呼声最高的大学生群体的需求。在网络这个虚拟空间里，种种现实社会的限制都消失了，任何人都是互联网的"主人"，可以畅所欲言，而且观点越新颖、越奇特，可能得到的回应和关注越多。大学生在网上按自己的意愿和口味，做自己想做的事，把网络作为展示自我、实现自我的平台。

（三）认同感和归属感的需要

每个人都需要社会和他人的认同，只有在得到了社会的承认和接纳之后，才能形成稳定的自尊感，确立稳定的自我同一性，才有可能获得自信和安全感。现实中的大学生跟理想中的自己往往有差距，网络给了他们实现理想我的机会。网络的隐匿性可以让自我得到美化，这样，理想我和现实我以一种虚拟的形式融为一体。网络给了大学生现实中所不能体验到的认同感。马斯洛的需求层次理论指出，人有爱和归属的需要。大学生在虚拟的网络社会里得到无条件的接纳，把网络社会的各种社会判断和自我价值判断的规则变为自我行动的参照系，逐渐形成与网络社会相符的价值观，从中得到归属感。这种认同感和归属感让大学生对网络乐此不疲、不能自拔。

（四）寻求刺激的猎奇心理

互联网在以独特的个性席卷全球的同时，也成为色情、暴力等不良内容的重要传播工具。很大一部分学生出于好奇和冲动的心理在网上猎奇，追寻一种在现实生活中难以了解、通过正当渠道难以获得的奇、艳事物或信息，借以获得感官刺激。

（五）急功近利的实用心理

网络信息的丰富与快捷使许多大学生把上网当作通往成功的捷径和有利条件。在他们眼里，网络就是商机，网络就是生财之道。社会误导、网络上基于商业目的的信息煽动，使部分大学生对"成功"的理解产生了偏差。于是，电子商务、留学资讯、成才捷径、求职之路备受一部分学生的关注，他们渴望凭借这些信息节省一些时间和精力，走一步先棋，成为网络时代的成功人士。

（六）逃避、宣泄与补偿心理

大学生群体本就面对学习、情绪、社会交往等方面的心理压力，社会竞争的加剧，使他们承担的责任更加大了。面对压力和责任，那些缺乏竞争力和心理脆弱的大学生就会产生逃避和宣泄心理，他们在现实中受挫时，往往会到虚幻的网络空间去倾诉，互联网成了他们逃避现实、寻求自我解脱的一个良好的渠道和环境。

当现实与理想之间出现偏差的时候，人总是希望能寻求到合理的补偿，而网络的虚幻性、自由性恰恰满足了这一需要。有些大学生在网络上恣意地麻醉自己，暂时忘却现实的烦恼和痛苦。

（七）自我实现的虚荣心理

虚拟的网络成为大学生实现自我的一个理想王国。网络中，大学生可以享受到网络特有的平等、自由、成功、刺激的感觉，突破社会及他人对自己行为的匡正与评价，轻松地实现在模拟战争中指挥千军万马搏杀疆场的梦想，扮演君临天下的国王、富可敌国的商人、拯救世界的英雄、倾国倾城的美女，甚至十恶不赦的恶魔，获得自我成就感和虚荣的满足感。

（八）"从众"模仿心理

"从众"是日常生活中随处可见的一种社会心理现象，在大学生中，从众现象也很普遍。尤其是在互联网技术高速发展的新媒体时代，看着周围的同学利用网络学习、交流、购物、开网店、打网游、看视频等行为，很多大学生受环境的影响，为了赶潮流，和他人保持一致，也开始了网络生活。有的同学一发不可收拾，对网络的依赖性逐渐加重。

"我们是不同寻常的一代人，我们期望着'小资+白领'的生活状态，我们愿意沉溺在虚拟网络里寻找非同一般的爱情故事，我们敢于挑战一切而不会在乎旁人的冷漠和白眼，因为我们是新时期的大学生！"这是部分大学生对自我的评价，从中不难看出他们或高傲、或自信、或自大的心理状态。他们之所以有以上心理投射，主要有以下几个方面的原因：

（1）自我意识方面，现实自我与理想自我之间冲突，自律意识与放纵意识矛盾。理想化生活的美好与现实社会的残酷使涉世未深的大学生难以应对，从而需要宣泄、补偿、逃避甚至是虚拟自我实现。

（2）在情绪情感方面，丰富性与波动性并存。大学生情感丰富，波动起伏，渴望真情，可又害怕暴露真情，情感孤独、内隐是他们明显的心理特征，这时网络成为其表达真实自我的场所。

（3）在动机方面，交流心理与发泄心理并存，求知心理与猎奇心理并存。网络匿名、虚拟、开放、广泛，内在动机的内驱力促使大学生靠近网络。存在着即作用着。心理是行为的根源，行为是心理的折射。正因为如此，网络的正面与反面作用尽收眼底。水既能载舟，亦能覆舟；刀子可以切菜，也可以伤人，关键看使用者的技巧，而不是水、刀子和网络的过错。

（4）在性心理方面，性需要与性压抑并存。大学生的生理上已经发育成熟。在逆反心理和猎奇心理操控下，部分大学生开始寻求网上恋爱、网上结婚、网上越轨等满足其发泄的需要。

互动体验

面具背后

给每个学生发一个没有任何表情的纸面具，只在眼睛部位留出空隙，保证不影响视物和行动。学生站成一个大圈，"1、2"报数，报"1"的同学向左前方迈一大步，然后向后转，两个同学面对面站好。

教师提出要求，请学生按照要求与对面的人交流。每次完成一个问题的交流后，内圈同学就要向右移动一个位置，结成新的面对面两人组。

1. 内圈同学先向外圈同学打招呼，并做一个表情，外圈同学用语言描述出内圈同学刚才所做的表情。描述后，内圈同学如实做出反馈，双方交流。

2. 外圈同学向内圈同学打招呼，并做一个表情，内圈同学用语言描述出外圈同学的表情，双方反馈交流。

3. 内圈同学用咬牙切齿的表情、动作说出一句赞美对方的话。外圈同学向内圈同学讲一讲感受。

4. 外圈同学用悲伤的表情向内圈同学讲一件快乐的事，内圈同学反馈感受。

5. 内圈同学用肢体做一个动作，外圈同学猜猜这个动作要表达什么意思，之后双方做交流。

6. 外圈同学用肢体做一个动作，内圈同学来猜，之后交流。

7. 与对面同学分享刚才整个过程中的感受。

8. 摘下面具，用最灿烂、温暖的表情和对方握手、拥抱或交流。

9. 与对面同学交流网络交往的特点。

10. 与对面同学交流网络交往与真实生活中交往的异同。

完成以上活动，请部分同学谈谈自己的感受。

拓展阅读

网络安全知识小科普

1. 上网前可以做哪些事情来确保上网安全？

首先，你需要安装个人防火墙，利用隐私控制特性，可以选择将某些信息保密，而不会不慎把这些信息发送到不安全的网站。这样还可以防止网站服务器在你不察觉的情况下跟踪你的电子邮件地址和其他个人信息。其次，请及时安装系统和其他软件的补丁和更新。越早更新，风险越小。防火墙的数据也要记得及时更新。

2. 如何防止黑客攻击？

首先，使用个人防火墙防病毒程序以防黑客攻击和检查黑客程序（一个连接外部服务器并将你的信息传递出去的软件）。个人防火墙能够保护你的计算机和个人数据免受黑客入侵，防止应用程序自动连接到其他网站并向该网站发送信息。其次，在不需要文件和打印共享时，关闭这些功能。文件和打印共享有时是非常有用的功能，但是这个特性也会将你的计算机暴露给寻找安全漏洞的黑客。一旦进入你的计算机，黑客就能够窃取你的个人信息。

3. 如何防止电脑中毒？

首先，不要打开来自陌生人的电子邮件附件或即时通讯软件传来的文件。这些文件可能包含木马程序，使得黑客能够访问你的文档，甚至控制你的外设。你还应当安装一个防病毒程序保护你免受病毒侵害。

4. 浏览网页时如何确保信息安全？

采用匿名方式浏览，你在登录网站时会产生一种叫cookie（即临时文件，可以保存你浏览网页的痕迹）的信息存储器，许多网站会利用cookie跟踪你在互联网上的活动。你可以在使用浏览器的时候在参数选项中选择关闭计算机接收cookie的选项（打开IE

浏览器，点击"工具"－"internet 选项"，在打开的选项中，选择"隐私"，保持"Cookies"该复选框为未选中状态，点击按钮"确定"）。

5. 网上购物时如何确保你的信息安全？

网上购物时，要确定你采用的是安全的链接方式。你可以通过查看浏览器窗口上的闭锁图标是否关闭来确定一个链接是否安全。在进行任何的交易或发送信息之前阅读网站的隐私保护政策。因为有些网站会将你的个人信息出售给第三方。在线时不要向任何人透露个人信息和密码。

6. 如何防止密码被盗？

经常更改你的密码，使用包含字母和数字的七位数的密码，从而干扰黑客利用软件程序来搜寻最常用的密码。黑客有时会假装成 lSP 服务代表并询问你的密码。请谨记：真正的 lSP 服务代表是不会问你的密码的。

7. 什么是计算机病毒？

计算机病毒是指编制者在计算机程序中插入的破坏计算机功能或者破坏数据，影响计算机使用并且能够自我复制的一组计算机指令或者程序代码。

8. 什么是木马？

木马是一种带有恶意性质的远程控制软件。木马一般分为客户端木马和服务器端木马。客户端木马就是本地使用的各种命令的控制台，服务器端木马则要给别人运行，只有运行过服务器端木马的计算机才能够完全受控。木马不会像病毒那样去感染文件。

9. 什么是防火墙？它是如何确保网络安全的？

使用功能防火墙是一种确保网络安全的方法。防火墙是指设置在不同网络（如可信任的企业内部网和不可信的公共网）或网络安全域之间的一系列部件的组合。它是不同网络或网络安全域之间信息的唯一出入口，能根据企业的安全策略控制（允许、拒绝、监测）出入网络的信息流，且本身具有较强的抗攻击能力。它是提供信息安全服务、实现网络和信息安全的基础设施。

10. 什么叫数据包监测？它有什么作用？

数据包监测可以被认为是一根窃听电话线在计算机网络中的等价物。当某人在"监听"网络时，他们实际上是在阅读和解析网络上传送的数据包。如果你需要在互联网上通过计算机发送一封电子邮件或请求打开一个网页，传输信息经过的计算机都能够看到你发送的数据，而数据包监测工具就允许某人截获数据并且查看它。

11. 加密技术是指什么？

加密技术是最常用的安全保密手段，利用技术手段把重要的数据变为乱码（加密）传送，到达目的地后再用相同或不同的手段还原（解密）。

加密技术包括两个元素：算法和密钥。算法是将普通的信息或者可以理解的信息与一串数字（密钥）结合，产生不可理解的密文的步骤；密钥是用来对数据进行编码和解密的一种算法。在安全保密中，可通过适当的密钥加密技术和管理机制来保证网络的信息通信安全。

（资料来源：易班网）

要点延伸

睡前刷手机，牢记小窍门！

睡前不看手机就没法睡觉的请举手！睡前看了手机更睡不着觉的请举手！面对灵魂拷问，相信不少人都举起了"双手"。

随着电子科技的不断进步，手机几乎成为了我们身体延伸的"器官"，深度渗透到日常工作生活的方方面面。超高比例的手机用户会在夜深人静时翻看资讯、视频，享受一天中最安静、最放松的时刻。然而，睡前看手机不仅容易失眠，还可能对身体的其他器官造成"内伤"。

一、睡眠质量差

明明只是想看一眼手机，困了就睡，怎么还睡不着了呢？这是因为睡前你用手机所查找的任何你感兴趣的内容，都会刺激机体的肾上腺素和多巴胺的释放，令大脑兴奋，给人快乐的感觉。长期在睡前玩手机，不仅会引发睡眠拖延，大大减少睡眠时间，还会降低睡眠质量，让人始终处于浅睡眠状态。

二、眼睛很受伤

睡前玩手机会伤害眼睛，造成左右眼的视力偏差。躺着看手机，眼睛和屏幕之间的距离较近，会使眼睛的肌肉高度紧张，容易产生视疲劳，而视疲劳是产生近视眼和使近视度数增高的重要原因。

三、颈椎病找上门

长时间躺着看手机会影响颈椎，改变颈椎正常的生理结构，造成颈椎肌肉和韧带的劳损，久而久之会造成颈椎病，使肩、颈僵硬，脖子、肩膀肌肉长期被动牵拉，容易造成慢性劳损。

非刷手机不可？牢记这些小窍门。

很多人都不愿意放弃睡前难得的休闲时光。如果这时偏要看手机，那在这里给大家提几点小建议。

一、控制时长

很多人一玩手机就会忘记时间，错过休息的时间，影响睡眠质量和身体的代谢，要尽可能减少玩手机时长，最好控制在20分钟以内。

二、控制时段

把玩手机的时间控制在睡觉前1小时。给兴奋的大脑一个冷却的时间，更容易入睡。怕忘记时间的人可以给自己定一个闹钟或者计时器，用来提醒自己。

三、调低屏幕亮度

晚上看手机最好把灯打开，尽量不要关灯。必须关灯时，尽量调低手机屏幕亮度，很亮的屏幕与漆黑的环境对比度太大，容易使眼睛疲劳。同时尽量把手机调到夜间模式，或者打开对比度。

四、避免侧躺 尽量不要侧身躺着玩手机，左或右横躺着看手机对眼睛的压迫力很大，易造成左右眼睛视力偏差。

（资料来源：看8分钟失眠一个钟头？睡前刷手机的杀伤力远不止于此．光明网）

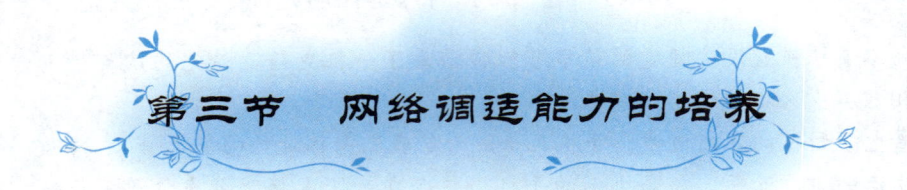

第三节 网络调适能力的培养

心灵故事

大学生小梅突然因身体不适而住院。因为病症罕见，难以确诊，医生试用了很多治疗方法都不见效。小梅的舍友都非常着急，她们通过互联网向世界各地发出求救信，在信中详细描述了小梅的症状及发病前后的情形。很快，同学们收到来自世界各地很多医生的回复。在这些医生的回复中，有2/3的意见认为，这种怪病可能是因为某种金属中毒所致。小梅的同学迅速将这些最新消息转给小梅所住的医院，小梅得救了！小梅的同学用网络救了小梅，他们正确使用了网络。

网络超越了空间，实现了古人"天涯若比邻"的梦想。它提供了平等交往、广泛联络、自由活动的平台。在网络新空间，人们可以突破专业限制，只要想学，随时可以找到学习资源和专业指导者。网络扩大了人们的交往领域，改变了以往交往的方式，丰富了人们的人生经验。如果能正确使用网络，每个人的人生都会更加绚丽多彩。

知识导读

网络已经成为大学生活不可或缺的组成部分，与之相关，大学生网络心理健康状况也应该引起足够的关注。

一、大学生网络心理健康

（一）网络心理健康的概念

网络心理健康是指人们在使用网络时能够保持积极的心态，离线时能够保持心理的平衡，能够较好地把握虚拟与现实之间的关系，在虚拟性与现实性之间以现实性为主导，在线时和离线时能够保持人格的统一。

（二）网络心理健康的标准

1. 有正确的网络心理健康意识或观念

一个网络心理健康的人具有正确的心理健康意识或观念，能认识到心理健康的重要意义和现实价值，运用正确的意识指导自己的心理和行为。正确的网络心理健康意识或观念应包括对网络有正确的认知和态度。

2. 能够保持在线时和离线时人格的统一与完整

一个网络心理健康的人在线时，能够积极主动地接收和处理信息；离线时，能够迅速从虚拟情境中走出来，积极融入现实生活中。

3. 不影响现实中的生活和学习

一个网络心理健康的人对网络使用的时间和频率能恰当地控制，不耽误学习和生活。

4. 有正常的人际交往，人际关系和谐

一个具有健康的网络心理的人，能在离线时维持和发展现实中正常的人际交往，并能够同周围环境和人保持良性互动。

5. 离线时身体没有明显的不适应

一个网络心理健康的人在线的时间以身体健康为底线，以不影响身体健康为前提，离线后不会因为使用网络导致身体的感觉器官、消化器官、神经系统及其他身体器官机能下降或失调，能保持机体的平衡。

二、大学生的网络心理障碍

大学生网络心理障碍大多数表现为感情上迷失自我、角色上混淆自我、心理上自我脆弱、交往上自我失落。大学生网络心理障碍主要包括：网络恐惧、网络孤独与交往障碍、网络自我迷失与自我认同混乱、网络成瘾综合征等。

（一）网络恐惧

面对色彩斑斓的网络世界，层出不穷的各种网络书籍、电脑软件，看到周围的同学熟练地使用电脑，自由地浏览、聊天时，互联网接触较少的网络初学者往往感到害怕和迷茫。怕自己学不会或学不好计算机操作，不能有效利用网络来学习和生活，甚至可能成为"网盲"；怕自己学不好计算机而被他人嘲笑为无能，"无能感"油然而生；"迷茫"则是因为五花八门的电脑书籍和软件使得他们眼花缭乱，不知道学什么，没有方向感。另外，一些对网络比较熟悉的大学生也有心理障碍，他们对网络的畏惧主要是害怕跟不上网络的快速发展，怕掌握不了新的网络技术而被淘汰。

（二）网络孤独与交往障碍

网络孤独是指个体希望通过上网获取大量信息、网上娱乐、网上人际交往等来提高或改变自己，但上网未能解除孤独（甚至加重了原有的孤独），或反而因为接触网络而引发孤独感这样一类不良心理状况。很多大学生上网的最初目的是获取信息、缓解压力、消除孤独感，久而久之被网络世界吸引，将其作为精神寄托的场所。脱离网络后，发现生活更加空虚、茫然，出现紧张、抑郁等心理失调现象，再加上现实中的人际关系淡化，从而诱发现实生活中的交往障碍，严重时会导致自闭症或抑郁症等心理疾病。

（三）网络自我迷失与自我认同混乱

网络自我迷失与自我认同混乱又称为网络人格心理失真，即在网络情景中和现实生活情景中交替出现两种或多种不同的性格特征，表现为网络自我与现实自我缺乏同一性，行为判若两人，人格缺乏相应的完整性、和谐性，形成虚拟角色与现实角色相混淆的二重人格冲突。网络的虚拟性和匿名性使许多现实社会中的规范、规则、道德在虚拟世界中冻结，个别大学生的自我约束力降低，企图借助网络凸显自我，将自我凌驾于规则之上，破译他人系统密码、偷阅机密文件、制造网络病毒、做网络黑客、网络诈骗就是这方面的典型表现。

（四）网络成瘾综合征

网络成瘾综合征是指上网者对网络产生较强的依赖性而成瘾，在心理和生理的某种尝试行为中产生了愉悦反应，经过多次重复，从而形成对上网的依赖行为。简单地说，"有网瘾"的人总是会想着去上网。其表现症状为：开始是精神上的依赖，渴望上网；随后发展为躯体依赖，不上网则情绪低落、疲乏无力、外表憔悴、茫然失措，只有上网后精神才能恢复正常。他们总觉得在网上比在现实中更快乐或更能实现自我，上网时间失控，欲罢不能，即使已经意识到过度上网的危害仍无法自拔。

目前，大学生网络成瘾主要有这样几种类型：

（1）网络游戏成瘾——沉迷于网络设计的各种游戏中，或与计算机对打，或通过互联网与网友联机进行游戏对抗。

（2）网络交际成瘾——利用各种聊天软件以及网站聊天室长时间聊天。

（3）网络恋情成瘾——沉醉在网络所创造的虚幻的浪漫的网恋中。

（4）网络色情成瘾——迷恋网上的色情图片以及影像，沉迷于观看、下载和交换色情作品。

（5）手机网络成瘾——手机充当电脑沉溺于网络中。

网瘾患者有四个明显特点：行为和心理上的依赖感增强；行为的自我约束和自我控制能力基本丧失；工作和生活的正常秩序被打乱；身心健康受到较严重的损害。具体表现如下：

（1）耐受性增强，要不断增加上网时间才能获得心理满足。

（2）出现戒断反应，一段时间不上网，就变得焦躁不安。

（3）上网频率和时间总比事先计划的要高、要长。

（4）企图缩短上网时间，却总以失败告终。

（5）花费大量时间在有关网络的活动上。

（6）上网严重影响了社交、学习、工作等。

（7）虽然意识到上网能带来严重问题，但仍花大量时间上网。

三、大学生网络心理问题调适

网络为大学生开了一扇便利之门，但它也悄无声息地"网"住了"象牙塔"。"寒窗苦读二十载，一朝却被网络害"，大学生网络心理问题的解决需要社会、学校、学生自身的共同努力。

（一）社会角度

1. 政府

我国注重网络法律法规的制定和完善，使网络有法可依，依法治网；加强网络道德建设，以德治网，走依法治网与以德治网相结合的道路，同时开创网络管理新体制，优化网络环境，过滤网络信息。《中华人民共和国网络安全法》第一章总则第六条指出：国家倡导诚实守信、健康文明的网络行为，推动传播社会主义核心价值观，采取措施提高全社会的网络安全意识和水平，形成全社会共同参与促进网络安全的良好环境。解决大学生的网络心理问题，还需从以下方面继续努力：

（1）加强立法，完善网络法律体系，依法治网。国家制定有关网络信息的发布、审查、监管、追诉与惩罚的法律法规，可增强大学生法律意识，维护正当的网络权益，同时对网络行为进行有效管理。

（2）建设绿色网站，注重网络道德建设，以德治网。预防大学生被网络"毒害"，不能单靠"堵"，还要有"疏"的举措，建设健康、文明、科学、富有吸引力的绿色网站。进行网络的正面宣传、教育，让社会道德规范进网络，倡导网络新风尚。提升学生的网络道德意识，增强其网上自觉性、主体性和责任感，杜绝网络不文明现象。

（3）规范网络市场，树立文明网络新形象。严厉惩治不正规网吧，规范新型网吧，树立文明网吧新典范，切断网络信息的污染途径。同时，网吧应给予积极配合，加强网络的监督与管理，安装防护软件，严防不良信息入侵，污染"网民"尤其是自制力较差的学生。

（4）开创网络管理新体制。以加强互联网行政法制监督为突破口，以规范网站建设与运营活动为核心，着力构建以政府为督导管理主体、以网络法律规范为根本依据和准则的网络虚拟社区的法制管理新体制，实施"网络清洁日"等相关活动，预防和减少不良网络行为。

2．软件开发者

软件开发者要从 IP 地址的监管、网络不良信息的控制、网络的管理等环节运用技术手段优化网络环境，开发屏蔽、过滤不良信息的软件，设置信息过滤器、不良信息防火墙等，最大限度地阻隔不良信息，净化网络环境。

3．网游制作者

网络游戏制作者应积极倡导符合大学生认知发展的网络文化，多挖掘中国优秀历史文化题材，使学生认识到自己肩负的文化责任。网络游戏开发应强调民族精神、爱国主义、职业道德等思想，培养网游者的责任感，宣传真善美，杜绝网络游戏"黑洞"吞噬生命的悲剧。

《网络游戏防沉迷系统》根据青少年身心发育的特点，通过对网络游戏特性和玩家的消费习惯进行细致的调查分析，确定为：

（1）3 小时内为绿色时间，玩家在此时段内，游戏经验值和升级速度一切正常。

（2）3 到 5 小时为疲劳时间，玩家升级速度、经验值减半。

（3）超过 5 小时，经验值为零，系统强制断线。

（4）休息 5 小时后，玩家才能重新上网游戏。

（二）学校角度

互联网时代，社会对于复合型人才的需求日甚一日，作为一名合格的未来大学毕业生，熟练掌握各种互联网的应用是必要的，作为教育主体的学校，应积极引导大学生正确、文明使用网络。

1．加强校园网的建设与管理

蠕虫病毒、黑客攻击、非法访问、不良信息入侵等危害着校园网络的安全，学校应建设网络联动机制，对不良信息进行屏蔽，保证校园网的安全与清洁，使学生远离网络污染源。规范上网规则，如制定《大学生上网行为规范》《大学生上网违章行为处罚条例》等，发现不良行为严加处罚。

2. 注重心理健康教育

加强心理健康教育队伍的建设，通过开展团体心理辅导等形式，缓解学生的心理紧张和焦虑情绪，增强其抗挫力，避免其压力过大上网寻求快乐而形成网瘾。同时，培养大学生鉴别是非的能力，积极开展各种健康网络活动，构筑"网络心理健康防火墙"，使大学生自觉维护自己的身心健康。

3. 开展网络心理咨询

利用网络快捷、保密性好、传播面广的优势，开设网上心理咨询，加强大学生健康网络心理等课题研究，确立一套可操作的、实效性强的网络心理障碍咨询方案。

（三）大学生自身的角度

1. 正确认知网络

网络世界既是一个充满自由、开放、平等的世界，也是一个充满着诱惑与陷阱的危险之地。大学生应该认识到网络只是一个工具，网络资源是人类社会不可缺少的财富，对网络的滥用其实是对社会正常秩序的破坏，这会危及我们每一个人。同时，大学生也应该认清网络社会并非真实社会，网上暂时的成功并非真实的成功，虚拟的情感宣泄与满足也不能得到真正的快乐。夸大网络的功能或认为网络是解决一切问题的灵丹妙药，或认为网络是带来人的自我迷失、人与人之间的相互欺骗、社会秩序紊乱的症结，而否定网络的积极作用都是错误的。大学生只有对网络树立正确的认知，才有可能正确地面对网络，合理地使用网络资源，处理好现实社会与虚拟社会的关系，避免网络心理问题的产生。

2. 自律与自我管理

对于一个人来说，只有自律才能既充分体现其自尊、自主与自由，又充分培养其自我控制力，养成"慎独"习惯。在网络社会里，信息量十分巨大，各种文化与价值理念交织纷纭，各种论断莫衷一是，各种诱惑比比皆是。网络社会又是一个充满自由的社会，缺乏外在约束。在缺乏较强的他律或几乎难以感受到他律影响力的网络社会，自律的重要性与意义显得尤为突出。大学生应合理安排好自己的日常生活，形成正常的生活、学习规律，控制上网时间；同时，要勇于直面现实问题，积极面对现实，多参加有益的社会活动，从网络的依赖中解脱出来。

（1）选择健康的网络环境。将电脑或手机的功能和属性进行设置，过滤掉垃圾网页和不健康信息网站。

（2）上网前制定目标。上网前列出上网的目标，并将目标分类，按重要程度和紧急程度排序，避免随意浏览浪费时间。

（3）上网前限定时间。上网前粗略估计所用时间，设置定时时间警示框，比如半小时弹出警示框提醒上网时间；设置闹铃，提醒任务的完成程度，有效调整上网进度；设置上网时间，时间一到就自动关机，养成良好的用网习惯，避免拖拉，提高网上的操作效率。

（4）积极参与实践活动。多参加社会实践活动，在现实生活中发掘自我潜能，发挥自身优势，获得成就感。

（5）网上、网下和谐发展。将网络空间的成功经验引入现实生活，解决现实生活中的问题。

（6）恪守网络道德，遵守网络秩序，文明上网。尊重网友，网上用语文明规范，资源共享，自觉遵守网络礼仪；清醒面对网络信息，健康浏览，远离网毒，不轻信、迷信网上信息，不发布虚假、污秽信息；自觉遵守网络行为道德，不侵犯他人网上隐私，不盗用他人网上资源，不利用网络牟取暴利，不破坏网络系统。

相关链接

扫一扫，观看视频

细说"网事"

互动体验

一、消除网络心理障碍的训练

活动目的

以团队的形式就团队成员面对的网络心理问题与他们共同商讨，提供网络心理行为训练机会。

活动流程

1. 大家每人说一句流行的网络语言，用"击鼓传花"的方式来进行，接到花的成员讲完后，继续传花。

2. 第二轮"击鼓传花"时，让成员讲述各自的上网经历，并做自我评价，产生情感与心灵的共鸣。

3. 开展对网络信息认识的讨论交流，引导他们正确评价网上信息，共同为提高自身的信息辨别能力出谋划策。

4. 展开网络与网络技术的讨论，使大家懂得网络的两面性、技术的中立性和网络技术的工具性。

5. 小组讨论上网行为的自我管理，共同订立互相监督的契约。

二、系统脱敏法克服网瘾

引导网瘾者缓慢地暴露于因不能上网而导致的焦虑情境中，以放松的心理状态对抗由网络引起的焦虑情绪，按层次逐级消除对网络过敏的情绪反应。

做一做

设立"个人账户"，实行"小步子"计划：

第一个月，每周累计上网不超过_____小时，每超1小时扣10分，每少1小时加10分。

第二个月，每周累计上网不超过_____小时，每超1小时扣20分，每少1小时加20分。

第三个月，每周累计上网不超过_____小时，每超1小时扣40分，每少1小时加40分。

第四个月，巩固成果，并有人严格监督，一旦想上网，要进行严厉制止。

注：分值递增，巩固上个月控制上网时间的效果，更加靠近或远离预期目标，制造内心波折，严格控制自己，提高上网抵抗力。

心理测试

网瘾自查量表

测试量表

表9-2是美国心理学专家金伯利·杨开发的、用于验证自己是否患有网瘾的有效测试。请认真阅读，然后从每个项目所附选项中"五选一"。

表9-2

序号	题目	选项				
		A. 罕见	B. 偶尔	C. 较常	D. 经常	E. 总是
1.	我待在网上的时间总会超出预计时间					
2.	上网太专注，我忘记了要做的事情					
3.	我上网的愉悦已经超过了与朋友间的亲密					
4.	我会与网上的人发展成朋友关系					
5.	亲友会抱怨我花太多的时间在网上					
6.	网络耗时太多而耽误了我的学业					

续表

序号	题目	选项				
		A. 罕见	B. 偶尔	C. 较常	D. 经常	E. 总是
7.	我宁愿去网络漫游，也不愿去完成必须做的工作					
8.	上网影响了我的学习或工作					
9.	我经常隐瞒我在网上的所作所为					
10.	我会同时想起网上的快乐和现实生活的烦恼					
11.	我很期待下一次上网的时间					
12.	没了互联网，我的生活会变得枯燥、空虚和无聊					
13.	我被人打扰时，会烦恼或感觉吵闹					
14.	我因深夜上网而睡不着觉					
15.	我睡觉时仍全身心想着上网或幻想着上网					
16.	我总是想着再多上一会儿网					
17.	我尝试减少上网时间，但却失败了					
18.	我经常向别人隐瞒自己上网的时间					
19.	我选择花更多的时间上网，而不是和别人出去玩					
20.	当外出不能上网时，我会感觉到沮丧、忧郁和焦虑，但一旦上了网，这些症状就消失了					

评分标准

选择A计1分，选择B计2分，选择C计3分，选择D计4分，选择E计5分，请把你选择的各项分数加在一起，计算总分。对照以下不同分数段的解释，自我评判自己对网络的依赖程度。

结果解释

分数越高，说明你的网瘾程度越高，上网给你带来的问题越严重。

20～39分：说明你是一个正常的网络用户，只是有时会上得多些，但总体上仍能自我控制，尚未达到沉溺的程度。

40～79分：说明网络的使用已经引起了一些问题，你应该反思上网给你带来的影响。

80～100分：说明网络已经明显占据了你的生活，你必须马上正视并改善你的上网习惯。

拓展阅读

高校推行"无手机课堂"

手机作为现代通信工具，早已走进校园，占据了学生大量的零碎时间。如今，学生与手机亲密如"恋人"。

调查表明，六成学生每10分钟就要看一次手机。"没有手机，生活总觉得很不习惯。"一些大学生一到放学时间，就边走边捧着手机上网聊天、看短视频、发微信，或玩自拍。学生上课玩手机成了课堂里的普遍现象。一些公共课甚至成了某些学生追剧集、看直播的"重灾区"。专业课的情况比较好，有一多半的学生会认真听课，玩手机的占少数。如果是一些选修课，玩手机的学生就比较多了。为了随时保持电量，不少大学生买了充电宝。

"就算上课不带课本也必带充电宝，每隔几分钟就刷刷微博、朋友圈。其实，也不是老师讲课不精彩，但就是忍不住，每隔一会摆弄一下手机好像已经成为一种习惯。"一名大二学生说，"在大学里就是费流量，每个月流量都不够用。"手机已成为课堂上的"毒物"。

面对这样的情况，许多高校想出了各种各样的招数来对抗"手机控"。

屏蔽法。某大学团委高价购置了一部手机信号屏蔽器，有效减少了学生上课玩手机的现象。但有学生和网友提出质疑："万一遇上紧急情况，电话都打不出去，会不会太危险？"

"连坐"法。某学院认为，造成学生课堂上玩手机盛行的一个主要原因是任课老师的"熟视无睹"。如果发现课堂上有学生在玩手机，老师又置之不理，学院将根据玩手机的人数多少，按照教学事故来对任课老师进行处罚。

没收法。某大学物理学院出台了《关于上课期间手机管理的规定》，学生上课时玩手机，手机将被没收一个月。

扣分法。某学院规定，学生在课堂中使用手机，发现一次扣除1分平时成绩，直至扣完平时成绩为止。

"点赞"积分法。某学院使用"无手机课堂"点赞本进行积分，若上课过程中，全班无同学使用手机，即可在课后请任课老师签名确认，完胜一堂课得1分。

美国某校校长来访中国时说，国外大学也有学生上课玩手机现象，校方规定：学生第一次上课使用手机被发现，罚款约合人民币105元；第二次被发现罚款约合人民币210元，另外在校做2小时清洁；第三次被发现校长就要见家长了。情节严重的，还有可能被开除。

为把学生从手机里"抢"回来，有的老师在课上"以毒攻毒"——用手机上课。2015年6月，某学院杨老师就让大一学生见识了这一课堂新招。"学生爱玩手机，那我就用手机上课，让他们玩个够。"杨老师开始研究新媒介，开设微信公众号，用微信点名让学生回答问题，或发送漂流瓶，或鼓励学生在网络平台发送课堂照片和内容，不玩还不行，计入平时分。学生第一节课45分钟必须一直死死盯着手机，很多人大呼："脖子疼，眼睛受不了，流量耗太快，老师以毒攻毒的绝招忒狠了。"第二节课，学生乖乖听课做笔记了。

第九章 绿色网络 助飞梦想

"我们老师有无数个点子和话题，一会儿让你谈工业4.0，一会儿让你谈古代诗词，跟不上她的上课节奏可是要被扣平时分数的。有时我刚想摸下手机，就被她点名站起来了。"学生小柯说。对此，任课老师坚信："让学生忙起来，他们自然而然就忘掉手机这回事了。"

青春留不住，不要在奋斗的年纪荒废了青春。

（资料来源：学生上课玩手机成"国际难题"．武汉晚报）

启发思考

1. 某高校寄送录取通知书时，有一条郑重提醒：大学第一年不准带电脑来学校，大二以上学生若想在宿舍使用电脑，要先写承诺书，保证文明上网；学校与网络运营商签订了协议，宿舍每天晚上11点统一断网，电脑手机都不能上网，直到第二天早上6点；大一宿舍楼内网络不开通，即使有电脑，也无法上网；宿舍管理员不定期到每个宿舍进行巡视，发现学生玩游戏，要上报学校，并计入毕业德育考评；大学课堂不准使用手机，任课教师发现三次者，该生该门科目不及格……诸如此类的对网络禁用的规定层出不穷。我们该如何看待网络的利弊呢？

2. 有一位教授，他每天到楼下一家豆浆店买鲜豆浆。可是有一天，卖豆浆的店员说："我们不卖给你了，你到网上订购吧。"无奈之下，教授只得回家通过电脑预订了一瓶，过了不多久，有人按门铃，原来是送豆浆的。出乎意料的是，送豆浆的人依然是那个说不卖给教授豆浆的店员。这让教授有一种被愚弄的感觉，久久不能平静。请你帮他去去火、消消气。

3. 请你根据自身情况制订"手机上网计划"，并在日常上网中严格遵守。

星说心语

"互联网"作为20世纪人类最伟大的发明之一，它的诞生给人类发展带来了新机遇，给经济社会发展提出了新课题，也给我国高等教育人才培养提出了新要求。习近平总书记在党的十九大报告中八次谈到互联网，强调要"善于运用互联网技术和信息化手段开展工作"。

当代社会已进入新媒体时代，网络由于其开放性、虚拟性、高效性等特点，吸引了大学生这一主流群体，网络是其重要的知识和信息来源，不断影响着他们的生活方式，改变着他们的思维方式，这种影响已经深深融入他们的学习、娱乐、交友等方方面面。在"互联网+"的新时代背景下，加强大学生网络素养教育、提升大学生网络素养，既是新时代大学生思想政治素质内在发展的必然要求，也是引领大学生积极践行社会主义核心价值观，增强中国特色社会主义道路自信、理论自信、制度自信、文化自信的必然要求。同学们要通过了解网络，掌握网络心理健康知识，懂得网络心理问题调适方法，使自己成长为符合时代发展要求和大学生群体需求的新型高素质网民，为网络空间的天朗气清贡献力量。

第十章

健全人格　达至整合

只有伟大的人格，才有伟大的风格。

——歌德

第十章　健全人格　达至整合

第一节　人格与人生

心灵故事

日本松下电器公司曾发生过一起事件。有一次，公司计划招聘10名基层管理人员。经过严格笔试和面试后，公司用计算机计分评选出了前十名优胜者。当公司总裁松下幸之助对录用名单进行逐个审阅时，发现有一个在面试中给他留下深刻印象的年轻人未在这十人之列，松下当即令人复查。结果发现，这位年轻人总分名列第二，只因计算机出了差错，把名次排错了。松下立即派人给这位年轻人寄发录取通知书。

第二天，下属报告给松下一个令人震惊的消息：那位年轻人因未被录取而跳楼自杀了。松下闻讯沉默了许久。这时，一位助手忍不住说："真可惜，这么一位有才干的青年没被公司录用。"松下沉重地摇摇头："不，幸亏公司没有录用他，意志如此薄弱、经不起打击的人是难成大器的。"

（资料来源：许亮生. 用人的苦恼［J］. 职业，2016（3）：25.）

人生的较量有三个层次，最低层次是技巧的较量，其次是智慧的较量，而最高层次的较量则是人格的较量。那位年轻人输在了最高层次的较量上。人格决定观念、行为、习惯，决定着人生的层次与高度。

知识导读

一、人格的内涵

英语中的"personality"（人格）一词来自拉丁文"面具"（persona）。面具是在戏台上扮演角色时戴上的一种特殊面罩，与今天戏剧舞台上不同角色的脸谱相类似，用于表现剧中人物的身份。后来心理学借用这个术语，用来说明每个人在人生舞台上扮演的角色及其不同于他人的精神面貌，又名个性。

人格的构成主要有兴趣、爱好、能力、气质、性格等，一个人的人格表现在知、情、意等心理活动的各个方面，包括个人的认知能力特征、行为动机特征、情绪反应特征、人际关系协调程度、态度和信仰体系、道德价值特征等。

一般来说，人格是在一定社会历史条件下，通过社会实践活动形成和发展起来的。一个人的人格是他过去的整个生活历程的反映。人格的形成也和人的生物遗传因素有关，因为人与人的个别差异从婴儿诞生的第一天起就有所表现。

二、人格的特征

（一）独特性和共同性

所谓"人心不同，各有其面"，就是指的人格的独特性。每个人都具有各自特有的人格，如有的人外向，有的人内向；有的人聪明敏捷，有的人反应迟缓；有的人顽强果断，有的人优柔寡断；有的人扶危济困，有的人恃强凌弱。但人格的独特性并不意味着人与人之间的个性毫无相同之处。生活在有着共同的社会道德准则、同一地区、同一教育环境的人们，又会具有相似的人格特征。如我国北方人的豪爽和南方人的细腻就是人格独特性的体现，但他们都能吃苦耐劳，这又是人格共同性的体现。

（二）稳定性和可塑性

人格的稳定性是指那些经常表现出来的特征，偶尔表现出的特征不能称为人格。某种人格特点一旦形成后，就相对稳定下来了，要想改变较为困难。俗话说，"江山易改，禀性难移"，这里的"秉性"就是指人格。当然，人格稳定并不意味着它在人的一生中一成不变，随着生理的成熟和环境的变化，人格也有可能产生或多或少的变化，这是人格可塑性的一面。正因为人格具有可塑性，才能培养和发展人格。

（三）统合性和独立性

人格是由多种成分构成的一个有机整体，具有内在统一的一致性，受自我意识的调控。人格统合性是心理健康的重要指标。当然人们在不同的场合，表现出的不同人格特征，就是人格独立性的体现。当一个人的人格结构在各方面彼此和谐统一时，他的人格就是健康的。当人格的统合性受到破坏时，就可能出现适应困难，甚至出现人格分裂等。

（四）生物性和社会性

人的生理特点是人格发展的物质基础，为人格的形成提供了必要的生理前提，并影响着人格发展的方向和方式。而人格的形成很大程度上又受社会环境、历史文化的影响。当一个新生命降生时，他只是一个自然人，不具有任何社会特性，但在成长过程中，社会制度、伦理道德、习俗观念等无时无刻不影响着他人格的发展，进而形成人生观、价值观等人格特征。

三、人格的理论模型

（一）人格模型

提及人格模型，西格蒙特·弗洛伊德的人格结构最为著名。他把人格划分为意识、前意识和无意识，称为解剖模型。意识指的是人们可觉察到的想法。当一个人说"我心里想"的时候，他也许指的是自己意识到的部分。但在大脑储存的信息中，意识处理的信息只占很小的比例。试想一下，你可以轻而易举地调集无数的想法到意识中。然而，你早餐吃了什么？你三年级的数学老师是谁？你上周六晚上做了什么？这些大量的可再现的信息则构成了前意识。

许多人认为，意识与前意识的内容已经构成思维内容的全部，但弗洛伊德认为，这只是冰山一角，如图 10-1 所示的冰山模型，我们内心想法的大部分内容都位于无意识中。这里的内容无法被提取进入意识，除非是在某种特殊情况下。然而，无意识内容却决定了人的许多日常行为。

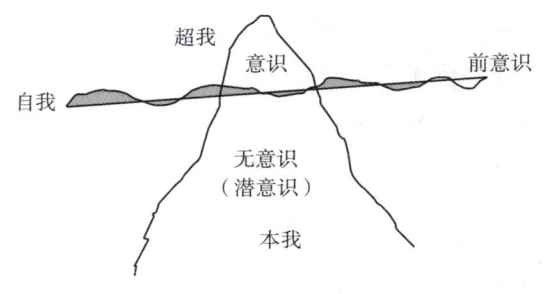

图 10-1 冰山模型

以下我们来看一个无意识对人们日常行为影响的案例。

有位女士，因失眠困惑来接受心理咨询。她找不到失眠、焦虑的任何原因，身体检查一切正常，但整天都忐忑不安。她说自己最近反复做一个被人追赶的梦：

"我从出租车上下来，有一个黑衣人（看不清楚，可能是男人）在后面追赶我，顿时感觉很害怕，并被惊醒。"

咨询师对这个梦进行了解释：

咨询师："'车'在梦中是一个普遍的象征，通常指你与某个人的情感空间，如果是家用小车，则指你与自己丈夫或家人的情感空间。出租车，你能想到什么？"

求助者："出租车就是出租车呀！外出时我经常会打的，一种交通工具。"

咨询师："出租车相对于家用小车来说，具有特殊意义：首先，它不是你自己的车，而是临时租用的车，故而具有短暂载你一程的意义；其次，它是外出时搭乘的交通工具，暗指与你的这次旅行有关，有'家外'或'婚外'的意思。因此，梦中的出租车代表了你与另一个男人的关系，也或许关系是在旅游途中发生的。"

求助者："啊？你怎么知道？其实我与他是在旅游即将结束的前一天才发生关系的，因为我们都不希望那样平淡地结束，不希望就那样分开，他给我的感觉很好。现在虽然相隔很远，但我总是很留恋这种关系，甚至想找个理由出差去看他。"

咨询师："或许这段感情对于你来说分量很重，这个我们以后再讨论。现在回到梦中，黑衣人，那个追赶你的黑衣人，使你联想到什么？把你想到的都告诉我。"

求助者："只知道是个男人，看不清楚面容，很模糊。那种装束在电影里见过——譬如，牧师、布道者、教授、法官。"

咨询师："对，有时梦中出现的黑衣人也可能指某种令人恐惧的阴影，或某个死去的亲人。不过，这要依据你的联想资料来确定。"

求助者："我想还是牧师或法官比较合适。"

咨询师："你对黑衣人的联想是牧师、法官，你本人和丈夫正好也都是从事法律工作的，故黑衣人在梦中代表了道德、良心或某种社会规范。这个梦提示你，虽然在意识中你没有对自己的'婚外情'产生自责感，但在潜意识中仍然承受着道德和良心的谴责，并因此生活在恐惧之中。这就解释了为什么你总是失眠、忐忑不安。而如何理解你的内疚感，如何客观、合理地处理这段感情以及它与婚姻关系的冲突，是你不得不面对的现实问题。当你理解了这个梦的意义，并尝试讨论你的这段感情的时候，这个梦就不会反复出现。"

梦是"通往无意识"的捷径。有些事情或想法由于受超我控制，不能在意识层面显现出来，就通过梦的形式，化装成无意识的象征性语言，有时荒谬、模糊，或者只是一些看来和任何事情都无关的意象，可某些重要的无意识素材可能就隐藏在那里。它们以图像化的"素材"和"场景"呈现出来，来告知人们需要改善的行为。

（二）结构模型

正如人们常说"这个'我'想做这件事，那个'我'想做别的事"，弗洛伊德也发现，组成人格的各部分经常发生冲突，因此，他又创立了结构模型，把人格划分为本我、自我和超我（图10-1）。

弗洛伊德认为，人出生时只有一个人格结构，即本我。这是人的自私部分，只与满足个人欲望有关。本我采取的行为遵循快乐原则，只关注如何立即满足个人需要，而不受任何物质和社会的约束。比如婴儿看见想要的东西，就会用手去抓，却不顾这个东西是否属于他人或者是否有害。这种反射行为一直保持到成年，并受控于健康人格的其他部分。

在生命的头两年里，随着儿童与环境的接触，本我冲动越来越不被社会接受，人格结构的第二部分"自我"就逐渐得到发展。自我的活动遵循现实原则。即个体要满足本我冲动，必须以考虑情境现实性的方式进行。与本我所不同的是，自我能在意识、前意识和无意识各部分之间自由移动。

到了大约5岁的时候，人格结构的第三部分"超我"开始形成。超我代表社会的、特别是父母的价值观和标准。超我对能做和不能做的事有更多限制。比如：你在朋友家的桌子上看见50元钱，本我也许想据为己有。自我意识到这样做可能会导致问题，于是试图寻找拿走钱且不为人知的办法。但即使有办法拿走且不被人发现，超我也将禁止这一行为。因为即便不被抓住，偷钱也违反了道德准则。超我对付这种情境的武器是罪恶感。如果拿走了钱，事后你可能觉得这样做不道德，几夜睡不好觉，直到把钱还给朋友才安心。

本我、自我、超我像是一个张力三角形，三种力量既相互补充，又相互对立。在健康人的身上，强大的自我不允许本我或超我过分地掌控人格，三者的斗争永不停止。自我只有处理好与本我、现实、超我之间的关系，心理才不会发生异常，人生的发展才会顺利。反之，就会产生人格异常。

（三）毕生发展模型

埃里克森认为，人格发展将持续终生。埃里克森的人格发展学说既承认性本能和生物因素的作用，又强调文化社会因素在心理发展中的作用。他认为人的心理危机是个人的需要与社会的要求不相适应乃至失调所致，故称为心理社会危机。要克服心理社会危机，需依赖心理社会经验。归根结底，是社会环境决定着心理危机能否得到积极的解决。由此，埃里克森提出人格发展阶段理论，也称为心理社会发展阶段理论，以区别于弗洛伊德主张的心理性发展阶段理论。见表10-1。

埃里克森主张人的一生可分为既是连续又是各不相同的八个阶段，这八个阶段以不变的序列发展；每个阶段都有其特定的发展任务；每个阶段都带有普遍性的心理社会危机。在描述各个阶段的发展时，把重点置于自我在人格发展中的主导地位上。自我功能发展得好不好，发展任务完成得成功与否，会使人格品质出现成功与不成功两种极端差别，即积极的或消极的人格品质，靠近成功的一端，就形成积极的人格品质，靠近不成功的一端，就形成消极的人格品质。他也强调指出，每个人的人格品质，并不是只能居于两极端之一，而更多的是处于两极端之间的某一位置上。

表 10-1　　　　　　　　　　　埃里克森人格发展阶段划分

人生阶段划分	主要发展任务	需培养的品质
婴儿前期（0~2 岁）	信任、怀疑	希望品质
婴儿后期（2~4 岁）	自主、羞耻	意志品质
幼儿期（4~7 岁）	主动、内疚	目标品质
童年期（7~12 岁）	勤奋、自卑	能力品质
青少年期（12~18 岁）	角色同一性、防止角色混乱	诚实品质
成年早期（18~25 岁）	亲密、孤独	爱的品质
成年中期（25~50 岁）	繁衍、停滞	关心品质
成年后期（50 岁以后）	完善、失望	智慧、贤明品质

根据埃里克森提出的人格发展阶段，我们可以构想一幅路径图。我们从婴儿期到老年期一直走在这条路上，但是在八个不同地点，我们会遇到岔路口——面临两个不同的前进方向。在埃里克森的模型中，这些岔路口代表人格发展的转折点，他把这些转折点称作"危机"。解决每个危机的方式都有两种：一种是适应性的，另一种是不适应的。但怎样解决每个危机，决定着我们人格发展的方向，并影响到我们怎样解决后面的危机，直至影响我们整个人生的发展。

四、影响人格形成与发展的因素

（一）生物遗传因素

由于人格具有较强的稳定性特征，因此研究者特别注重遗传因素的作用。大多数研究者认为，遗传是人格形成与发展不可缺少的影响因素。尽管人格发展过程是遗传与环境交互作用的结果，但遗传因素却能够影响人格的发展方向，小到家庭教育，大到社会文化，对人格的形成与发展都有重要影响，甚至影响人的一生。并且遗传因素对人的作用程度因人格特征的不同而异。一般来说，在智力、气质这些特质上，遗传因素较重要；而价值观、信念、性格等与社会因素关系密切的特质，后天环境更重要。这些影响会在人的一生中持续下去。

（二）早期经验

古语说，"三岁看大，七岁看老。"人生早期所发生的事情对人格的影响，历来为心理学家所重视。需要强调的是，人格发展尽管受到童年经验的影响，即幸福的童年有利于儿童发展健康的人格，不幸的童年则会使儿童形成不良的人格，但二者不存在一一对应的关系，比如溺爱可能使孩子形成不良的人格特点，逆境却可能磨炼出孩子坚强的性格。另外，早期经验不能单独对人格起作用，它与其他因素共同决定着人格与人生的发展。

（三）家庭环境因素

家庭是人类性格的工厂，它塑造了人们不同的人格特质，尤其是不同的教养方式对人格的发展具有不同的影响：

1. 专制型教养方式

专制型教养方式下父母对子女过于支配，孩子的一切都由父母来控制。在这种环境下成长的孩子容易形成消极、被动、依赖、服从、懦弱的性格，做事缺乏主动性，甚至会形成不诚实的人格特征。

2. 放纵型教养方式

放纵型教养方式下父母对孩子过于溺爱，让孩子随心所欲，父母对孩子的教育有时出现失控的状态。在这种家庭环境中成长的孩子多表现为任性、幼稚、自私、野蛮、无礼、独立性差、唯我独尊、蛮横胡闹等。

3. 民主型教养方式

民主型教养方式下父母与孩子在家庭里处于一种平等和谐的氛围当中，父母尊重孩子，给孩子一定的自主权和积极正确的引导。这种教育方式能使孩子形成一些积极的人格品质，如活泼、快乐、直爽、自立、彬彬有礼、善于交往、富于合作、思想活跃等。

4. 忽视型教养方式

忽视型教养方式下父母对子女缺少爱的情感和积极反应，又缺少行为要求和控制。这种教养方式下的孩子具有较强攻击性，很少替别人考虑，对人缺乏热情与关心，这类孩子在青少年时期更有可能出现不良行为问题。

我们通过以下案例，了解母亲对孩子的影响。

一个人一生中最早受到的教育来自家庭，家庭中来自母亲对孩子的早期教育又尤为重要。美国一位著名心理学家为了研究母亲对人一生的影响，在全美选出 50 位成功人士，他们都在各自的行业中取得了卓越成就；同时又选出 50 位有犯罪记录的人。他分别写信给他们，请他们谈谈母亲对他们的影响。有两封回信给他的印象最深，一封来自白宫一位著名人士，一封来自监狱一位服刑犯。他们谈的都是同一件事：小时候母亲给他们分苹果。

那位来自监狱的犯人在信中这样写道：小时候，有一天妈妈拿来几个苹果，红红的，大小各不同。我一眼就看见中间那个又红又大的苹果，非常想要。这时，妈妈把苹果放在桌子上，问我和弟弟：你们想要哪个？我刚想说想要最大最红的一个，这时弟弟抢先说出我想说的话。妈妈听了，瞪了他一眼，责备道："好孩子要学会把好东西让给别人，不能总想着自己。"

于是，我灵机一动，说："妈妈，我想要那个最小的，把大的留给弟弟吧。"

妈妈听了，非常高兴，在我的脸上亲了一下，并把那个又红又大的苹果奖励给我。我得到了我想要的东西。从此，我学会了说谎。以后，我又学会了打架、偷、抢。为了得到想要得到的东西，我不择手段。直到现在，我被送进监狱。

那位来自白宫的著名人士是这样写的：小时候，有一天妈妈拿来几个苹果，红红的，大小各不同。我和弟弟们都争着要大的，妈妈把那个最大最红的苹果举在手中，对我们说："这个苹果最大最红最好吃，谁都想要得到它。很好，现在让我们举行个比赛，我把门前的草坪分成三块，你们三人一人一块，负责修剪好，谁干得最快最好，谁就有权利得到它！"

我们兄弟三人比赛除草，结果，我赢得了那个最大的苹果。

我非常感谢母亲，她让我明白了一个最简单也最重要的道理：要想得到最好的，就必须努力。母亲一直都是这样教育我们，也是这样做的。在我们家里，不管想要什么好东西都要通过比赛来赢得，这很公平。你想要什么，想要多少，就必须为此付出多少努力和代价！

（四）社会文化因素

每个人都处在特定的社会文化环境中，社会文化对人格的影响极为重要。它既塑造了社会成员的人格特征，又使成员的人格结构朝着相似的方向发展，这种相似性既具有维系社会稳定的功能，又使得每个人稳固地"嵌入"整个文化形态里，因此不同文化的民族表现出其固有的民族性格。例如，中华民族是一个勤劳勇敢的民族，"勤劳勇敢"的品质便是中华民族共有的人格特征。

（五）自然物理因素

生态环境、气候条件、空间拥挤程度等这些物理因素都会影响到人格的形成与发展。有很多研究说明了生态环境对人格的影响。另外气温会提高某些人格特征的出现频率，例如热天会使人烦躁不安，对他人采取负面反应，发生反社会行为。总之，自然环境对人格不起决定性的作用。在不同的物理环境中，人可以表现出不同的行为特点。

互动体验

1. 请每人在纸上写出你大学三年所要完成的五件大事，以及实现它们需要哪些人格特点。

2. 假如现在有特殊事件发生，你必须在五件大事中抹掉两项，请用笔把它们划掉。抹掉就意味着完全失去了，这两项你永远也不能接触，与你无关了。体验一下你现在的心情如何。

3. 假如现在又有特殊事件发生了，请你再抹掉一件。这一件也是你永远不可能再接触的，与你永远无关了。这时你的心情如何？

4. 设想残酷的现实再一次降临，你还要在剩下的两件大事中抹掉一件，永远地失去它。这时你的心情又如何？

5. 现在只剩下一件大事了，看着你剩下的最后一件事情，这就是你大学最想干的，对你来说也是最重要的一件大事，这就是你当前的奋斗目标。那么，要实现这个奋斗目标，你要培养哪些人格特点？

心理测试

你的人格健康吗？

以下题目请按照自己的真实情况作答，符合自己的真实情况就填写"是"，不符合就填写"否"。

1. 当你站立时，为了舒服，你总是爱把胳膊放在椅背上。（   ）
2. 你有咬手指或手指甲的习惯吗？（   ）
3. 你在与人交谈或倾听别人谈话时喜欢敲打桌面吗？（   ）
4. 当你站立时，你喜欢双臂抱肩吗？（   ）
5. 你总是不停地用手指击打东西吗？（   ）
6. 当你谈话时：
①你抑扬顿挫，眉飞色舞，手舞足蹈。（   ）
②你感到有些紧张。（   ）
③你把手轻轻地放在衣兜里。（   ）
7. 聚会时，不论你想不想吸烟，你总爱点上一支吗？（   ）
8. 参加宴会时，你总是把眼睛盯在一盘或附近几盘菜上吗？（   ）
9. 当看到别人把大拇指藏在手心、拳头紧握时，你害怕吗？（   ）

评分标准

第6题回答①得2分，回答②得1分，回答③得0分。其余8个题目，回答"是"得1分；回答"不是"得0分。

结果解释

0～3分：你的人格健康，不论在什么情况下，都能沉着、稳定。你的举止表现证明你是一个沉着老练、遇事不慌、自信、自强、分寸得当、自制力强的人。这种自我能力是健康人格的重要特点。

4～7分：你的人格健康状况欠佳。表面上看你很平静，可你的内心常常很难平衡。高兴时，你信口开河，夸夸其谈；不高兴时，你冷眼相看，袖手旁观，情绪变化大。对你来说，至关重要的是学会自我控制，从而达到人格结构的稳定与健全。

8～10分：你的人格健康问题严重。你很不冷静，如果不学会自我控制，坚定信心，在哪里都无法安定，总感觉不舒服，也许你自己还不以为然，可在别人看来却很刺眼。关键问题是达到内心的平衡、和谐和安定，同时注意与周围的环境相适应。

拓展阅读

人格才是最高的学位

有一年秋天，北京大学新学期开学，一个外地来的学子背着大包小包走进了校园，实在太累了，他就把包放在路边。这时正好一位老人走过来，年轻学子就拜托老人替自己看一下包，自己则轻装去办理手续。老人爽快地答应了。近一个小时过去了，学子归来，老人还在尽职尽责地看守着他的包。学子谢过老人，两人分别。几日后北京大学举行开学典礼，这位年轻的学子惊讶地发现，主席台上就座的北大副校长季羡林，正是那一天替自己看行李的老人。

（资料来源：周敏生. 德育与"人格效应"[J]. 江西教育，2002（Z2）：12.）

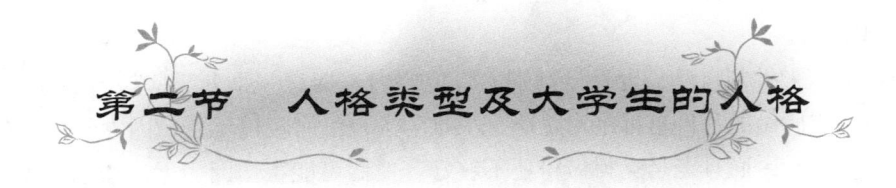

第二节　人格类型及大学生的人格

心灵故事

不同的场合我会表现出不同的我，我感觉自己有很多面，但我真不明白自己怎么会拥有这么多面的我。

以前我的QQ空间里，心情、练笔、随感等应有尽有，我写得酣畅淋漓，看起来也赏心悦目。后来，我的QQ好友里添加了家人，我写起来就没那么无所顾忌、"肆无忌惮"了。一是担心不被家人理解，招来批评；二是担心影响自己在家人或熟悉人心目中的乖乖女形象；三是纯粹不想让家人担心我的心情、状态或健康。特别是在上大学离开家后，有很多的心情和话语往往都是自己想了又想，最终也没有在家人能看到的QQ空间里吐槽。

自从有了微博，我就注册了两个号，其中一个是专门加陌生人的号。我很随意地发一段文字、一张不起眼的照片或表情等，就可以引来很多人"驻足点赞"的互动，内心兴奋不已。每天观看自己发布的微博有多少人点赞，有哪个网友点赞，心里还会有些许小期盼。很庆幸这些人没有一个是自己认识的，所以我感觉那单纯就是自己的空间了。可当心情不好时，我又会随手晒个朋友圈，根本不在乎有没有人关注，发圈纯属个人宣泄。

现在我感觉自己又可以像以前在QQ空间里那样，想写点什么就写点什么。这里可

> 以承载那么一个我，在我开心时、在我难过时、在我沮丧时，在我……时，我可以随意展现出真正的我，也可以随心浏览一些我认为可以治愈我的东西，就这样，走下去，甚是惬意。
>
> 每一个网上空间的我都是我，但又不是全部的我，我是很多个我。

人格具有多重性、复杂性。该同学在不同场合下展现出了不同的我，在家里是乖形象，在外面又有多个我。而立体式多角度切换思维形式，有助于摆脱思想束缚，在不同场合展现出不同的人格侧面。

知识导读

一、常见的人格类型及特点

常见的人格类型有九种，其特点各不相同。

（一）完美型——爱秩序的完美主义者

1. 人格特征

完美型的人爱批判自己，也爱批判别人，他们内心拥有一张列满应该与不应该的清单，认真尽责，希望所做的每件事都绝对正确，很难为了自己而轻松玩乐，因为他们以超高标准来审查自己的行为，而且老是觉得做得还不够好。他们可能害怕因为无法使事情完美而耽搁事情。完美型的人有一种道德优越感，比较厌恶那些不守规矩的人，特别是当这些人越矩得逞时。他们是优秀的组织人才，能够紧追错误和必须完成的事项，把任务完成。

2. 行为特点

完美主义，自律，公正，爱憎分明；黑白分明，害怕中间地带；正义感强，原则性强，有责任感，使命感，不易妥协，对自己要求高；遵守规则，工作严谨，高效；一丝不苟，善于统筹和安排；以我为标准，自以为是，喜欢批评、责备自己和他人；感情压抑，外冷内热。

他们常常会这样说：

"我非常留意自己的情绪，时时省觉要将它抽离，以免影响大局。我不但要对付自己的怒气，还要帮助别人去控制它。"

"如果别人批评我，我会仔细地检讨自己。可能他们误解了我，不过我总是觉得自己有责任。"

"努力工作是基本的责任。有一件事情在手，就要把它做好，不容有失。做事本身就是十分有创造力的事。"

"当我发现别人的错失，或者擅自"出位"，不依规则时，我便几乎无法压抑愤怒，一定斥责他一番。上星期开会，竟然有人迟到十分钟，我虽然不是主席，但也忍不住会提出来，要求他检点一下。"

（二）助人型——爱给予的给予者

1．人格特征

助人型的人在时间、精力和事物三方面都表现出主动、乐于助人、普遍乐观和慷慨大方。由于他们不容易承认自己的需要，也难以向别人寻求帮助，所以他们总是无意识地通过人际交往来满足自己的需要，而且在自己最为人所需的时候感到最快乐。他们对别人的需要感觉非常敏锐，能够刚好表现出吸引别人的那部分人格。他们善于付出更胜于接受，有时候会操控别人，有时候是天生的照顾者和主持者。为了使别人成功、美满，助人型的人能运用他们天生的同情心，给予对方真正需要的事物。

2．行为特点

喜欢别人喜爱他们；容易感受他人的需要和感觉；常看别人好的一面；以人为本，乐于助人，重视他人的需要高于自己的需要；非常重视友情，乐于赞赏他人，很会用心聆听；感性多于理性；富于同情心，善为他人考虑。

他们常常会这样说：

"一旦发现朋友的困难，我便会一直把它放在心上，绝对不会搁在一旁。我会考虑种种方法给予他帮助，也不会介意耐心等下去，直至机会出现了，我一定会第一时间跑上前，帮上一把。"

"我很容易察觉别人喜不喜欢我，而且懂得如何让人喜欢我。我很有魅力，在团体聚会中，我永远是维系各方感情的中心人物，虽然很多时候我并非故意站在众人的焦点下。"

"我能与迥然不同的人交往，对于不同的人，我晓得说不同的赞美话，但我并不是在拍马屁，我只是时刻希望别人觉得被尊重、被爱戴、被照顾而已。"

"我从来不知道怎样表达自己的需要。偶尔我尝试关照自己的内在感觉，它竟然是空空荡荡的，尤其是没有人在我跟前时。"

（三）成就型——爱成功的实干者

1．人格特征

成就型的人是精力超强的工作狂，他们奋力追求成功，以获得地位和赞赏。他们具有竞争性，尽管他们自认为这是一种爱的挑战，而非击败他人的欲望。他们无论处在何种竞争场合，总是把目标锁定在成功之上。他们会是成功的父母、配偶、商人、玩伴、治疗师，能够顺应身边的人而变换形象。尽管他们和自己真实的感觉毫不相干，因为这些都会影响其成就，可是一旦有要求，他们却可以表现出合宜的感觉。成就型的人会全心全意追求一个目标，而且永不厌倦。他们会成为杰出的团队领袖，鼓舞他人相信"天下没有不可能的事"。

2．行为特点

喜欢参与，喜欢成为行动中的重要人物；好胜心强；重视名誉地位；刻意打扮自己，表现成功形象；是出众的社交能手；善于表达，善于激励他人；对自己过去的成就引以为荣；善于目标设定和决策，以成就去衡量自己价值的高低，积极进取，完成工作。

他们常常会这样说：

"我不容易分散精力去关注别人，而容易陶醉在自己的成就感里。为此，别人会觉得我喜欢邀功，将他们的努力都淹没了。其实我并没有这个意思，我只不过太满意自己的战绩而看不到其他东西罢了。"

"有一天，闺蜜说我是'变色龙'，我觉得十分意外。可能因为我与每个人都很投契，他们都想跟我交往，而引起一些人的妒忌吧。"

"无论任何时候，我都可以清楚地意识到面前的目标，也能很快瞄到有哪些人对我有帮助。"

"我其实不像我表面那么有自信，我需要源源不断的掌声。我不能想象，有一天没有人用羡慕的眼神看着我时，我会怎样。"

（四）感觉型——爱独特的悲情浪漫者

1. 人格特征

感觉型的人具有艺术气质，多情，他们寻求理想伴侣，追求一生的志向，活在生命中某项重要事物的感觉中。他们觉得必须找到真实的伙伴，自己才完美。他们倾向于找到疏离理想化的现行事物。他们被高深的情绪性经验所吸引，表达出与众不同的一面。无论在任何领域，他们的生命反映出对事物重要性和意义的追求。他们很容易陷入自己的情绪，但却能表现出高度的同情心，去支持处在情绪痛苦中的人。

2. 行为特点

觉得自己与众不同，常认为自己很独特；容易对别人的批评反应过于敏感，容易对事情误解，惧怕被人拒绝；想象力丰富，富创意及艺术气质；细腻和拥有敏锐的审美观；占有欲强，需要情感上的依靠；行为自我，很容易掉到自己的情绪中。

他们常常会这样说：

"我的神经末梢比别人要多。一些别人觉得再寻常不过的事情，我都会被它吸引，久久不能释怀。"

"我好像与众不同，但有时又不觉得是这样。别人会说我与他们不一样，我却觉得自己的表现最自然不过。"

"我很容易被捉不着、摸不到的关系深深地吸引，越难得到的爱情，越有一种神秘的美。"

"我很想你爱我，但我又会预早做好你不一定爱我的准备，所以我不会让你去爱我，这样我就不会自找失望了。"

"如果要被抛弃，我宁可先做那个离开的人，被人遗落在一角，那种感觉实在太可怕了！"

（五）思想型——爱知识的观察者

1. 人格特征

思想型的人带着距离来体验生命，避免牵扯任何情绪，认为观察更胜于参与。他们是需要高度隐私的人，如果得不到属于自己的充分空间，会感到枯竭、焦虑，因为他们用这种方式来回顾事情，并体验在日常事务中难以感觉到的安定情绪。心智生活对他们而言相当重要，他们具有对知识和资讯的热爱，通常是某个专门领域的研究者。思想型的人把生活规划成许多区块，虽然他们不喜欢预订的例行公事，却希望事先知道在工作与休闲时他们被期望的是什么。他们是杰出的决策者和具有创意的知识分子。

2．行为特点

善于把情感抽离，较少参与，喜欢做旁观者；喜爱搜集信息和知识，喜欢成为专家；喜欢逻辑思维和分析，需要了解事情全部而不是部分；非常重视个人空间，对社交应酬感到浑身不自在；知识渊博，精神生活丰富，对物质生活要求不高；不随波逐流，不喜欢求助别人，生活在自己的思想世界。

他们常常会这样说：

"从小到大我都很惧怕人，不只在人群中我会浑身不自在，甚至迎面而来有熟人出现，也会让我产生避而不见的心理。其实我未必不喜欢他，可能他还很可爱呢，只是我的即时反应，就是不见面比见面好，因为我不喜欢被干扰。但如果攀谈起来，我也会很享受互相交流、双方投契的愉快感觉。"

"我蔑视那些情绪化、以偏概全的结论，不经深思熟虑就说出来的话，是非常不负责任的！"

"无论发生了多么令人难过或令人快乐的事情，我的情绪都不会强烈到如山洪暴发般不可收拾的地步。从事情发生到情绪、感觉产生的一段距离中，我必须在头脑中绕一个圈子，才会安心让我把感受到的东西释放出来。"

"接触太多的人很容易让我筋疲力尽。每天我都要有固定的时间安静下来，安心思考一些问题。我承认自己很需要个人专属的空间。"

（六）忠诚型——爱权威的怀疑论者

1．人格特征

忠诚型的人把世界看作是威胁，尽管他们可能觉察不到自己处在恐惧中。他们对威胁的来源明察秋毫，为了先行武装，他们会预想最糟的可能的结果。他们这种怀疑的心智结构会产生对他人做事拖延动机的猜疑。他们不喜欢权威，也可以说是害怕权威。某些忠诚型的人具有退缩并保护自己免受威胁的倾向；某些则喜欢先发制人，勇敢地迎上前去克服它，因而表现出极大的攻击性。一旦愿意信任时，忠诚型的人会是忠诚而有诚信的朋友和团队伙伴。

2．行为特点

警惕性强，很有危机意识，有时会杞人忧天；勤奋，能吃苦，尽忠职守，做事认真负责；服从指挥，需要清晰指引；做事必须有明显依据才能做决策；是忠诚可靠的朋友，喜欢群体生活；不喜欢环境多变，不轻易尝试新奇事物；因不稳定而易感到压力。

他们常常会这样说：

"我的确属于多疑的人。别人对我好，我会在心里反复思量，仔细想想他究竟出于什么动机。同时我会警惕万分：嘿，我绝不是傻瓜，你休想利用我！"

"我习惯于提防别人，喜欢与别人隔开一点，保持距离，这虽然让我疲惫，但也让我安全一点。"

"就算恋人已反反复复地向我表示忠诚，我还是会不时考验他一下。我不是不相信他，只是想让自己的心更为踏实罢了。"

"我会预先设想最糟的结果,在脑中经历一遍,就好像它真的发生过一样。到真正结果出现时,因为经过排演,我便更有勇气去面对。"

"我愿意帮助一些人去发掘他的潜能,只要我有能力,我会视之为责任的一部分。"

(七)活跃型——爱快乐的享乐主义者

1. 人格特征

活跃型的人乐观,精力充沛,迷人,而且让人难以捉摸。他们痛恨被束缚或控制,而且尽可能保留许多愉快的选择。在不愉快的情况下,他们会从心理上逃脱到愉快的幻想中。活跃型的人是未来导向者,对每件想要完成的事情都有内在计划,而且当新的选择出现时,他们还会适时更新内容。那份想保持生命愉悦的需要,导引他们重新架构现实世界,以排除有损自我形象的负面情绪和潜在打击。他们容易接受新的经验、新的人群和新的点子,是富有创意的网络工作者、综合家及理论家。

2. 行为特点

喜欢不断探索新奇、有趣的事物;勇于尝试新鲜、刺激的事,富于冒险精神;乐天知命,精力充沛,善于逃避不快乐的事情;讨厌闷,不喜欢承受压力,享受交际应酬,相识满天下;喜欢有多样的选择,对将来有很多规划;多才多艺,知识广阔。

他们常常会这样说:

"每件事对我来说都有新奇好玩的地方,我想,我的最大目标是去仔细体验每样好的东西:好吃的食物、好听的音乐、好看的服装……有些人会对这些不屑一顾,我却在想,这又有什么不对劲?"

"你若问我有什么不愉快的经历,其实也是有的,可是它们来不及让我悼念,已经有别的东西吸引、刺激我了。"

"我喜欢交朋友,几乎第一眼看见对方,便知道他值不值得交往。如果是很闷、很无聊的人,我几乎无法忍受。假如是志同道合的人,就算在人家眼中是"臭味相投",又有什么,最重要在开心呀!"

"每个人都有选择快乐的权利,所以我常常不太赞同一些社会道德的约束。我也喜欢友谊,但不能忍受有人要控制我,他们有什么权利这样做呢?"

(八)领袖型——爱权力的保护者

1. 人格特征

领袖型的人独断,有时具攻击性,对生命抱持"一不做二不休"的态度。他们通常是领袖或极端孤立者,善于关心和保护朋友,他们知道朋友在想什么。他们关心正义和公平,并且乐意为此而战。领袖型的人既可以和朋友喝酒、聊天,又可以理性讨论。他们能觉察权力所在之处,使自己免受他人的控制。他们具有支配力,会忠诚地运用自己的力量,并毫无倦息地支持有价值的事件。

2. 行为特点

态度直接,讨厌转弯抹角,有话直说;识英雄重英雄,有正义感,遇强愈强,喜爱接受挑战;任何时候都喜欢以领导者姿态出现;易冲动,勇者无惧;是顽强的谈判专家,喜欢支配他人,并且充满自信。

他们常常会这样说：

"如果有问题出现，我不能忍受不说，也不能忍受别人不说。正视问题是人生最基本的责任，那些有事就溜走的人真让我看不起！"

"平生有一件事最让我讨厌，就是被人诬陷、冤枉。小时候我爸常常不由分说地处罚我，甚至我没做错事。他总是不问情由，先打了再说，每次我都顽抗到底，誓要讨回公道！"

"我不怕公开的冲突，因为它令事件明朗化。通常吵闹完后，事件解决了，我就没事了，也不会记仇。我是很能对事不对人的。真令我受不了的反而是有事不说，让人瞎猜，这真叫人失去耐性。"

"每个人都要为自己的生命和际遇负责，有些人明明四肢健全、头脑正常，却总是怨天尤人，又不敢去创造命运，真令我蔑视！"

"从小时候开始，我便很有危机感，所以我立志要抓紧每一秒，还要比别人超前很多倍，最好 20 岁做 30 岁的事，30 岁有 40 岁的成就，这样我就觉得安全，也不浪费人生了。"

（九）和平型——爱和平的调停者

1. 人格特征

和平型的人是和平使者。他们善于了解每个人的观点，却不知道自己所想、所要的是什么。他们喜欢和谐而舒适的生活，宁愿配合他人的安排，也不要制造冲突。然而，如果被人施压，他们会变得很顽固，有时甚至会动怒。他们通常有很多兴趣，有时会将自己的优先事项拖到最后一分钟才做。他们还具有自我麻醉的倾向，让自己去做一些次要的活动，如看书、和朋友闲逛、看视频等。和平型的人是很好的仲裁者，善于磋商，而且能专心执行一项团体计划。

2. 行为特点

适应能力强，是最佳的聆听者；慢条斯理，是温和的和平使者；对很多事物都有兴趣，容易接受不同事物；待人处世圆滑，懂得逃避压力，善于避免冲突；不轻易批评，善于调解，与人相处关系融洽和谐；喜欢以自己平常的速度来工作，不喜欢急性子，难于拒绝他人，祈求与人和谐相处。

他们常常会这样说：

"或许我的头脑过分简单，然而坦白说，一直以来，我最大的愿望不过是追求心灵上的平静安稳。我是不是太甘于平淡呢？"

"宿舍里有很多冲突和斗争，我常发现大家互相攻击、打小报告、划清界限，我在想，这些事情真的有必要发生吗？如果大家互让一步，和和气气，事情早就解决了，犯不着绕这么大圈子，又增加大家的芥蒂！"

"放假时我喜欢留在家里，看看电视，听听音乐，弄些小吃，这样挺舒服的，就算一整天不外出，我也不觉得无聊啊！"

"我野心不大，工作也只是用来支持我的生活和尊严而已，不值得为它做出种种牺牲，比如放弃健康与家人相处的时间，以及人与人之间的良好关系。"

二、大学生人格发展的特点

根据国内外心理学家对人格素质结构的研究，结合我国当今社会发展的现状和大学生的实际表现，我们认为，当代大学生的人格发展状况基本良好，具体呈现出如下特点：

（1）自我认知正确。大学生在日常学习与生活中基本上能够形成对自己积极的看法，表现出对自我的认可；大学生对自己的优缺点基本清楚和明确，能够正确理解现实自我与理想自我的差别；大多数大学生都有明确的奋斗目标和愿望，并愿意为之努力。

（2）智能结构健全合理。一般来说，大学生具有良好的观察力、记忆力、思维力、注意力和想象力，各种认知能力能够有机结合并发挥其应有作用，几乎不存在认知障碍。

（3）适应能力较强。大学生对外部世界有着浓厚的兴趣，有着广泛的活动范围和许多爱好，人际交往范围比以往扩大，能积极参与各种形式的社会实践，容忍别人与自己在价值观与信念上存在的差别，并且能够根据环境的变化，不断地进行适当的社会化活动。

（4）富有事业心。大学生有较强的进取心和责任感，能把事业看成生活的重要组成部分；具有一定的创造性和竞争意识，思想观念开放，喜欢创造，勇于创新，甘愿冒险，独立性强，富有幽默感，态度务实，少有保守思想。

（5）情感饱满适度。大学生情绪上的稳定性与波动性、外显性与内隐性并存，情感丰富多彩，积极的情绪、情感体验在学习、生活中占主导，在人格教育方面具有良好的自觉性。

三、影响大学生人格发展的主要因素

一般来说，影响大学生人格发展的主要因素包括以下几个方面：

（一）不当的家庭教育方式

长期以来，在应试制度下，大学生接受的主要是应试教育，学校过于重视智力教育，对学生健康人格的培养力度不足。一部分家长受教育程度所限，采用简单、传统甚至是粗暴的教养方式，使子女形成敏感多疑、自卑易怒、抑郁焦虑、偏执敌对等不健康的人格品质。相当多的家长在子女考入大学后，将更多精力转移到经济支持上，而对子女的心理成长问题则关注不够。

（二）弱化的学校心理辅导

学校教育在一个大学生的人格形成过程中起着举足轻重的作用。正值青年早期的大学生身心发展趋于成熟，但尚没有形成健康的人格。从大学生的心理困惑来看，许多都是由于潜在的人格障碍所导致的。然而，由于很多学校缺乏受过专业训练的心理辅导教师，使学生的许多心理问题被混同于一般的思想问题，并被施以不科学的教导，非常影响学生人格的正常发展。

（三）诸多的社会现实压力

经济的飞速发展给大学生的发展提供了广阔、良好的机遇，但随之出现的一系列社会不良现象亦使大学生在心理上产生了诸多矛盾，紧张的生活节奏易使他们感到精神压抑、身心疲惫，错综复杂的人际关系也会让他们感到手足无措，现实的工作压力则让他们感受到社会转型期的阵痛，这使得部分大学生的人格弱点泛浮出来，形成了心理疾患。

互动体验

小王是某公司员工，他的顶头上司是个挑剔的人。小王的工作总是得不到上司的认可，做什么事他都不满意，这让小王非常苦恼。他绞尽脑汁去"讨好"上司，毫无效果。会议上，上司无视他的意见；当小王发言时，上司和别人聊天，还不时讥笑他。公司里迅速传播着有关小王的一些谣言。明知道这些都是上司散播的，但是他抓不到证据。更可怕的是，每年的考核评定，上司总是对小王说同样的话——我想你应该另找一份工作了吧！竭尽所能，累到透支，小王还是无法改变上司的态度。

请问小王及其上司分别属于哪一类型的人格？

心理测试

大学生人格健康调查量表

指导语

表10-2中的问题是为了解你的健康状况，增进你的身心健康而设计的调查。请你按题号的顺序阅读，在最近一年中你常常感觉到或体验到的项目上做"是"选择，没有的就做"否"的选择。为了帮助你顺利完成大学学业，身心健康地去迎接新生活，请你做真实的选择。

测试量表

表10-2　　　　　　　　　大学生人格健康调查量表（UPI）

1. 食欲不振	16. 常常失眠	31. 为脸红而苦恼	46. 身体倦乏
2. 恶心、胃口难受、肚子痛	17. 头痛	32. 口吃声音发颤	47. 一着急就出冷汗
3. 容易拉肚子或便秘	18. 脖子、肩膀酸痛	33. 身体忽冷忽热	48. 站起来就头晕
4. 常常心悸	19. 胸痛憋闷	34. 总是注意性器官	49. 曾有失去意识、抽筋
5. 身体健康状况良好	20. 总是朝气蓬勃	35. 心情开朗	50. 人缘好，受欢迎
6. 牢骚和不满多	21. 气量小	36. 莫名其妙地不安	51. 过于拘泥
7. 父母期望过高	22. 爱操心	37. 一个人独处时感到不安	52. 对任何事情不反复确认就不放心
8. 自己的过去和家庭是不幸的	23. 焦躁不安	38. 缺乏自信心	53. 对脏很在乎
9. 过于担心将来的事情	24. 容易动怒	39. 办事畏首畏尾	54. 摆脱不了毫无意义的想法
10. 不想见人	25. 想轻生	40. 容易被人误解	55. 觉得自己有怪气味

· 265 ·

11. 觉得自己不是自己	26. 对任何事都没有兴趣	41. 不相信别人	56. 总感觉别人在自己背后说坏话
12. 缺乏热情和积极性	27. 记忆力减退	42. 过于猜疑	57. 总注意周围的人
13. 悲观	28. 缺乏耐力	43. 厌恶交往	58. 在乎别人的视线
14. 思想不集中	29. 缺乏决断能力	44. 感到自卑	59. 觉得别人轻视自己
15. 情绪起伏过大	30. 过于依赖别人	45. 杞人忧天	60. 情绪易被破坏

辅助题

61. 至今为止，你感到自身在健康方面有问题吗？　　　　　　　　　　（①是　②否）

62. 你曾经觉得心理卫生方面有问题吗？　　　　　　　　　　　　　　（①是　②否）

63. 至今为止，你曾经接受过心理的咨询和治疗吗？　　　　　　　　　（①是　②否）

64. 如果你有健康或心理卫生方面想要咨询的问题，请写在下面，另外，上述 1~60 问中有想咨询的问题，请写下问题的题号。

评分标准

大学生人格健康调查量表（UPI）是为了早期发现、早期治疗有心理问题的学生而编制的大学生精神卫生、人格健康调查表。UPI 问卷共 60 个项目。其中 5、20、35、50 是测伪尺度，不计分，其余 56 个是症状题，包括身心状况。8、16、25、26 是关键项目，应给予更多的关注；UPI 的 60 个问题中除了四个测伪尺度不计分外，其余 56 个问题做肯定选择的计 1 分，否定选择计 0 分。测验完毕后，算出总分。

结果解释

1. 第一类筛选标准（即有可能有心理问题者）为满足下列条件之一者：

（1）总分在 25 分（包括 25 分）以上者；

（2）第 25 题做肯定选择者；

（3）辅助题中至少有两题做肯定选择者；

（4）明确提出咨询要求的且属于心理问题者。

2. 第二类筛选标准（即应引起关注的）为满足下列条件之一者：

（1）总分在 20~24 分者；

（2）8、16、26 题中有一题做肯定选择者；

（3）辅助题中只有一题做肯定选择者。

3. 第三类筛选标准：不属于一类、二类者。

4. 其中第一类学生我们应尽快约他们到心理咨询中心面谈，了解问题的性质与程度。通过每人 30 分钟左右面谈，区分出 A、B、C 类。

A 类：各种神经症，心理矛盾冲突激烈，明显影响正常学习、生活者。对他们要继续坚持面谈，直至症状缓解或消除。

B 类：一般心理健康问题者，属于适应不良，能维持正常的学习与生活者。面谈时建立信任关系，有问题时可主动咨询。

C 类：无特殊问题者。症状暂时不明显或已解除。

一般过半年左右再调查一次。

第二类学生应引起重视，有条件时可请来面谈，一般过半年左右再调查一次。

第三类学生属于一次通过者，即心理比较健康。

拓展阅读

心灵是容貌的底片

相由心生，心灵是容貌的底片，给自己的心理做个整容吧！让原本大自然的杰作真实一点，让原本浮躁的心灵宁静一点，让原本无聊的生活充实一点，让原本冷酷的世界温暖一点。请相信每一天都是一个改变自己和让自己创造奇迹的日子。

第三节 健康人格的培养

心灵故事

大学生张某，来自农村，家庭经济状况一般，她认为自己有责任挑起家庭的重担，但又觉得力不从心。在教室里自习时，她总是担心会有人坐在自己身后来干扰自己的学习，以至于只能选择教室的角落或者靠墙而坐，否则无法安心看书。张某对一位舍友用手机玩游戏的行为非常反感，有时简直难以忍受，尤其午休时她总担心会有打游戏的声音干扰到自己，为此经常睡不着。但她又不好意思跟这位同学发生当面冲突，她知道这只是小事。她很长时间不能摆脱这种心理困境，很是苦恼，严重影响了自己的日常生活和学习。面对未来，她心中也是一片茫然，担心毕业时找不到满意的工作，虽然有时她也懒得去想这个问题，怕增添烦恼，但有时她还是控制不住自己去想这个问题。眼下她不能集中精力学习，因此生活态度比较消极，认为所有的一切都糟透了。

从案例中不难发现，大学生张某不管在教室学习还是在宿舍午休，都很容易受到干扰。在与同学相处时，尽管她自己也意识到有些只是小事，但就是不能控制自己烦躁的心情。哪怕有一点动静，她就会压力重重，心神不宁。显然，张某没有健康的人格。一个人只有拥有健康的人格，才能充分体验生活的乐趣，充实精神世界，挖掘各种潜能，促进人生价值最大化。

知识导读

一、健康人格培养的必要性

人格是一个人素质的重要组成部分，也是一个人精神面貌的集中反映。大学生作为适应未来社会需要的人才，不仅要有健康的体魄、扎实的科学文化知识，而且还要有健康的人格。

大学阶段是人格发展、完善的重要时期。然而，现实的研究调查却发现，大学生的心理问题和精神障碍的发生率较高，精神疾病也成为大学生病休、退学、物质成瘾、犯罪、自杀的重要原因，给大学生心理健康教育敲响了警钟。要提高大学生的社会适应能力和心理健康水平，健康人格的管理是关键。其人格发展状况不仅直接影响着个人生活的质量，也间接地决定了整个人类社会是否能得到健康、和谐的发展。

二、健康人格的标准

健康人格的标准有很多种说法。从总体上看，人格健康的人应该是有利于社会和自我发展的人。从具体特征上讲，健康人格应具有以下标准：

（一）和谐的人际关系

人际关系是构成人类社会成员最普遍、最直接的关系。良好的人际关系可以调节身心状态，增强人的责任感，体现了一个人人格健康的程度。人格健康者乐于与他人交往，与人相处时，尊敬、信任等正面态度多于嫉妒、怀疑等消极态度；人格健康者常以诚恳、公平、谦虚、宽容的态度尊重他人，同时也受到他人的尊重和接纳。因此，和谐的人际关系既是人格健康水平的反映，同时又影响和制约着人格的形成与发展。

（二）良好的社会适应能力

社会适应能力反映了人与社会的协调程度。它不是让社会去适应自己，而是让自己去适应社会。人的社会适应能力是在社会化过程中不断发展的。人格健康的人能与社会保持良好的、密切的接触，以一种开放的态度，主动关心、了解社会；人格健康的人善于观察所接触到的各种事物和现象，能看到社会发展的积极面和主流，在认识社会的同时，使自己的思想、行为跟上时代的发展，与社会的要求相符合，能够很快适应新环境。

（三）乐观向上的生活态度

人格健康的人一般都有乐观向上的生活态度，常常能看到生活的阳光面，对前途充满希望和信心，对自己所从事的工作或学习抱着浓厚的兴趣，并在工作和学习中发挥自身的智慧和能力，最终获得成功。即使生活中遇到困难和挫折，乐观的人也能耐心地去应付，不畏艰险，勇于拼搏。相反，人格不健康的人一般都悲观，常常只看到生活的阴暗面，对任何事情都没有兴趣，遇到一点挫折就情绪低落，怨天尤人，甚至自暴自弃。

（四）正确的自我意识

自我意识是个体对自己及自己与他人、与周围世界关系的认识。具有健康人格的人对自己评价客观，充满自信，在日常生活中能有效地调节自己，与环境保持平衡。人格不健康的人，缺乏正确的自我意识，常表现出自我冲突、自我矛盾；或者自视自高、妄自尊大，做力所不及的工作；或者自轻自贱、妄自菲薄，甘愿放弃一切可以努力的机遇。

（五）良好的情绪调控能力

情绪标志着人格的成熟程度，对人的健康有重要影响。人格健康的人情绪反应适度，具有调节和控制情绪的能力，经常保持愉快、满意、开朗的心境，并富有幽默感。能够使人振奋精神，增强自信，身心健康，提高活动效率；当消极情绪出现时，也能合情合理地宣泄、排解、转移、升华。相反，人格不健康者具备消极的情绪体验，会降低人的活动效率，甚至使人致病。

健康人格的各个标准都是相关的。"具有体验丰富的情绪并能控制情绪表现的人，通常是有能力满足自身基本需要的人，是能紧紧地把握现实的人，是获得了健康的自我结构的人，是拥有稳定可靠的人际关系的人。"总之，人格健康的人其人格的各个方面是统一的、平衡的。上述标准不仅是衡量一个人人格健康的尺度，同时也为大学生改善自己的人格提出了努力的具体目标。

三、健康人格的培养

（一）正确认识个人气质特征

气质是性格的生理基础。气质是表现在心理活动的强度、速度、灵活性与指向性等方面的一种稳定的心理特征，即我们平时所说的脾气、秉性。气质无好坏之分，每一类型的气质都有它的积极面与消极面。我们并不提倡改变气质本身，而是提倡发挥自己气质中的积极面，克服消极面，取长补短。比如，抑郁质的人能体察到一般人不易察觉之处，感情细腻深沉，应保持细致的特色，从而认真地完成学习任务。但要防止细致过度，变成多疑。对生活中碰到的不愉快，不必长时间地耿耿于怀，因为挫折本来就是生活中的一部分。应多与人交往，学会科学的情绪情感宣泄方法，这样生活会轻松许多，美丽许多，也更有助于健康人格的塑造。

（二）塑造自身良好的性格特征

性格是个体比较稳定的心理特征，是个体对现实稳定的态度和习惯化的行为方式。它是人格的重要组成部分，在人的个性中处于核心地位，是人格中涉及社会评价的那一部分。著名心理学家巴甫洛夫指出："性格是先天和后天的合金。"性格形成决定于人的先天遗传和社会实践活动两个方面。如果说先天遗传提供了性格的原矿，那么社会实践活动则是把它冶炼成合金的手段。良好性格的塑造要从眼前的每一件事情做起。思想家老子说："合抱之木，生于毫末；九层之台，起于累土；千里之行，始于足下。"因此，锤炼自己的性格，要从身边的小事做起，逐渐发展自己、完善自己。

要点延伸

性格不怕内外向，只要精神有指向

很多人误认为外向性格好、内向性格不好，也有很多同学找心理学老师咨询如何改变内向性格。其实，当一个人试图改变自己一贯个性的时候，他可能已经失去了自我内心的安宁。

内向和外向主要是指人的精神指向。比较关注内心的是偏内向；比较关注外部世界的是偏外向。关注内心的人着力发展自我感，首要面对的是如何喜欢自己；关注外在的人着力发展社会能力，首要面对的是被人喜欢与被环境认同。两种力量对每个人都是必不可少的。

以内向性格为主的人比较有意志、有理想，追求个性、特色的美感和兴趣，喜欢学习，外界不管有多大的变化、干扰甚至打击都妨碍不了他生活的目的与信念。为了一个梦想或观点常常会一直坚持，不达目的誓不罢休。以外向性格为主的人比较灵活、顺从，不给别人或自己找麻烦，能够审时度势、顺水推舟，不好逆水行船。

区别内向与外向的一个简单依据是问问自己的快乐从哪里来。内向者把心理能量指向自己，因此快乐也主要由心而生，不那么依靠外部世界的认同与赞许；外向者把心理能量指向外部世界，喜欢人际交往，好奇，富于冒险精神，对主流文化比较认同。

当然，没有内在肯定和自我认同的人，不可能有持续的力量去发展朝外的进取与奋斗，只关注外界但从不自省的人，也不可能获得成功。内向的力量是树根与树干，外向的力量是枝叶、花蕾与果实，这两种心理力量恰好是并存相依的。

（三）全面提升个人能力

1. 辩证客观，学会认识自己

认识自己也就是心理学上的自我意识，自我意识就是对"自我的认知"，或者说自己对自己的认知。它是人格发展的核心，正确的自我意识是健全人格的重要机制。它影响和制约着人格的形成与发展，在塑造健康人格过程中，大学生应该强化自我主题意识，优化人格整合。只有正确、客观地认识了自我，人格才能得以健康发展。

要学会自我肯定，理智与客观地对待自己的长处与不足，冷静地看待得与失。在生活中关注真实自己的内在需求，并关注自己的优势和成功，挖掘自己的闪光点，并把自己的优势和闪光点发挥到极致，使之成为自己人生最美丽的风景。同时，要勇于直视自己的缺点和短处，客观地去面对，这有助于摆脱自卑、虚荣、抑郁，塑造一个乐观、自信的自我。一个人如果不断完善对自己的认识，就为自己构筑了坚实的健康人格的堡垒，在未来的人生路上，无论遇到坦途还是荆棘，他都会是一个成功者。

2. 科学规划，为自己设定目标

目标是一个人积极生活的希望，只有为了希望而生活，才能够克服一切阻碍，朝自己制定的目标接近。只要拥有前进的目标，就会拥有坚定的信念。信念的力量在于即使身处逆境，亦能帮助自己鼓起前进的船帆；信念的魅力在于即使遇到险运，亦能召唤自己鼓足勇气。比如，美国著名的电影《当幸福来敲门》中的主人公克里斯·加德纳之所以最终获得了人生的成功，就在于他无论在何种挫折面前都坚信："关于我们的生活，幸福自己来敲门，生活也能得到解脱"。这就是他不屈不挠的动力，这句话也是他的奋斗目标。

心理学之父埃里克森把人生分成八个阶段，他认为每一个阶段都会有不同的挑战和挫折，这些挫折既是对人们健康人格的考验，也是塑造健康人格的熔炉。大学生正处于亲密对孤独的任务阶段，主要任务是发展爱的品质。孔子也把人生以阶段划分："吾十有五而志于学，三十而立，四十而不惑，五十而知天命，六十而耳顺，七十而从心所欲，不逾矩。"自古至今，成功者大都在每一个阶段都有着明确的人生目标，并朝着既定的目标前进，最后都因此获得了自信的完美人生。

3. 与时俱进，提升自身能力

（1）自我学习的能力

学习能力是大学生首先要具备的。大学的学习生活相对开放，没有升学压力的束缚，拥有更多的自由时间，有必要给自己制订一个可行的学习计划，以提升自身的学习能力。如可以计划半年之内阅读与人际交往相关的或与自己专业有关的一些书籍，或阅读自己感兴趣的书籍等。

（2）信息处理的能力

信息处理能力涉及面很广，大学生可以利用网络积极了解一些对自己有用的信息。比如，在就业之前通过网络了解哪些是自己想去的单位，招聘单位的岗位设置及要求，以及招聘单位的公司文化等。其实，做这些事情很简单。然而，这些简单的事情却可以有效帮助大学生就业与发展。

（3）数字应用的能力

良好的数字应用能力能提高面对问题时的敏感度，以及决策的正确率，这种能力的表现就是思维敏捷、语言表达能力强，这也是成为未来精英的基础。

（4）与人交流的能力

如果自己的交流能力很差，先尝试着表达，将自己的意思试着清楚、简洁地表达出来。比如去校园餐厅吃饭，可以与一个不认识的人坐在一起，尝试找个话题与对方说几句话，如此一来，交流的大门就慢慢打开了。

（5）与人合作的能力

在未来的工作岗位中，大学毕业生不可避免地要与同事共同协作完成工作，这就需要具备与人合作的能力。大学生要锻炼自己与人合作的能力，在校园里不妨尝试与自己从未打过交道的同学交往，如果他愿意与你交往，要从心底感谢他，感谢他成为你成长的助力，练就了一些处理人事的技巧。

（6）解决问题的能力

大学学习生活中，不可避免地要面对各种困难。哭泣、烦闷并不能解决问题，在困难面前调控好情绪、理清条理并逐步解决是一种好的方法。提高解决问题的能力重要的是要学会控制心情，理清问题的解决思路。

相关链接

扫一扫，观看视频

解码气质

互动体验

事例一：一个胖女孩小 A，但凡别人对她有挑剔的目光她便极为敏感，而别人赞赏的目光她却认为是恭维与虚伪。

讨论：对于小 A 这样的人你有何想法？

事例二：小刚和小明曾经因为一件小事打了一架。虽然事情已经过去很长时间了，但小明一直把这件事记在心里，担心自己的这段经历给别人留下了坏印象。

讨论：如果是你，你将如何处理这样的问题？

事例三：有位学生叫王伟，他除了在学习成绩上表现一般，其他各方面都不错。正因为如此，王伟总是对自己没有信心，觉得自己不是老师心目中的好学生、同学心目中的好伙伴。

问题：如果他是你身边的同学，你将如何看待他？又会怎么帮助他？

每个问题请 4～5 名同学发言，最后由老师总结得出健康人格的重要性，并再次强调大学生如何培养健康人格。

心理测试

气质测量

指导语

请认真阅读下列各题，做出最符合自己的判断。非常符合得 2 分，比较符合得 1 分，不确定得 0 分，比较不符合得 –1 分，完全不符合得 –2 分。

测试量表

1. 做事力求稳妥，不做无把握的事。
2. 遇到可气的事就怒不可遏，把心里话全说出来才痛快。
3. 宁肯一个人干事，也不愿很多人在一起。
4. 到一个新环境很快就能适应。
5. 厌恶那些强烈的刺激，如尖叫、噪音、危险的镜头等。
6. 和人争吵时，总是先发制人，喜欢挑衅别人。
7. 喜欢安静的环境。
8. 善于和人交往。
9. 羡慕那种能克制自己感情的人。
10. 生活有规律，很少违反作息制度。
11. 在多数情况下情绪是乐观的。
12. 碰到陌生人觉得很拘束。

13. 遇到令人气愤的事，能很好地自我克制。
14. 做事总是有旺盛的精力。
15. 遇到问题常常举棋不定、优柔寡断。
16. 在人群中从不觉得过分拘束。
17. 情绪高昂时，觉得干什么都有趣；情绪低落时，又觉得什么都没意思。
18. 当注意力集中于一件事时，别的事很难使我分心。
18. 理解问题总比别人快。
20. 碰到危险情境，常有一种极度恐怖感。
21. 对学习、工作、事业怀有很高的热情。
22. 能够长时间做枯燥、单调的工作。
23. 符合兴趣的事情，干起来劲头十足，否则就不想干。
24. 一点小事就能引起情绪波动。
25. 讨厌做那种细致的、需要耐心的工作。
26. 与人交往不卑不亢。
27. 喜欢参加热烈的活动。
28. 爱看感情细腻、描写人物内心活动的文学作品。
29. 工作、学习时间长了，常感到厌倦。
30. 不喜欢长时间谈论一个问题，愿意实际动手干。
31. 宁愿侃侃而谈，不愿窃窃私语。
32. 别人说我总是闷闷不乐。
33. 理解问题常比别人慢些。
34. 疲倦时只要短暂休息就能精神抖擞，重新投入工作。
35. 心里有话宁愿自己想，也不愿说出来。
36. 认准一个目标就希望尽快实现，不达目的誓不罢休。
37. 学习、工作一段时间后，常比别人更疲倦。
38. 做事有些莽撞，常常不考虑后果。
39. 老师或师傅讲授新知识、技术时，总希望他讲得慢些，多重复几遍。
40. 能够很快地忘记那些不愉快的事情。
41. 做作业或完成一件工作总比别人花的时间多。
42. 喜欢运动量大的剧烈体育活动，或参加各种文娱活动。
43. 不能很快地把注意力从一件事转移到另一件事上去。
44. 接受一个任务后，就希望把它迅速完成。
45. 认为墨守成规比冒风险强些。
46. 能够同时注意几件事物。
47. 当我烦闷的时候，别人很难使我高兴起来。
48. 爱看情节起伏跌宕、激动人心的小说。
49. 对工作抱认真严谨、始终如一的态度。
50. 和周围人的关系总是相处不好。

51. 喜欢复习学过的知识，重复做熟练的工作。
52. 希望做变化大、花样多的工作。
53. 小时候会背的诗歌，我似乎比别人记得清楚。
54. 别人说我"出语伤人"，可我并不觉得这样。
55. 在体育活动中，常因反应慢而落后。
56. 反应敏捷，头脑机智。
57. 喜欢有条理而不甚麻烦的工作。
58. 兴奋的事常使我失眠。
59. 老师讲新概念时常常听不懂，但是弄懂以后就很难忘记。
60. 假如工作枯燥无味，马上就会情绪低落。

评分标准

胆汁质	题号	2	6	9	14	17	21	27	31	36	38	42	48	50	54	58	总分
	得分																
多血质	题号	4	8	11	16	19	23	25	29	34	40	44	46	52	56	60	总分
	得分																
黏液质	题号	1	7	10	13	18	22	26	30	33	39	43	45	49	55	57	总分
	得分																
抑郁质	题号	3	5	12	15	20	24	28	32	35	37	41	47	51	53	59	总分
	得分																

结果解释

如果某一项或两项得分超过 20 分，则为典型的该气质类型。若胆汁质项超过 20 分，则为典型的胆汁质；若黏液质和抑郁质两项得分超过 20 分，则为典型的黏液－抑郁质混合型。

如果某一项或两项得分在 10～20 分，其他各项得分较低，则该项为一般气质类型。如一般多血质，一般胆汁质－多血质混合型，等等。

若各项得分都在 10 分以下，但某项或几项得分较其余项高（相差 5 分以上），则为略倾向于该项气质类型（或几项混合）。如略偏黏液质，多血质－胆汁质混合型，等等。

一般来说，正分值越高，表明被试越具有该项气质的典型特征；反之，负分值越低，表明越不具备该项特征。

典型特征

1. 胆汁质：直率热情，精力旺盛，脾气急躁，情绪兴奋性高，容易冲动，反应迅速，心境变化剧烈。如《水浒传》中的李逵、《三国演义》中的张飞。

胆汁质的人适合做导游、推销员、经纪人、节目主持人、演说者、外事接待人员、演员、监察员等。在政府、企事业单位中，可以担任处理紧急事件的人员。他们不适合整天坐在办公室工作。

2. 多血质：活泼好动，反应灵敏，乐于交往，注意力易转移，兴趣和情绪多变，缺乏持久力。如《红楼梦》中的王熙凤、《三国演义》中的曹操。

多血质的人职业选择较广泛，如政府、企事业单位管理人员，外事工作人员，驾驶员，服务人员，律师，运动员，探险家，新闻工作者，演员，军事侦察员等。但多血质的人不适合做细致单调、环境过于安静的工作。

3. 黏液质：安静，稳重，沉着，反应缓慢，沉默寡言，做事三思而后行，情绪不易外露，注意力稳定但很难转移，善于忍耐。如《水浒传》中的林冲、《西游记》中的沙和尚。

黏液质的人适合当外科医生、社会活动家、法官、管理人员、出纳员、教师、会计、播音员、科研人员等。

4. 抑郁质：情绪体验深刻，行动迟缓，善于觉察他人不易注意的细节，富有幻想，胆小孤僻。如《红楼梦》中的林黛玉。

抑郁质的人较适合从事作家、画家、诗人、打字员、音乐家、校对等职业，也适合做机要工作和研究工作。在政府、企事业单位中，可以主管部分工作，按常规做出决断。

拓展阅读

有趣的心理实验

苏联心理学家达维多娃做过一个有趣的实验，她发给四个学生每人一张戏票。在他们赶到剧院时，戏已经开演了。检票员为保证演出效果不让他们进去。这时其中一个人与检票员发生争执，说自己悄悄进去不会影响他人，还说自己的手表是最准时的，并不顾阻拦试图强行进入；另外一个人见楼下入口处看守很严，便悄悄溜到楼上，装作迟来的某贵宾的随从，进去看演出了；还有一个人没说什么，转身去了休息室，心平气和地等候，直到第一场幕间休息时间才正大光明进去；第四个人被拒绝后，非常沮丧，再也提不起兴致看演出了，他扭头往家走，一边走一边不停地抱怨。

这四个人，恰恰是四种典型气质类型的代表：第一个人属于胆汁质，第二个人是多血质，第三个人为黏液质，第四个人属于抑郁质。

（资料来源：杜旭. 气质类型因素对大学生道德接受的影响研究［D］. 知网，2014）

启发思考

1. 什么是人格？
2. 分析自己的人格类型和特点，并思考如何完善自己的人格。
3. 气质有哪些类型？应如何分析自己的气质类型特点？
4. 认真分析你的家庭教养方式，评述家庭对你人格成长的影响。

星说心语

歌德曾说:"只有伟大的人格,才有伟大的风格。"《学会生存》一书中也提出:"把一个人在体力、智力、情绪、伦理各方面的因素综合起来,使他成为一个完善的人,这就是对教育基本目的的一个广义的界说。"而这些因素中都贯穿着一个核心问题,那就是如何培养学生健全的人格。

人格,是认识心理健康的一扇窗户,是解决心理健康问题的一把钥匙。本章结合经典的人格理论观点与大学生常见的人格类型及其特点,来认识和理解人格与心理健康的关系。为此,同学们在日常学习与生活中,需要根据各自的人格发展特点,通过正确认识气质特征、塑造良好的性格特征、全面提升个人能力等有效途径,进行有目的、有计划、有针对性的健全人格的培养;并在此基础上,树立正确的人生观、价值观与世界观,使自己成为有理想、有抱负、有责任与有担当的有为青年,为祖国建设贡献自己的青春力量。

第十一章
积极心理　成就幸福

　　一切的和谐与平衡、健康与健美、成功与幸福，都是由乐观与希望的向上的心理产生与造成的。

——华盛顿

第一节 关注优势

心灵故事

有个男孩一直是班里的差生。尽管他非常刻苦,但成绩就是上不去。父亲心里清楚,儿子一点儿也不笨,只是天生对文字类的东西反应很迟钝。为了鼓励儿子发挥自己的长处,父亲说:"老虎强壮,善于奔跑。猫则温顺、灵敏,虽不能像老虎那样威风和霸气,但它具备老虎不具备的天赋与本能:能上树、抓老鼠。人们都希望自己成为老虎,而这其中有很多是猫,久而久之,变成了一批烂老虎。"父亲又说:"儿子,你天生对文字反应迟钝,但对图形却非常敏感,为什么放着优秀的猫不当,而偏要当很烂的老虎呢?我不希望你成为一只烂老虎,而且我相信你一定能成为一只好猫!"男孩儿从此专心致志地把漫画当作一生的追求。25岁那年,他成为漫画界炙手可热的人物,《双响炮》《涩女郎》等作品红遍东南亚。他就是台湾著名漫画家朱德庸。

(资料来源:朱萍. 由"好猫与烂虎"想到的 [J]. 中学政治教学参考,2012(30):1.)

老虎可以学会爬树,但爬得没有猫快。做任何事情,在辛勤付出的同时,也要尊重客观事实,扬长避短,发挥自己的优势,这样才能更好地发展自我,实现人生的价值。

知识导读

一、认识优势

(一)优势的含义

所谓优势,是指比对方有利的形势。性格优势即个体比较突出的好(积极)的性格品质。我们这里所谈到的优势主要指性格优势。著名人格心理学家、密歇根大学终身教授克里斯托夫·彼得森(Christopher Peterson)将性格优势看作一整套的积极特质,类似于洞察力、团队精神、友善和希望这样的特征。为了表达性格优势的多元性,彼得森教授将性格优势的组成部分称为美德。这些美德主要是指一个人在认知、情感和意志过程中表现出来的稳定的心理倾向,它包括智力品质、情感品质、性格品质和道德品质等方面。

(二)优势的分类

美国著名心理学家、国际积极心理学之父塞利格曼(Seligman)指出:"心理学不仅研究病态、弱点和损害,还研究优势和美德。"研究积极心理学的根本目的,就是增进人类的幸福,促进社会的繁荣。人类的六大美德和其相关优势见表11-1。

表 11-1　　　　　　　　　　人类的六大美德和其相关优势

美德	定义性特征	优势	定义性特征
1. 智慧	获取并运用知识	1. 创造力	用标新立异且有成效的方式做事情
		2. 好奇心	对所有新事物都感兴趣
		3. 思维开阔	多方位、多角度考虑问题
		4. 热爱学习	掌握新技能、新话题和新知识
		5. 洞察力	能够给他人提供明智的建议
2. 勇气	顶着内外部压力完成目标的意志	6. 本真	说真话，表现真实自我
		7. 无畏	在威胁、挑战、困难和痛苦面前不退缩
		8. 毅力	一旦开始就坚持到底
		9. 热忱	用热情和活力拥抱生活
3. 仁慈	人际优势	10. 善良	给他人帮助，为他人做好事
		11. 爱	重视亲密关系
		12. 社会智力	对自己和他人的动机、感受保持清醒的认识
4. 正义	公民优势	13. 公平	按照公平原则对待所有人
		14. 领导力	组织群体活动，确保活动顺利完成
		15. 团队合作	作为团队的一员，高效地工作
		16. 宽容	原谅对不起自己的人
5. 克己	预防原罪的优势	17. 稳重	让成绩说话
		18. 谨慎	谨言慎行，不说后悔的话，不做后悔的事
		19. 自我调节	调节自己的情绪和行为
		20. 欣赏	意识到生活方方面面的美好、卓越和精彩，并欣赏之
6. 超然	让心灵与宇宙相连的优势	21. 感恩	意识到生活当中发生的好事，并心怀感恩
		22. 希望	拥抱最好的期望，并努力实现之
		23. 幽默	喜欢逗乐搞笑，娱乐自己，娱乐他人
		24. 虔诚	有信仰，有追求

个人的优势是这六大美德及各种优势的不同组合，每个人都会拥有这些美德中的一种或几种品质。比如，一个人既充满创造力，又勇敢和具有领导力；另一个人既热爱学习，

又具有团队合作的品质，同时还谦虚不张扬。这里创造力、勇敢、领导力之间的组合与热爱学习、团队合作、谦虚三者之间的组合都属于个人优势。这些优势是人们增长学识、维持真诚友谊、取得更高成就的基础。它们充当着对抗压力的保护盾，为人们走向成功搭建平台。尽管它们具有一定的遗传性，但更需要经历学习过程，通过学习每个人都可以拥有一定程度的优势。

二、关注优势

美国心理学家马丁·塞利格曼先生在20世纪末树立起积极心理学的大旗，掀起了心理学上的第四大浪潮，反转20世纪中后期心理学过分关注人性消极面和弱点的研究取向，将心理学引向探索和促进人类性格力量发展和美德完善的轨道。近年来他致力于研究人类的美德和优势，并提出运用美德和优势治疗心理疾病的积极心理治疗理论（Positive Psychology Theory，PPT）。

（一）由习得性无助到习得性乐观

从习得性无助转向习得性乐观源自塞利格曼先生与五岁女儿的一席对话：

一天，塞利格曼先生在花园里除草，女儿快乐地在周围奔跑，他对女儿大发脾气。女儿对他说："从三岁开始我每天都抱怨，现在我五岁了，我决定不再抱怨了，这对我来说很难，但是如果我能停止抱怨，你能停止发脾气吗？"

这句话使塞利格曼产生了心灵的震撼。他开始反思自身及所从事的心理职业。首先他意识到改正女儿抱怨习惯的力量不是来自他人，而是来自她自己，她自身具有这种神奇的力量，在心灵深处不断增强、发展，帮助她去改变自己的弱点和抵抗生活中的风暴；其次，培养孩子不是去修正他们的错误，而是识别和培养他们的优良品质，帮助他们增强令他们生活得更好的力量。也就是从那一刻起他决定改变自己。这一转变也预示着心理学界由传统的关注问题模式转向关注力量、美德和优势模式。

1. 习得性无助

"习得性无助"是塞利格曼于1967年研究动物后提出的。他用狗做了一项经典的实验。起初他把狗关在笼子里，只要蜂音器一响，就给以难受的电击。多次实验后，电击前他先把笼门打开，蜂音器再响时，狗不但不逃跑，反而不等电击出现就先倒地开始呻吟和颤抖。狗本来可以主动逃避电击的，它却绝望地等待痛苦的来临，这就是习得性无助。

在生活中，细心观察，我们会发现：如果一个人总是在一项工作上失败，他就会在这项工作上放弃努力，甚至还会因此对自身产生怀疑，觉得自己"这也不行，那也不行"，无可救药。而事实上，此时此刻的他并不是"真的不行"，而是如实验中那条绝望的狗一样陷入了"习得性无助"的心理状态中，这种心理让人们自设樊篱，把失败的原因归结为自身不可改变的因素，而放弃继续尝试的勇气和信心，破罐子破摔。

2. 习得性乐观

塞利格曼将乐观风格归纳为三个简单要素：持久性（permanence）、普遍性（pervasiveness）、个性化（personalization）。他认为乐观是指人们对已发生的事件进行解释时，对好事件作持久的、普遍的和个人的归因，而对坏事情作短暂的、具体的和外在的归因。这种对事件的解释方式是后天习得的，人们可以通过学习，将悲观的归因方式转向乐观的归因方式，这就是习得性乐观。习得性无助型与习得性乐观型学生的特征见表11-2。

表11-2　　　　　　　　习得性无助与习得性乐观学生的特征

学生类型	对坏成绩的解释	持久性	成就期望	对坏成绩的反应
习得性无助型	能力低	长久的	低	放弃，再多的努力也没有用
习得性乐观型	低努力	短暂的	高	不断坚持，努力会有回报

（二）由弥补劣势到关注优势

短板理论又称"木桶原理""水桶效应"，由美国管理学家彼得提出。短板理论实验中，盛水的木桶是由许多块木板箍成的，因而盛水量也是由这些木板共同决定的。若其中一块木板很短，则盛水量就被短板所限制。由此得出，一只水桶能装多少水，取决于它最短的那块板。这块短板就成了木桶盛水量的"限制因素"（或称"短板效应"）。若要使木桶盛水量增加，只有换掉短板或将短板加长才行，即弥补劣势才能获得最大成功。

如此一来，一个团队能不能完成绩效，总是由效率最低的那位员工决定的。然而，一个人总有优势和劣势，对"效率最低的员工"来讲，是让他短板"变长"呢？还是尽量发挥他的长处，增强他的优势呢？传统的做法是，让这位效率最低的员工进行培训学习，提升业务能力，迎头赶上；其实效率最低的这位员工也有自己的优势，最有效的做法是，根据其优势合理安排、妥善安置其岗位，发挥其最大效能。这就是积极心理学上的一大贡献，体现了人们从关注改善劣势到发挥优势的转变。

（三）由关注问题到发挥优势

当前各高校都非常关注学生的心理疾病和心理问题。然而，学校的育人环境不是发现"学生的问题"，更不是发现"有问题的学生"，而是发掘学生自身具有的优势与潜能。因此，学校心理健康教育的目标不只是消除症状，修补缺陷，更要着重于培养学生的积极心理品质，帮助学生了解自身的优势。这就意味着高校需要关注学生积极向上的自我力量与性格优势。此处对"优势"的理解，是指每个人具备的正向特征，除了较为出众的能力外，品德、性格、习惯等都有可能构成一个人的优势，并不完全等同于"特长"。借助这种积极向上的优势力量可对抗心理困扰，消除问题行为，建立抵御挫折、心理创伤和障碍的预防机制。"发挥优势"将让教师和学生都习惯去发现各自的积极力量和优势，创造人人都精彩、人人都自信的人文环境。

大家不妨看一下这个案例：

一个小学生在期末考试结束后,把分数拿给家长看,家长先是一喜后是一惊:语文100分,英语100分,数学15分!99.99%的家长会说:呀!你数学怎么考得这么差!如果这样下去,你连中学都考不上,就更别提大学了!假期不要休息了,我给你请个数学家教,我们专门补习数学!孩子无比痛苦,头疼不已。但补来补去,数学固然提高到了六七十分,但是语文和英语也相应地下降到了六七十分,不复有原来的奇迹和才华。

其实,人一辈子就是这么不停地补短,什么不好补什么,列入急迫性日程的,肯定是我们的缺点、不足与劣势等。我们生怕被这些不足拖了后腿,因为我们永远被告知木桶的容量是由最短的那根决定的,而不是最长的那根。然而,一个人的精力毕竟有限,花在了补短上,也必然影响了长项的发展。案例开头提到的孩子最后虽然能够考上大学,但也只是那莘莘学子中普通的一棵小草而已。

三、关注优势的价值

性格优势虽然潜藏在每个人身上,但有研究表明,仅有10%的人在危机时刻知道自己的优势并能够自动地、自然地、熟练地、流畅地运用它们;另有10%的人完全没有意识到自己的优势;而80%的人能意识到他人的优势并学着做,却不会运用自己身上的优势。因此,教师要有意识地帮助学生识别和发掘自身优势,并学会在日常生活中练习和运用这些优势,以促进他们对生活、学习的参与度,获得情感、学业上的成功,为自己创建富有意义的生活,实现蓬勃发展的人生。

(一)关注优势可以让人更快乐

人似乎生来就有享受快乐的能力。快乐是人类精神上的一种愉悦,心灵上的一种满足,它能使一个人变得开心。这种愉悦是在人的需要得到满足之后的生理或心理上表现出的一种反应,常见的表达方式就是笑。关注积极优势的人,会让自己获得并发展自己的积极情绪,感到生活着满足、学习着幸福、工作着快乐,并把积极优势发挥得淋漓尽致,形成积极人格特质,捕捉到人生的意义,建立起良好的人际关系,能够善待自己和他人,等等。这样一来,他又会获得更深层次意义上的快乐。

(二)关注优势能充分实现人的价值

一位名人曾说:"人必须悦纳自己,扬长避短,不断前进"。一个成功的人,一定懂得发扬自己的长处,发掘自身才能的最佳生长点,扬长避短,脚踏实地朝着人生最高目标迈进。每个人都有自我提升和自我实现的动机或愿望,作为天生具有学习特长的学生更是如此。关注自己的积极优势可以创造出外显和潜在的积极力量、积极品质等,在这个过程中,发挥自己的优势,学生的积极体验就会增强,积极人格也会得到有效培养。这样在辛勤付出的同时,就能更好地发展自我。学生不仅在学校生活中获益,在离开学校后仍能幸福快乐,并持续不断地创造美好而充满意义的生活。

四、个人优势的提升

(一) 天生我才,发现你的优势

天生我才必有用。命运对待每个人都是公平的,每个人都有自己独特的优势。每个人都不缺少优势,缺少的只是发现。一个人除了有较为出众的能力外,品德、性格、习惯等都可能构成自己的优势。那如何发现自己的优势呢?

1. 关注自己的不同点

每个人身上的不同点往往会是自己的潜在优势。要发现自己的潜在优势,就需要勇于实践、敢于探索,在尝试中发现自己、认识自己,不断反思自己能干什么,不能干什么,如此才能取之所长、避之所短。

2. 关注自己的兴趣点

如何找到自己的兴趣点呢?唐纳德·克里夫顿告诉了我们一个很简单的方法。比如当我们看到别人在做某件事时,心里是否会有一种痒痒的召唤感——"我也想做这件事"。当我们完成这件事时,是否会有一种满足感或欣慰感。假如是,这个让我们心里"发痒"的品质或兴趣点就是我们的优势。

3. 通过测试,了解自己的积极优势

通过优势测量问卷(见心理测试部分),了解自己的优势,并且能在每天的生活中运用与生俱来的这些优势,可以最大限度地促进个人的参与感与意义感。

(二) 与众不同,发挥你的优势

一个人可以最大限度地发挥自己最出色的优势,使之成为自己人生品牌的强项。判断一个人是否能够成功,主要是看他能否最大限度地发挥自己的优势。研究发现,人类有400多种天赋。这些数量并不重要,重要的是你发挥了哪些优势。

1. 做出承诺

为有效发挥优势,有必要让自己做出承诺。这种承诺作为一种保证,往往能够发挥出极大的作用。比如,面对自己的优势做这样一些承诺,"我承诺,我绝不允许任何困难阻挡我的发展""我承诺,在我做事感到难以坚持时,我一定有足够的耐心,并充满希望"等,这些都会帮助我们形成自我优势意识,最终发挥自己的优势。

2. 不断使用优势

要每天都关注自己的优势,并为自己的优势提供足够多的使用机会。在日常生活中可以不断地使用优势,比如可以在课堂学习中、在学生社团里、在班级岗位上发挥自己的优势,以确保这些优势能够得到稳定和持续发展。这样不仅能够增加自己对学习的投入程度,而且还会增加成功的可能性。

(三) 超越自我,构建你的优势

构建,即建立。构建优势也就是要建立大学生身上原本没有的,但对他们来说又是有益和必要的一些优势,可以通过一些适当有效的方法进行构建而获得。比如可以通过想象、自我对话和运动等方式不断地使用、练习自己的积极优势，使自己意识到这些品质在不断练习中已经形成一种卓越的、自动化的习惯，从而构建出自己的优势。

1. 通过想象构建优势

想象能创建自我效能感或坚定信念，大学生可以通过想象利用优势来处理消极后果。比如我们可以想象各种可能的消极后果的细节，然后思考有效的应急方案，从而降低自己的恐惧或焦虑感。同时利用想象出来的自我优势，在脑海中反复演练，慢慢地就能学会使用想象来改变局限性的心态，创建一个开放性的、可发展的心态，进而构建和使用优势。

2. 依靠自我对话构建优势

自我对话是我们和自己进行的无声的对话，可以帮助我们针对问题进行优势的重新评估和解释。自我对话的方式可以是沉思、写日记、给自己写信、在内心重复别人所说的关于自己的正面的信息，也可以默念积极宣言、期待积极结果、做出积极预测等。对话的内容可以这样："虽然眼前的困难让我很疲惫，但是我相信我是一个执着的人，我绝不会轻易退缩。""因为考试成绩不理想，我很难过。但是，这也让我更清楚地明白学习要执着。"通过这些训练，学生可以学会从消极事件中找出积极因素，从而构建出自己的优势。

3. 通过参与运动构建优势

身体优势和性格优势相互影响、相辅相成。将身体优势锻炼与性格优势练习结合起来是一种一举两得、事半功倍的做法。舞蹈对大学生来说是很好的优势训练方式。有研究表明，舞蹈可以用来发泄和调整情绪，帮助学生构建优势。同步跳舞还能使成员间互相团结，增添快乐与喜悦。通过这种结合，学生在学习舞蹈的同时，他们的求知力、创造力和团体合作等优势也可以得到快速构建与提高。

互动体验

在这个星期，希望你能抽出一段时间，用一种新的方式，在学习、休闲或工作时，练习你的一项或多项突出优势，并找到明确使用它的机会。例如：

（1）如果你的突出优势是创造性，那么你可以每晚留出两个小时来写剧本。

（2）如果希望、乐观、想象是你的一项突出优势，那你可以向科学杂志社投稿，表示你对太空计划的未来发展满怀希望。

（3）如果你觉得自我控制是你的优势，那么你可以在晚上去自习室学习或去操场锻炼，而不是在宿舍上网聊天、打游戏、看电视剧等。

（4）如果你的优势是欣赏美与卓越，那么你可以选择一条更长、风景更好的路线去学习、吃饭等，哪怕这会多用 20 分钟。

请创造性地使用你的优势，并写下这个过程。你在做它之前、过程中以及之后分别有什么不同的感受？该活动有挑战性吗？时间过得很快吗？你是否忘记了自我？

心理测试

了解你的优势

指导语

请认真阅读表 11-3 中的描述，看它们是否符合自己的实际情况，并把符合程度所代表的数字写在每题的后面。5 代表非常符合；4 代表符合；3 代表既没有符合也没有不符合；2 代表不符合；1 代表非常不符合。

测试量表

表 11-3　　　　　　　　　　　了解自己的优势

优势	题目	符合程度	优势总分（每个因子的两题相加）
好奇心	1. 我对世界总是很好奇		
	2. 我很容易感到厌倦		
喜爱学习	3. 每次学新东西我都很兴奋		
	4. 我从来不会特意去参观博物馆或其他教育性场所		
判断力	5. 不管是什么主题，我都可以很理性地去思考它		
	6. 我常会很快做出决定		
创造性	7. 我喜欢以不同的方式去做事情		
	8. 我的大多数朋友都比我有想象力		
社会智慧	9. 不论是什么样的社会情境我都能轻松愉快地融入		
	10. 我不太知道别人在想什么		
洞察力	11. 我可以看到问题的整体大方向		
	12. 很少有人来找我求教		
勇敢、勇气	13. 我常常面对强烈的反对		
	14. 痛苦和失望常常打倒我		
毅力	15. 我做事都有始有终		
	16. 我做事时常会分心		
正直、真诚	17. 我总是信守诺言		
	18. 我的朋友从来没说过我是个实在的人		

续表

优势	题目	符合程度	优势总分（每个因子的两题相加）
仁慈、慷慨	19. 上个月我曾主动去帮邻居的忙		
	20. 我对别人的好运不像对我自己的好运那样激动		
爱与被爱	21. 在我生活中，有很多人关心我的感觉和幸福，就像关心他们自己一样		
	22. 我不太习惯接受别人对我的爱		
公民优势	23. 为了集体，我会尽最大努力		
	24. 我对牺牲自己利益去维护集体利益很犹豫		
公平、公正	25. 我对所有人一视同仁，不管他是谁		
	26. 如果我不喜欢这个人，我很难公正地对待他		
领导力	27. 我可以让人们为了共同的目标而努力，而且不必反复催促		
	28. 我对计划集体活动不太在行		
自我控制	29. 我可以控制我的情绪		
	30. 我的节食计划总是虎头蛇尾，半途而废		
谨慎	31. 我避免参与有身体危险的活动		
	32. 我有时交错了朋友或找错了恋爱对象		
谦虚	33. 当人们称赞我时，我常转移话题		
	34. 我常常谈论自己的成就		
对美和卓越的欣赏	35. 在过去的这个月，我曾被音乐、艺术、戏剧、电影、运动、科学或数学等领域的某一个方面感动		
	36. 我去年没有创造出任何美的东西		
感恩	37. 即使别人帮我做了很小的事情，我也会说谢谢		
	38. 我很少停下来想想自己有多幸运		
希望、乐观	39. 我总是看到事情好的一面		
	40. 我很少对要做的事情有周详的计划		
目标感	41. 我对生命有强烈的目标感		
	42. 我的生命没有目标		
宽恕、慈悲	43. 过去的事我都让它过去		
	44. 有仇不报非君子，总要报了才甘心		
幽默	45. 我总是尽量将工作与玩耍融合在一起		
	46. 我很少说好玩的事		
热忱、热情	47. 我对每一件事都全力以赴		
	48. 我老是拖拖拉拉		

评分标准

请按照自己符合的程度给每道题目打分，并计算出每个优势的总分（每个因子的两道题得分之和），然后对每个优势的总分由高到低进行排序。你排在前五项的优势是（请按内容填写）：

1. _____；2. _____；3. _____；4. _____；5 _____。

结果解释

一般来说，你会有五项或少于五项得 9 分或 10 分，这是你的优势；你也会有一些项目得 4～6 分的低分数，这些就是你的劣势。建议你在日常生活中尽量将自己的优势发挥出来，它们是影响幸福的重要因素。要经营好生活就要展现你的优势，把优势变得更优，以此提升个人生活幸福感。

拓展阅读

三个旅行者同时住进了一家旅店。他们早上出门的时候，一个旅行者带了一把伞，另一个旅行者拿了一根拐杖，而第三个旅行者什么也没有拿。在他们出门不久，一场瓢泼大雨就下了起来。等他们回来的时候，拿伞的旅行者被淋得满身湿透，拿拐杖的旅行者则跌得浑身是伤，而第三个旅行者却安然无恙。

于是前两个人很纳闷儿，问第三个旅行者："你既没带伞，也没有拐杖，怎么会一点事儿都没有呢？"

第三个旅行者并没有立即回答，而是问拿伞的那个旅行者："你为什么会淋湿而没有被摔伤呢？"

拿伞的旅行者回答说："当大雨来到的时候，我因为有了伞，就大胆地在雨中走，却没想到风把雨水刮在身上了；我走在泥泞的路上时，因为没有拐杖，所以走得非常小心，专在平稳的地方走，所以就没有摔伤。"

然后，他又问拿拐杖的旅行者："你为什么没有被淋湿而是摔伤了呢？"

拿拐杖的那个人说："当大雨来临的时候，我因为没带雨伞，所以只能找那种能躲雨的地方走，所以没有淋湿；但当我走在泥泞、坎坷的路上时，我便用拐杖拄着走，却不知为什么总是频频跌跤。"

第三个旅行者听完后笑笑说："这就是为什么你们拿伞的淋湿了，拿拐杖的跌伤了，而我却安然无恙的原因。当大雨来时我在房檐下走，遇到泥泞的道路时我慢慢地过，所以我既没有淋湿也没有跌伤。"

（资料来源：王作平. 三个旅行者给我们带来的启示 [J]. 现代班组，2021 (04)：51.）

第二节 提升乐商

> **心灵故事** ……
>
> 一次罗斯福家中遭窃了，丢失了很多东西，一位朋友闻讯后，急忙写信安慰他，劝他不必太在意。罗斯福看了之后，给朋友写了一封回信，他是这么说的："亲爱的朋友，谢谢你来安慰我，我现在很平安，感谢生活。因为，第一，贼偷去的是我的东西，而没伤害我的生命；第二，贼只偷去我的部分东西，而不是全部；第三，值得庆幸的是，做贼的是他，而不是我。"
>
> （资料来源：孟儒清. 执手感激, 偕老生活［J］. 湖北招生考试, 2010（32）: 43.）

对每个人来说，失窃都不是幸运的事，但罗斯福换了一种心态与角度来看待这种失意与不幸，也避免了给自己带来烦恼。对待同一个生活事件，尤其是负性事件，人们可以有不同的态度，其中乐观态度可以帮助我们铸造积极而幸福的人生。

知识导读

一、乐商的定义

乐商，即乐观的水平。从本质上说，乐商不仅指一个人乐观水平的高低，它还指个体从所经历的消极事件中获取积极成分的能力，以及影响或感染他人的能力。主要包括：

（一）人的乐观程度

人的乐观主要表现在情绪与意志两个方面，还包括个体使自己变得快乐的能力，特别是自我激励的能力。可以通过归因风格（ASQ）量表测量出来。

（二）摆脱消极事件或消极影响的能力

摆脱消极事件、走出生活低潮的能力并不等同于让人乐观的能力，但人要想乐观，还是要先摆脱已有的消极心理，然后运用各种积极的方法使自己高兴起来。乐商高的人一般能迅速摆脱自己的各种消极情绪。

（三）影响他人变乐观的能力

乐观具有感染性，但不同的人对他人感染的力量不一样。乐商高的人更能够感染他人，使他人也很快地变得乐观。

乐商是一种能力，并且是一种后天的主动控制，是可以通过学习获得的技巧。它熟能生巧，有规律可循。

二、高乐商者的特征

(一) 社会性发展良好

高乐商的人社会性发展良好，主要体现在：能够拥有更多杜乡式微笑；获得更高的经济收入；拥有更幸福的婚姻等。即一个具备高乐商的人会让自己获得一个更成功的社会生活。

1. 拥有更多杜乡式微笑

19 世纪法国神经病学家吉尔玛·杜乡（Guillaume Duchenne，1806—1875）首先对真笑和假笑做了区分。他发现当一个人真笑时，即当人真心快乐时，其嘴巴周围和两只眼睛周围的肌肉都会出现显著性运动，而当一个人假笑时则只有嘴巴四周的肌肉产生运动。由于这种微笑分类法是杜乡首次提出的，因而人们习惯上把真心的笑称为杜乡式微笑。

研究发现，当人展现杜乡式微笑时，他的大脑中会产生让心情更好的化学物质，引发与满足、快乐等相关的神经活动显著增强。即使有意去运动那两组肌肉，人们也会产生快乐的感觉。因此，在自然状态下要鉴别一个人是不是具有高乐商这一特征，就看他是不是具有杜乡微笑。这种用杜乡式微笑来预测人是否具有高乐商的方法已得到了心理学的实验证明。

2. 获得更高的经济收入

美国国家青少年健康纵向研究是一项国家层面的大型研究，始于 1994 年，共记录了约 15 000 名青少年乐观水平的变化情况。研究发现那些 16～18 岁时乐商水平最低的被试，他们到了 29 岁时，其平均收入比这个群体的整体平均收入少 30%；而 16～18 岁时乐商水平最高的群体到了 29 岁时，其收入则比整体的平均收入高 10% 左右。即一个人年少时越乐观（乐商水平越高），长大了就越会赚钱。另一项研究也表明，具有杜乡式微笑的人要比那些没有杜乡式微笑的人多挣超过 30% 的钱（每年）。

3. 拥有更幸福的婚姻

海登斯顿等人在美国《动机与情绪》杂志上发表了一个研究报告，他们选择了一些大学年刊上的照片，男女性都有，同时又找来这些人在未成年时的照片，再根据照片对这些人的微笑进行分类，然后对这些人 30 多年后的生活状态进行追踪比较。结果发现，不管是年刊的照片，还是他们在未成年时拍的照片，那些具有杜乡式微笑的人，其离婚率低于那些具有非杜乡式微笑的人。

相关生理检测也表明，当女性进行杜乡式微笑时，她的身体内会分泌大量的催产素，而催产素被称为"拥抱荷尔蒙"，可以有效增进夫妻间的感情，从而建立良好稳定的夫妻关系。因此高乐商能获得更稳定、更幸福的婚姻。

(二) 个体免疫系统更强

免疫系统是人保持身体健康和对抗疾病侵扰的防卫组织系统，主要用来指认并消灭那些侵入人机体的异类物，如细菌、肿瘤细胞和病毒等。心理学家研究发现，高乐商的人有更强的免疫系统、工作能力以及更佳的心血管功能，较少有心脏病发作和动脉阻塞。当高乐商者遭受失败或挫折时，他们一般不会变得沮丧，也不会很快放弃，他们甚至会有意识地主动抗拒无助。即高乐商者无助感体验较少，其免疫系统的活动能力更强健，生命也更长寿。

（三）个人健康意识增强

高乐商者一般习惯于自己掌握自己的命运，身心不舒适就会立即采取有效行动，去找医生或专业人士治疗。而低乐商者却常把生病看作是必然产生的、永久的、普遍性的事情。后者常认为自己生病后做什么都不会有用，所以往往不太愿意去看病或听从医生的建议，常采取听之任之的态度。比如谁都知道吸烟有害健康，但在对待戒烟这件事上，高乐商者远比低乐商者更愿意采取戒烟措施。而且当面临抽烟、酗酒等不良生活方式引诱时，相比于那些低乐商者，高乐商的人更能经得起引诱。因此，在相同引诱条件下，低乐商者吸烟和酗酒的比例超过高乐商者一倍。

（四）能够主动寻求社会支持和交往

高乐商的人具有更多微笑，而微笑是一种用来改善人际交往、寻求社会支持的自动化手段，这在一定程度上意味着高乐商的人更愿意主动寻求社会支持，建立良好的人际交往。当遭遇不幸事件时，高乐商者更愿意向他人倾诉，比如打电话给朋友，告诉别人他自己的不幸，向他人寻求安慰与帮助。而低乐商的人往往比较被动，总是等待朋友主动来询问自己。事实上，如果一个人不主动去告诉朋友自己所发生的不幸，谁又会知道他经历了什么呢？长此以往，高乐商者又会积累成功经验，提升其乐商水平，继而进入一种良性循环，低乐商者则相反。

三、乐商的影响因素

（一）母亲的解释风格

一个人的乐商与其母亲的解释风格关系特别密切。主要原因在于，多数情况下母亲照顾孩子的生活更多一些，其近距离接触孩子的机会远大于父亲，对孩子的影响也远大于父亲。而在漫长的接触过程中这种影响逐渐积累，就会形成与母亲类似的解释风格，同时投射到自己的生活中，直至长大成人，并且还会在一定程度上加强或削弱自己的乐观水平。

（二）老师和家长的态度

一个人的成长过程中，乐商水平会受到来自各方面的影响，尤其是重要他人。其中，老师和家长的态度是个非常重要的因素。也许有很多人并没有意识到，孩子做错事时，老师和家长对他们的批评可能会影响其一生。当孩子在聆听大人教育时，他注意到的不只是教育的内容，还有教育的方式。孩子一般都会相信大人们的教育是正确的（因为所有的成年人在孩子心目中几乎都是权威），而且会用这些批评来构筑或内化成自己的乐商。

（三）早期的危机事件

人的一生无法完全由自己说了算。在不同的人生阶段，人们有可能经历到一些自己控制不了的不幸，但相对来说，人生早期的不幸也许是人一生最大的不幸，因为这个时期的灾难很容易让人形成消极心态。并且一般来说，个体早期面临的不幸事件越多，长大后就越悲观。如果所面临的危机事件能得到妥善解决，孩子就会认为不好的事件是可以改变、克服的，否则，这颗绝望的种子可能就永远埋在了孩子的心里，并使他们终生受苦。

四、提升乐商的方法途径

（一）努力欢笑

当一个人努力让自己快乐时，他会改变自己已有的感觉，会觉得自己周围的事物更可爱。尤其当一个人处于平静状态时，欢笑可以提升他的乐商。这意味着当我们不太喜欢某件事、某个人、某种结果而又不得不接受时，我们可以有意进行微笑，或许就可以改变我们的态度。

（二）留住生活中的美好

每个人的生命中都会有许多让人快乐的时光，但如果我们没能收藏这些快乐时光，那这些快乐就会像握在手心里的沙，不经意间就从手指缝里溜走了。学会把自己日常生活中的一些快乐时光保留住，在以后平淡或不快乐的日子里再把它们翻出来反复品味，会给自己增添许多快乐。具体可以从以下几个方面做起。

（1）多拍照片。
（2）让生活多点仪式感。
（3）多看别人的优点。
（4）经常晒晒自己的好福气。

（三）细细品味

品味是指人们欣赏和增加积极体验的能力，以及基于这种能力的心理加工过程。细细品味能帮助人们从琐事中发现生活的美好，把点滴的快乐汇集起来，找到生活的意义，进而更多地增强积极体验或幸福感。具体可以从以下几个方面做起：

（1）经常和他人分享自己的体验。
（2）主动把自己现在的一切好的方面或好的感觉构建到记忆中。
（3）时时自我祝贺并自我奖赏。
（4）努力使自己深刻感知周围的事。
（5）学会专注。
（6）经常努力冲破已有的习惯。

（四）多做善事

通过做善事来获得的快乐是一种深层快乐，是人性得到满足后所释放的自我证明的快乐，这种愉悦所带来的快乐会更持久，也更有益。当然，做善事并不意味着要付出很多，有时其实只是举手之劳。比如，让有事的人先走一步；帮别人顺带一件物品；在路上主动给别人让一下路；对不认识的人微笑一下；等等。千万别小看了这些善事，它们也许是快乐的最好激发器。

（五）经常感恩他人或社会

"滴水之恩，当涌泉相报"。"感恩"不仅是一种情感，更是一种人生境界。永怀感恩之心，不仅是一种处世哲学，更是生活中的大智慧。要学会怀着感恩的心去生活。生活中所体验到的感激越多，心情就会越好。把感恩当作自己生活的一种习惯，可以使人更快乐。

（六）学会宽恕

宽恕他人可以提高自己的乐商水平。如果学会了宽恕，就能转移甚至消除曾遭受的痛苦。然而，这并不是说宽恕能够自动惩罚那些曾经伤害过我们的人，而是它能在不改变记忆的情况下，改变自己的心态，使我们的生活重新恢复到快乐的状态。要做到宽恕，需要学会"REACH 五步法"。

（1）回忆（Recall）。对于曾经的伤痛，先做几次深呼吸，然后慢慢让事情在脑海中再过一遍。回忆时尽量同时以客观的方式去思考，不要把对方"妖魔"化，也不要自怨自艾或过分拘泥于细节。

（2）共情（Empathize）。试着从对方的角度考虑，理解他为什么要伤害你。尽管这样做不容易，但是设想如果让对方解释，他会怎么说，尽量想出一个可信的理由。以下几点有助于你寻找到合适的解释：当一个人感觉到自己的生存受到威胁时，他会出于自卫而伤害别人；一个人在伤害他人时，自己也往往处于害怕、担心或受伤害的状态；这个人所处的情境条件导致他这样做，这样做不是他的人格使然；这个人在伤害你时，自己也没有意识到……

（3）利他（Altruistic）性真心宽恕。回想一件你曾伤害过别人而对方原谅了你的事，想想获得原谅时自己的内疚，再想想自己当时的感激之情。这是他人给你的礼物，因为你需要这份礼物，你现在也可以送一份宽恕礼物给别人。

（4）公开承诺（Commit）宽恕。不要选择在心里原谅，要通过写信给对方，或在日记中、记事本里清楚写下自己的宽恕，或把这份宽恕告诉某位可靠的朋友或第三者等公开表明自己的宽恕，但一般情况下不要当众表达自己的宽恕，因为这样做会给对方造成一定的压力。

（5）保持（Hold）宽恕。过去的记忆一定会再次回来，不过有记忆并不代表不原谅。宽恕并不是消除记忆，而是换掉记忆上贴的那个标签。

（七）多与朋友或亲人相处

快乐不仅是体验本身，还是一种意义理解。友情和亲情会直接影响一个人的快乐。因为当一个人和朋友、家人在一起时，容易置身于功利、事务之外，获得内心的宁静和快乐。快乐的来源也有很多种，有时可以来自一份美食、一次按摩，甚至是一次鸟虫鸣叫，但更多时候，快乐来自一种心灵上的平静。

（八）照顾好自己的身体

当一个人有良好的身体感受时，其内心也会相应体验到快乐，当然良好的心理体验也会影响身体感受。照顾好自己的身体，每天固定抽出一定的时间参加一下体育锻炼，这对改善心情大有好处。已有诸多研究证明，保持充足的睡眠，进行适当的运动和锻炼等可以让人变得快乐。

互动体验

让感恩成为一种习惯

当感恩成为一种习惯，我们就会珍惜生活中的美好，而不是把它们当成理所当然。请按照下面的要求来做：

（1）每天睡前花5分钟时间回忆一下白天发生的、跟自己有关的事，特别思考一下有哪些事情值得感激，写下让你感激的5件事，这些事情可大可小，从一顿饭到与一个好友的畅谈，并自言自语地小声表达自己的感恩。

（2）请不要小看这5分钟的努力，它会让你以舒适的感觉入眠，并美美地做一个梦。

（3）如果你每天都这样做的话，可能会重复地列出一些事情。重点是，在重复之外，为了让自己每次回忆的情感体验保持新鲜，请在写下来的同时，去想象每件事当时的体验和感受。

（4）你可以自己做这个练习，也可以与你的同学、家人、朋友等一起完成，共同表示对生活的感激可以让彼此关系更加亲密和谐。

心理测试

"解释风格"问卷

指导语

请仔细阅读下面的每一个情境描写，并想象你在那个情境中。有的情境你可能从来没经历过，不过这没关系。有时候也可能提供的两个答案都不适合你，那也没有关系。圈选一个最可能适用到你身上的情境就可以了。你可能不喜欢描写这些情境的句子，但是请不要圈选你认为"应该"或是"对别人来说这样才比较好"的选项，请选择你喜欢的、比较适合你的选项。每一题单选一项，请把该选项上的分值圈出来。

测试题

1. 你所负责的那项计划非常成功。
   A. 我监督手下很严。　　　　　　　　　　　　　　　　　　　　1
   B. 每一个人都花了很多心血在上面。　　　　　　　　　　　　　0

2. 你和配偶（男/女朋友）在吵架完后和好了。
   A. 我原谅了他/她。　　　　　　　　　　　　　　　　　　　　0
   B. 我一般来说是很宽宏大量、不记仇的。　　　　　　　　　　　1

3. 你在开车去朋友家的中途迷路了。
   A. 我错过了一个路口没转弯。 1
   B. 我朋友给我的指引讲得不清不楚。 0

4. 你的配偶（男/女朋友）出乎意料地买了一件礼物给你。
   A. 他/她加薪了。 0
   B. 我昨晚请他/她出去吃了大餐。 1

5. 你忘记你配偶（男/女朋友）的生日。
   A. 我对记生日是很差劲的。 1
   B. 我太忙了。 0

6. 神秘的爱慕者送了你一束花。
   A. 我对他/她很有吸引力。 0
   B. 我的人缘很好。 1

7. 你当选了社区的公职（民意代表）。
   A. 我花了很多时间和精力去竞选。 0
   B. 我做任何事都全力以赴。 1

8. 你忘记了一个很重要的约会。
   A. 我的记忆有时真是很糟糕。 1
   B. 我有时会忘记去看记事本上的约会记录。 0

9. 你竞选民意代表，结果你落选了。
   A. 我的竞选宣传不够。 1
   B. 我的对手人面比较熟。 0

10. 你成功地主持了一个宴会。
    A. 我那晚真是风度翩翩。 0
    B. 我是一个好主持人。 1

11. 你及时报警阻止了一件犯罪。
    A. 我听到奇怪的声音，觉得不对劲。 0
    B. 我那晚很警觉。 1

12. 你这一年都很健康。
    A. 我周围的人几乎都不生病，所以我没被传染。 0
    B. 我很注意我的饮食，而且每天休息都足够。 1

13. 你因为借书逾期未还而被图书馆罚款。
    A. 当我全神贯注阅读时，常忘记借阅到期了。 1
    B. 我全心用在写报告上，忘记去还那本书了。 0

14. 你买卖股票赚了不少钱。
    A. 我的经纪人决定去试一个新的投资。 0
    B. 我的经纪人是一流的。 1

15. 你赢了一场田径比赛。
    A. 我觉得我是东方不败。 0
    B. 我很努力训练自己。 1
16. 你在大考中失败了。
    A. 我没有其他考生那么聪明。 1
    B. 我准备得不够。 0
17. 你为你的朋友特别做了一道菜，而他连尝都不尝。
    A. 我烧得不好。 1
    B. 我的食谱也许不太适合他的口味。 0
18. 你花很长时间练习某项运动，但在比赛时还是失利了。
    A. 我不是一个好的运动员。 1
    B. 我对那项运动不在行。 0
19. 在深夜的大街上你的车子没有了汽油。
    A. 我没有事先检查油箱还有多少油。 1
    B. 油表的指针坏了。 0
20. 你对朋友发了一顿脾气。
    A. 他/她总是烦我。 1
    B. 他/她今天很不友善。 0
21. 你因未申报个人所得税而受罚。
    A. 我总是拖着不愿意去办有关所得税的事。 1
    B. 我总是很懒散，不积极报税。 0
22. 你邀请一个人去玩，他/她拒绝了你。
    A. 我那天什么事都做不成，心情极差。 1
    B. 我去约他/她时紧张得说不出话来。 0
23. 一个现场节目的主持人从众多的观众中，单挑了你上台去参加节目。
    A. 我坐的位置比较好。 0
    B. 我表现得最热心。 1
24. 你在舞会上很受欢迎，常有人请你跳舞。
    A. 我在舞会上很活跃。 1
    B. 那一晚我一切表现都十全十美。 0
25. 你替你的配偶（男/女朋友）买了一件礼物，而他/她并不喜欢。
    A. 我没有花心思去想应该买什么。 1
    B. 他/她是个很挑剔的人。 0
26. 你在应聘面试中表现得很好。
    A. 我在面试时觉得非常自信。 0
    B. 我很会面试。 1

27. 你说了一个笑话，每个人都捧腹大笑。
    A. 这个笑话很好笑。 0
    B. 我说笑话说得很好，时机拿捏得很准。 1

28. 老板只给你一点点时间去完成一个计划，但你还是如期达成了。
    A. 我对我的工作很在行。 0
    B. 我是一个很有效率的人。 1

29. 你最近觉得很疲倦。
    A. 我从来就没有机会放松一下。 1
    B. 这个礼拜我特别忙。 0

30. 你邀请某个人跳舞，他/她拒绝了。
    A. 我不是一个好的舞者。 1
    B. 他/她不喜欢跳舞。 0

31. 你救了一个人，使他没有被噎死。
    A. 我知道如何急救喉咙梗阻的人，我会这个技术。 0
    B. 我知道紧急的情况如何处理。 1

32. 你的热恋情侣想要冷静疏远一阵子。
    A. 我太自我中心了。 1
    B. 我花在他/她身上的时间不够。 0

33. 一个朋友说了一些使你伤心的话。
    A. 他/她说话每次不经过大脑就脱口而出。 1
    B. 他/她心情不好，把气出在我身上。 0

34. 你的老板来找你，要你给他建议。
    A. 我是这个领域的专家。 0
    B. 我给的建议一向都切实可行。 1

35. 一个朋友谢谢你帮助他/她走过一段困难时期。
    A. 我很乐意协助朋友度过困难期。 0
    B. 我很关心朋友。 1

36. 你在宴会上玩得很痛快。
    A. 这里的每一个人都很友善。 0
    B. 我很友善。 1

37. 你的医生说你的身体健康情况极佳。
    A. 我坚持经常运动。 0
    B. 我对健康很小心也很注意。 1

38. 你的配偶（男/女朋友）带你去度过了一个罗曼蒂克的周末。
    A. 他/她需要远离城市几天。 0
    B. 他/她喜欢去新的、没去过的地方。 1

39. 你的医生说你吃了太多甜的东西。
   A. 我对饮食不太注意。 1
   B. 我避免不了糖分，到处都是甜品，每样东西里都有糖。 0
40. 老板指派你去做一个会议的主持人，会议内容是关于一项重要计划的制订。
   A. 我才刚刚成功地做完一个类似的计划。 0
   B. 我是好的主持人，监督严谨，沟通良好。 1
41. 你和你的配偶（男/女朋友）最近一直吵架。
   A. 我最近压力很大，心情不好。 1
   B. 他/她最近心情恶劣。 0
42. 你滑雪时总是摔跤。
   A. 滑雪很困难。 1
   B. 滑雪道结了冰，很容易滑倒。 0
43. 你赢得了一个很重要的大奖。
   A. 我解决了一个重大难题。 0
   B. 我是最好的员工。 1
44. 你买的股票现在跌入谷底。
   A. 我那个时候对商业投资不是很懂。 1
   B. 我买错了股票。 0
45. 我中了大奖（超级大乐透）。
   A. 我真是很有运气。 0
   B. 我选对了号码。 1
46. 你在放假时胖了起来，现在瘦不回去。
   A. 从长远来看，节食是没有用的。 1
   B. 我这次用的这个减肥法没效。 0
47. 你生病住院，但是没什么人来看你。
   A. 我在生病的时候脾气不好。 1
   B. 我的朋友常会疏忽像探病这种事。 0
48. 商店拒收你的信用卡。
   A. 我有时高估了自己的信用额度。 1
   B. 我有时候忘记给信用卡还款。 0

评分方法

1. PmB 代表"坏事件的持久性归因"维度。

题号：5、13、20、21、29、33、42、46

测量你是不是把坏事件归因于持久性的原因，把这 8 项得分相加。

2. PvB 代表"坏事件的普遍性归因"维度。

题号：8、16、17、18、22、32、44、48

测量你是否会将坏的事件在各方面都灾难化，把这 8 项得分相加。

3. PsB 代表"将坏的事件内在化还是外在化"维度。

题号：3、9、19、25、30、39、41、47

测量你习惯于将坏的事件内在化还是外在化，把这 8 项得分相加。

如果你的 PmB 或 PvB 或 PsB 总分是 0 或 1，那么你就是一个具有较高乐商水平的人；得 2 或 3 分表明你是一个中等乐观的人；得 4 分表明你既不乐观也不悲观；得 5 或 6 分表明你有点悲观；得 7 或 8 分则意味着你十分悲观。

4. PmG 代表"好事件的持久性归因"维度。

题号：2、10、14、15、24、26、38、40

测量你对好的事件会持续多久的看法和态度，把这 8 项得分相加。

5. PvG 代表"好事件的普遍性归因"维度。

题号：6、7、28、31、34、35、37、43

测量你对好的事件普遍性的乐观程度，把这 8 项得分相加。

6. PsG 代表"将好的事件内在化还是外在化"维度。

题号：1、4、11、12、23、27、36、45

测试你习惯于将好的事件内在化（个人化）还是外在化，把这 8 项得分相加。

结果解释

1. 请将三个 B（PmB + PvB + PsB）的分数相加，这是 B 类总分，是你有关不幸事件的分数。

2. 请将三个 G（PmG + PvG + PsG）的分数相加，这是 G 类总分，是你有关好事件的分数。

3. 请用 G 减去 B，G－B 就是你的总分。

4. 下面是分数的意义：

（1）B 分数

① 3～5 分表示你是一个非常乐观的人。

② 6～9 分表示你是一个比较乐观的人。

③ 10～11 分表示你的乐观程度处于平均水平。

④ 12～14 分表示你是一个比较悲观的人。

⑤ 14 分以上表示你是一个极端悲观的人。

（2）G 分数

① 19 分以上表示你是一个非常乐观的人。

② 17～19 分表示你是一个比较乐观的人。

③ 14～16 分表示你的乐观程度处于平均水平。

④ 11～13 分表示你是一个比较悲观的人。

⑤ 11 分以下表示你是一个极端悲观的人。

（3）G－B 分数

① 8 分以上表示你是一个很乐观的人。

② 6～8 分表示你是一个比较乐观的人。
③ 3～5 分表示你的乐观程度处于平均水平。
④ 1～2 分表示你是一个比较悲观的人。
⑤ 0 分或负分表示你是一个极端悲观的人。

第三节　成就幸福

心灵故事

一个 20 岁出头的年轻小伙子急匆匆地走在路上，对路边的景色与过往行人全然不顾。

一个人拦住了他，问道："小伙子，你为何行色匆匆啊？"

小伙子头也不回，飞快地向前跑着，只泛泛地甩了一句："别拦我，我在寻求幸福。"

转眼 20 年过去了，小伙子已变成了中年人，他依然在路上疾驰。

又一个人拦住了他，问道："喂，伙计，你在忙什么呀？"

"别拦我，我在寻求幸福。"

又是 20 年过去了，这个中年人已成了一个面色憔悴、老眼昏花的老头，还在路上挣扎着向前挪。

第一次遇见的那个人拦住他，问道："老头子，还在寻找你的幸福吗？"

"是啊。"

当老头回答完别人的问话后，猛地惊醒，一行眼泪掉了下来。原来刚问他问题的那个人，就是幸福之神，他寻找了一辈子，可幸福之神实际上就在他旁边。

（资料来源：幸福之神．搜狐网，2019．）

是啊，什么是幸福？人们都在关注着个人的幸福，追求着幸福。有些人甚至为了幸福，就像故事中的人一样，追求了一辈子的幸福，然而幸福原来就在自己身边。幸福是一个眼神、一个微笑、一杯茶、一个美梦，是父母的叮咛、同学的关心、老师的教导……

知识导读

一、幸福的内涵

《现代汉语词典》对"幸福"的解释是：使人心情舒畅的境遇和生活。目前心理学界把"幸福"界定为：

（一）幸福是一种积极态度

幸福是个人根据自定的标准对其生活质量进行整体评估而产生的愉快的主观感受。总体上用一句话来说就是，"我的生活过得还不错"。

（二）幸福是一种乐观性格

这主要表现在个体对待生活是一种稳定、一致、积极的行为风格，由于积极正面思考比较多，因此总是相信未来会更好。总体上来说就是，"我是一个非常乐观的人"。

（三）幸福是一种快乐的心情

这主要表现在个体可以感受到正面的情绪，如快乐、感恩、怜悯和酣畅等，心情总是愉悦的，脸上也总有"杜乡式微笑"。用一句话来说就是，"在生活中，我感受到了尊敬与感恩"。

（四）幸福是一种愉悦的感受

味觉、嗅觉、触觉及其他感官的快乐虽然不是情绪，但我们能判断这种感受的好坏。虽然这些感官的快乐不是我们追求和奋斗的目标，但是我们可以感到很快乐，并且身心都能感受到快乐。幸福是阳光照在皮肤上的温暖，微风吹拂脸庞的春意，细雨洒在手心的温柔。

（五）幸福是一种福乐（Flow）体验

美国心理学家齐斯真·米哈伊于19世纪60年代观察美术学家、国际象棋高手、攀岩者、作曲家、运动员等，发现这些人在他们所从事的活动中，全神贯注地工作，时常遗忘时间的运转轨迹，以及周围环境的知觉。这些人参与活动完全出自于其内在的乐趣，这些乐趣来自于活动的过程，而不是外在的报酬。这种经由全神贯注所产生的心理体验，他称之为Flow（福乐），并认为这是一种最佳的幸福体验。用一句话来说就是，"一切都是永恒和静止，我感觉不到时空的存在。"福乐的特征主要体现在以下几个方面：

(1) 全神贯注（注意力集中）。
(2) 物我两忘（自我意识和时间意识暂时性消失）。
(3) 驾轻就熟（对生活有完全的掌握和控制）。
(4) 体验过程（感受到活动的精确回馈）。
(5) 主动积极（发自内心地参与活动）。

二、影响幸福的因素

（一）主观因素

1. 人格特征

幸福的实质就是个体的主观积极体验，它更多依赖于个体自身所设定的标准，主观性是其最为突出的特点，因此人格特征成为影响主观幸福感最有力、最核心的因素。比如外倾性的性格就容易获得幸福感，而且生活满意度也较高。

2. 自尊

随着大学生对自我的关注加强，自尊成为影响其幸福感的一个重要因素。自尊对个体的主观幸福感预测作用较强，高自尊的个体对自我持肯定的正向评价，普遍认为自己比较出色，对自己有信心，相信自己有能力克服缺点，自我接纳与和谐程度高，体验到的积极情感较多，消极情感较少，对自我较为满意，因此幸福感体验较高。低自尊的个体则与之相反。

3．控制感和自我效能感

研究表明，个体越认为生活更多由外在控制，其主观幸福感水平越低；反之，越倾向于内控的个体，其幸福感水平越高。内控者倾向于把行为后果看作是由自身行为本身决定的，能体会到对事件的控制感，较为乐观和主动，多采用问题指向的应对方式，往往能较好地适应周围环境，无疑会对幸福感产生正面的影响。外控者倾向于把行为的结果归因于机遇和运气或其他一些自己无法控制的外部力量，较为悲观和被动，采取的应对方式比较消极，不利于个体的适应及身心健康，也损害自身的幸福感。

4．应对方式

一个人对问题的应对方式也是影响幸福的因素。习惯采用合理化的方式解决问题、遇事积极求助的人，幸福感水平较高。而通常以发泄、退避的方式解决问题，或带着不良情绪解决问题的人，幸福感水平较低。

（二）客观因素

1．自身健康状况

人们只有在身体健康和心理健康的情况下，才能把最大的热情投入工作和生活，才能体会其中的快乐，增强幸福感。

2．工作和生活的环境

干净、和谐、富于变化的工作环境和生活环境能使人心情愉快，在熟悉的环境中建立的良好人际关系更会使人感到身心舒适，从而影响幸福感。

3．经济收入

一般来说，经济收入与幸福感呈正相关。但有研究表明：收入仅在一个人非常贫穷时有影响，一旦人的基本需要得到满足，收入的影响就很小了。

4．社会支持

心理学研究表明，朋友、邻里、同事、配偶、父母的支持以及个体的团体参与程度能增加个体的正向情感，增加幸福感；而缺乏朋友、配偶和父母的支持，遇到烦恼时不懂得利用社会支持的个体，会产生较多的负性情感，降低幸福感。

三、成就幸福的方法

（一）多微笑

笑是人类最古老的交流方式之一，微笑比语言出现得更早。微笑在沟通时可以避免冲突，让人更舒服；还可以缓解压力，有效降低血压。所以我们每天要多微笑，在微笑前先想想快乐的时光，会让我们笑得更开心；还可以找到日记中值得感恩的经历，想想这段经历，会发自内心地笑；另外还可以学会幽默，幽默是生活中的润滑剂，幽默带来的笑会给人以轻松感和幸福感。

(二) 多运动

生命在于运动，运动是生命之源，运动是健康之本。运动使人生命活力十足，心情舒畅，远离疾病，健康长寿。每天 10 分钟的体育锻炼就能产生积极的效果，30 分钟的体育锻炼就可以产生理想的效果。运动还能使人保持有型的身材，使人耐力增加，胸怀坦荡，朝气蓬勃，使人神采飞扬，富有毅力，轻松、幸福地面对生活。趁着年轻，大学生可以邀上亲朋好友一起外出旅游、唱歌、做慈善等，对情操是一种陶冶，对心灵是一次洗礼，生活也会因此更幸福。

(三) 多沟通

要想获得幸福，生活中有效的沟通必不可少。我们在学习、工作、娱乐时，或者希望与他人的关系更加稳固和持久时，都要通过交流、合作达成目标，这就需要"说"。"说"可以是口头的，也可以是书面的；可以是言语的，也可以是非言语的。在说的时候，要认真对待，让对方感觉到自己的真诚。

(四) 多观察

生活中不是缺少美，而是缺少发现。我们要善于发现生活中的善和美。倘若说欣赏自然之美需要睿智和一双善于发现真谛的眼睛，那么欣赏人间真情善事，则需要有细腻的情感。人如果能丢下无谓的烦忧，哪怕一片树叶，一朵小花，都能发现它的美，只要用心，生活中的美和喜悦便会不请自来。虽然生活不都是快乐和幸福，但幸福的人常常感动于亲情的温暖，感动于朋友间情谊的真挚。练就一种修养、一种品位去适时捕捉和欣赏生活中的善与美，为心灵打开一扇窗，让善事的光芒和生活中炫目的美呈现在你眼前，你会发现，原来幸福一直围绕在生活的各个角落。

(五) 多向善

人们常说，"好人有好报"。所谓好人就是经常做善事的人。心理学研究发现，经常做善事，可以让人获得持续的幸福。毕竟帮助别人会让自己与他人的关系更加亲密，使自己的生活方式更加积极，让自己更加自信，从而觉得生命更有意义。当拥有了亲密、积极、自信等这些积极特质时，幸福便会油然而生！

互 动 体 验

体验 1：哪个情景更幸福？

情景 1：一位教授在上海开会，但是会议直到下午 6 点才结束。他的飞机晚上 8 点半起飞，为了赶上飞机，他一路奔跑，搭出租车，赶磁悬浮列车，坐地铁，一路奔忙到机场。等他赶到机场时，差 15 分钟 8 点，他以最快的速度赶在 8 点前办理完登机手续，最终顺利登机了。

情景 2：一位教授在上海开会，但是会议直到下午 6 点才结束。他的飞机晚上 8 点半起飞，为了赶上飞机，他一路奔跑，搭出租车，赶磁悬浮列车，坐地铁，一路奔忙到机场。等他赶到机场时，已经过了 8 点钟。他本以为办理登机手续已经截止了，这时才知道飞机晚点一个小时，所以他顺利地登机了。

你认为以上两种情况哪一种会让教授感到更幸福？

体验2：你福乐（Flow）过吗？

1. 这件事让你产生浓厚兴趣，专注而沉浸其中，对周围的一切浑然不知。

2. 你始终被一种愉悦的力量推动着，虽然这件事对你有挑战，但你不断探索，觉得能控制它。

3. 活动完成，你无比喜悦，体会到创造性的乐趣。

如果上面的情景都出现过，毫无疑问，你就是拥有过福乐（Flow）体验的人。

心理测试

大学生幸福感量表

指导语

以下问卷涉及你在生活中所遇到的一些情况、做法或看法。请仔细阅读每道题目，并根据自己的第一感觉尽快做出回答。请选择最符合你情况的答案代码写在每题后面：①很不同意，②不同意，③一般，④有点同意，⑤非常同意。

测试题

1. 我能很好地适应我周围的环境。　　　　　　　　　　　　（　　）
2. 我有一个和睦的家庭。　　　　　　　　　　　　　　　　（　　）
3. 我喜欢和我的朋友们在一起。　　　　　　　　　　　　　（　　）
4. 我每天都过得很充实。　　　　　　　　　　　　　　　　（　　）
5. 父母给我营造了一个好的家庭氛围。　　　　　　　　　　（　　）
6. 我有一些知心的朋友。　　　　　　　　　　　　　　　　（　　）
7. 我是一个愿意接受改变，不断得到成长的人。　　　　　　（　　）
8. 我满意现在的学习和生活环境。　　　　　　　　　　　　（　　）
9. 总的说来，我对自己是肯定的，并对自己充满信心。　　　（　　）
10. 随着时间的流逝，我不断地加深对自己的认识。　　　　（　　）
11. 相信毕业后我能找一个满意的工作。　　　　　　　　　（　　）
12. 无论做什么事情，父母都能理解并支持我。　　　　　　（　　）
13. 我和朋友之间能够互相理解。　　　　　　　　　　　　（　　）
14. 每天醒来，我浑身上下都充满着力量。　　　　　　　　（　　）
15. 当我有困难的时候，朋友总能及时地帮助我。　　　　　（　　）
16. 我对自己的学业充满了信心。　　　　　　　　　　　　（　　）

17. 我不保守，是一个愿意接受新鲜事物的人。（   ）
18. 一提到爱情我就会高兴。（   ）
19. 我有一个好的学习氛围。（   ）
20. 我清楚自己的人生目标是什么。（   ）
21. 我能很好地融入我周围的环境。（   ）
22. 任何年龄的人都应该成长与发展。（   ）
23. 我对未来充满了干劲儿。（   ）
24. 一回到家我就有一种安全感。（   ）
25. 我的生活环境很糟糕。（   ）
26. 我能积极主动地完成自己制订的计划。（   ）
27. 我觉得世界上没有真正的友谊。（   ）
28. 一想到爱情我就觉得很渺茫。（   ）
29. 和家人在一起时我感到无比的幸福。（   ）
30. 我从友谊中获益匪浅。（   ）
31. 我感到自己在感情上很空虚。（   ）
32. 我从不得过且过，而是真正地思考过未来。（   ）
33. 生活是一个不断学习、变化和成长的过程。（   ）
34. 我和我的朋友们互相信任。（   ）
35. 我的家人都很健康、快乐。（   ）
36. 我相信爱情。（   ）
37. 我的人生有方向和目标。（   ）
38. 我能很好地安排我的学习。（   ）
39. 我的家人都非常关心我。（   ）

评分标准

①②③④⑤分别计1分、2分、3分、4分和5分（其中25、28、31题反向计分，选①②③④⑤分别计5分、4分、3分、2分和1分）。请按照以下分类进行计分，将每一类的总分填入所对应的空格中。

环境适应性：1，8，21，25 _____
家庭满意度：2，5，12，24，29，35，39 _____
友谊满意度：3，6，13，15，27，30，34 _____
生活充实感：4，14，19，26，38 _____
个人成长：7，17，22，33 _____
自我信心：9，10，11，16，23 _____
爱情满意度：18，28，31，36 _____
目标感：20，32，37 _____
总分 _____

结果解释

环境适应性：包括 1，8，21，25 四道题，主要体现为对自己生活的内外环境的适应能力。8 分以下说明你对外界环境的适应能力不强，需要多学习适应环境的方法与技巧；9～14 分说明你的环境适应能力较强；15 分以上说明你的环境适应能力很强，有很好的心理承受能力应对各种复杂的环境变化。

家庭满意度：包括 2，5，12，24，29，35，39 七道题，主要体现为对自己所处的家庭地位、关系、生活细节的满意程度。12 分以下说明你的满意程度不高，需要针对具体问题进行家庭关系修复；13～24 分说明你比较满意你的家庭状况，还需进一步提高家庭成员的认同度；25 分以上说明你很满意你的家庭状况，氛围融洽，生活很幸福。

友谊满意度：包括 3，6，13，15，27，30，34 七道题，主要体现为你对人际交往和人际关系的满意程度。12 分以下说明你对你的交往状况很不满意，缺乏人际信任，交往的圈子很窄，需要努力拓宽你的交际面，多交朋友；13～24 分说明你的人际交往状况一般，有一定的人际圈，但数量并不多，对熟悉的人较信任、满意，对不熟悉的人则不太信任、满意；25 分以上说明你的人际交往范围很广，重视友谊，能很好地取得朋友信任。

生活充实感：包括 4，14，19，26，38 五道题，主要体现为对生活事件的满意程度。10 分以下说明你感到生活很无聊，得过且过，这需要你积累生活经验，掌握生活技巧，寻找生活乐趣；11～17 分说明你对生活有一定的兴趣，还需要进一步完善；18 分以上说明你的生活独立能力很强，对各种生活事件都充满热情，能很好地体验生活快乐。

个人成长：包括 7，17，22，33 四道题，主要体现为对自己生理和心理成长变化的认可程度。8 分以下说明你对自己的成长变化不认可，受过去事件的影响较深，需要加强自我成长训练，寻求心理援助；9～14 分说明你比较认同你的成长，但易受现实突发事件的影响，需要学习应对成长烦恼的方法与技巧；15 分以上说明你对你的个人成长经历很满意，且能很好地应对各种烦恼。

自我信心：包括 9，10，11，16，23 五道题，主要体现为对自己处理问题和应对挫折能力的自信程度。10 分以下说明你的自信心不足，对很多事持比较悲观的态度，缺乏处理和应对的勇气，需要锻炼毅力，增强自信，学习解决问题的方法与技巧；11～17 分说明你有一定的自信，但还不全面、完善，需要增加多种兴趣爱好和各种能力的深度，进一步增强自己的人格魅力；18 分以上说明你很自信，有自己独特的人格魅力。

爱情满意度：包括 18，28，31，36 四道题，主要体现为你对爱情、恋爱的看法及满意程度。8 分以下说明你不太相信爱情，不太满意自己的爱情和恋爱现状，需要先从基本人际交往开始，在互信交往中增进感情，并学习处理好各种分歧、矛盾的方法，避免恋爱偏见；9～14 分说明你部分满意自己的感情状况，但易受恋爱、感情分歧的影响，除学习恋爱方法外，还需要有主动处理、真诚理解和宽容的心态；15 分以上说明你很满意你的爱情和恋爱状况。

目标感：包括 20，32，37 三道题，主要体现为你对学习、生活、事业目标的方向感。6 分以下说明你没有目标方向感，对各种事情不能有明确、清晰的认识，空虚感很强；

7~11 分说明你有一些目标，但易受困难阻碍，半途而废；12 分以上说明你的目标比较明确。

总分：将所有题的分数进行汇总得出总分，可反映你在总体上的幸福感程度如何。65 分以下说明你的总体幸福感很弱，需要从各方面进行调整；66~140 分说明你的总体幸福感一般，有一些幸福感受，也有一些记忆深刻的痛苦经历，需要处理好愉悦与困惑之间矛盾心理的平衡，不必过于纠缠某一事件；141 分以上说明你总体幸福感很强，愉悦心情较多。

拓展阅读

两只小狗相依为命，狗妈妈安贫乐道，觉得生活还能将就，而小狗却老是抱怨命运不公，整日穷困潦倒，不知幸福何日才能眷顾自己。于是小狗问狗妈妈："妈妈，幸福在哪里？"狗妈妈说："幸福就在你的尾巴上。"小狗听完，为了要抓住幸福，就拼命转着圈子，试图咬住自己的尾巴。然而，小狗跑得满身大汗，还是咬不到自己的尾巴。它垂头丧气地说："幸福在尾巴上，然而我却抓不住幸福。你有什么高见吗？"狗妈妈说："我寻找幸福是向前走，对过去无悔，对现在无惧，对未来无忧。只要我的脚步向前，尾巴上的幸福快乐自然就跟随着我。"

（资料来源：彭忠富. 幸福的尾巴 [J]. 少年月刊，2012（05）：26.）

启发思考

1. 学完这一章，你了解到自己的优势是什么？
2. 生活中你是如何运用自己的优势的？
3. 如何提升自己的乐商水平？
4. 在以后的生活中，你打算如何追求持续的幸福？

星说心语

每位同学都有追求幸福的权利和能力。生活中的幸福不像大海那样轰轰烈烈，也不像泉水那样沉寂无闻，它就像清澈的小溪，虽然是涓涓细流但更加温暖人心。无论在生活的平凡或精彩间，抑或成功与失败间，我们都要让自己做一个积极心态的人。可以说，当我们具有了积极的心态，我们所处的环境也会跟着拥有好的转变。

本章通过让大家认识优势，了解优势的由来与价值，教会同学们提升个人优势。以此为基础，提升大家的乐商，增强个人的乐观能力和水平，并感染他人，让自己与周围的人都感受到幸福。大家平时在学习和生活中，要学会多微笑、多沟通、多观察、多向善，提升幸福感。在这个过程中，每个人都要树立起坚毅的人生观、幸福的价值观，学会尊重自己的生命和生活，从精神层面丰富个人的认知，关注优势，提升乐商，挖掘生活中的美好，体验生命的价值与意义，从而感受幸福并创造、成就更多幸福。

第十二章
珍惜生命　活出精彩

人生本来就是一种广义的艺术，每个人的生命史就是他自己的作品。

——朱自清

第一节　大学生的生命教育

心灵故事

近年来，韩国非常流行体验"死一把"的一项游戏。参与这项游戏的人，首先留下肖像，写好遗嘱，然后穿上寿衣躺进棺材。工作人员营造氛围，使体验者能听到外面撕心裂肺的哭喊与喧闹。大约15分钟后，打开棺材，体验活动结束。

（根据央视网相关资料整理）

在这个快速生活节奏的时代，面对每天忙不完的工作和事情，很多人愿意思考怎么更开心、快乐地活，而不去思考死亡的话题。但在韩国，缘何越来越多的人喜欢参与这项活动？从中他们又能得到哪些益处呢？当真正进入游戏，躺入棺材，体验"死亡"，听着棺材外的哭声，以及对自己生平的各种评价时，相信每一个参与体验的人都会感受到强烈的心灵震撼。回想自己做过的事以及未完成的心愿，也许所有参与过的人都有一个共同的想法：要好好地珍惜生命，过好每一天。

知识导读

一、大学生的生命探问

大学是自我认同形成和发展的重要时期。这一阶段，大学生开始独立思考很多人生的问题：我是谁？我为什么而活？我该怎样活？他们开启了孜孜不倦的探索历程，因为自身与现实的种种因素，会出现很多的迷茫与困顿。

（一）目标缺失

"十年寒窗苦读，总算可以放松放松了。"一些学生进入大学就开始憧憬着怎么玩乐，怎么享受生活。"上大学"的梦想实现了，下一个目标是什么？不知道。"为中华之崛起而读书"，听起来目标有些太大，太遥远。为个人幸福快乐而读书？好像目标又有点太小、太虚，难以把握。当没有一个清晰而明确的目标时，有的人忙于社团，有的人忙于兼职，有的人忙于恋爱，更有的人沉溺网络，找不到归属感与成就感……迷茫是生命的一种过渡状态，大学生若能积极、主动地探索，定能找到自己的方向。

（二）价值感苍白

自尊是心理健康的基石。感觉活得有意义、有价值是人生存的动力和依据。一些大学生不能很好地认识自己，接纳自己，因此在遇到挫折、困难时，极容易产生自卑心理和非理性想法。比如，成绩不理想，觉得"自己是笨蛋""无脸见爹娘"；恋爱分手了，觉得"我不好，没有人会爱我""我不值得爱"；找不到理想的工作，觉得"大学白读了""自己一无是处"，严重者甚至觉得"活着没有意义""拖累家人，还不如死了算了"；等等。这些学生看不到生命自身存在的价值。

(三) 态度倦怠

不知从何时起，"郁闷"成为大学生的口头禅，"纠结"成为大学生的流行语。不少大学生失意、迷茫、困顿、疲惫、无奈，他们好像被消极的生活状态笼罩、侵蚀，没有了青春的朝气与活力，害怕生活有矛盾，回避生活中的冲突，不敢担当生活的压力，消极度日。有的人甚至发展成抑郁、焦虑等症状，在学习、工作、生活的考验中节节败退。

二、大学生的生命教育概述

(一) 生命的内涵与特征

生命，是一个难解的话题。古代哲学认为生命是气的活动；现代哲学认为"生命主要是由蛋白质分子组成的，以细胞为基本单位的复合体系的存在方式"；医学界定义"生命是活着的状态，是有机体从出生或发端到死亡之间的时期，是区分非生命、非有机化合物或死亡有机物的特征的总和"。人们对生命的认识逐渐深化，然而生命与非生命的界限却日渐模糊。这里，我们只谈人的生命。

人的生命是自然形态、社会形态、精神形态三者的统一。生命的自然形态是生命的本真，社会形态反映了人与自然、与社会、与他人之间的紧密连接，精神形态则是生命中最珍贵的，它能穿越时空永恒存在。

生命具有几大特征：①独特性。世间没有两片完全相同的树叶，人亦如此。每个人都是独一无二的，都有自己独特的处事方式、行为风格与人生梦想。②有限性。每个人的生命都是有限的，人死不能复生，生命无价，要珍爱自我及他人的生命。③社会性。人是一切社会关系的总和，唯有与人建立"有意义的爱的连接"，方能活出尊严和幸福。④开放性。人可以超越自我、发展自我，做最好的自己。⑤曲折性。生命的进程曲折起伏，需要具备承受挫折和失败的能力与素质，由此不断成长成熟。

(二) 大学生生命教育及其意义

生命教育就是以生命为核心，以教育为手段，倡导认识生命、珍惜生命、尊重生命、爱护生命、享受生命、超越生命的一种提升生命质量、获得生命价值的教育活动。

近年来，世界各地都在大力倡导生命教育。美国中小学都普及了生命教育，大体分为品格教育、迎接生命挑战的教育和情绪教育，还成立了各种专业协会，出版了各种书籍、影视资料。澳大利亚的生命教育启迪学生珍爱生命，关爱生命，激励学生快乐成长，学会保护生命。日本的余裕教育旨在引导孩子认识到生命的美好和重要，能面对、承受挫折，热爱生命、珍惜生命。新西兰强调引导学生认识人类身体的功能及身体失衡的状态，协助学生建立自我尊重、健康生活、发展拒绝的技巧。中国开展了许多生命教育的活动，形成了政府主导、民间参与、社会各界积极配合的模式。中国香港地区举办了很多生命教育研习活动，开展了生命教育教师培训。中国台湾地区成立了生命教育推广中心，设计了生命教育课程，编写教材，培训师资，生命教育已成为新的教育门类。

为什么要对大学生进行生命教育？主要原因有二：

一是，生命教育是一切教育的前提，是教育的最高追求。教育的核心在于唤醒人的生命意识，启迪人的生命智慧，激发人的生命活力，开发人的生命潜能，全面关照生命的多层次需要。教育不仅要为国家和民族的未来生存发展做准备，也要为学生个人的发展和幸福做准备，不断提升人的生命质量。

二是，生命教育促进大学生认识生命的完整性，唤醒大学生的生命价值意识。当前，个别学生因为遭遇挫折和打击，便轻易地结束生命，不仅与他自身的心理素质有关，还与教育缺乏对生命的关注有关。教育一般比较重视学生的生命发展与完善，忽视对死亡的认识与理解。不了解死亡的真相与威胁，就易于失去活着的动力与紧迫感，不懂得珍惜生命。生命教育关注从生到死的整个过程，引导学生正确认识生与死，认识生命的完整性，将情感寓于理性，提升生命的活力与价值。

（三）大学生生命教育的内容与途径

1. 生命教育的内容

大学生生命教育旨在引导学生对生命与死亡有基本认识，探索生命的意义，建构正向而积极的生命态度，恰当地保护自己，爱己，爱人，爱每一个生命。其内容包括死亡教育、生命意识教育、生存能力教育和生命化伦理教育。

（1）死亡教育。从"由死观生"的角度出发，关照生命，激发大学生对生命意义的追寻，丰富生命内涵，减少伤害事件的发生。生与死是生命的一体两面，对大学生进行死亡教育，主要是引导他们认识死亡，了解死亡本质，认识生与死的关系，思考死亡的意义，加深对生的理解，体会到生的有限、生的可贵、生的价值，从而树立健康积极的生命观，珍爱生命，提升生命质量。

（2）生命意识教育。生命意识教育旨在帮助学生形成科学、正确、完整的生命观，对生命充满热爱、珍惜、敬畏、尊重、欣赏，主动维护生命的各项权益。它是生命教育的起点，通过生命常识教育引导学生了解生命起源、生命的脆弱性和不可逆性，从而体会生命的宝贵，爱护生命，尊重生命；通过生命历程教育引导学生意识到挫折是生命发展的重要组成部分，要在挫折中磨炼、蜕变与成长。

（3）生存能力教育。联合国教科文组织指出，学会生存是教育的根本目的。生存能力教育着眼于大学生生命安全，强调通过生存拓展训练，使大学生了解生活中的不安全因素，掌握简单可行的安全防范、自救与他救常识，学会规避危险与伤害。如懂得在遭遇洪水、火灾、雷击、溺水时如何自救与他救，野外或特定艰苦环境下如何生存，如何预防艾滋病、远离毒品等。

（4）生命化伦理教育。它强调从生活的角度关照生命，实现生命与生命的和谐相处，从伦理规范的角度看待生死之间常常面对的困境，引导学生有所为，有所不为。

2. 生命教育的途径

（1）创造充满生命情怀的校园文化。积极的组织系统是建构积极人格的支持力量，是个体不断产生积极体验的直接来源。高校应加强校园文化建设，努力营造合作、欣赏、分享、信任的文化氛围。在合作中，培养诚信；在欣赏中，赢得自尊；在分享中，学会给予；在信任中，学会自律。给学生一些权利，让他自己去选择；给学生一些机会，让他自己去把握；给学生一些问题，让他自己去解决；给学生一些条件，让他自己去创造。

（2）打造生命化的课堂。把生命教育的理念与内容融入课堂教学、主题班会与社会实践，如组织开展关爱生命等团体辅导，组织大学生走进养老院、临终关怀病房、地震灾区，定期服务社会福利院等，引导学生体会生命的脆弱和成长的艰辛。在学科教学中，渗透生命教育，关注学生生活世界，打破书本和生活的界限；关注学生生命价值，给予他们探索、成长的空间，允许他们犯错误；关注学生情绪情感，构筑民主、平等、合作的师生关系；关注学生心理世界，帮助他们不断突破自我。

三、大学生生命教育的原理

（一）生命与生活紧张原理

生命是人生的存在面，是过去、现在、未来的一条"河流"，在这一层面，过去、现在和未来联系在一起，成为"生命之场"；而生活则是人生的感受面，是当下存在的一个"点"，在这一层面，凸显的是人们当下的感觉，转瞬即逝。我们不能只追求生活的感受，忽略生命状态，也不能把生活的强加给生命，变成生命的不如意。

有的大学生特别关注物质享受和感官刺激，而不了解生命的关系性存在，不懂得生命的责任与义务。他们酗酒、沉溺网络，追求好的生活感受，潜在地损害了生命健康。有的大学生以为生活就是生命，以至于生活感受不好，就放弃生命存在。殊不知，生活的不如意只是生命的一部分，不要因为一时挫折就裹足不前，而应把眼光放远，以更积极豁达的态度经营生命，让生命绽放精彩。

（二）人生时光与物理时间不等式原理

在物理时光中加入情感、心理、精神等因素，人的感觉和感受都会发生变化。物理时光客观不变，人生时光则有很强的主观性。正如爱因斯坦所言：当与一个美丽的女孩聊天时，你会觉得时间过得真快；当你处于痛苦中时，你会觉得时间好慢。

对于特定个体，物理时光不能变更，但人生时光却可以调节与改变。且看一些智者，他们在有限的物理时光中创造非凡，改变人生时光，大大提升了生命的品质。当我们慨叹人生短暂时，请考虑怎么延长人生时光，丰富我们内在的精神生活和心理生活。时间老人不知疲倦地前行，我们要化被动为主动，积极地投入到有意义的工作中去，为亲人、他人或社会多做贡献。积极生活，人生便绚丽多彩。

（三）生命共同体原理

生命共同体原理包含三层含义：①在人的生理性生命层面，人和人本质是相同的；②在人的关系性人文生命层面，所有人共同构成生命共同体，每个人都应突破自我限制，加强沟通与连接；③不仅人与人是生命共同体，人与其他生命体乃至整个宇宙也是生命共同体。由此，人与人、人与自然、人与社会应该和谐相处，同舟共济，共存共荣。

现代社会市场经济规则之下，竞争白热化甚至引入了大学校园。一些学生因为考试、选拔、奖助学金的竞争，压力山大，精神负荷加重。有的笼罩在失败的阴影下，无法自拔，甚至丧失了生活的意义和价值感。谁是竞争中永远的赢家？一些成功者有时虽然获得了胜利的快感，但也损失了人性的代价。

在追求个人幸福的过程中，我们应理解、同情他人，不妨碍他人或协助他人获得幸福；要特别关注弱势群体、落后人群，尽可能地给予帮助和关爱；既要争强好胜、拼搏进取、吃苦耐劳，更要团结协助、与人为善，不断内观内求，自我提升。

（四）生死互渗原理

生死互渗原理包含三层含义：①生命有机体每时每刻都在不停地新陈代谢，细胞在不断地生长、衰老、死亡。②人"活"的过程也是"死"的过程。人每活一天，也向着死亡更近一步。③人在自觉"生"的同时，也便派生出"死"的意识。

人在一生的某个阶段，必然出现死亡的意识，尤其是随着年龄的增加，死亡的意识会日渐浓厚，由此产生对死亡的焦虑、悲观、痛苦和恐惧。了解了生死互渗的原理，人在思想意识上便易做到"先行到死"，即站在人生的终点，反观人生的中点，觉察我们当下生命中真正缺少什么，应该追求什么，什么才是真正的幸福与快乐，由此自我定位，具备好坏优劣、是非善恶的价值判断标准，为我们的人生确定方向和内容。

人若仅仅关注"生"，未必能很好地生活，只有渗透了"死"，并能立于"死"的视角看待生活与生命，才能更好地活着，在有限的生命中创造更大的意义和价值。

互动体验

"十月怀胎"

活动准备

气球、胶带若干、承诺书。

活动时间

1 天。

指导语

我们都知道世上只有妈妈好，妈妈总被歌颂与传唱，今天让我们一起来体验一下妈妈"十月怀胎"的感受。我们先把气球固定在腹部，代表自己的胎儿，我们担任母亲。接下来的一天，我们要像妈妈疼爱宝宝一样细心，不论是上厕所、吃饭，还是做操，都不能让"宝宝"受到伤害。明天，我们在课堂上分享自己的感受和体会。

透过问题，深化讨论："你知道妈妈的生日吗？你知道妈妈喜欢的颜色吗？你知道妈妈喜欢的水果吗？你知道妈妈喜欢的运动吗？你知道妈妈穿多大鞋吗？你给妈妈捶过背吗？你给妈妈洗过脚吗？你知道妈妈对你最大的期望是什么吗？"

引导学生思考：妈妈为我做了什么？我要为妈妈做些什么？如何感恩深爱我们的人？

生命线

活动准备

A4 纸、笔若干。

活动时间

50 分钟。

指导语

每个人都有自己的生命线，就是生命走过的历程。世间有多少人，就有多少生命线。

（1）请准备一张白纸，横放，在上方写下"我的生命线"。

（2）在纸的中部，从左到右画一条长长的直线，加个箭头，使它成为有方向的线。

（3）在线的左端写上"出生"，然后问问自己期待活多大，或预期活多久，在线的最右端标上这个年龄，并标识目前个人的年龄点。

（4）回忆生活中快乐和痛苦的事情，确认事情发生的时间，在生命线上标识出来。将快乐的事情标在生命线的上方，把痛苦的事情标在生命线的下方，并且越快乐，标得越高，越痛苦，标得越低，如图 12-1 所示。

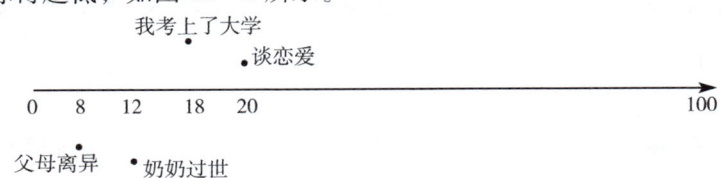

```
                    • 我考上了大学
                          • 谈恋爱
    ├────┼────┼────┼────┼──────────────────→
    0    8   12   18   20                  100
        •
      父母离异   • 奶奶过世
```

图 12-1　生命线

（5）看着自己的生命线，想一下影响你人生的重大事件是快乐的多，还是痛苦的多？上升和下降的幅度各怎样？

（6）现在进入将来时，把期待或预期的生活事件标识出来，如建立家庭、发展事业，并注明时间，评估快乐与痛苦指数。同样，把最期待的高高地写在线的上方。当然，你还会预期生活有挫折，如失去亲人、工作受挫等。同样标识出来。这才是完整的人生。

（7）看看你的生命线，如果标注的事件大部分在线下，问问自己：是不是对未来的估计太消极，对自己有太多的不满？是否可以考虑调整一下看世界的视角？如果大部分事件都标在了线上，也请思考自己是否真的接纳了生活的悲伤或挫折。

（8）生命线永不停息地向前走，作为生命的主人，请考虑你打算怎样让它绽放精彩。

心理测试

生活目的测验

指导语

在下列句子中选择最能代表你感受的数字，从 1 到 7 分别代表不同程度的感受，请尽量避免使用中间状态。

测试量表

1. 我通常是：

1	2	3	4	5	6	7
非常无聊的			中性的			兴致勃勃的

2. 生活对我来说：

1	2	3	4	5	6	7
总是令人兴奋的			中性的			完全是例行公事

3. 在我的生活中：

1	2	3	4	5	6	7
根本没有目标或目的			中性的			有明确的目标或目的

4. 我个人的存在是：
    1 2 3 4 5 6 7
  完全无意义   中性的   非常有意义

5. 生活每天都是：
    1 2 3 4 5 6 7
  完全一样的   中性的   崭新和不同的

6. 如果我可以选择，那么我宁愿：
    1 2 3 4 5 6 7
  不要出生   中性的   像这样再活几次

7. 退休后我会：
    1 2 3 4 5 6 7
做一些我一直想做的事   中性的   虚度余生

8. 在达到生活目标的路途上，我：
    1 2 3 4 5 6 7
  一筹莫展   中性的   正逐步迈向成功

9. 我的生活是：
    1 2 3 4 5 6 7
  空虚绝望的   中性的   充满令人兴奋的事

10. 如果我今天死了，我会觉得我这一生过得：
    1 2 3 4 5 6 7
  非常有价值   中性的   完全没有价值

11. 想到我的一生，我：
    1 2 3 4 5 6 7
经常怀疑我为什么活着   中性的   总能看到活的理由

12. 相对于我的生活而言，这个世界：
    1 2 3 4 5 6 7
  令我完全混乱不解   中性的   与我的生活配合得天衣无缝

13. 我是一个：
    1 2 3 4 5 6 7
  完全没有责任感的人 中性的   有着强烈责任感的人

14. 关于人是否有自决的自由，我的看法是：
    1 2 3 4 5 6 7
  人完全可以自由选择 中性的   人受遗传和环境制约

15. 对于死亡，我：

　　　　　　1　　　2　　　3　　　4　　　5　　　6　　　7

　　准备好了，没有恐惧　　　　　　中性的　　　　　　毫无准备，很恐惧

16. 对于自杀，我：

　　　　　　1　　　2　　　3　　　4　　　5　　　6　　　7

　　认真考虑过用它解决问题　　　中性的　　　　　　从未认真地想过

17. 我认为自己在生活中寻求意义、目的和使命的能力：

　　　　　　1　　　2　　　3　　　4　　　5　　　6　　　7

　　　非常强　　　　　　　　　　中性的　　　　　　　　根本没有

18. 我的生活是：

　　　　　　1　　　2　　　3　　　4　　　5　　　6　　　7

　　由我来控制的　　　　　　　　中性的　　　　　　由外在因素所控制的

19. 每天的工作是：

　　　　　　1　　　2　　　3　　　4　　　5　　　6　　　7

　　我快乐及满足的来源　　　　　中性的　　　　　我痛苦及枯燥的来源

20. 我发现：

　　　　　　1　　　2　　　3　　　4　　　5　　　6　　　7

　　还没有找到生活的目的　　　　中性的　　　已经找到了一个明确的满意的目标

评分标准

此量表用于测量一个人感觉生活有意义的程度。其中第1、3、4、5、6、8、9、11、12、13、16、20题为正向计分题，选择1、2、3、4、5、6、7按1、2、3、4、5、6、7分计算；第2、7、10、14、15、17、18、19题为反向计分题，选择1、2、3、4、5、6、7按7、6、5、4、3、2、1分计算。

结果解释

将各题分值相加得到总分，总分越高，越说明你感觉生活有意义。

拓展阅读

假如给我三天光明

《假如给我三天光明》是海伦·凯勒的散文代表作。该书主要描写了海伦变成盲聋人后的生活，以及她如何求学的生涯。海伦从一个身残志坚的柔弱女子视角，告诉我们应当珍惜生命，珍惜造物主赐予我们的一切。

以下是部分节选：

我们都知道自己难免一死。但是这一天的到来，似乎遥遥无期。当然，人们要是健康无恙，谁又会想到它，谁又会整日惦记着它。于是便饱食终日，无所事事。

有时我想，要是人们把活着的每一天都看作生命的最后一天该有多好啊！这就更能显出生命的价值。如果以为生命还比较漫长，我们的每一天就不会过得那样有意义，有朝气，我们对生活就不会总是充满热情。

我们对待生命如此倦怠，在对待自己的各种天赋及使用自己的器官上又何尝不是如此？只有那些盲了的人才更加珍惜光明。那些成年后失明、失聪的人更是如此。然而，那些耳聪目明的正常人却不好好地去利用他们的天赋。他们视而不见、充耳不闻，无任何鉴赏之心。事情往往就是这样，一旦失去了的东西，人们才会留恋它，人得了病才会想到健康的幸福。

我有过这样的想法，如果让每一个人在他成年后的某个阶段瞎上几天，聋上几天，该有多好。黑暗将使他们更加珍惜光明；寂寞将教会他们真正领略喧哗的欢乐。

最近一位朋友来看我，他刚从林中散步回来。我问他看到些什么，他说没有什么特别的东西。要不是我早习惯了这样的回答，我真会大吃一惊。我终于体会到了这样一个道理：明眼人往往熟视无睹。

我多么希望看看这世界上的一切，如果说凭我的触觉能得到如此大的乐趣，那么能让我亲眼看一下该有多好。奇怪的是明眼人对这一切却如此冷漠！那点缀世界的五彩缤纷和千姿百态在他们看来是那么平庸。也许人就是这样，有了的东西不知道欣赏，没有的东西一味追求。在明眼人的世界上，视力这种天赋不过增添一点方便罢了，并没有赋予他们的生活更多的意义。

（资料来源：（美）海伦·凯勒. 名家编译委员会，译. 假如给我三天光明［M］. 北京：北京日报出版社，2016.）

第二节　危机预防及干预

心灵故事

林某，独生女，家庭条件良好，从小受父母宠爱，进入大学后因性格活泼、聪慧能干，深得同学喜爱。然而，大二下学期时，她患了严重的抑郁症，学业、生活一塌糊涂。和很多人一样，在遭遇一连串挫折后好长时间，她才想起求助。她说，自己不讨人喜欢，没有才能，没有希望。她觉得学校的功课很无聊，索性缺席了2门课程的考试，宅在宿舍上网、看电视剧。她越来越讨厌自己。

大多数人在经历打击时都会伴随着情绪的低落。当接二连三的希望破灭时，有些人会出现抑郁。抑郁时，很小的障碍都会感觉像不可逾越的高山，情绪会变得很糟糕，容易哭泣，行为也会犹豫不决，被动自责，甚至想轻生。与此同时，没有食欲，失眠，感觉疲倦。这就是心理危机的征兆。

知识导读

一、大学生心理危机概述

（一）心理危机及特征

每个人在一生中会经常遇到应激或挫折，一旦这种应激或挫折不能自己解决或处理时，就会发生心理失衡，这种失衡状态就是心理危机。也就是说，心理危机需要三个条件：一是较大的生活事件，二是不适的身心反应，三是超出自身应付的能力。

美国心理学家 G. Caplin 于 1974 年首次提出心理危机的概念，并对此进行了系统研究。他认为，每个人都在努力维持内心的平衡、自身与环境的协调，当其生活发生重大变化或遭遇危机时，内在平衡就会被打破，进入失衡状态，进而出现焦虑、抑郁、厌食、失眠等一系列身心反应。对灾难事件的研究表明，70%的当事人心理创伤可以自愈，30%的当事人在一定程度上会出现心理问题，严重的会造成创伤后应激障碍。

（二）大学生心理危机的特点

1. 类型分布

大学生心理危机的类型主要表现为焦虑危机、失恋危机、哀伤危机和自杀危机。焦虑危机主要是指大学生因学业、就业、人际冲突、环境适应等引发的严重焦虑情绪。他们在情绪和身体上可能会存在紊乱状态，说话时语无伦次。处于失恋危机的大学生往往会体验强烈的羞耻感、情感混乱、内心沮丧、抑郁、愤怒等情绪，情况如果恶化，还可能会崩溃。哀伤危机主要是指因亲友丧失造成的悲痛欲绝等。他们可能因为自己没有尽到心意而自责，也可能因缺乏后续支持、亲友丧失而抑郁或焦虑。自杀危机是最严重的危机，个体可能想采取各种手段结束自己的生命。当前，大学生因学业、恋爱受挫或严重人格障碍产生自杀想法的较多。

2. 时间分布

大学生心理危机暴发存在时间聚集性，3—5月是危机事件发生的高峰期，10—12月危机事件发生频率也较高。原因有二：一是春季和秋冬之际是精神疾病的高发期，人的情绪波动较大；二是年初和开学时期学生面对的学业与生活压力会骤增。这也在某种程度上反映了学生的重大生活事件具有时间聚焦性。王传中研究了 2004—2007 年暴发的 188 起大学生心理危机事件，发现新生适应期、就业考研期、期末考试期、春冬病躁期、节假影响期是学生心理危机的多发期。

3. 性别分布

研究指出，危机事件中男生多于女生，尤其是因学业问题和情感问题发生的危机事件男生较多。而女生因就业和家庭原因发生危机事件的情况较多。从报道的案例来看，男生学习的自觉性、自制力相对较差，不少危机的前兆都有学业滑坡、沉溺网络的情况，且男生在情感纠葛方面易于冲动，行为失控。女生因就业市场性别偏见、自身主动性差等原因处于劣势，情感更多依赖家庭，加剧了在就业和家庭方面的心理危机风险。

4. 风险比率

研究指出，大学需要重点关注的学生占 2%～5%，达到心理障碍层级或属于高危学生（自伤和伤人风险较高）的比率占 2%～3%，极端危机学生比例约 0.2%。没有朋友和不喜欢参加社团活动的学生自杀风险较高;遇事经常以宣泄情绪为主来保持心理平衡、逻辑性太强、爱钻牛角尖的学生自杀风险也较高;曾患精神分裂症或抑郁症、服用成瘾性物质、有自我伤害行为、喜欢从阴暗面看问题等也是自杀的危险因素。

(三)大学生心理危机的理论解析

精神分析理论认为,一个人是否易于发生危机,源于其童年的成长环境和创伤经历。危机预防就是提供安全、接纳、温暖的成长环境,帮他重新长大。人际关系理论认为,人如果能相信自己,相信他人,就有自我实现和战胜危机的信心,危机便不会持续很长时间。

危机树理论把人的成长过程比作大树,土壤比喻社会环境因素,如家庭经济状况、文化因素及社会变迁等。对一个处于心理危机的大学生来说,树根比喻家庭功能不良及学校环境限制,当父母离婚或学校过于重视成绩,而个体又缺乏生活技能及探索自我的能力时,即树根无法供应健康的养分给树木时,个体就可能发生危机。树干比喻人格特质的缺陷。树枝形容结交不良朋友,沾染陋习,产生危机行为(果实)。人出现抑郁、焦虑、自卑等情况,通常经由家庭和学校两大主根传送而来。

以大学生自杀为例,从表面上来看,常见原因有三大项:①心理社会因素,如遭遇某些打击或压力;人际关系问题;被家人、好友抛弃或拒绝;不良的心理素质和个性因素。②精神疾病,存在如抑郁症、精神分裂症、酒精中毒、人格障碍、器质性精神障碍等疾病。③躯体疾病,出现如恶性肿瘤、艾滋病、病程迁延、久治不愈的疾病等。深度剖析,他们往往存在家庭关爱缺失,人生价值观扭曲,个性过分好强,无法容忍挫折、孤独、父母及社会期望的压力等状况。

二、大学生心理危机的识别与评估

(一)大学生心理危机的潜在风险评估

评估大学生心理危机的潜在风险主要有固态因素和动态因素两类指标。

固态因素包括:①疾病情况,指个体身体是否有严重疾病,久治不愈,导致个体很痛苦。研究表明,患慢性疾病(如HBV、肺结核、HIV)的人50%有心理危机。②家庭状况,指家庭结构是否单亲或离异,家庭氛围是否轻松和谐、平等民主,家庭功能是否良好,是否满足了学生生理、心理、社会性发展的需求等。家庭是学生精神活动和心灵成长的主要环境,父母动辄惩罚的做法,以及严厉、拒绝、否认的态度对子女的心理健康有严重的影响,过度保护和过度干涉易让子女出现强迫、偏执、焦虑等心理问题。③人格特质。悲观、自卑、外归因、依赖性、焦虑性人格是危机的易感性人格特质。④既往经历,指是否有寄养情况,是否有重大创伤等。有寄养经历的大学生由于生活环境的变迁,易于困惑、不安,甚至恐惧,产生自我认同等心理危机。⑤社会支持,指父母、同学、朋友、老师等能够提供的帮助,包括物质支持和精神支持。⑥精神资源,指学生是否有合适的理想、信念和价值观。信仰对人的生存价值和心理健康有正向积极作用,拥有梦想和希望便有动力与意义。反之,迷茫、困顿就会增加心理危机风险。

动态因素包括:学习压力、人际冲突、情感纠葛、就业压力、应激事件、情绪波动等。研究表明,大学生极端心理危机事件相对集中在学业问题、情感受挫和就业压力方面。理科学生危机事件中学业问题居多,文科学生危机事件中情感问题居多,就业压力引发的危机事件文科学生多于理科学生。这主要是由于理科学生学业负担重,文科学生就业形势不佳造成的。

（二）大学生自杀的风险评估

当前，大学生自杀事件时有发生，自杀是中国 15～34 岁人群的首要死亡原因，甚至超过了车祸与疾病。预防自杀是大学生心理健康教育的基础任务，我们必须准确识别和评估危机学生的自杀风险。大学生自杀风险评估可分为粗略识别和精确评估两个环节。

1. 自杀风险的粗略识别

意欲自杀者通常会在言语和行动上表明自杀的企图，使我们有迹可循。他们在言语上的线索一般有：

（1）流露出无助或无望的心情或无价值感。

（2）表达过死的念头，喜欢谈论与自杀有关的事或开自杀方面的玩笑。

（3）讨论自杀计划，包括自杀方法、日期和地点、易获得的自杀工具等。

（4）直接说出"我希望我已死去""我再也不想活了"等类似的话。

（5）间接说出"我所有的问题马上就要结束了""现在没人能帮得了我""没有我，别人会生活得更好""我再也受不了了""我的生活一点意义也没有"等类似的话。

意欲自杀者在行为上的线索一般有：

（1）出现突然的、明显的行为改变或危险性行为增加，如易激怒、过分依赖、持续不断地悲伤或焦虑、常常流泪、注意力不集中、成绩下降、经常缺勤、孤僻、人际交往明显减少、无缘无故地生气或与人为敌、自伤。

（2）抑郁症表现（情绪、睡眠、食欲改变）。

（3）有条理地安排后事。

（4）突然把个人有价值、有纪念性的物品送人。

（5）与亲朋好友告别。

（6）频繁出现意外事故。

（7）饮酒的量增加。

（8）吸毒。

2. 自杀风险的精确评估

自杀风险的粗略识别是自杀风险评估的初始阶段，结论存在不确定性，而这种不确定性需要通过后续的精确评估来解决。精确评估往往需要专业的危机干预工作者，他通过与特定大学生面对面的会谈，运用娴熟的会谈技巧，深入其内心世界，以了解和评估其自杀意念和自杀计划为核心，准确判断当事人实际存在的自杀风险，从而划分风险等级，确定干预策略。它是自杀风险评估的核心阶段。

自杀风险的精确评估通常分为五个步骤：

（1）评估抑郁程度。有自杀倾向的人往往都有着严重的抑郁症。抑郁症是自杀风险的显著预测因子。在评估时，可从询问学生最近的感觉和感受入手，然后具体了解其无助感、绝望感、罪恶感或无价值感程度，询问其是否兴趣丧失、有退缩或隔离等情况。这些状况越长久、越密集，感觉强度越大，意味着抑郁程度越深。

（2）探测自杀意念。当学生存在严重的抑郁症状，工作者应平静地询问其是否想过伤害自己，以及这种意念持续的时间、频率和强度。意念越长久、越频繁，自杀风险就越高。

（3）探察自杀计划。有无自杀计划是自杀风险高低的分水岭。一般来说，没有自杀计划的自杀意念风险偏低，有明确自杀计划的自杀意念风险较高。所以，一旦学生存在自杀意念，工作者必须进一步询问其是否有详细或明确的自杀计划，分析该计划的具体性、可行性和致命性。如果自杀计划具体、可行、致命，则该生的自杀风险等级是极其高危的。

（4）评估社会支持。主要是周边能获得的物质支持和精神支持，如果社会支持良好，则预后也较好。

（5）划分自杀风险等级。自杀风险一般可以划分为五个等级：无自杀风险（没有自杀的意念或计划）、轻度自杀风险（有自杀意念，但无特定计划）、中度自杀风险（有自杀意念和一般的自杀计划，有危险因素，也有保护因素）、严重自杀风险（存在经常而强烈的自杀意念，自杀计划具体、可行且致命，有多重风险因素）、极严重的自杀风险（明确表示一旦有机会就会自杀）。

通过上述流程，心理危机干预工作者将形成对某个大学生自杀风险的清晰认知。具体操作还可参照本节"心理测试"中的"自杀/攻击危险性评估量表"。

三、大学生心理危机的预警与干预

（一）大学生心理危机预警

大学生心理危机预警主要通过建立"宿舍—班级—学院—学校"四级预警网络，做到信息传达有效畅通，以便对学生的心理状况变化早发现、早通报、早评估、早治疗，力争将学生危机的发生消除在萌芽状态。

一是发挥宿舍心理信息员和宿舍管理员的作用，及时了解和掌握学生心理健康状况，遇到紧急情况时主动关心同学，及时向辅导员或班主任汇报，必要时也可直接报告心理健康教育与咨询中心。

二是发挥班级心理委员等学生骨干的作用，及时了解和掌握本班同学的心理健康状况，关心同学，加强思想和感情上的联系和沟通。一旦有异常情况发生，能够做到及时发现，及时向班主任、辅导员报告。

三是学院领导和教师要关爱学生，密切关注学生异常心理和行为，对需要心理援助的学生提供帮助和指导，及时与学生家长沟通。对重要情况要立即向相关领导、相关部门报告，并在专家指导下及时对学生进行危机干预。

四是学校贯彻落实心理测评制度、学生骨干定期培训交流制度、特殊群体学生定期摸排制度、学生心理危机预警信息录入制度、心理健康信息评估与反馈制度、督导检查制度等，实现危机预警信息动态管理，确保工作的科学化和规范化。

（二）大学生心理危机干预的目标与原则

大学生心理危机干预是指对面临心理危机的大学生采取迅速而有效的应对措施，给予支持与帮助，使之逐渐恢复心理平衡。最低目标是在心理上帮助学生解决危机，避免自伤或伤人。最高目标是提高学生心理平衡能力，使其高于危机前的平衡状态。

实际工作中，大学生心理危机干预应遵循如下四项基本原则：

1. 系统性原则

心理危机干预是学生突发事件应对工作的一部分，应和学生突发事件工作同步进行，以维护校园安全稳定为前提，根据学校学生工作的整体部署，及时调整心理危机干预工作重点。

2. 疏导原则

在对特定个体进行心理危机干预时，要循循善诱，巧妙运用倾听、共情等科学方法和策略，化解个体心中的矛盾与纠结，从而缓解危机状态。

3．人本原则

在危机干预工作中要充分尊重学生的心理需求和个性特点，尊重其个人权益，保护其隐私，在尊重其人格的基础上进行教育和辅导。

4．长期性原则

危机干预在事发时既要快速、准确、有效地工作，又要注意事后长期关注和跟进辅导，以确保危机状态彻底化解，避免潜在的问题再度暴发。

（三）大学生心理危机干预的具体实施

1．学校层面

（1）危机的即时处理

①准确评估。学校一旦发现学生处于危机情况中，应尽快与学生接触并进行安抚，同时上报心理健康教育与咨询中心，邀请专业人员对其进行心理危机的评估和处理。

②追踪处理。对症状表现较轻、危机程度不高者，以在校心理咨询为主，辅以药物治疗；对症状表现较重者，建议即时转介医院等机构。同时，院系对这些学生进行不同程度的监护。突发学生自伤、伤人事故等情况时，院系闻讯后应立即赶赴现场，并报告给学校相关部门，进行紧急救助；对于因心理危机休学而后又复学的学生，院系要对其学习生活进行妥善安排，帮助其建立良好的支持系统，并定期随访。

③通知家长。如果确定某学生存在严重心理危机（自伤或伤人风险较高），学院应立即通知家长，向家长说明学生目前情况和事件的严重程度，请家长配合学校共同做好学生的监护和心理疏导工作，确保其人身安全。

④政策和措施。在危机处理过程中，需要考虑学生在危机期间能否完成学业，是否需要休学或缓考。依据相关政策，必要时做出相应的通融和调整。在适当情况下，还应协助学生及其家庭得到恰当的帮助（心理咨询、贫困补助等）。

⑤对危机相关人员进行辅导。周边人员可能因为危机事件的影响，引发应激状态，需要心理支持和专业辅导。

（2）危机的事后处理

危机事件发生后，学院及相关行政部门应立即成立危机干预小组。危机干预小组应当及时召开有关人员会议，了解大致情况，制订下一步工作计划。具体如下：

①与家属取得联系，向家属澄清事件发生的整个过程，了解家属如何理解该事件及对善后处理的希望，告知家属学校处理事件的大致过程。

②迅速召集教师开会，解释事件相关过程和处理情况，并且准备一份正式的通告，以便教师向学生做出解释。

③辅导员或班主任应当面将事件通告学生，并向学生提供有关的帮助信息，确保情绪不稳定的学生及时被发现和干预。如果有些学生受到较大影响需要请假或休学，必须要求家长或监护人到校。

④危机干预小组应随时了解事件和工作进展，包括是否通知到了相关人员，是否还需要其他人员加入小组，是否掌握了全面信息，学生对此事如何反应等。

⑤危机事件发生以后，当事人的朋友、同学等都会有悲伤或愤怒等情绪，需要通过适当方式释放情绪。具体可以以小组的形式，对所有希望参与的人员开放，有组织地引导学生讨论该事件。

⑥帮助家属整理当事人的物品，办理各项遗留的手续。在处理物品时，要考虑相关人员的感受。

⑦危机事件后，应尽快帮助教师和学生重新投入生活。教师应关注学生的各种反应，将情况严重的学生名单送交咨询中心备案，并推荐他们接受心理咨询。

⑧召开总结会议，了解事件的详细过程，讨论如何更好地处理类似事件以及如何避免类似的问题等，将事件的发生和处理过程形成报告，递交学校相关部门和领导。

2. 个体层面

（1）危机干预的步骤

当发现学生面临心理危机时，可采用"六步干预法"进行危机干预。

①确定问题。危机干预的第一步是从当事人的立场出发，确定和理解当事人的问题。干预人员可使用同感、理解、真诚、接纳以及尊重等积极的倾听技术，既要注意当事人的语言信息，也要注意其非语言信息。

②确保当事人安全。在危机干预过程中，干预人员应将确保当事人安全作为首要目标。这里的安全是指对自我和对他人的生理和心理的危险性降低到最小的可能性。在干预人员检查、评估、倾听和制定行动策略的过程中，安全问题都必须给予高度关注。

③给予支持和帮助。危机干预强调与当事人沟通和交流，通过语言、语调和躯体语言让当事人认识到危机干预人员是能够给予其关心帮助的人，让当事人相信"确实有很关心我的人"。

④提出应对方式。帮助当事人探索可以利用的替代解决方法，促使当事人积极地搜索可以获得的环境支持，启发其思考，使其知道有哪些人现在或过去关心自己，有哪些应对方式可供选择。

⑤制订行动计划。帮助当事人做出现实的短期计划。计划应根据当事人的应付能力，着重于切实和系统地帮助当事人解决问题。计划的制订应与当事人协商，让其感到这是他自己的计划。

⑥得到当事人的承诺。帮助当事人向自己承诺采取确定的、积极的行动步骤，这些行动步骤必须是当事人自己制定的，从现实的角度是可以完成的。在结束危机干预前，危机干预工作者应该从当事人那里得到诚实、直接和适当的承诺。

除此之外，还应该启动社会支持系统，包括来自父母、教师、同学以及其他朋友的支持。这种支持不仅包括心理和情感的支持，也包括一些实质的救助行动。

（2）危机干预的具体策略

①向他表达你的关心。"最近你不怎么爱说话了，看起来有些不开心，能否告诉我是怎么回事？遇到什么事情了，我可以为你做点什么？""我知道你站在那儿是万不得已的选择，一定发生了什么事情让你很痛苦，要不谁想走这一步啊！"

②要有耐心，多听少说，尤其不要教导，静静地陪伴是很有力量的。

③要允许他流泪，允许他表达情绪，不批判，多接纳。

④给予他希望，让他知道面临的困境能够有所改变，不是完全无能为力的。

⑤可以跟他谈论自杀。问他："你有没有想过伤害自己？具体是怎么想的?"

⑥在谈话结束时，跟他形成契约，"今天我们谈到这里，下个礼拜或者明天的这个时候我们俩再见面，可以吗？"一定要得到他的同意，让他知道你的关怀是持续的。

⑦有的人不想让你帮助，不要伤心，给他提供专业帮助的信息。

相关链接

扫一扫，观看视频

破晓

心理测试

自杀/攻击危险性评估量表

指导语

表12-1是一份关于自杀/攻击危险性评估量表，请你根据自己的实际情况，逐一对每个问题做出回答。

测试量表

表12-1　　　　　　　　　　自杀/攻击危险性评估量表

判断项目	无	有（低）	有（高）	极高
评估自杀、自伤、暴力攻击计划	0	1	2	3
评估既往相关自杀、自伤、暴力攻击经历	0	1	2	3
评估目前现实压力	0	1	2	3
评估目前支持资源	2	1	0	
临床心理评估（睡眠、饮食、健康、心态、状态）	0	1	2	

评分标准

每个问题的得分如上表所述。

结果解释

0分——正常；1～2分，无明显危险——关注；3～5分，中等危险——追踪；6～8分，高度危险——高危；9～13分，即时警戒——警戒。

拓展阅读

关于自杀的误解

1. 口头上说要自杀的人不会真的自杀。

实际上，约80%的自杀身亡人士生前曾谈到他们的自杀想法。

2. 谈论自杀会鼓励自杀。

实际上，对想自杀的人来说，谈论自杀能够有效地预防自杀。如"你最近好像有点情绪低落，是否想过做出什么伤害自己的事？"或"有没有想过做一些傻事？"

3. 想自杀的人都一心一意求死。

实际上，大部分想自杀的人心中都很矛盾，他们想死，也想活。

4. 一个人一旦有过自杀倾向，就会不断地想自杀，没有人能帮得上忙。

实际上，自杀危机一般都非常短暂，只要有人中途介入并经过治疗，他可能永远不会再有自杀的想法，只有10%的企图自杀者最后自我终结生命。

5. 未留下遗书者不算自杀。

实际上，只有约1/3的自杀身亡人士会留下遗书。

6. 沮丧过后，自杀危机也就解除了。

实际上，自杀最危险的时期发生在极度沮丧过后的前3个月。许多人度过沮丧期，心灵重获喜乐平静后，反而决定他们必须以自杀来"真正解决"自己的问题。

7. 想自杀的人不会寻求医生帮助。

研究显示，75%自杀身亡的人，在自杀前3个月内曾找过医生帮助。

发生自杀事件后周围人的自我调整方法

1. 给自己愈合的时间，使自己能够很好地理解和接受亲人逝去的事实。
2. 认识到那种受打击的感觉是正常的、自然的。
3. 不用害怕哭泣，泪水有助于痛苦情感的释放。
4. 你对死亡事件并没有责任，它是你所爱的人自己的选择，并不是你能左右的。
5. 耐心对待自己，宽容那些不理解悲伤的人。
6. 决定如何和别人谈论有关自杀的事件。
7. 理解家人和朋友的痛苦感受，他们也需要度过居丧期。
8. 要意识到你的生活会因此有所改变，但你终究会走出痛苦的阴影，重新找到生活的意义。
9. 设法推迟做重大决定的时间。
10. 分清轻重缓急，循序渐进地处理每一件事情。
11. 认识到居丧期出现自杀的想法是常见的，但是如果发展到有具体的自杀计划，要立即寻求他人的帮助。

第三节　品德修养的提升

心灵故事

孙茂芳，北京军区总医院原副政委，全国道德模范，2014年3月被中央文明委授予"当代雷锋"荣誉称号。50多年来，他始终不渝地坚持学雷锋、做好事，先后赡养29名孤寡、病残老人，资助38名特困学生，培养了大批雷锋式的优秀人才，带出10个先进单位。

他9岁时母亲就去世了，母亲去世前留下三个字——做好人。因此他从小就立志报效祖国，争做好人。他20多岁在部队当兵时，是连队里的学雷锋标兵，50多岁在北京当干部，是部队的学雷锋标兵。70多岁时，他获得了全国学雷锋的最高荣誉——"当代雷锋"称号。

他的座右铭就是"学一辈子雷锋，做一辈子服务人民的好事"。座右铭从来都不是一句空言，它是在个人实践中逐步形成的一种价值观或行为准则，需要付出时间、精力，甚至牺牲自我来践行。

他说："50多年来，经常被误解，甚至被嘲笑，但我学雷锋、做好事的信念从未动摇，一个根本原因就是理论创新这盏明灯指引了我，使我把学雷锋从形似提升到了神似。"

50多年的学习与实践，让孙茂芳更加理解雷锋精神的伟大与作为一名共产党员的责任担当。可以说，学雷锋贯穿于他的一生，雷锋精神激励了他一生。

（根据中国文明网相关资料整理）

生活中其实从来不乏站在道德高地上的人，他们以行动昭示着，每个人身上有着善的基因，关键在于发掘。而当个体之善聚沙成塔，公共生活也必然更有热度。精神高尚会给人带来无比幸福，作为一名大学生，只有把人生理想融入国家和民族的事业中，把中华民族伟大复兴的历史责任担在肩上，才能成就壮丽的人生。

知识导读

一、承担责任

（一）大学生与社会责任感

社会责任感是个人对自己所应履行的各种义务及应承担的社会责任的自我意识，是对社会责任的一种觉悟。它是一种自律意识，是个人对自身行为约束的同时，对自身发展所提出的要求。大学生社会责任感是指大学生对其责任对象的自觉意识和体验。当代大学生首先是一名公民，应当具有一般公民的社会责任感。同时，大学生作为一个思想活跃的知识分子群体，不仅应当具有历代知识分子所具有的忧国忧民意识和报效祖国的决心，而且还肩负着实现中华民族伟大复兴的神圣使命，所以当代大学生的社会责任感理应包含更丰富的内容。调查表明，在社会转型期大学生的参与意识明显增强，他们关心社会的变革与发展，同时也更加关注自己在社会变革中的地位、作用和受益程度，关注自身发展与社会未来发展的适应性。但是大学生在对个人责任，特别是在如何实现自己对社会的责任，实现自我价值与社会价值的统一等方面，表现出明显的认知与行为分离特征，即思想能认识到，但行为却做不到。

（二）社会责任感缺失的心理分析

1. 社会致弱

社会致弱指个人与群体其他成员一起完成某种任务时，其所付出的努力要比单独完成某种任务时明显偏少，表现为个人活动积极性、主动性和效率下降的现象。个体通常认为团队的成绩不会归功于个人，个人投入和团队产出之间的关系模糊。处于这一群体时，有的个体主观上可能产生"等、靠"的思想，依附团队的努力。换句话说，即降低在社会活动中的主体责任意识，个体认为自己的贡献无法被衡量或重视，效率就会下降。如在乘坐公交车、到食堂打饭时面对插队行为，很少有人出来制止。

2. 从众效应

从众效应是一种追随别人行为的常见心理效应，指当个体受到群体的影响（引导或施加的压力）时，会怀疑并改变自己的观点、判断和行为，朝着与群体大多数人一致的方向变化。即个体受到群体的影响而怀疑、改变自己的观点、判断和行为等，以和他人保持一致。也就是通常所说的"随大流"。比如，入校一年左右时间你便会发现，不同班级之间、宿舍之间，在各个方面出现明显的"不同步"现象。被评为优等生、英语过级、教师资格证考取等现象主要集中在某些班级、某些宿舍。

3. 分散效应

分散效应即责任分散效应。对某一件事，如果个体被要求单独完成，责任感就会很强，会做出积极的反应。而如果有许多人在场的话，责任就由大家来分担，造成责任分散，个体甚至可能连他自己的那一份责任也意识不到，从而产生一种"我不去做自有别人来做"的心理，造成"集体冷漠"的局面。"一个和尚挑水吃，两个和尚抬水吃，三个和尚没水吃"这句话就充分表现了"责任分散效应"。

4. 自我压抑

自我压抑指个体尽量避免提出与群体不同的意见，从而压抑自己的想法，甚至怀疑自己的意见是否多余的心理现象。它是一种"动机性的遗忘"。当个体面对不愉快的情绪时，会不知不觉有选择性地遗忘，与自然忘却的情形不一样。在社会生活和工作中，一些人由于自我压抑而降低了社会责任感和积极主动性，有不同意见时也不发表自己的看法和意见，总是附和他人。如在集体交流讨论中，发言的通常总是那少数的几个人。有些人在受到伤害后，为了保护自己，就会选择压抑真实的情感，认为不暴露真实的自己就不会受伤害。长期的自我压抑，使自身积累了大量的负面情绪，无法及时排解，就会产生严重的心理问题。

（三）养成策略

1. 培养民族自豪感和责任感

中华优秀传统文化蕴含着丰厚的民族精神和道德理念，是我们在新时代进行大学生道德建设的重要思想养分，对社会急剧变革下的大学生进行世界观、人生观、价值观、理想信念等方面的教育有着极为重要的导向作用。在中国传统文化之中始终贯穿着爱好和平、团结统一等中华民族精神，作为传统文化的核心——爱国主义精神，在现代思想教育中发挥着至关重要的作用。一方面，青年学生通过多种艺术形式来了解传统文化的深刻内涵，能够增强文化自信和提高使命感；另一方面，有助于他们建立独特而深厚的民族情感。

中华优秀传统文化是几千年来中国仁人志士所积累的智慧结晶。中华本土思想教育文化主要有儒家文化和道家文化，乐器主要有琴、筝、二胡、唢呐、笙、锣鼓等，戏曲剧种有京剧、豫剧、越剧等；在季节上分二十四节气，用于指导农业生产；我国有独特的节日文化，比较重要的节日有春节、元宵节、端午节、中秋节等。美国著名历史学家保罗·肯尼迪说过："在近代以前的所有文明中，没有一个国家的文明能比中国文明更发达、更先进。"中华民族上下五千年，有许多优秀的传统文化，而了解和学习传统文化正是培养民族精神的载体。对一种文化深入了解就会产生强烈的认同感，了解中国的文化有利于增加民族自豪感和爱国精神，因此，大学生在平时也应多关注中国传统文化，提升自己的内涵，培养民族自豪感。对于中国人而言，中华民族伟大复兴的中国梦必须要由也终将由充满民族自豪感和责任感的中国人所实现。

2. 明确社会责任

"天下兴亡，匹夫有责"。要对社会负责，就要认识到自己应该承担哪些社会责任，如何增强自己的责任意识。要认识到，只有每个人都承担起自己的社会责任，社会才能行稳致远。大学生的社会责任主要包括以下几个方面：

（1）学本领，增才干

学会做人做事，是大学生的个人责任，也是基本的社会责任。大学生在夯实专业知识的同时，更要博览群书，完整、系统地阅读，真正读懂、学深、悟透，尽量减少"微"时代信息碎片化所带来的负面影响。此外要关心国家、关心世界，关心人类的共同发展，为人类的幸福而不懈奋斗，努力提升自身的文化修养和道德修养，增长专业技能，提升专业水平，为将来服务社会、承担责任打下坚实的基础，因此现在努力学习就是对社会负责的具体体现。大学生的社会责任就是努力把自己发展成一个能够学习、乐于学习、善于合作，能够深入体察现实生活、具有实干精神的人。

（2）传承忠孝仁爱美德

忠于祖国、孝敬父母、尊老爱幼是我国的传统美德，也是大学生应当承担的社会责任之一。大学生还没完全接触社会，因此所要承担的社会责任更多的是与自身相关的一些责任。对国家忠诚、对父母孝顺、对他人友善是大学生应该、也是能做到的。家庭是社会的细胞，是基层社会治理的重要基础，对社会负责首先就要对家庭负责，只有承担起家庭责任，才能承担起社会的责任。

（3）维护国家尊严

人的各种社会身份中，国民身份是最重要的个人认同，热爱祖国、维护祖国是每个公民应尽的义务。《中华人民共和国宪法》第五十八条明确指出："中华人民共和国公民有维护祖国的安全、荣誉和利益的义务，不得有危害祖国的安全、荣誉和利益的行为。"要在行为上维护国家，在思想上培养爱国主义的情感。因此，在日常生活中，大学生要做到尊敬国旗、国徽，会唱国歌，升降国旗、奏唱国歌时肃立、脱帽、行注目礼，这是对国家负责、维护国家尊严的具体的表现。

3. 承担社会责任

（1）勇于担当

在社会活动中，社会惰化、自我压抑等心理容易让人产生很多推脱责任的借口和托词。大学生要胸怀艰苦奋斗的精神和迎难而上的拼搏劲头，勇于担当，不逃避，不推诿，在不断解决问题的过程中磨炼意志，锻造品质，促进社会责任情感态度的转化，并内化于心，进而推动社会责任行为的践行。

（2）善于担当

大学生要对社会主义建设事业充满信心，对社会各项事业的未来发展前景保持憧憬，在坚定的理想信念的指引下做出积极的责任选择，善于担当。大学生的能力和精力有限，所能承担的社会责任也有限。但一个人的社会责任感在每一件小事中都能体现出来。古人云："勿以善小而不为，勿以恶小而为之。"因此，我们要把社会责任当成自己的责任，从现在做起，从身边小事做起，从点滴做起。

（3）投身实践

大学生不但要有广博的知识，还要成为一个具有社会责任感的人。要积极参与社会活动，深入群众调查研究。例如，某"大学生关注牛奶小组"在深入某牛奶工厂调查取证后，发现该工厂在工人伙食、合同签订等方面存在不合理现象，遂撰写了《劳工权益调查报告》，并举行了发布会，称某牛奶公司违法用工。该厂积极回应并表示，已经对派遣工的伙食进行改进，并对合同中不合理条款进行改正。当地总工会也密切关注大学生调查引发的"派遣工事件"。这些同学勇于深入调查，了解群众的社会生活，帮助呼吁解决弱势群体的生活状况，表现出了高度的社会责任感，也表现了当代大学生敢于承担社会责任的精神风貌。

（4）参加公益活动

大学生参加公益活动，能够充分运用所学专业知识，并在服务中巩固专业知识，提高分析问题和解决问题的能力。大学生要注重对自己各方面能力和特长的培养，而在从事公益活动过程中可获得专业培训，掌握实用技能。大学生要将奉献精神、奋斗精神投入到实践中去，服务社区、热心公益、把社会的事当成自己的事，在实践中彰显人生价值。例如，1995年出生的何瑞亭2020年在偏远农村支教，学校在云南省，位于中国和越南边界，少数民族居多，优质教育资源比较匮乏。学校期末考试刚刚结束，她就马不停蹄地赶到北京，参加支教项目发起方——北京百仁慈爱公益基金会的年会，向基金会汇报这一学期的工作情况，同时也借此机会和其他支教志愿者进行交流。2021年是中央司法警官学院"蓝松枝"公益暑期实践团队在湖南湘西开展支教扶智社会实践活动的第十三年，他们给当地小学开设了美术课、书法课、剪纸课、警体课等特色课程。在互联网慈善领域，不管是民政部还是阿里、腾讯，它们在2019年发布的数据无一例外地表明"80后"和"90后"是中国互联网募捐的主力军，在一些平台上90后已经超过了80后。广大青年学子乐于奉献，愿到祖国需要的地方去，在时代的发展中贡献自己的力量。

二、懂得感恩

人的一生要想活得幸福，走得长远，有一项能力必不可少，那就是感恩能力。那些擅长感恩的人，往往更受人欢迎，也会得到更多人的支持。心理学界研究表明，感恩与个体的健全人格、幸福感和心理健康水平高度相关，感恩是一种积极情绪，是受惠者认识到并接受了施惠者的恩惠之后在内心产生的一种冲动，它能促使受惠者为已收到的恩惠做出回报。

（一）感恩与人格

索希尔和戈尔德贝格研究发现，感恩是一种维持积极人际关系的关键要素。感恩与人格品质的宜人性具有较高的关联度，宜人性实际上是一种高层次的人格因素，它包括大量的亲社会特质。在宜人性方面得分高的人，具有更好的社会关系，而且人际冲突较少，拥有更强的适应性。

麦克威廉和勒庞德夫通过临床观察发现，具有自我陶醉特质的人很少关注他人和表达感恩。自我陶醉包括过分强调自我的重要性、骄傲、轻浮、对欲望的贪婪和权利，其核心问题是他们只在意自我满足。因为表达感恩从某种程度上承认自己的幸福感是来源于他人，感恩对于高自我陶醉者来说是感觉不愉快的。自我陶醉者自视强于他人，因此不愿意表达感恩。总之，感恩与亲社会性的人格特征之间存在较紧密的联系。感恩的人在宜人性方面得分较高，而在自我陶醉方面得分较低。

（二）感恩与幸福感

安珀尔认为，感恩其实是一种互爱和博爱的表现，是一种真实而高贵的情感。作为一种积极情绪，感恩与社会应对和调整有关。琼·博里森科参考了麦卡洛和埃蒙斯的研究成果，并以自身经验验证了感恩意识的重要意义和价值：能使个体产生满足之感，形成快乐体验，激发他们更为积极的生活态度，并且易于形成对事物的良性认知。积极心理学研究者认为，感恩能够有效提升个体的幸福感，通过表达感激之情，使个体形成正能量，激发个体实施更为积极的施恩行为，能促使社会关系和应对资源发展，从而帮助人们在困境中维持或者提高幸福感。

（三）感恩与心理健康

大学时期处于人生中的青年阶段，这个阶段在人格完善方面具有特殊意义。在这个阶段，大学生的生理和心理都在不断变化和完善，并逐渐趋向成熟，此时他们的世界观、人生观和价值观很容易受到外界环境的影响。如今多元的社会状况很容易使大学生滋生烦恼、抑郁等负面情绪及心理问题，实施有关感恩意识的引导和培育将会帮助他们以较为平稳的情绪度过这一重要阶段。感恩研究是正在发展着的积极心理学研究领域的一部分，主要研究人性的优点和美德。最新研究结果表明，与较少感激倾向者相比，具有感激倾向的人对他们的生活更满意，能够提高工作效率，完成更多的目标，更乐于帮助他人，建立和维持积极健康的人际关系，从而促进心理健康。

（四）感恩策略

1．培育感恩意识

所谓"培育感恩意识"，就是在合理合法并且合乎道德规范的要求范围中，使用科学有效的途径和方法，养成识恩、知恩、感恩、报恩以至于施恩的意识和习惯。作为受惠者，你所收到的恩惠可能是物质的，也可能是非物质的。而施惠者，是指向你提供恩惠的人或物。有研究表明，如果一个人经常关注所收到的恩惠，那么他会觉得更需要感恩。针对践行感恩的方法，爱默生教授总结了以下几条：

（1）写感恩日记

每天记录让你感恩的事情，想到什么就写什么，尽量尝试每天所写的内容不同，努力发掘更多的令你感恩的人或事。

（2）回忆不好的经历

正是那些不愉快的甚至痛苦的经历，给了我们成长的机会，让我们变得更成熟，拥有了更强的抗挫折能力。和过去相比，我们也许现在变得好些了，把自己的现在与过去进行对比，你会感恩于过往的经历。

（3）问自己三个问题

回想曾经帮助或关爱过自己的人（1~3人），思考如下问题：①别人为我做过哪些有意义的事；②我为别人做过哪些有意义的事；③我给他人增加了哪些烦恼。

（4）运用你的感觉

学会感恩所有人。感谢疫情中逆行而上的白衣天使，为我们织密疫情防护网；感谢工人，为我们建造房子，使我们感到温暖；感谢清洁工，给了我们一个干净漂亮的城市；感谢演员们，使我们看到美轮美奂的电视剧；感谢歌手们，为我们呈上了一曲曲美妙动听的歌谣……运用你的视觉、触觉、味觉、嗅觉去感受外部世界，感谢所有你感受到的。

2. 让感恩成为一种生活方式

感恩就是一种知足、满足，对我们拥有的一切表示由衷的感谢，然后你会发现你需要的并没有想象的多，而幸福并不来自外在的物质，而是内心的一种感受。感恩之举会让我们拥有更加良好的社会关系，减少人际冲突，增强适应性，完善人格。"滴水之恩，当涌泉相报""鸦有反哺之义，羊有跪乳之恩"，这些都是指的感恩。怀有一颗感恩的心，才芬芳馥郁，香泽万里。作为大学生，应该将自己的感恩之意转化为感恩之举，对于给予自己恩惠的人或物做出相应的回报，并将感恩行为变成自己的生活方式。

（1）感恩品质内化于心

只有将感恩内化于心，形成自己的优良品质，才能实现感恩、施恩常态化，为此要始终向善，不断提高自身各方面的道德修养，学习观摩道德榜样，经过认识自身不足且不断完善自我来树立优良品质。一个具备诚实、守信、宽容、忠诚、责任等美好品质的人，更容易感受到人与人之间的善意，内心更加坚定，不人云亦云，所到之处都是一片祥和。有的人在受到他人恩惠之后，就会从情感上把恩人当家人，从行为上把恩人当作至亲，虽然表达的是朴素之情，所采取的方式也是家常之举，但却能让人感到人性的温暖。

（2）感恩情感外化于行

感恩之情能否真正转化为合理的感恩之行，是感恩教育的关键。大学生要加强理论学习，深刻认识幸福生活来之不易；正确认识自己，不断自省，变他律为自律；正确处理自己的感恩情感，使之转化为恰当的感恩之行。要用真实的行动去回报自己所受到的恩惠：努力学习，尊敬师长，孝敬父母，帮助同学，热爱祖国，保护花草……这些都是感恩的具体实践。把感恩凝聚成一种生活方式，不仅仅是回报他人，更是回报自己，即对自己感恩。选择感恩的生活方式就是选择了幸福、健康和美满。

三、诚信、文明

（一）重视诚信

中华民族历来都是一个重视诚信的民族。从少儿的启蒙读物，到治国治世的先哲典籍，无不蕴含着这个国家与民族对于诚信的深刻理解和执着追求。我国绝大部分大学生诚信思想与社会主流思想保持一致，他们在成长成才的过程中能自觉树立诚信意识，践行诚信行为，诚信状况良好，表现出了较高的诚信素养。当前，大学生成长于我国经济快速发展和人民生活水平快速提升的时期，受一些负面因素的影响，有的大学生抱有侥幸心理，效仿社会失信行为以从中获利，诚信意念不够坚定，功利心态明显。虽然经常接受诚信方面的教育，但个别大学生仍受从众心理和投机心理影响较深，考试作弊、学术造假、骗取贷款、拖欠学费、履历造假、任意毁约等失信行为时有发生，严重损害新时代大学生良好形象。更有甚者，将父母辛苦为其积攒的学费挪作他用，贪图虚荣心，购买高档手机，出入高档场所，只顾个人享受，欺骗父母，反噬教育效果，自身诚信责任感缺失，严重背离社会对大学生的诚信要求。就大学生个人而言，这不利于大学生健全人格的形成和人生长远的发展。作为国家未来建设的中坚力量，大学生要强化自我诚信意识，认识到目前社会上出现的种种诚信缺失现象只是暂时的、非主流的、遭人唾弃的。同时，大学生应有意识地承担起宣传和践行诚信美德的责任，从自身做起，从身边的一点一滴做起，影响和带动更多的人自觉自愿接受诚实守信的道德规范。

（二）诚信和失信

在中国传统文化中，"诚"主要有真诚、诚实、诚心诚意、确实、真正之意；"信"主要有诚实不欺骗、守信用、相信和信任他人之意。将"诚""信"二字连起来使用再结合现行社会背景来理解，诚信主要指人们在日常学习、生活中表现出的言行一致、表里如一、不自欺但也不欺人、言必行、行必果、重信用、守诺言等美好品质。从心理学角度来看，诚信是个体在一定关系中所表现出的以真实无欺、善良正直为核心的比较稳定的心理品质和行为倾向，其实质是内在的诚实与外化的信任和信用的综合体现，诚实的道德品质首先是产生信任和信用的一个重要条件，同时，只有通过信任和信用的外在行为表现，才能真正检验诚信的真伪。

失信分为故意失信和非故意失信。"三鹿奶粉事件""染色馒头事件""小悦悦事件""毒胶囊事件"中的故意失信行为无时无刻不在刺痛着人们的神经。大学生作为社会高知群体，其道德品质的认知与践行标准高于一般公民，众多大学生对上述事件表现出了极大愤慨。大学生在人际交往过程中发生更多的是非故意失信，即失信者本人并非主观意愿上的失信或者欺骗，只是因为能力不足或者条件不测而无法履行诺言。非故意失信分为能力不足失信和条件不测失信。能力不足失信是在承诺时高估了自己的能力或者对于任务条件认识不足，以至于在履行的过程中才发现自己无力践约。条件不测失信是在承诺后突然遭遇到不可预见的条件变化，承诺者倾尽全力仍然不能践约，即在正常情况下，一个人有能力完成承诺，事先也做了充分的调查和准备，但是由于某些无法预测的突然变故（如天灾人祸、突发事件）导致的失信。

（三）践诚策略

1．树立诚信自律意识

西奥多·罗斯福曾说："有一种品质，可以使一个人在碌碌无为的平庸之辈中脱颖而出，这个品质不是天资，不是教育，也不是智商，而是自律。""极度自律的人，拥有开挂的人生。"所谓自律就是遵循法度，外加自身约束。要做到诚实，就要真实不欺骗，它要求人用真心、真言、真行去待人处事，坚守初心，真诚待人，反对欺诈、虚伪。

2. 践行诚信准则

大学生要学会诚信，不做语言的巨人、行动的矮子。增强个人的诚信责任担当，重点还是要落实在自身的诚信实践上。对大学生来说，表现为在各个领域都做到恪守诚信准则。如：遵守考场纪律，诚信答卷；具备学术求真素养，在学术论文写作和科研项目研究中求真务实；拥有契约精神，对应聘单位诚实展现自己，不随意违约；知法懂法，践履诚信品质，按时偿还助学贷款；信守承诺，在人际交往中注重提升自身诚信形象；等等。

3. 坚守信与义

《论语》中记载，子贡询问孔子要如何治理国家，孔子回答说要有足够的粮食、充足的军备，还要得到老百姓的信任。子贡进而问孔子，如果不得已要去掉其中一项，该去掉哪一项？孔子回答去掉军备。子贡又问，如果不得已还要去掉一项，要去哪一项？孔子回答去掉粮食。孔子认为自古以来人都是要死的，但如果人民失去了对国家的信任，那么国家就不能存在了。可见孔子对信的看重。今天，我们要辩证地看待信与不信，根据是否符合义来判断。所谓义可以理解为法律、道德标准、国家或集体利益等。蒲国人围住了孔子，对孔子说："如果你不去卫国，我们就放你走。"孔子答应了，并与蒲国人订立了盟约，但随后就去了卫国。子贡问："难道可以负盟约吗？"孔子回答说："要挟、强迫的盟约，可以不理会。"孔子用行动告诉我们"信"是有条件的，如果守信不能够服从大的道义，不符合法律的要求，违背道德标准，损害国家利益，可以不用理会它。

4. 待人真诚友善

调查表明，如果让大学生在一张纸上写出10个词语，描述自己"心中的朋友"应该具有的品质和特点，几乎每个人都希望自己的朋友能拥有"真诚""诚实""实在"等对人真诚友善方面的特点。

（1）做实在人。从古至今，循名责实是金玉良言，"实言实行实心，无不孚人之理"，说实在话，办实在事，做实在人，就没有不被信服的道理。大学生做事要以"实"字打底，讲话实在，说一是一，说二是二，让人信得过、听得进；办事情稳扎稳打，一步一个脚印，做好每一个步骤，让人放心、无忧；为人实诚，坦坦荡荡对人，真心实意处事，让人信服、不怀疑。与"实在人"在一起，人们不用担心被骗、上当，可以放下猜疑戒备的心理，一身轻松。因此人们都愿意和实在人在一起，与实在人交心、交朋友。

（2）做正确事。习近平总书记说："信仰、信念、信心，任何时候都至关重要。"某些大学生之所以会产生诚信道德问题，归根到底是没有形成坚定的诚信道德信仰。人际交往中的真诚有时并不容易做到，因为真实和真相并非都是美好的，自己发出的声音有可能是刺耳忠言。对他人表达真实的想法能够让两个人都有所成长。能否体现真诚，做到诚信，在于个人如何选择：是做"正确"的、不犯错的人，还是做正确的事。我们来看看以下案例：

手术室里，一位年轻的女护士第一次担任责任护士，给一位赫赫有名的外科专家做助手。

复杂、艰苦的手术从清晨进行到黄昏，眼看患者的伤口即将缝合，女护士突然严肃地盯着外科专家，她说："大夫，我们用的十二块纱布，您只取出了十一块。"

"我已经都取出来了",专家断言道:"手术已经一整天,立刻开始缝合伤口!"

"不,不行!"女护士高声抗议,"我记得清清楚楚,手术中我们用了十二块纱布。"

外科专家不理睬她,命令道:"听我的,准备一一缝合!"

女护士毫不示弱,她几乎大声叫起来:"您是医生,您不能这样做!"

直到这时,外科专家冷漠的脸上才泛起一阵欣慰的笑容。他举起左手心里握着的第十二块纱布,向所有人宣布:"她是我合格的助手!"

5. 信守诺言

古人说,"人无忠信,不可立于世。""君子一言,驷马难追。"信守承诺,也就是讲信用、守承诺,它是一个人的优良品质,是一个人的无形的财富和力量。一个人只有信守承诺,才能立于世,才能让生命绽放光彩。然而信守承诺并不那么简单,要求我们既不能说空话,也不能敷衍了事,而是无论什么时候都要身体力行,都要全力以赴实现自己许下的诺言。只有信守承诺的人才能赢得大家的信任和尊重,也才能获得内心的充实和安宁。大学生讲究诚信的一个重要方面就是信守诺言,许诺时要慎重甚至需要充分评估,一旦做出承诺就要尽力完成。

6. 学会说"不"

做出承诺前一定要三思而后行,结合自身实际综合考虑、客观评判,不盲目,不夸张,量力而行。对他人慎重而又郑重地做出承诺,既是对别人的尊重,也是对自己的负责。如果是自己无法做到或者根本不想做的事情,一方面要勇于说"不"。拒绝别人的时候不要担心这样会伤害到别人,要明白,做自己不情愿的事,这是在伤害自己。所以,一旦自己不情愿,就要勇敢、果断地拒绝,不要表现得优柔寡断,否则别人会产生误解,而不停地说服你。另一方面要掌握好语言的度,不要过于激进,也不要过于委婉,你可以坦白地告诉对方拒绝的缘由,保持简单回应。可使用短语,如"感谢你看得起我,但现在不方便""对不起,我不能帮忙""对不去,我真的帮不了你"。

互动体验

感恩拜访

回忆一个依然健在的人。假设他多年前的言行曾让你的人生变得美好,你从来没有充分地感谢过他,但下周你就会去见他。你想到谁了吗?给这个人写一封感恩信,亲自递送给他。这封信的内容要具体,大约400字。信中你要明确地回顾他为你做过的事情,以及这件事如何影响你的人生。让他知道你的现状,并提到你是如何经常想到他的言行的,尽量写得拨动心弦。打电话告诉他,你想拜访他。见到他后,慢慢地念你的信,注意他和你自己的反应。你们可以讨论信的内容,并交流彼此的感受。

三件好事

每天晚上睡觉前,花10分钟写下今天的三件好事,以及它们发生的原因。你可以用日记本或电脑写下这些好事,重要的是要有记录。这三件事不一定要惊天动地。可以这样记录，如"同学帮我占了座位"等。每件好事的下面，请写清楚"它为什么会发生"。一开始，也许你会觉得有些别扭，但坚持一个星期，它就会逐渐变得容易了。三个月后，你就会适应，并喜欢上这个练习。

心理测试

生活满意度的调查问卷

指导语

下面是一份关于生活满意度的调查问卷（表12-2），一共有5个问题，请你根据自己的实际情况，逐一对每个问题做出回答。

测试量表

表12-2　　　　　　　　　　　生活满意度的调查问卷

项目	强烈反对	比较反对	有点反对	中立	有点赞成	比较赞成	非常赞成
1. 我的生活大多数方面都接近于理想状态							
2. 我的生活环境很好							
3. 我对我的生活很满意							
4. 到目前为止，我已经得到了在生活中我想要的东西							
5. 如果重新活一次，我不会做任何改变							

评分标准

每一项目均按1、2、3、4、5、6、7进行评分，"1"表示强烈反对，"2"表示比较反对，"3"表示有点反对，"4"表示中立，"5"表示有点赞成，"6"表示比较赞成，"7"表示非常赞成。

结果解释

31~35分，表示你非常满意你现在的生活；26~30分，表示你很满意你现在的生活；21~25分，表示你比较满意你现在的生活；20分，表示中间状态；15~19分，表示你有点不满意你现在的生活；10~14分，表示你不满意你现在的生活；5~9分，表示你非常不满意你现在的生活。

生活状态问卷

指导语

表12-3中的句子反映了人们的一些想法，请你实事求是地选择能够描述你生活状态的选项。

测试量表

表 12-3　　　　　　　　生活状态问卷

项目	一点不像我	只有一点像我	有些像我	大多时候像我	非常像我
1. 我的生活有崇高的目的					
2. 生命如此短暂，要懂得享受生活中的愉悦					
3. 我会努力寻找能够挑战自己技术和能力的机会					
4. 生活中我保持出色的成绩					
5. 无论工作还是玩的时候，我都忘我地投入					
6. 我经常全神贯注于我做的事情					
7. 我很少被周围发生的事情分散注意力					
8. 让世界更美好，我也有一份责任					
9. 我的生活有长久的意义和价值					
10. 无论我在做什么，对我来说，赢是很重要的事					
11. 在选择要做什么事时，我常常考虑这件事是否令人愉悦					
12. 我所做的事情对社会有重要的意义					
13. 我希望比别人更有成就					
14. 我同意：人生得意须尽欢，莫待无花空折枝					
15. 我喜欢做充满刺激的事					
16. 我喜欢竞争					

评分标准

根据自己的选择将不同题目的总分填入表 12-4 中。

表 12-4　　　　　　　　生活状态问卷得分表

幸福路径	题号	总分	幸福路径	题号	总分
愉悦	2, 11, 14, 15		意义	1, 8, 9, 12	
投入	3, 5, 6, 7		成功	4, 10, 13, 16	

结果解释

这是依据积极心理学家 Peterson 撰写的《积极心理学》中描述的幸福路径所编制的问卷。如果四个方面的得分都高于 15 分，表示你有一个非常充实的生活，并对生活高度满意；如果四个方面的得分都低于 9 分，表示你目前的生活比较空虚，而且你对这种状态非常不满意，你应该做点改变，不论大小，只要尝试着去改变就好；如果你在某一两个方面分数较高，表示你可能正在寻找机会让生活更幸福。

拓展阅读

谢坤山的乐观人生

谢坤山，1958年出生于中国台湾，知名的口足画家，曾出版自传《我是谢坤山》，得到了极高的赞誉。

由于家境贫寒，很早辍学的他12岁起便到工地打工，用他那稚嫩的肩膀撑起家庭。然而命运偏倚，16岁那年，他因误触高压电，失去了双臂和一条腿；23岁时，一场意外事故又使他失去了一只眼睛。随后，心爱的女友也离他而去……

面对命运如此打击，他不抱怨，不沉沦，毅然选择不拖累家人，独自流浪求生存。他一边打工挣钱糊口，一边忙公益救助社会。后来，他逐渐地迷上了绘画，想给自己灰色的人生着上绚丽的色彩。

起初，他去艺校旁听，学习绘画技巧。没有手，他就用嘴作画，先用牙齿咬住画笔，再用舌头搅动，因此他的嘴角时常渗出鲜血。少条腿，他就"金鸡独立"，通常一站就是几个小时。他尤其喜欢在风雨中作画，捕捉那乌云密布、寒风侵袭的感觉……他的坚韧打动了一个女孩，对方不顾父母强烈反对，毅然走进他的生活。

有了伴侣的支持，他更加勤奋作画，到处举办画展。功夫不负有心人，他赢得了爱情，赢得了事业，也赢得了社会的尊重。他的传奇故事家喻户晓，成为无数青年励志的典范。有人问他："假如你有一双健全的手，你最想用它做什么？"他笑着说："我会左手牵着太太，右手牵着两个女儿，一起走好人生的路。"

（资料来源：谢坤山. 我是谢坤山. [M]. 上海：东方出版中心，2003）

启发思考

1. 关于生命，你有哪些思考或探索？你认为生命中最重要的是什么？
2. 哪一类学生容易发生心理危机？如何识别、预防大学生心理危机？
3. 怎样提升个人道德修养？怎样让你的人生活出精彩？

星说心语

生命的意义是什么？不同的人，不同的时代，不同的场合，人们用自己的行为诠释着生命的真谛。刘胡兰用年轻的生命和热血诠释了"生的伟大，死的光荣"；"雷锋出差一千里，好事做了一火车"，践行着"把有限的生命投入到无限的为人民服务中去"的诺言；张海迪用轮椅上的梦想焕发出自强不息的精神。而在今天，又有无数中国人用自己的生命向我们展示出舍己为人的崇高精神。在疫情防控的今天，我们的医务人员为社会注入了一股暖流，他们义无反顾地逆向而行，与病魔战斗，挽救了一个又一个生命。他们并非置亲情于不顾，而是在神圣的使命面前，以正义的准则衡量自己的人生，跨越了情感，为世人无私地奉献。

"有的人活着，他已经死了；有的人死了，他还活着"。生命的意义在于活着，那活着的意义又是什么呢？答案只有两个字，奉献。同学们，奉献是快乐的。凭着岁月赠予我们的年轻肩膀和满腔热情，让我们全身心投入奉献吧，在奉献中完善自己的生命，在奉献中实现自己人生的价值，在奉献中获得真诚和坦荡。让我们共同在这铺满鲜花和荆棘的青春中前行，在乌云和太阳并存的天空下展翅翱翔，让我们的生命灿烂如花！

参考文献

1. ［爱尔兰］卡尔．丁丹，等，译．积极心理学［M］．北京：中国轻工业出版社，2013．
2. ［美］伯格（Burger），J. M.．会昌，译．人格心理学．8版［M］．北京：中国轻工业出版社，2014．
3. ［美］海伦·帕尔默（Helen Palmer）．九型人格［M］．北京：华夏出版社，2016．
4. ［美］马丁·塞利格曼．洪兰，译．真实的幸福［M］．沈阳：万卷出版公司，2010．
5. ［美］马丁·塞利格曼．赵昱鲲，译．持续的幸福［M］．杭州：浙江人民出版社，2012．
6. 常春娣，张燕云．大学生心理健康教育［M］．重庆：西南大学出版社，2012．
7. 方平，杨伊生，王润平．自助与成长——大学生心理健康教育［M］．北京：教育科学出版社，2010．
8. 高兰，等．大学生心理健康教育［M］．北京：教育科学出版社，2015．
9. 葛宝岳．大学生心理健康与安全课程［M］．北京：新华出版社，2015．
10. 葛明贵，王军，施宝琴．大学生心理健康教育［M］．北京：教育科学出版社，2014．
11. 何静春，袁一平．大学生心理健康教程［M］．北京：化学工业出版社，2015．
12. 胡珍．性爱婚姻家庭——大学生性教育教材［M］．北京：科学出版社，2011．
13. 冀先礼，等．心理健康教育［M］．北京：光明日报出版社，2011．
14. 林清香．大学生心理健康教育［M］．北京：清华大学出版社，2013．
15. 刘卫锋．大学生心理健康教育与素质拓展训练教程［M］．南京：南京大学出版社，2015．
16. 鲁忠义，安丽娟．大学生心理健康教育［M］．北京：教育科学出版社，2015．
17. 马国杰，李俊杰，张敏．新编大学生心理健康教程［M］．郑州：郑州大学出版社，2013．
18. 孟娟，周华忠．自助与成长——大学生心理健康教育［M］．北京：国家行政学院出版社，2013．
19. 彭纯清，孙霞．大学生心理素质训练［M］．武汉：华中师范大学出版社，2014．
20. 任俊．乐商［M］．北京：清华大学出版社，2013．
21. 桑志芹，邓旭阳．大学生心理素质训练［M］．上海：上海教育出版社，2009．
22. 司家栋，张付山．班级团体心理辅导课程主题方案［M］．北京：蓝天出版社，2012．
23. 唐植文．当代大学生心理健康教程［M］．长春：东北师范大学出版社，2010．
24. 王裕清．大学生职业生涯规划与就业创业指导［M］．北京：北京邮电大学出版社，2014.

25. 韦志中. 大学心理健康教育［M］. 北京：中国轻工业出版社，2015.
26. 吴青枝，王利平，赵小荣. 大学生心理健康教育［M］. 北京：现代教育出版社，2012.
27. 徐国立. 大学生学习与心理指导［M］. 北京：中国人民大学出版社，2014.
28. 徐亮，张平，王灿. 为心灵开一扇窗——大学生心理健康教育［M］. 天津：南开大学出版社，2014.
29. 轩希，周璠. 大学生心理健康教育［M］. 长春：东北师范大学出版社，2013.
30. 阳志平，等. 积极心理学团体活动课操作指南［M］. 北京：机械工业出版社，2009.
31. 叶琳琳. 大学生心理健康教育与心理素质训练［M］. 北京：北京师范大学出版社，2013.
32. 张潮，杨晓荣. 自助与成长——大学生心理健康教育［M］. 北京：教育科学出版社，2010.
33. 张弛，田宝伟，郑日昌. 团体心理训练［M］. 北京：开明出版社，2012.
34. 张大均，吴明霞. 大学生心理健康. 修订版［M］. 北京：清华大学出版社，2015.
35. 张将星，曾庆. 大学生心理健康教育［M］. 广州：暨南大学出版社，2013.
36. 赵雪莲，杨津田. 大学生心理健康［M］. 长春：东北师范大学出版社，2012.
37. 郑日昌. 大学生心理健康——自主与自助手册［M］. 北京：高等教育出版社，2007.
38. 郑淑杰. 大学生心理健康教育［M］. 北京：教育科学出版社，2014.
39. 郑晓江. 生命教育演讲录［M］. 南昌：江西人民出版社，2008.
40. 郑雪. 人格心理学［M］. 广州：暨南大学出版社，2007.
41. 朱育红，潘力军，王爱丽. 大学生心理健康教育课堂互动手册［M］. 上海：华东理工大学出版社，2015.
42. ［美］沃尔特·鲍克，罗斯·J. Q. 欧文斯. 如何在大学学习［M］. 天津：天津科技出版社，2020.
43. 杨娟. 冲突与整合——大学生人际冲突问题研究［J］. 社会科学论坛（学术研究卷），2008（06）：185－188.
44. 向程. 有效的面谈者［M］. 四川大学出版社，2006.9.
45. Jerry M. Burger. 陈会昌，译. 人格心理学. 8版. 中国轻工业出版社，2014.9.
46. 毛春铧. 苹果里的教育［J］. 教书育人，2006（6）：23－24.
47. 任俊. 乐商［M］. 清华大学出版社，2013.6：5－7.
48. 林相. 从木桶理论看小学语文复习［J］. 浙江教育科学，2015（6）：21.
49. Hendrick C, Hendrick SS, Diche A. The love attitudes scale: Short form［J］. Journal of Social and Personal Relationships，1998，15（2）：147－159.
50. Rubin, Z. Measurement of Romantic Love［J］. Journal of Personality and Social Psychology，1970，16：265－273.